Windows 8.1 pour LES NULS

Andy Rathbone

FIRST
> Interactive

Windows 8.1 pour les Nuls
Titre de l'édition originale : *Windows® 8.1 For Dummies*
Pour les Nuls est une marque déposée de Wiley Publishing, Inc
For Dummies est une marque déposée de Wiley Publishing, Inc

Collection dirigée par Jean-Pierre Cano
Traduction : Philip Escartin
Maquette : Marie Housseau

Edition française publiée en accord avec Wiley Publishing, Inc.

Éditions First, un département d'Édi8
12 avenue d'Italie 75013 Paris
Tél. : 01 44 16 09 00
Fax : 01 44 16 09 01
e-mail : firstinfo@efirst.com
Internet : www.edtionsfirst.fr
ISBN : 978-2-7540-5579-6
Dépôt légal : 4e trimestre 2013
Imprimé en France

Sommaire

Deuxième partie : Les éléments de Windows 8.1 que vous êtes censé utiliser 133

Troisième partie : Place nette pour Internet 189

Introduction

Bienvenue dans *Windows 8.1 Pour les Nuls,* le livre consacré à ce système d'exploitation le plus complet que vous puissiez trouver sur le marché.

La popularité de ce livre découle du simple fait que beaucoup d'utilisateurs désirent connaître Windows à fond. Ils adorent interagir avec des boîtes de dialogue. Certains même appuient sur des touches un peu au hasard dans l'espoir de découvrir des fonctions cachées, non documentées. D'autres encore mémorisent d'interminables lignes de commandes en se lavant les cheveux.

Et vous ? Vous n'êtes pas un nul, c'est sûr. Mais quand il s'agit d'informatique, et plus précisément de Windows, ce n'est pas le grand amour. Vous attendez de l'ordinateur qu'il vous aide à faire votre travail, après quoi vous l'éteignez pour passer à autre chose de plus important. Vous n'avez pas l'intention d'y changer quoi que ce soit, et ce n'est pas plus mal.

C'est là qu'intervient ce livre. Au lieu de faire de vous un as de Windows, il préfère vous enseigner ce qui est utile afin que vous puissiez en tirer parti au moment où vous en aurez besoin. Au lieu de devenir un expert de Windows 8.1, vous deviendrez un utilisateur avisé, accédant le plus naturellement du monde aux fonctions dont vous avez besoin.

Plutôt que de lire ce livre d'une seule traite, considérez-le comme un dictionnaire ou une encyclopédie. Allez directement à l'information dont vous avez besoin et lisez-la attentivement. Mettez-la ensuite en pratique.

Ne vous ennuyez pas à mémoriser tout le jargon de Windows 8.1, du genre « Sélectionnez l'option de menu dans la zone de liste déroulante ». Laissez cela aux allumés d'informatique. En fait, les informations techniques qui apparaissent dans ce livre sont signalées par un pictogramme. Selon votre humeur du moment, vous vous jetterez voracement dessus ou vous passerez dédaigneusement votre chemin.

Au lieu de se complaire dans du jargon technique, ce livre aborde les sujets suivant en français de tous les jours, y compris les dimanches et les jours fériés :

- Préserver la sûreté et la sécurité de votre ordinateur.
- Comprendre à quoi sert l'écran d'accueil.
- Trouver une application ou un programme, le démarrer et le quitter.
- Localiser les fichiers que vous avez enregistrés ou téléchargés précédemment.
- Configurer l'ordinateur afin que toute la famille puisse l'utiliser.
- Copier des données depuis et vers un CD ou un DVD.
- Transférer et montrer vos photos.
- Imprimer votre travail.
- Créer un réseau d'ordinateurs afin de partager une connexion Internet ou une imprimante.
- Corriger Windows 8.1 quand il fait des siennes.

Il n'y a rien à mémoriser et rien à apprendre. Il vous suffit d'aller à la page idoine, de lire une brève explication et de vous mettre au travail. Contrairement à d'autres livres, celui-ci vous permet de laisser tout ce qui est technique de côté et de ne vous occuper que de vos tâches.

Comment utiliser ce livre

Certains points de Windows 8.1 vous laisseront sans doute perplexe. Si quelque chose vous paraît mystérieux, reportez-vous à l'index ou à la table des matières de ce livre. La table des matières vous permet de localiser une information d'après le titre des chapitres et des sections. Plus précis, l'index contient une liste de sujets suivis du numéro des pages où il en est question. D'une manière ou d'une autre, vous parviendrez toujours à l'information recherchée.

Si vous vous sentez en verve et voulez en savoir plus, lisez les paragraphes à puces à la fin de chaque section. Vous y trouverez des détails supplémentaires, des conseils ou des références croisées. Mais rien ne vous y oblige, si cela ne vous intéresse pas ou si vous n'avez pas le temps.

Les saisies à effectuer au clavier sont en gras, comme ici :

- Saisissez **Lecteur Windows Media** dans le champ Rechercher.

Dans cet exemple, vous tapez les mots *Lecteur Windows Media* et vous appuyez sur la touche Entrée. La saisie étant parfois un peu compliquée, une description suit, et explique ce que montre l'écran.

Quand vous devez appuyer sur une combinaison de touches, cette action est mentionnée sous cette forme :

- Appuyez sur Ctrl + P

Vous gardez le doigt sur la touche Ctrl, vous appuyez sur P – les deux touches sont alors enfoncées – puis vous les lâchez. Cette combinaison de touches est le raccourci clavier qui sert à imprimer.

Chaque fois qu'une adresse Internet ou un nom de fichier est mentionné, il est présenté sous cette forme :

- `www.andyrathbone.com`

Ce livre ne vous envoie jamais balader par une formule du genre « pour plus d'informations, consultez le manuel ». Il ne contient pas non plus de renseignements concernant des logiciels spécifiques, comme Microsoft Office. Windows 8.1 est bien assez compliqué à lui seul. Fort heureusement, d'autres titres de la collection *Pour les Nuls* détaillent à foison les logiciels les plus connus.

Enfin, n'oubliez pas que ce livre est un *ouvrage de référence*. Il n'a pas été conçu pour vous apprendre à utiliser Windows 8.1 comme un expert, que nenni ! À la place, cet ouvrage qui en vient à reculer les tâches – il y en a deux, si vous appréciez *Le contrepet, témoin de son temps,* de Joël Martin, édité chez First – vous livre tout ce qu'il faut savoir afin que vous n'ayez justement pas à apprendre Windows.

Tablette et écran tactile

Windows 8.1 est préinstallé sur les ordinateurs récents, mais aussi sur les appareils dotés d'un *écran tactile,* autrement dit les tablettes et quelques ordinateurs qui sont alors véritablement digitaux : vous les commandez au doigt (mais pas à l'œil, sauf si on vous en a fait cadeau).

De plus, cette évolution du nouveau système d'exploitation va probablement être installée sur les ordinateurs ou des tablettes tournant sous Windows 8.

Vous n'avez pas d'écran tactile sous la main ? Pas de problème. Vous apprendrez quand même où il faut toucher, effleurer ou taper.

Si vous avez un écran tactile et que vous vous demandez comment il faut comprendre les instructions destinées à la souris, voici ce qu'il faut savoir :

- **Quand il est dit de *cliquer*, vous devez *taper* :** un rapide toucher sur l'écran équivaut à un clic avec la souris.
- **Quand il est dit de double-cliquer, vous devez *double-taper* :** deux touchers en rapide succession.
- **Quand il est question du *clic du bouton droit*, vous devez *maintenir le doigt* sur l'élément.** Dans les deux cas, un menu apparaît. Touchez ensuite l'option de menu qui vous intéresse.

Si l'écran tactile vous paraît peu commode, connectez un clavier et une souris à votre tablette. Elles fonctionnent souvent mieux sur le Bureau de Windows que l'écran d'accueil.

Et vous ?

Il se peut que vous possédiez déjà Windows 8.1 ou que vous comptiez l'acquérir. Mais il y a également de fortes probabilités pour que vous utilisiez Windows 8 et que vous souhaitiez profiter de ses dernières évolutions avec la version 8.1. Vous seul savez ce que vous voulez faire avec votre ordinateur. Le problème, c'est d'obtenir de l'ordinateur qu'il fasse ce que vous attendez de lui. Vous y parvenez d'une manière ou d'une autre, peut-être avec l'aide d'un passionné d'informatique, ou aidé par le type qui s'y connaît, au bureau, ou par un copain de fac.

Mais si vous n'avez personne sous la main, vous serez sans doute content d'avoir ce livre.

Comment ce livre est organisé

Tout ce qui trouve dans ce livre a été passé au peigne fin. Il est divisé en sept parties contenant chacune des chapitres thématiques. Avec un peigne encore plus fin – le peigne à puces de Joe mon cocker – j'ai divisé chaque chapitre en sections encore plus petites qui vous dévoileront quelques-unes des étrangetés de Windows. Vous trouverez parfois ce que vous recherchez dans un petit encadré, ou alors, vous devrez parcourir toute une section ou tout un chapitre. Cela dépend de vous et de la tâche en cours.

Voici les diverses parties (vous pouvez maintenant me graisser la patte).

Première partie : Les éléments de Windows 8.1 que vous êtes censé déjà connaître

Cette partie dépiaute l'ossature de Windows 8.1 : son nouvel écran d'accueil dans lequel vous chargez les applications et les programmes. Vous apprendrez aussi comment aller sur le traditionnel Bureau de Windows qui existe toujours, mais aussi comment éviter le bureau d'accueil afin de démarrer immédiatement sur le Bureau comme au bon vieux temps, et comment utiliser le bouton Démarrer réintroduit par cette nouvelle version. Vous apprendrez comment déplacer des fenêtres, et cliquer sur les bons boutons au bon moment. Cette partie détaille les éléments de Windows que tout le monde croit que vous connaissez déjà.

Deuxième partie : Les éléments de Windows 8.1 que vous êtes censé utiliser

Windows 8.1 est accompagné d'un certain nombre de programmes (des logiciels, si vous préférez). Les trouver et les démarrer n'est pas toujours facile. Vous apprendrez ici comment les mettre en œuvre. Si un important fichier ou programme a disparu dans la nature, vous verrez comment faire pour que Windows 8.1 le recherche dans tout l'ordinateur et vous le ramène dare-dare. Vous apprendrez aussi à imprimer votre travail. Enfin et surtout, vous découvrirez le nouvel écran Applications que vous invoquerez rapidement par un simple clic sur une flèche ou en programmant l'action du bouton Démarrer.

Troisième partie : Place nette pour Internet

Vous vous familiariserez ici avec le fabuleux outil de communication et d'information qu'est l'Internet. Vous apprendrez à échanger du courrier électronique et surfer sur le Web. Mais surtout, tout un chapitre explique comment faire tout cela en toute sécurité.

Une section est consacrée aux outils de sécurité d'Internet Explorer. Ils détectent les infects sites contrefaits et empêchent les parasites du Web de s'introduire dans votre ordinateur.

Quatrième partie : Personnaliser et faire évoluer Windows 8.1

Si Windows a besoin qu'on lui secoue les puces, corrigez-le à l'aide d'une des commandes nichées dans l'écran Paramètres du PC et le Panneau de configuration. Un autre chapitre explique comment procéder soi-même à certaines tâches de maintenance, ce qui vous fera faire des économies. Vous découvrirez aussi comment partager l'ordinateur avec plusieurs membres de la famille ou de la colocation, sans que personne ne puisse farfouiller dans les données d'autrui.

Et si d'autres ordinateurs arrivent, reportez-vous au chapitre sur les réseaux pour savoir comment les relier afin qu'ils partagent la connexion Internet, les fichiers et l'imprimante.

Cinquième partie : Musique, photos et vidéos

C'est ici que vous trouverez les informations pour écouter de la musique et regarder des vidéos. Achetez quelques CD vierges et réalisez vos propres compilations avec vos morceaux préférés. Ou faites-en une copie pour que le CD original ne risque pas d'être rayé dans la voiture.

Découvrirez le nouvel environnement Xbox Music et une autre manière de gérer vos photographies avec l'application Photos.

Les possesseurs d'appareil photo numérique se doivent de lire le chapitre consacré au transfert des images de l'appareil photo à l'ordinateur, à leur archivage et à leur envoi aux amis par courrier électronique.

Sixième partie : Au secours !

Quand Windows plante, ça fait mal. Dans cette partie, vous apprendrez ce qu'il faut faire pour le tirer d'affaire (et vous aussi par la même occasion, car c'est généralement au moment le plus inopportun qu'une panne se produit).

Des problèmes pour faire migrer vos fichiers d'un ancien ordinateur vers le nouveau ? Vous trouverez aussi de l'aide ici.

Septième partie : Les dix commandements

Vous découvrirez ici avec délices les dix points les plus exaspérants de Windows 8.1, et comment les corriger. En prime pour ceux qui ont une tablette ou un ordinateur portable, j'ai réuni les dix outils les plus utiles aux voyageurs – les vrais aussi bien que ceux qui voyagent dans leur chambre –, que j'ai placés dans un chapitre, avec des instructions pas à pas pour les tâches les plus fréquentes.

Les pictogrammes de ce livre

Il suffit de feuilleter ce livre pour constater qu'il est truffé de pictogrammes, qui sont un peu dans la littérature ce que les icônes sont à la micro-informatique. Voici à quoi ils correspondent :

Attention les yeux! Ce pictogramme signale des informations techniques. Prenez le large si vous êtes technophobe.

Ce pictogramme indique une information qui facilite la vie. Par exemple : comment ne pas prendre froid en ouvrant une fenêtre dans Windows.

N'oubliez pas de vous souvenir de ce qui est écrit à ce paragraphe. Ou au moins, écornez la page pour ne pas oublier de vous en rappeler.

Ce pictogramme signale une manœuvre risquée. Eh non, l'ordinateur n'explosera pas, mais vous risqueriez de perdre des données, ou du temps…

Vous passer à Windows 8.1 depuis une version antérieure de Windows? Ce pictogramme signale une fonctionnalité à présent complètement différente. C'est ça, l'évolution…

L'écran tactile remplace le clavier et la souris. Ce pictogramme signale une fonctionnalité véritablement digitale.

Et maintenant ?

Vous voilà prêt à passer à l'action. Feuilletez le livre pour vous en faire une idée. N'oubliez pas qu'il est votre arme contre les allumés d'informatique qui ont concocté ce programme affreusement compliqué qu'ils vous infligent sans vergogne. N'hésitez pas à souligner les passages intéressants, à entourer au crayon ceux qui le sont plus encore, à surligner les notions clés et à coucher dans la marge les éclaircissements sur toutes ces complications.

Plus vous annoterez votre livre, plus il vous sera facile de retrouver les informations dont vous avez vraiment besoin.

Première partie

Les éléments de Windows 8.1 que vous êtes censé déjà connaître

"J'annonce B7 !"
"- Coulé !"

Dans cette partie...

Beaucoup de gens vont découvrir Windows 8.1 soit en acquérant un nouvel ordinateur, soit en mettant à jour leur système actuel 7 ou 8. D'autres en feront peut-être l'expérience en travaillant pour une entreprise téméraire qui a fait migrer sa structure bureautique vers Windows 8.1.

Quelle que soit votre situation, cette partie vous rappelle les bases de Windows, notamment l'étrange écran d'accueil et comment accéder au bon vieux Bureau, ainsi que des notions aussi élémentaires que le glisser-déposer, copier, couper et coller, et comment utiliser un écran tactile.

Bref, cette partie explique à quels niveaux Windows 8.1 a amélioré le célèbre système d'exploitation de Microsoft en général, et comment il fait progresser le pourtant très récent Windows 8.1 en particulier.

Chapitre 1

Késako Windows 8.1 ?

Dans ce chapitre :

- Faire connaissance avec Windows 8.1.
- Découvrir les fonctionnalités de Windows 8.1.
- Trouver de bonnes raisons de passer à Windows 8.1 ?
- L'apport de Windows 8.1 sur Windows 8.
- Déterminer si votre PC est assez puissant pour Windows 8.1.

Il est plus que probable que vous connaissez déjà Windows : les boîtes de dialogue et les fenêtres, et aussi le pointeur de la souris qui apparaissent quand l'ordinateur est allumé. Tandis que vous lisez ces lignes, des millions de gens de par le monde découvrent la version 8 en pianotant sur leur clavier. Presque tout nouvel ordinateur vendu actuellement l'est avec Windows préinstallé.

ATTENTION

Le problème est que Windows 8 a été tellement novateur que les utilisateurs ne s'y sont pas retrouvés. Les habitudes sont tenaces, et le public, s'il est prêt pour une évolution, l'est rarement pour une révolution. De ce fait, les utilisateurs actuels de Windows 8 ne manqueront pas de migrer vers 8.1 qui, sans faire un retour arrière monstrueux, simplifie quelques aspects rebutants de la version 8.

Windows 8.1 c'est quoi et pourquoi l'utiliser ?

Édité et vendu par Microsoft, Windows n'est pas comme les logiciels que vous utilisez pour écrire le roman morose de votre besogneuse vie ou envoyer un message dégoulinant de mots roses à l'élue de votre cœur qui les supprime au fur et à mesure en grignotant des chips. Eh non, car Windows est un système d'exploitation, autrement dit le programme qui régit votre ordinateur. Il existe depuis une trentaine d'années et sa dernière mouture, nommée *Windows 8* vient de connaître une évolution majeure avec *8.1,* dont l'écran d'accueil est visible à la Figure 1.1.

Figure 1.1 : Par défaut, Windows 8.1 s'ouvre sur un écran d'accueil déconcertant.

Windows, qui signifie « fenêtres » en anglais, doit son nom aux panneaux, appelés fenêtres, qui apparaissent à l'écran. Chacune contient des données : le logiciel que vous utilisez, une photo ou un épouvantable message d'alerte qui vous signale que quelque chose ne va pas. Plusieurs fenêtres peuvent être ouvertes simultanément et vous pouvez passer de l'une à l'autre et changer ainsi de programme et/ou de tâche. Vous pouvez aussi agrandir une fenêtre afin qu'elle emplisse tout l'écran.

ATTENTION

Pourquoi utilisez-vous Windows 8.1 ? Probablement parce que, comme la plupart des gens, vous n'avez guère eu le choix. Voici un rapide récapitulatif de l'histoire du nouveau système d'exploitation de Microsoft : Depuis l'automne 2012, la plupart des ordinateurs sont vendus avec Windows 8 préinstallé. Ce système d'exploitation marque une évolution majeure de Windows adapté aux périphériques tactiles, c'est-à-dire les tablettes (comme Surface), les PC portables à écran tactile, ou bien encore aux moniteurs tactiles qui peuvent se brancher sur des PC de bureau. Les ingénieurs ingénieux s'il en est, ont fait preuve d'inventivité, mais en oubliant un des aspects essentiels de l'informatique : le grand public et les entreprises utilisent plus d'ordinateurs avec une souris que de tablettes avec leurs doigts. En faisant disparaître un élément aussi historique que le bouton Démarrer et en déclinant le système en deux interfaces (Accueil et Bureau), Windows 8 a considérablement perturbé des utilisateurs qui avaient des habitudes de travail bien ancrées dans leur quotidien. Windows 8.1 ne fait pas marche arrière, mais améliore sensiblement ses interfaces afin de redonner le sourire aux inconditionnels du PC.

- Windows 8.1 est doté d'une interface appelée Écran d'accueil, conçue pour les écrans tactiles. Mais elle est parfaitement utilisable avec la souris, comme nous le verrons d'ici peu.
- Le logiciel de sauvegarde de Windows 8.1 introduit par la version 8 est appelé *Historique des fichiers.* Il simplifie considérablement une tâche que vous devriez effectuer régulièrement : la copie en lieu sûr de vos fichiers les plus importants. Comme cette fonctionnalité est désactivée par défaut, vous découvrirez comment l'activer au Chapitre 13.

Quoi de neuf dans Windows 8.1 ?

Les nouveautés de Windows 8.1 par rapport à Windows 8 sont assez subtiles, mais simplifient l'utilisation du système d'exploitation. En revanche, si vous passez d'une version de Windows antérieure à la version 8, la mouture 8.1 risque de créer un dépaysement majeur dans votre environnement bureautique. En effet, Windows 8.1 s'adresse à deux types d'utilisateurs.

Certaines personnes sont en effet des *consommateurs.* Elles lisent des courriers électroniques, regardent des vidéos, écoutent de la musique, vont sur l'Internet, et ne se servent pas forcément, pour cela, d'un ordinateur.

D'autres sont surtout des *producteurs.* Ils écrivent des articles, publient sur des blogs, font du montage vidéo ou font plus prosaïquement le travail que leur supérieur hiérarchique leur demande de faire.

Pour complaire à ces deux marchés, Microsoft a gardé pour Windows 8.1 les deux parties très différenciées établies par Windows 8 :

- **L'écran d'accueil :** destiné à ceux qui tiennent à suivre l'information en temps réel, l'écran d'accueil occupe la totalité de l'écran. Il contient de grandes vignettes multicolores, qui affichent en permanence les dernières nouvelles, la météo, le courrier, les notifications de Facebook, les cours de la Bourse et autres informations. Visibles sur la Figure 1.1, ces informations apparaissent sans même que vous ayez touché à quoi que ce soit. Et quand je dis « toucher », c'est à prendre au pied de la lettre, car l'écran d'accueil est fait pour l'écran tactile des tablettes et de certains ordinateurs.
- **Le Bureau :** pour y accéder, cliquez sur la vignette Bureau, dans l'écran d'accueil, ou exécutez le raccourci clavier Win + D. C'est le classique Bureau, représenté à la Figure 1.2, avec ses icônes, ses fenêtres, ses menus, sa barre des tâches, sa zone de notification, son image d'arrière-plan et tout le reste.

  Nous verrons qu'il est désormais possible de demander à Windows 8.1 d'ouvrir le Bureau au démarrage afin d'éviter l'écran d'accueil qui ne sert à rien à tous ceux qui travaillent avec leur PC.

  Le Bureau de 8.1 réintègre un bouton Démarrer qui n'a que le nom en commun avec Windows 8. En effet, il ne donne pas du tout accès aux applications de Windows. En cliquant dessus, vous basculez vers l'écran d'accueil. Avec un clic droit, vous accédez à une liste de commandes comme dans la version 8.

Certaines personnes aiment bien disposer de deux interfaces à la fois. D'autres trouvent cela plutôt agaçant.

- D'une certaine manière, Windows 8.1 offre le meilleur des deux mondes : la possibilité de rester dans l'écran d'accueil pour une navigation rapide puis, au moment de travailler, l'utilisation du classique Bureau de Windows.

  La réintroduction attendue du bouton Démarrer est décevante. En effet, vous cliquerez dessus pour accéder aux applications installées sur votre PC, mais toujours depuis l'écran d'accueil qui intègre désormais un accès direct à l'écran Applications sans que vous soyez obligé de passer par la fonction Rechercher de la barre des charmes.

  Les nouveaux venus dans le monde de Windows 8.1 depuis une version antérieure à 8 découvriront sous peu ces notions de barre des charmes et d'écran Applications.
- Bienvenue dans la double personnalité de Windows 8.1. Nous reviendrons sur l'écran d'accueil au Chapitre 2, et nous présenterons le Bureau au Chapitre 3.

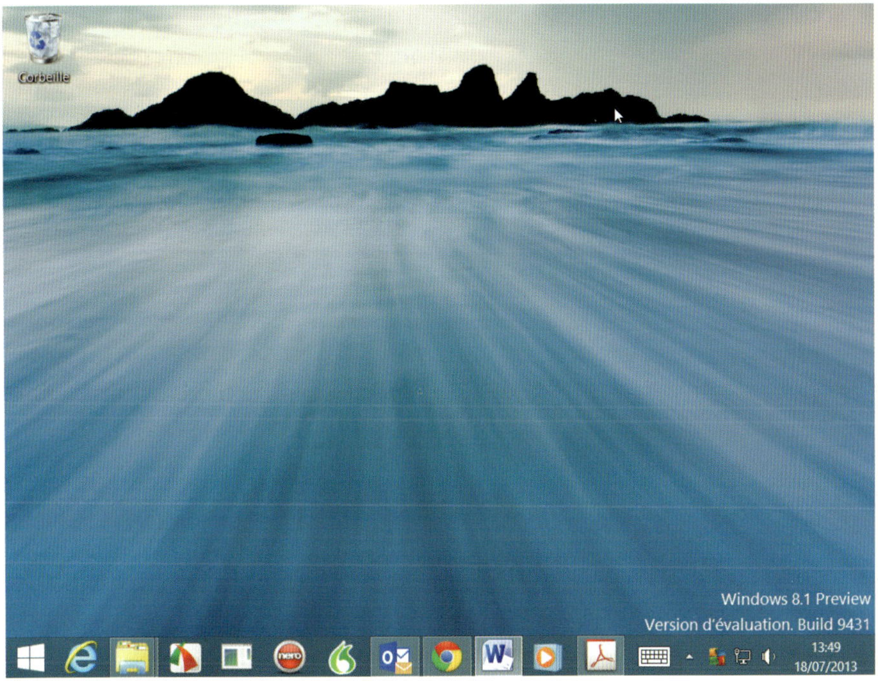

Figure 1.2 : Le Bureau de Windows 8.1 ressemble beaucoup à celui de ses prédécesseurs, et réintègre un bouton Démarrer.

Dois-je vraiment passer à Windows 8.1 ?

À vrai dire, non. La plupart des gens s'en tiennent à la version de Windows installée sur leur ordinateur. Ils évitent ainsi les affres des nouvelles habitudes à prendre avec une nouvelle version. Or, Windows 8.1 exige une approche assez différente de l'ancienne version en raison de ses nouveautés.

De plus, les changements les plus significatifs de Windows 8.1 s'adressent plutôt à ceux qui utilisent un écran tactile, comme ceux équipant les tablettes, les smartphones et quelques ordinateurs portables récents. Quel que soit l'appareil, Windows 8.1 se présente et régit de la même manière, que ce soit de manière digitale ou avec un clavier et une souris.

L'aspect positif est que, dès lors que vous maîtrisez Windows 8.1, vous pouvez l'utiliser avec tous les appareils tournant sous Windows : un téléphone Windows, un ordinateur portable, un ordinateur de bureau et peut-être même un téléviseur à écran tactile. Et corollairement, ce qui n'est pas au point dans Windows vous fera des misères sur tous les appareils tournant sous Windows.

Inutile donc d'effectuer une mise à niveau juste parce que Windows 8.1 est sorti. En revanche, quand vous achèterez un nouvel ordinateur, la dernière version de Windows y sera installée.

Quelles sont les nouveautés de Windows 8.1 par rapport à Windows 8 ?

Comme nous l'avons expliqué, la révolution Windows 8 fut si déconcertante que les ingénieurs ont revu leur copie en proposant Windows 8.1 dans l'optique de reconquérir le public. Si la plupart des futurs utilisateurs de PC ou de tablettes jouiront de cette évolution, les actuels possesseurs de Windows 8 peuvent légitimement se demander ce que le .1 ajoute au 8. Voici quelques explications :

1. **Un bouton Démarrer ! Certes… oui mais ! Ne vous attendez pas à retrouver le bouton Démarrer souvent décrié, mais jamais imité, des anciennes versions de Windows, et qui fait cruellement défaut à ses utilisateurs. Il mettait à portée de clics tout ce dont vous aviez besoin pour travailler sur un ordinateur en listant notamment vos programmes les plus fréquemment utilisés. Absent de la version 8, ce retour permet deux choses :**

   - Cliquez dessus pour basculer vers l'écran d'accueil.
   - Faites un clic droit dessus pour accéder à un menu contextuel quasiment identique à celui que vous obteniez en cliquant droit dans l'angle inférieur gauche du Bureau de Windows 8, comme le montre la Figure 1.3. Le clic droit permet d'accéder aux options d'arrêt, de redémarrage et de mise en veille. Plus la peine d'invoquer l'icône Paramètres de la barre des charmes.

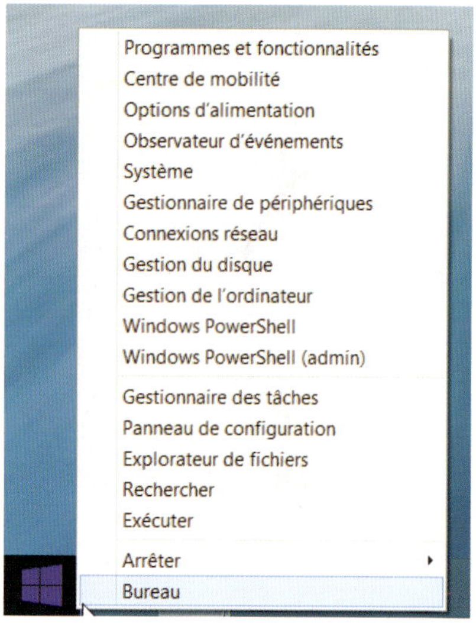

Figure 1.3 : Le bouton Démarrer bascule vers l'écran d'accueil ou affiche ce menu contextuel.

- Un écran Applications illustré à la Figure 1.4 qui évite de rechercher manuellement le programme à exécuter. Pour y accéder, vous devez afficher l'écran d'accueil, puis cliquer sur la petite flèche située dans son angle inférieur gauche. Faites alors défiler l'écran horizontalement pour localiser le programme qui vous intéresse. Un menu local accessible sous le titre de l'écran Applications permet, comme le montre la Figure 1.5 de trier vos programmes afin de localiser plus rapidement ceux que vous utilisez régulièrement. Ce filtre est conservé tant que vous ne le modifiez pas.
- Finalement, l'astuce de Windows 8 consistant à taper directement au clavier les premières lettres du programme à utiliser est bien plus rapide.
- La connexion automatique vers le Bureau : certains utilisateurs n'ont jamais besoin de l'écran d'accueil de Windows 8. Désormais conscients de leur autoritarisme, les ingénieurs ont rectifié le tir en permettant aux utilisateurs d'éviter l'écran d'accueil au démarrage afin de se retrouver directement sur le Bureau de Windows 8.1. Il suffit de cocher l'option Accéder au Bureau au lieu de l'écran d'accueil lorsque je me connecte (Figure 1.6).

Figure 1.4 : Un écran Applications est accessible depuis l'écran d'accueil.

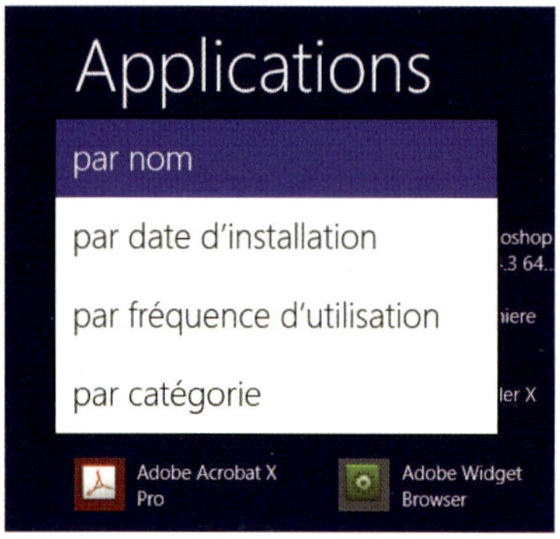

Figure 1.5 : Vous pouvez définir un tri qui sera préservé par Windows jusqu'à ce que vous le modifiiez.

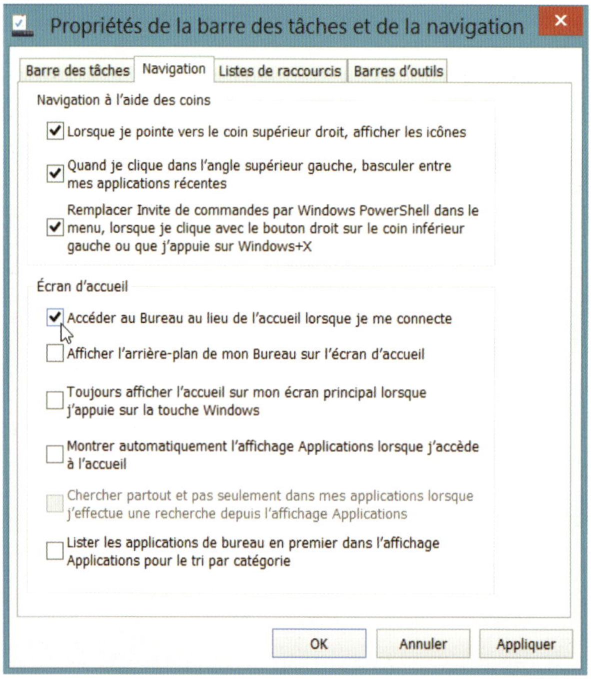

Figure 1.6 : L'accès direct au Bureau est désormais possible.

- La possibilité d'afficher l'écran Applications lorsque vous basculez vers l'écran d'accueil. Il suffit de cocher l'option Montrer automatiquement l'affichage Applications lorsque j'accède à l'accueil. Ainsi, vous afficherez les programmes installés sur votre ordinateur chaque fois que vous cliquerez sur le bouton Démarrer ou que vous appuierez sur la touche Windows de votre clavier.
- Évolution de l'écran de verrouillage qui affiche toujours les notifications, mais qui peut maintenant diffuser un diaporama en lieu et place d'une image fixe.
- Un écran d'accueil personnalisé qui peut utiliser comme arrière-plan la même image que le Bureau.
- Une personnalisation simplifiée des vignettes et des groupes de l'écran d'accueil.
- La possibilité de configurer le PC depuis l'écran d'accueil sans être obligé de passer systématiquement par le Panneau de configuration du Bureau.
- Une amélioration de la fonction Rechercher qui localise désormais des données dans le contenu des applications, les fichiers, et sur Internet.
- Il est possible d'afficher simultanément jusqu'à quatre applications de l'écran d'accueil les unes à côté des autres.
- Une application Liste de lectures permet de mettre de côté un contenu que vous souhaitez consulter ultérieurement. Ce contenu peut provenir d'Internet, mais aussi de vos applications et autres notifications.
- L'application Alarmes qui peut jouer un vrai rôle de réveil et d'alerte.
- Une refonte de Windows Store et de Xbox Music.
- Partage de connexion afin d'y connecter une tablette, un smartphone ou un autre terminal.

Il y a donc de quoi faire, ou du moins de quoi faciliter votre expérience de Windows.

Windows 8.1 tournera-t-il sur mon PC ?

Si votre PC est déjà équipé de Windows 7, il s'accommodera probablement de Windows 8.1. En fait, Windows 8.1 fonctionnera mieux encore, surtout sur un ordinateur portable.

Si votre PC tourne sous Windows XP, il tournera probablement sous Windows 8.1, mais peut-être pas avec les meilleures performances. Si vous avez un passionné d'informatique dans votre entourage, demandez-lui de vous traduire le contenu du Tableau 1.1.

Tableau 1.1 : Le matériel requis pour Windows 8.1.

Architecture	*x86 (32 bits)*	*x86 (64 bits)*
Processeur	1 GHz	1 GHz
Mémoire vive (RAM)	1 Go	2 Go
Carte graphique	DirectX 9 avec pilote graphique VDDM 1.0 ou supérieur	
Espace libre sur le disque dur	16 Go	20 Go

En langage clair, ce tableau nous apprend que presque tous les ordinateurs de moins de cinq ans peuvent passer à Windows 8.1 sans trop de problèmes.

Windows 8.1 s'accommode de quasiment tous les programmes qui tournaient sous Windows Vista et sous Windows 7. Il parvient même à exécuter des logiciels conçus pour Windows XP. Mais quelques programmes plus anciens ne fonctionneront pas, notamment ceux axés sur la sécurité, comme les antivirus, les pare-feu et les suites, ou ensembles de logiciels, destinés à sécuriser l'ordinateur. Vous devrez installer une version récente.

TRUC

Vous vous intéressez à un nouveau PC équipé de Windows 8.1, dans une boutique, et vous vous interrogez sur ses performances ? Dirigez le pointeur de la souris vers le coin inférieur gauche, cliquez du bouton droit et, dans le menu, choisissez Système. Le panneau qui apparaît contient un indice de performance Windows qui s'étend de 1 (poussif) à 9,9 (ça plane).

Chapitre 2

Les mystères de l'écran d'accueil

Dans ce chapitre :

- Démarrer Windows 8.1.
- Activer Windows 8.1.
- L'écran d'accueil de style « métro ».
- Passer d'une application à l'autre.
- Trouver des raccourcis dans la barre des charmes.
- Voir toutes les applications et tous les programmes.
- Personnaliser l'écran d'accueil.
- Éteindre l'ordinateur.

Windows 8.1 est doté du classique Bureau, mais c'est surtout le nouvel écran d'accueil qui intrigue. Ses vastes tuiles bigarrées permettent de vérifier rapidement l'arrivée du courrier, de connaître les nouvelles du monde, *etc.*

Avec une tablette, vous pourriez passer la journée à parcourir les applications de l'écran d'accueil du bout du doigt.

Mais sur un écran d'ordinateur, avec au bout de vos doigts les touches du clavier et la souris, vous serez plus enclin à afficher le Bureau et ne plus le quitter, sauf si vous travaillez sur un PC à écran tactile.

Si l'écran d'accueil vous paraît bien triste et confus, cliquez du bouton droit sur le fond d'écran ou dirigez le pointeur de la souris jusque dans un coin de l'écran. Ces actions font apparaître d'intéressants menus cachés.

TRUC

Si l'écran de votre ordinateur est tactile, substituez le mot *toucher* lorsqu'il s'agit de *cliquer,* et *double-toucher* pour *double-cliquer.* Quant au terme *clic du bouton droit,* remplacez-le par *le doigt maintenu sur l'écran.* Relevez le doigt lorsque le menu associé à cette action apparaît.

Bienvenue dans le monde de Windows 8.1

Windows 8.1 apparaît sitôt l'ordinateur allumé. Mais avant de pouvoir l'utiliser, il vous confronte à un écran qui fait barrage : l'écran de verrouillage que montre la Figure 2.1.

TRUC

Nous verrons que Windows 8.1 contrairement à Windows 8, permet de démarrer automatiquement sur le Bureau.

Figure 2.1 : L'écran de verrouillage protège votre ordinateur contre toute intrusion malveillante.

NOUVEAUTÉ WINDOWS 8

Dans les versions antérieures de Windows, vous deviez saisir le mot de passe dès le démarrage de Windows. Avec Windows 8.1, vous devez d'abord déverrouiller un écran. La méthode de déverrouillage varie en fonction du mode de pointage que vous utilisez, c'est-à-dire une souris, un clavier ou un écran tactile :

- **Souris :** cliquez avec n'importe quel bouton.
- **Clavier :** appuyez sur n'importe quelle touche.

  TRUC

  La « n'importe quelle touche » n'existe pas sur un clavier, c'est-à-dire que vous ne trouverez aucune touche portant ce nom. Vous comprenez alors que vous pouvez appuyer sur une touche quelconque du clavier. Mais attention, ne cherchez pas une touche libellée « Quelconque »… décidemment, je ne m'en sortirai jamais !
- **Écran tactile :** effleurez vers le haut.

Après avoir franchi le bien nommé écran de verrouillage, vous arrivez à l'écran où vous devez saisir votre mot de passe (Figure 2.2).

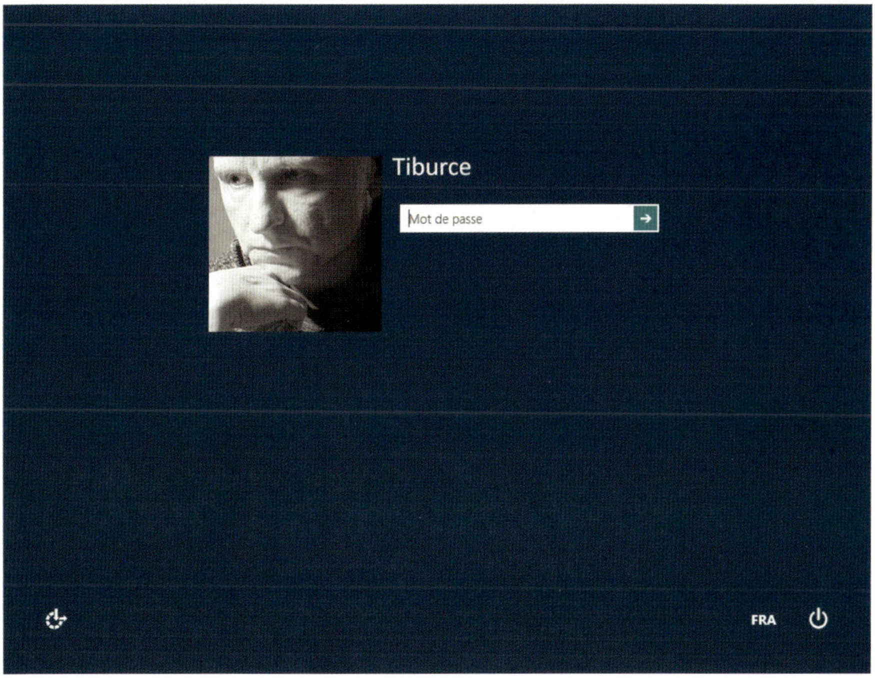

Figure 2.2 : Saisissez votre mot de passe pour arriver à l'écran d'accueil.

Si Windows vous fait quelques misères au moment de saisir votre mot de passe, voici ce que vous pouvez faire :

- **Vous ne voyez pas votre nom, mais vous avez pourtant un compte sur cet ordinateur :** cliquez sur le bouton rond avec une flèche pointant vers la gauche. Windows 8.1 affiche la liste de tous les comptes d'utilisateurs. Vous devriez voir le nom du propriétaire de l'ordinateur, ainsi qu'un compte Administrateur et un compte Invité.
- **Vous venez d'acheter l'ordinateur :** utilisez le compte Administrateur. Il autorise la création d'autres comptes d'utilisateurs, l'installation de programmes, l'établissement d'une connexion Internet et l'accès à *tous* les fichiers présents dans l'ordinateur, même ceux appartenant à d'autres utilisateurs. Dans Windows 8.1, une personne au moins doit être Administrateur.
- **Utilisez le compte Invité :** il est destiné à vos visiteurs (famille, amis, baby-sitter…) qui utilisent temporairement l'ordinateur.
- **Pas de compte Invité ?** Essayez de savoir à qui peut bien être cet ordinateur puis demandez à cette personne de bien vouloir vous créer un compte d'utilisateur, ou au moins d'activer le compte Invité.

Ces histoires de comptes d'utilisateurs vous passent par-dessus la tête ? Eh bien, vous apprendrez tout à leur sujet au Chapitre 14.

Vous n'avez pas l'intention de saisir le mot de passe ? Vous avez alors le choix entre les options suivantes :

- **Le bouton évoquant un fauteuil à roulettes**, en bas à gauche de l'écran, donne accès aux fonctions destinées aux personnes handicapées, comme nous le verrons au Chapitre 12. Si vous avez cliqué dessus par erreur, cliquez sur le fond d'écran pour faire disparaître le menu de configuration.
- **Le bouton en bas à droite** permet d'arrêter l'ordinateur, de le mettre en veille ou de le redémarrer.

Même lorsque vous n'avez pas encore saisi le mot de passe, l'ordinateur affiche des informations. Selon la manière dont vous l'avez configuré, vous verrez, sur l'écran de verrouillage, la date et l'heure, la force du signal Wi-Fi (ou l'icône de la connexion filaire), la charge de la batterie (plus la couleur de l'icône est intense, plus la charge est élevée), vos prochains rendez-vous, le nombre de courriers électroniques non lus, et bien d'autres informations.

Comprendre les comptes d'utilisateurs

Windows permet à plusieurs personnes d'utiliser le même ordinateur tout en séparant nettement leurs activités. Mais pour cela, il doit savoir qui l'utilise actuellement. Quand vous saisissez votre mot de passe après avoir éventuellement cliqué sur votre nom d'utilisateur, vous vous connectez à votre compte d'utilisateur. Vous faites ensuite ce que vous voulez.

Quand vous cessez d'utiliser l'ordinateur, vous vous déconnectez, ce qui met fin à votre session. Quelqu'un d'autre peut alors se connecter à son compte d'utilisateur et se servir de l'ordinateur. Quand vous vous reconnecterez par la suite, vous retrouverez l'ordinateur tel que vous l'aviez laissé, avec tous vos fichiers.

Même si vous mettez la pagaille dans l'ordinateur, c'est *votre* pagaille. Un autre utilisateur ne peut pas accéder à votre session. Votre conjoint ou votre rejeton ne peut pas avoir effacé vos fichiers par erreur, car il n'y a pas accès. Il lui est également impossible de fureter dans votre messagerie.

Tant que vous n'avez pas associé votre photo à votre compte d'utilisateur, vous n'êtes représenté que par une silhouette sur l'écran du mot de passe, comme celle visible dans la Figure 2.2. Pour la remplacer par une photo de vous, cliquez sur votre nom d'utilisateur, en haut à droite de l'écran d'accueil puis, dans le menu local qui apparaît, cliquez sur Modifier l'avatar du compte. Cliquez ensuite sur l'icône Caméra pour prendre une photo de vous avec la webcam intégrée à votre ordinateur. Il n'en a pas ? Dans ce cas, cliquez sur Parcourir et recherchez un de vos plus beaux portraits que vous aurez la joie de revoir chaque matin à l'allumage de votre ordinateur.

Protéger votre compte par un mot de passe

Comme Windows permet à plusieurs personnes d'utiliser le même ordinateur, il est important que les uns n'aillent pas farfouiller dans les documents et la messagerie des autres. De quelle manière ? En protégeant les comptes par un mot de passe.

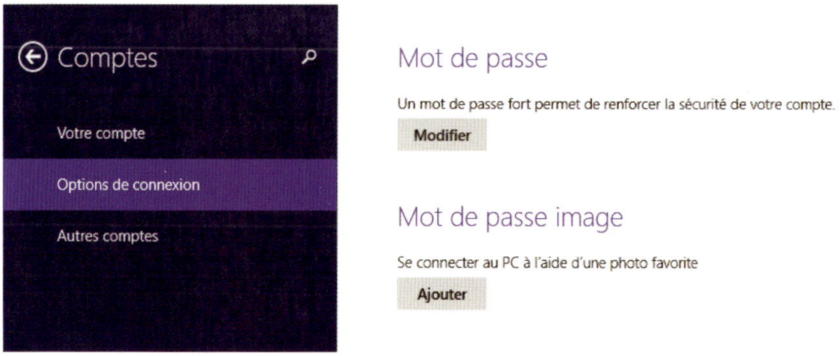

Figure 2.3 : Le mot de passe protège votre confidentialité et votre compte bancaire.

En fait, l'usage d'un mot de passe est plus important que jamais sous Windows 8.1, car il peut stocker des informations de cartes bancaires. En saisissant un mot de passe, vous indiquez à l'ordinateur que c'est bien vous qui accédez au compte. Quand vous avez défini ou modifié un mot de passe dans les paramètres de votre compte comme le montre la Figure 2.3, personne d'autre que vous ne peut accéder à votre compte. Et donc, personne ne pourra consulter vos fichiers ou vos courriers, effectuer des achats ou utiliser des services payants à vos frais.

Utiliser Windows 8.1 pour la première fois

Si vous avez déjà utilisé Windows auparavant, vous risquez de ne pas vous y retrouver dans Windows 8.1. Au démarrage, il ne s'ouvre pas sur le bon vieux Bureau, sauf configuration expresse de votre part, comme nous l'expliquons plus loin dans ce chapitre. À la place, vous avez droit à un écran plein de vignettes multicolores. Qui plus est, certaines d'entre elles changent d'aspect au fil du temps. Mais dès que vous cliquez sur la vignette nommée Bureau, vous accédez au classique Bureau de Windows. Bien que l'écran d'accueil et le Bureau semblent être deux entités distinctes, ils sont en réalité interconnectés de bien des manières. Mais il est difficile de découvrir ces connexions, car elles sont bien cachées.

C'est pourquoi je vous recommande d'exécuter les quelques actions qui suivent la première fois que vous utilisez Windows 8.1. Elles peuvent être effectuées indifféremment depuis l'écran d'accueil ou depuis le Bureau :

- **Dirigez le pointeur de la souris jusque dans un coin de l'écran :** amenez-le dans un coin à droite, et vous verrez apparaître la barre des charmes, un élément décrit plus loin dans ce chapitre. Dirigez le pointeur jusque dans le coin supérieur gauche, et vous verrez la vignette de la dernière application utilisée, prête à redémarrer d'un clic. Dirigez le pointeur jusque dans le coin en bas à gauche, et vous verrez apparaître le bouton Démarrer. Cliquez dessus pour basculer vers le Bureau ou l'écran d'accueil si vous utilisez une application de cette interface. Éloignez le pointeur d'un coin, et l'élément disparaît.
- **Cliquez du bouton droit sur une application, dans l'écran d'accueil :** une barre d'application apparaît en bas de l'écran. Elle contient des icônes correspondant à diverses actions. Cliquez de nouveau du bouton droit sur la même application, et la barre disparaît.

Ces manipulations à la souris fonctionnent aussi bien avec un ordinateur (portable ou de bureau) qu'avec une tablette. Mais si vous utilisez Windows 8.1 sur une tablette, ces mêmes manipulations peuvent être faites de manière digitale :

- **Effleurez du bord droit vers l'intérieur :** la barre des charmes apparaît. Pour la faire disparaître, touchez ailleurs sur l'écran.
- **Effleurez du bord supérieur vers le bord inférieur :** l'application actuellement utilisée suit le mouvement et finit par devenir une vignette. Lorsque le doigt arrive tout en bas, l'application disparaît et se ferme. Continuez ainsi avec d'autres applications et il ne restera plus que le seul élément qui ne puisse pas être fermé : l'écran d'accueil.
- **Effleurez du bord gauche vers l'intérieur :** la dernière application utilisée est tirée sur l'écran, prête à être utilisée. Répétez cette action et vous aurez tour à tour activé tous les programmes et applications ouverts, y compris le Bureau lui-même.

N'hésitez pas à cliquer, tirer ou effleurer dans tous les coins et à tous les bords. Découvrir les menus cachés est la première étape pour comprendre l'étrange univers de Windows 8.1.

Voici comment définir ou modifier votre mot de passe :

1. **Activez la barre des charmes puis cliquez sur l'icône Paramètres.**

   Le contenu de la barre des charmes est décrit un peu plus loin dans ce chapitre. Vous la faites apparaître de l'une ou l'autre de ces manières :

   - *Souris :* dirigez le pointeur de la souris jusque dans le coin supérieur droit ou inférieur droit de l'écran.
   - *Clavier :* appuyez sur les touches Windows + C. (Facile à mémoriser car il suffit de penser à « C » pour « charmes ».)
   - *Écran tactile :* effleurez du bord droit de l'écran vers l'intérieur.

   Dans la barre des charmes, cliquez sur l'icône Paramètres. Le volet Paramètres apparaît.

2. **En bas du volet Paramètres, cliquez sur Modifier les paramètres du PC.**

   L'écran Paramètres du PC apparaît.

3. **Dans le volet de gauche, cliquez sur la catégorie Comptes, puis cliquez sur Votre compte.**

4. **Dans les options du volet de droite, cliquez sur le bouton Modifier de la section Mot de passe (ou, pour en définir un, cliquez sur Créer).**

   Vous devrez saisir votre mot de passe actuel pour continuer.

5. **Saisissez le nouveau mot de passe.**

   Choisissez par exemple le nom de votre légume ou fruit préféré, ou la marque de votre dentifrice. Pour renforcer la sécurité, incorporez un chiffre au mot de passe, comme dans **6tron** ou **salle2bain**.

6. **Saisissez-le une seconde fois dans le champ Entrez de nouveau de mot de passe, afin de le confirmer.**

7. **Dans le champ Indication de mot de passe, saisissez un pense-bête qui vous permettra à vous – et à personne d'autre – de vous souvenir du mot de passe.**

   Windows ne vous autorise pas à utiliser le mot de passe lui-même comme pense-bête. Soyez un peu plus créatif.

8. **Cliquez sur le bouton Suivant puis sur Terminer.**

Vous ne créerez jamais un mot de passe en passant par la personnalisation des comptes puisqu'un mot de passe est requis dès que vous ajoutez un nouveau compte. L'écran Comptes permet uniquement de modifier le mot de passe d'un compte.

Après avoir défini un mot de passe, il sera exigé pour utiliser l'ordinateur. Voici quelques informations utiles supplémentaires :

- Un mot de passe est *sensible à la casse typographique*. Les mots *Caviar* et *caviar* sont différents.
- Vous avez complètement oublié votre mot de passe ? Reportez-vous au Chapitre 14 où vous apprendrez comment réaliser un *disque de réinitialisation du mot de passe.*
- Windows permet de créer un mot de passe image. Vous devrez alors tirer la souris ou le doigt sur une photo, dans un ordre établi. Au lieu de saisir le mot de passe, vous répétez les gestes. Le mot de passe image convient bien mieux aux écrans tactiles qu'à ceux qui ne le sont pas.
- Une autre option consiste à créer ou à ajouter un code confidentiel. Il s'agit d'un code à quatre chiffres comparable au code PIN des téléphones mobiles ou au code d'une carte bancaire.
- Un trou de mémoire ? Lorsque le mot de passe est erroné, Windows affiche votre pense-bête, si vous l'avez bien sûr défini. Veillez à ce qu'il ne soit pas trop explicite. En dernier recours, insérez le disque de réinitialisation du mot de passe, comme expliqué au Chapitre 14.

Vous découvrirez bien d'autres informations sur les comptes d'utilisateurs au Chapitre 14.

Ouvrir un compte Microsoft

Quand vous utilisez Windows 8.1 pour la première fois, ou quand vous essayez d'accéder à certaines applications de l'écran d'accueil, ou quand vous tentez seulement de modifier un paramètre, le système peut vous inviter à utiliser un compte Microsoft.

Ne vous laissez pas intimider. En effet, n'importe quel compte de messagerie peut en réalité être utilisé. Ainsi, si vous avez des comptes Free, Orange, Yahoo!, Gmail, *etc.*, vous pouvez parfaitement les utiliser là où Microsoft laisse croire qu'un compte propriétaire est obligatoire. Si vous ne souscrivez pas un compte Microsoft, c'est-à-dire Hotmail ou Live, Microsoft enverra simplement un message au compte que vous avez indiqué afin que vous confirmiez son utilisation. Dès lors, il sera considéré par Windows 8.1 comme un compte Microsoft. Vous pourrez alors profiter de toutes les fonctionnalités du système alors que vous auriez pu croire qu'un compte Live ou Hotmail était vraiment nécessaire.

Supprimer le mot de passe

Windows demande le mot de passe uniquement s'il lui est indispensable de savoir qui utilise l'ordinateur, pour les raisons suivantes :

- L'ordinateur est connecté à un réseau. Votre identité détermine vos droits d'accès à tel ou tel élément.
- Le propriétaire de l'ordinateur désire limiter vos actions.
- L'ordinateur est utilisé par plusieurs personnes, et il est exclu qu'elles puissent l'utiliser en votre nom et modifier vos fichiers et vos paramètres.
- Vous possédez un compte Microsoft, ce qui est obligatoire pour certaines applications.

Si tous ces points ne vous concernent pas, supprimez le mot de passe en choisissant l'option Modifier à l'Étape 3 de la manipulation précédente. Laissez le champ Nouveau mot de passe vide puis cliquez sur Suivant.

Sans mot de passe, n'importe qui peut accéder à votre compte d'utilisateur et visualiser, modifier ou supprimer vos fichiers. Dans un bureau, cela peut poser un sérieux problème. Si un mot de passe vous a été attribué, il vaut mieux le conserver.

Toutefois, si pour une raison obscure, votre compte de messagerie était refusé par Microsoft, voici comment créer un compte Hotmail ou Live :

1. **Si vous travaillez dans l'écran d'accueil, accédez à l'interface Bureau de Windows 8.1 en appuyant sur Win + D, ou en cliquant sur la vignette Bureau.**

   TRUC

   Une autre technique consiste à placer le pointeur de la souris dans l'angle inférieur gauche de l'écran d'accueil, et à cliquer sur le bouton Démarrer.

   NOUVEAUTÉ WINDOWS 8

   Si le bouton Démarrer ne bascule pas vers le Bureau mais vers l'écran Applications, c'est qu'il a été configuré autrement à votre insu. Nous verrons plus tard comment configurer l'action du bouton Démarrer de Windows 8.1.

2. **Cliquez sur l'icône Internet Explorer située sur le bord gauche de la barre des tâches du Bureau.**

3. **Dans la barre d'adresse d'Internet Explorer, tapez outlook.com et appuyez sur la touche Entrée de votre clavier.**

   Vous accédez à la page d'accueil du site Outlook (la messagerie de Microsoft) illustrée à la Figure 2.4.

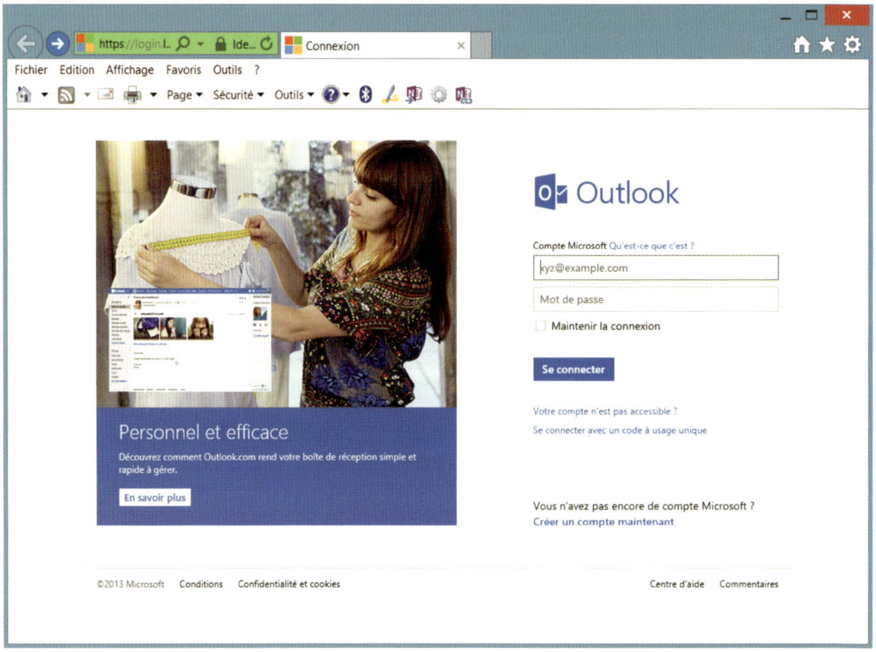

Figure 2.4 : Créez un compte Microsoft via son nouveau service Outlook.com.

4. **Cliquez sur le lien Créer un compte maintenant.**
5. **Remplissez les divers champs du formulaire, et choisissez le domaine de votre messagerie dans le menu local @.**

   Vous avez le choix entre @outlook.fr, @live.fr, et @hotmail.fr.

Une fois votre compte créé et validé, utilisez-le avec Windows 8.1.

Le nouvel écran d'accueil de Windows 8.1

L'écran d'accueil de Windows 8.1 n'a rien de commun avec le classique Bureau.

En fait, l'écran d'accueil (Figure 2.5) apparaît chaque fois que vous allumez l'ordinateur. (Nous verrons qu'il est toutefois possible de démarrer directement sur le Bureau.) Chaque vignette représente un programme installé dans l'ordinateur.

Figure 2.5 : Cliquez sur une vignette pour démarrer une application ou un programme.

Quand vous utilisez l'ordinateur, vous passez constamment de l'écran d'accueil au Bureau décrit au prochain chapitre, et inversement.

L'écran d'accueil permet notamment d'ajuster la configuration de Windows, de trouver de l'aide dans les situations problématiques, et de mettre Windows en veille ou d'éteindre l'ordinateur.

Certaines vignettes affichent leur contenu en permanence. Par exemple, la vignette Calendrier montre toujours la date du jour ainsi que les prochains rendez-vous. L'application Courrier affiche tour à tour les premiers mots des messages qui viennent d'arriver.

L'aspect de l'écran d'accueil change en fonction des applications et des programmes que vous ajoutez. C'est pourquoi il n'y a jamais deux écrans d'accueil identiques.

Voici quelques conseils qui facilitent l'usage de l'écran d'accueil :

TRUC

- Cliquez sur la vignette Bureau pour accéder au classique Bureau de Windows décrit dans le prochain chapitre.
- Si vous préférez éviter l'écran d'accueil et rester plutôt sur le Bureau, vous apprendrez aussi comment, au prochain chapitre.

TRUC

- Votre souris est équipée d'une molette ? Actionnez-la pour faire défiler horizontalement le contenu de l'écran d'accueil.

- L'écran d'accueil défile aussi lorsque le pointeur de la souris arrive à un bord latéral et qu'il existe des vignettes au-delà.
- Lorsque des vignettes se trouvent hors de l'écran, à droite ou à gauche, actionnez la barre de défilement, en bas de l'écran, pour les voir.
- Tirez le contenu d'un écran tactile du bout du doigt, vers la droite ou vers la gauche.
- Les touches fléchées Droite et Gauche font aussi défiler l'écran d'accueil lorsqu'il s'étend au-delà de ce qui est visible. Appuyez sur la touche Fin pour arriver à l'extrémité droite de l'écran. Appuyez sur la touche Début pour réafficher l'écran d'accueil comme normalement.
- Windows 8.1 contient quelques passages secrets cachés dans les coins de l'écran, ainsi que quelques raccourcis clavier (voir Tableau 2.1).

Tableau 2.1 : Les commandes cachées de Windows 8.1.

Pour faire ceci…	*… avec cela,*	*Faites ceci*
Accéder à l'écran d'accueil.	Souris	Dirigez le pointeur jusque dans le coin inférieur gauche. Dès que la vignette du bouton Démarrer apparaît, cliquez dessus.
	Clavier	Appuyez sur la touche Windows (en bas à gauche du clavier).
	Écran tactile	Appuyez sur la touche Windows en bas de l'écran.
Passer à une autre application ouverte.	Souris	Placez le pointeur dans le coin supérieur gauche de l'écran puis glissez vers le bas. Cliquez ensuite sur la vignette de l'application à utiliser.
	Clavier	La touche Alt enfoncée, appuyez à répétition sur la touche Tab. Relâchez les touches lorsque l'application à utiliser est sélectionnée.
	Écran tactile	Effleurez l'écran du bord gauche vers l'intérieur, puis en sens inverse. Touchez ensuite l'application désirée.

Démarrer une application ou un programme depuis l'écran d'accueil

Dans Windows 8.1, les applications – qui sont en fait des logiciels exécutant des tâches simples – sont stockées dans l'écran d'accueil. Dans Windows 8.1, tous les programmes et logiciels sont appelés « applications ». Même le Bureau est devenu une « application Bureau ».

Chaque vignette de l'écran d'accueil est un bouton qui démarre une application ou un classique logiciel sous Windows. Vous avez pour cela le choix entre plusieurs procédés :

- **Souris :** cliquez sur la vignette (avec l'habituel bouton gauche).
- **Clavier :** appuyez sur les touches fléchées jusqu'à ce qu'un liseré entoure la vignette désirée. Appuyez ensuite sur la touche Entrée.
- **Écran tactile :** touchez la vignette du bout du doigt.

Quelle que soit la technique adoptée, l'application emplit l'écran, prête à vous informer, vous divertir et parfois même les deux.

Nous reviendrons plus loin dans ce chapitre sur les applications de Windows 8.1. Si vous le désirez, vous pouvez en ajouter en cliquant sur la vignette Windows Store. Le téléchargement des applications est expliqué au Chapitre 6.

Ouvrir et fermer une application

Une application occupe tout l'écran sans qu'aucun menu ne soit visible. Cela complique leur utilisation et rend aussi plus difficile le passage de l'une à l'autre.

Comment passer de l'un à l'autre des programmes ou applications récemment utilisés ? En procédant de la manière suivante :

1. **Dirigez le pointeur de la souris jusque dans le coin inférieur gauche.**

   La vignette de la dernière application utilisée apparaît. Cliquez dessus pour l'ouvrir. Pour accéder à d'autres applications que vous venez d'utiliser, passez à l'étape suivante.

2. **Quand l'icône Bureau apparaît, déplacez le pointeur de la souris le long du bord gauche.**

   Une barre apparaît. Elle contient la vignette de toutes les applications ouvertes.

Figure 2.6 : Pour voir les applications actuellement ouvertes, déplacez le pointeur de la souris le long du bord gauche, à partir du coin en bas à gauche.

3. **Pour réutiliser une application, cliquez sur sa vignette.**

4. **Pour fermer une application, cliquez du bouton droit sur sa vignette, dans la barre de gauche, et choisissez Fermer.**

Les quelques astuces qui suivent vous aident à accéder aux applications ouvertes et aussi à les fermer :

- Pour passer d'une application ouverte à une autre, maintenez la touche Windows enfoncée et appuyez à répétition sur la touche Tab. La même barre que celle de la Figure 2.6 apparaît sur le bord gauche. Chaque fois que vous appuyez sur Tab, une autre application est sélectionnée. Pour utiliser l'application sélectionnée, relâchez les deux touches.
- La barre des applications récemment utilisées peut être affichée aussi bien depuis l'écran d'accueil que depuis le Bureau, et de la même manière.
- Après avoir fermé une application à l'Étape 4, la barre reste affichée. Vous pouvez fermer d'autres applications en cliquant dessus du bouton droit et en cliquant ensuite sur le bouton Fermer.
- Pour fermer l'application en cours, dirigez le pointeur de la souris vers le bord supérieur de l'écran. Quand il se transforme en main, tirez-le jusque tout en bas de l'écran. L'application est alors fermée. Cette astuce fonctionne même avec le Bureau.

C'est quoi, une application ?

Le terme « application » est emprunté à l'univers des smartphones capables d'exécuter des petits programmes (NdT : le terme « application » est aussi et surtout emprunté à l'univers du Mac, où il est l'équivalent de « programme ». Dans les deux cas, ce sont des logiciels). Les applications diffèrent des traditionnels programmes Windows sous ces aspects :

- Les applications Windows ne peuvent provenir que d'un seul endroit : la boutique Windows Store. Sitôt téléchargées, les applications sont automatiquement installées. Beaucoup d'applications sont gratuites, d'autres sont payantes.
- Seules des applications Windows peuvent tourner sous Windows. Celles destinées aux iPhone et aux smartphones Android ne sont pas utilisables avec Windows. Certaines applications sont déclinées pour les différents systèmes d'exploitation (iOS, Android, Windows…) mais ces versions peuvent différer les unes des autres.
- Une application en cours d'utilisation occupe la totalité de l'écran. Windows 8.1 propose cependant un moyen assez peu commode d'en juxtaposer deux, comme nous le verrons d'ici peu dans ce chapitre.
- Les applications sont généralement assez faciles à utiliser, mais cette simplicité s'accompagne de restrictions. Beaucoup d'applications ne permettent pas de copier du texte, des images ou des liens. Il n'existe souvent aucun moyen de partager le contenu d'une application avec des amis, ou de laisser un commentaire public. La plupart des applications sont loin d'être aussi puissantes que les classiques logiciels.

Bien que pour Windows 8.1, les logiciels soient aussi des applications, une grande différence demeure : un logiciel pour Windows ne fonctionne que sur le Bureau alors que les applications ne fonctionnent que dans l'écran d'accueil.

Trouver une application ou un programme dans l'écran d'accueil

Vous pouvez parcourir l'écran d'accueil dans toute sa largeur – qui peut-être vaste lorsqu'il est bien rempli – et vous fier à votre regard d'aigle pour trouver le programme ou l'application dont vous avez besoin, mais parfois, c'est fort laborieux. Windows 8.1 propose heureusement quelques raccourcis :

- Cliquez du bouton droit sur le fond de l'écran d'accueil. Une barre apparaît en bas de l'écran avec, à gauche, une icône nommée Toutes les applications. Cliquez dessus pour accéder à une liste alphabétique de tous les programmes et applications présents dans l'ordinateur. Cliquez sur l'un d'eux pour l'ouvrir.

- Saisissez le nom de l'application directement au clavier. Au fur et à mesure, Windows 8.1 affiche toutes les applications dont le nom commence par les lettres saisies.
- Effleurez l'écran tactile vers le bas puis, dans la barre qui apparaît au pied de l'écran, touchez l'icône Toutes les applications.

Ajouter ou ôter des éléments dans l'écran d'accueil

Ôter un élément de l'écran d'accueil est facile ; c'est pourquoi nous commencerons par là. Il suffit en effet de cliquer du bouton droit sur la vignette devenue inutile puis de cliquer sur Détacher de l'écran d'accueil, dans la barre inférieure qui vient d'apparaître. La vignette disparaît aussitôt.

Mais vous serez plutôt enclin à ajouter des éléments à l'écran d'accueil, pour la raison que voici : il est facile de s'échapper de l'écran d'accueil en cliquant sur la vignette Bureau. Mais une fois sur le Bureau, comment démarrer un programme sans être obligé de retourner dans l'écran d'accueil ?

Pour éviter ces pénibles va-et-vient, placez dans l'écran d'accueil vos éléments favoris, comme les programmes, les dossiers et les réglages. Ensuite, au lieu de surcharger le Bureau au risque de ne plus s'y retrouver, vous accéderez à l'élément directement depuis l'écran d'accueil.

Après avoir ainsi rempli l'écran d'accueil, reportez-vous à la section « Personnaliser l'écran d'accueil », plus loin dans ce chapitre, pour placer vos éléments dans des groupes distincts.

Voici comment ajouter des programmes ou des applications à l'écran d'accueil :

1. **Cliquez sur le bouton Toutes les applications.**

   Cliquez du bouton droit sur le fond de l'écran d'accueil, ou appuyez sur Windows + Z. Le bouton Toutes les applications se trouve à droite.

   Sur un écran tactile, effleurez du bas de l'écran vers le haut puis touchez le bouton Toutes les applications.

   Dans les deux cas, la liste alphabétique de tous les programmes et applications est affichée.

2. **Cliquez du bouton droit sur l'élément à placer dans l'écran d'accueil et, dans la barre en bas de l'écran, choisissez Épingler à l'écran d'accueil.**

3. **Répétez l'Étape 2 pour tous les éléments à ajouter.**

   Il est hélas impossible de sélectionner plusieurs éléments à la fois.

4. **Cliquez sur la vignette Bureau.**

   Le Bureau apparaît.

5. **Cliquez du bouton droit sur un élément et, dans le menu, choisissez Épingler à l'écran d'accueil.**

   L'élément en question peut être une bibliothèque, un dossier, un fichier, *etc*. Il devient aussitôt une vignette visible parmi les programmes, dans l'écran d'accueil.

Après avoir épinglé bon nombre d'éléments dans l'écran d'accueil, ce dernier sera bien rempli.

Figure 2.7 : La barre des charmes de Windows 8.1, à droite, donne accès à de nombreuses fonctions.

La barre des charmes et ses raccourcis cachés

La barre d'icônes que montre la Figure 2.7 contient cinq icônes permettant d'exécuter diverses actions. Par exemple, quand vous avez visité un site Web et que vous désirez le faire connaître à un ami, faites apparaître la barre des charmes, choisissez Partager, puis sélectionnez la personne à qui vous désirez montrer ce site.

La barre d'icônes peut être affichée aussi bien depuis l'écran d'accueil, le Bureau, et même depuis une application ou un logiciel, en procédant ainsi :

- **Souris :** dirigez le pointeur jusque dans le coin supérieur droit ou inférieur droit.
- **Clavier :** appuyez sur les touches Windows + C.
- **Écran tactile :** effleurez du bord droit de l'écran vers l'intérieur.

Cinq icônes apparaissent à droite, prêtes à être utilisées. Voici à quoi elles servent :

- **Rechercher :** lorsque vous cliquez dessus, Windows présume que vous désirez rechercher parmi les éléments actuellement visibles. Pour préciser la recherche, cliquez sur l'une des options proposées : Applications, Paramètres ou Fichiers (la recherche est expliquée au Chapitre 7).

- **Partager :** cette icône sert à partager ce qui est actuellement affiché. Par exemple, quand une page Internet est affichée, cliquer sur l'icône Partager permet de choisir l'application Courrier pour envoyer le lien de la page à un ami (le courrier électronique fait l'objet du Chapitre 10).

- **Accueil :** donne accès au Bureau. La touche Windows de votre clavier en fait autant.
- **Périphériques :** choisissez cette icône pour envoyer le contenu de l'écran vers un autre périphérique, comme une imprimante, un second écran, voire un smartphone. La liste n'énumère que les périphériques actuellement connectés à l'ordinateur et capables de recevoir le contenu de l'écran.

- **Paramètres :** donne accès aux six principaux réglages de l'ordinateur : le réseau, le volume sonore, la luminosité de l'écran, les notifications, le bouton marche/arrêt et le type de clavier. Cela ne vous suffit pas ? Dans ce cas, cliquez sur Modifier les paramètres du PC, tout en bas de la barre. Vous accédez ainsi à l'écran Paramètres du PC expliqué au Chapitre 12.

Le Tableau 2.2 présente quelques raccourcis clavier de la barre des charmes.

Tableau 2.2 : Les raccourcis clavier de la barre des charmes.

Pour faire ceci…	*… appuyez sur ces touches*
Afficher la barre des charmes	Windows + C
Rechercher des applications, des fichiers ou des paramètres	Windows + Q
Partager ce qui est affiché à l'écran	Windows + H
Passer de l'écran d'accueil au Bureau et inversement	Windows
Voir les périphériques connectés	Windows + K
Modifier les paramètres	Windows + I

Les applications livrées avec Windows

Windows 8.1 est livré avec des applications, représentées chacune par une vignette rectangulaire ou carrée. Chacune d'elles étant légendée, vous ne pouvez pas vous tromper.

La vignette de certaines applications, appelée *vignette dynamique,* change constamment. La vignette Finance, par exemple, est régulièrement mise à jour avec les deniers cours de la Bourse. La vignette Météo indique le temps qu'il fait.

Le grand reproche fait à la version 8 de Windows était la difficulté que rencontraient les utilisateurs pour exécuter des programmes ne figurant ni sur l'écran d'accueil, ni sur le Bureau (ou sa barre des tâches). Désormais, voici comment accéder rapidement à la liste complète des applications installées sur votre PC :

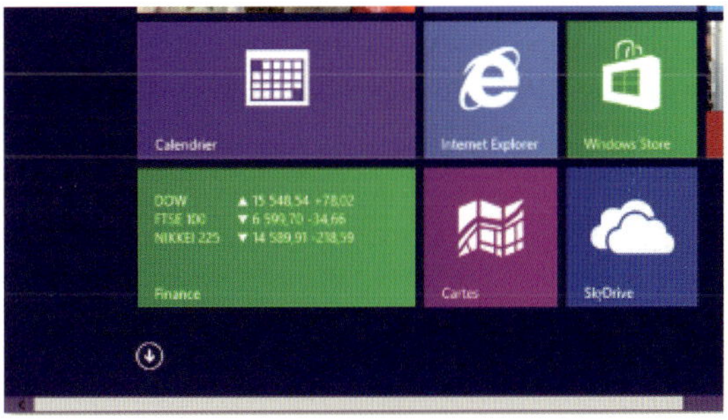

Figure 2.8 : Accès rapide à toutes les applications installées sur votre ordinateur.

1. **Affichez l'écran d'accueil en appuyant sur la touche Windows de votre clavier.**

2. **Dans la partie inférieure gauche de l'écran, cliquez sur l'icône d'une flèche dirigée vers le bas.**

   Vous affichez l'écran Applications comme le montre la Figure 2.8.

3. **Consultez cette liste alphabétique pour localiser le programme que vous souhaitez utiliser, et cliquez sur sa vignette.**

4. **Pour trier différemment les applications, ouvrez le menu local situé à droite du titre Applications. Cliquez sur le mode de tri à appliquer (Figure 2.9).**

   Ainsi, pour accéder rapidement aux programmes que vous utilisez fréquemment, choisissez l'option Par fréquence d'utilisation.

Le tri sera effectif tant que vous ne le modifiez pas. Ainsi, vous retrouverez cette liste d'applications même après avoir éteint puis redémarré votre ordinateur.

Figure 2.9 : Vous pouvez désormais trier les applications.

Toutes ou certaines de ces applications se trouvent dans l'écran d'accueil, prêtes à être utilisées d'un seul clic dessus :

- **Actualités :** présente une revue de presse des journaux, magazines et agences.
- **Bureau :** donne accès au classique Bureau de Windows, auquel tout le Chapitre 3 est consacré.
- **Calendrier :** permet de noter des rendez-vous ou de récupérer ceux déjà définis sur les comptes Google ou Hotmail.
- **Caméra :** décrite au Chapitre 17, cette application permet de prendre une photo avec la webcam de votre ordinateur.
- **Cartes :** commode pour préparer un déplacement, cette application utilise la cartographie de Bing, qui appartient à Microsoft.
- **Connexion Bureau à distance :** conçue pour les environnements professionnels, cette application permet de se connecter à un PC distant et de le commander comme si vous étiez installé devant.
- **Contacts :** la particularité de cette application, décrite au Chapitre 10, est qu'après s'être connectée à vos comptes Facebook, Twitter, Google et d'autres, elle récupère tous les contacts qui s'y trouvent ainsi que leurs informations.
- **Courrier :** cette application, décrite au Chapitre 10, permet d'échanger du courrier électronique. Si vous entrez un compte Hotmail ou Google, l'application la prend automatiquement en compte et récupère la liste des contacts.
- **Finance :** présente, avec un décalage de trente minutes, les cours du CAC 40 ainsi que l'actualité financière et les performances des marchés.

- **Internet Explorer :** décrit au Chapitre 9, cette miniversion du navigateur Internet affiche une page Internet en plein écran, mais sans menu ni onglet. Appuyez sur la touche Windows pour la quitter.
- **Jeux :** donne accès aux jeux vidéo. Beaucoup peuvent être joués à plusieurs, *via* l'Internet.
- **Lecteur :** cette application sert à lire les documents au format PDF (*Portable Document Format,* format de document portable). Elle est activée sitôt que vous ouvrez un document PDF.
- **Messages :** cette application, décrite au Chapitre 10, permet d'envoyer des messages *via* Facebook, Instant Messenger (la messagerie instantanée de Microsoft) et d'autres messageries du même genre.
- **Météo :** cette application fournit des prévisions détaillées à dix jours ainsi que des statistiques. À condition de l'autoriser à vous localiser, elle indique la météo là où vous vous trouvez. Ou plus précisément, dans un lieu plus ou moins à proximité, sauf si votre tablette est équipée d'un GPS.
- **Musique :** décrite au Chapitre 16, cette application sert à écouter la musique stockée dans votre ordinateur, mais aussi à acheter des morceaux sur la boutique virtuelle de Microsoft.
- **Photos :** cette application, décrite au Chapitre 17, affiche les photos présentes dans l'ordinateur, ainsi que celles que vous avez placées sur Facebook, Flickr ou SkyDrive.
- **SkyDrive :** c'est l'espace de stockage que Microsoft met à la disposition des utilisateurs. Ce stockage distant, aussi connu sous le nom d'« informatique en nuage » ou d'« informatique dématérialisée » vous permet d'accéder à vos fichiers où que vous soyez dans le monde, dès lors que l'ordinateur peut accéder à l'Internet. Nous y reviendrons au Chapitre 5.
- **Sport :** vous trouverez ici l'actualité sportive, le calendrier des matchs et la possibilité d'ajouter vos équipes préférées.
- **Vidéo :** cette application, décrite au Chapitre 17, fonctionne plutôt comme une boutique de location de films. Il est possible de visionner des extraits.
- **Voyage :** cette application, qui ressemble à la vitrine d'une agence de voyages, propose des destinations, recherche des hôtels et des vols et fournit des informations pratiques.
- **Windows Defender :** ce détecteur de menaces informatiques, décrit au Chapitre 11, vérifie les données en provenance de l'Internet afin d'empêcher les intrusions néfastes.

- **Windows Store :** décrite au Chapitre 6, la boutique Windows Store est le seul endroit d'où vous pouvez télécharger des applications supplémentaires pour l'écran d'accueil. Les logiciels que vous installez à partir du Bureau, comme expliqué au Chapitre 3, placent automatiquement un raccourci dans l'écran d'accueil.
- **Xbox Games :** conçue pour les possesseurs d'une console Xbox 360 de Microsoft, cette application permet de voir les scores, les amis et les jeux. Elle permet aussi de visionner les annonces des jeux et d'en acheter.

NOUVEAUTÉ WINDOWS 8

La version 8.1 arrive avec son lot de nouvelles applications dont voici un rapide aperçu :

- **Alarmes :** application qui met à votre disposition une alarme, un minuteur, et un chronomètre. Simple et efficace.
- **Calculatrice :** vous disposez désormais d'une calculatrice standard et scientifique, ainsi que d'un convertisseur de devises.
- **Cuisine et vins :** pour répertorier des recettes de cuisine, dresser la liste de vos courses, et faire le planning des repas de la semaine.
- **Liste de lecture :** pour rechercher du contenu écrit aussi bien sur Internet que dans vos fichiers ou vos notifications. En les stockant dans cet espace, vous pourrez les lire à tête reposée.
- **Magnétophone :** permet d'enregistrer des commentaires, des pense-bêtes, et tout ce qui vous passe par la tête. Bien entendu, un périphérique de capture de son doit être connecté à votre ordinateur. Il pourra s'agir du microphone de votre webcam.
- **Numériser :** si un scanner est connecté à votre ordinateur, vous pourrez lancer la numérisation de documents sans passer par le Bureau et une application d'édition des images.
- **Santé et Fitness :** permet de tenir un véritable carnet de santé, de régime, et d'activité physique.

Le Chapitre 3 explique plus en détail l'utilisation des applications.

Personnaliser l'écran d'accueil

L'écran d'accueil est un réceptacle dont le contenu ne cesse de grandir au fur et à mesure que vous ajoutez des éléments. Au bout d'un moment, un minimum d'organisation s'impose. Autrement, comment pourriez-vous retrouver la vignette que vous recherchez parmi des dizaines et des dizaines de vignettes de toutes les couleurs ?

Vous pouvez également modifier l'interface même de cet écran d'accueil.

Organiser les vignettes

Pour retrouver rapidement vos petits dans la kyrielle de vignettes qui risque d'envahir votre écran d'accueil, créez de groupes de vignettes thématiques, comme Travail, Loisir, Internet en vous conformant à la procédure suivante :

1. **Ôtez les vignettes dont vous n'avez plus besoin.**

   Pour ôter une vignette, cliquez dessus du bouton droit et, dans la barre d'application qui apparaît en bas de l'écran, cliquez sur Détacher de l'écran d'accueil. Répétez la manœuvre jusqu'à ce que vous ayez ôté toutes les vignettes inutiles.

   Vous pouvez sélectionner plusieurs vignettes et toutes les supprimer en cliquant sur ce bouton.

   Ôter une vignette avec la commande Détacher de l'écran d'accueil ne supprime pas l'application ou le programme. Si vous en avez ôté par inadvertance, vous pourrez facilement la remettre en place à l'Étape 3.

2. **Repositionnez les vignettes les unes par rapport aux autres.**

   Par exemple, réunissez les vignettes Cartes et Voyage. Pour déplacer une vignette, cliquez dessus et, sans relâcher le bouton de la souris, glissez-la jusqu'à l'emplacement désiré. Les vignettes en place s'écartent pour laisser passer celle que vous repositionnez.

   Modifiez la taille des vignettes pour mieux les organiser sur l'écran. Pour cela, faites un clic droit sur la ou les vignettes concernées afin de les sélectionner. Une coche apparaît dans leur angle supérieur droit. Ensuite, cliquez sur le bouton Redimensionner de la barre d'application qui s'affiche en bas de l'écran. Dans le menu local qui apparaît, choisissez une des quatre options suivantes : Grandes, Larges, Moyennes, ou Petites.

3. **Ajoutez les vignettes des applications, programmes, dossiers et fichiers dont vous avez besoin.**

   Nous avons vu précédemment, à la section « Ajouter ou ôter des éléments dans l'écran d'accueil » comment faire.

   Après avoir fait le ménage, l'écran est un peu plus ordonné. Mais il est fort possible que des éléments se trouvent hors de l'écran, vers la droite. Comment faire, dans ce cas, pour accéder aux éléments les plus importants ?

   Quand il venait d'être installé, l'écran d'accueil de Windows 8.1 contenait plusieurs groupes de vignettes bien distincts, séparés par un petit espace. Microsoft n'a pas même cru bon de nommer ces groupes.

Le groupe des applications est lui-même scindé en deux, ce qui nous amène à la prochaine étape.

4. **Observez la répartition des applications dans l'écran d'accueil.**

   Comme le montre la Figure 2.10, un espace plus large que celui entre les vignettes sépare les groupes.

5. **Pour créer un nouveau groupe, tirez une vignette jusque sur l'espace entre deux groupes.**

   Une barre verticale apparaît (Figure 2.11) et l'espace entre les groupes s'élargit pour recevoir la vignette. Déposez la vignette : elle forme un nouveau groupe à elle seule.

Figure 2.10 : Les groupes sont nettement séparés.

6. **Pour ajouter d'autres vignettes dans le groupe qui vient d'être créé, glissez-déposez-les dans le nouveau groupe.**

   Peut-être désirez-vous nommer les groupes que vous créez ? C'est ce que nous verrons à la prochaine étape.

7. **Faites un clic droit sur un espace vide de l'écran d'accueil.**

   La barre d'application s'affiche.

8. **Cliquez sur le bouton Personnaliser.**

   Chaque groupe de vignettes affiche un champ Nommer le groupe.

9. **Cliquez dans le champ Nommer le groupe et tapez le nouveau nom du groupe. Validez ce nom en appuyant sur la touche Entrée de votre clavier.**

Pour modifier le nom d'un groupe, procédez comme aux Étapes 7 et 8. En revanche, à l'Étape 9, cliquez sur la croix située sur le bord droit du champ. Le nom en cours disparaît. Tapez le nouveau.

Figure 2.11 : Pour créer un nouveau groupe, tirez une vignette entre deux groupes existants. Déposez-la lorsque la barre verticale apparaît.

Pour repositionner vos groupes, cliquez sur le bouton « moins », situé en bas à droite de l'écran. Le contenu de l'écran est réduit comme à la Figure 2.12 afin que toutes les vignettes et leurs groupes soient visibles.

Figure 2.12 : Cliquez sur un groupe et repositionnez-le où bon vous semble.

Repositionnez les groupes à votre convenance.

10. **Cliquez sur l'écran d'accueil pour quitter ce mode d'affichage des groupes.**

    Les groupes apparaissent sur l'écran d'accueil avec la disposition qui vient d'être définie.

Voici quelques conseils en prime :

- Il n'existe pas de bonne ou de mauvaise manière d'organiser l'écran d'accueil. Comme dans le monde réel, cela ne dépend que de vous.
- Au fur et à mesure que vous installerez d'autres applications et des logiciels, vous devrez refaire le ménage parmi les nouvelles vignettes. N'attendez pas qu'elles soient très nombreuses pour vous y mettre.
- Créez aussi des groupes pour vos sites Internet préférés. Il vous sera plus facile d'y retourner que depuis les favoris d'Internet Explorer.
- Si passer de l'écran d'accueil au Bureau et inversement est pénible pour vos yeux, appliquez au Bureau la même couleur de fond que l'écran d'accueil, comme expliqué au Chapitre 12.

Personnaliser l'interface de l'écran d'accueil

La version 8 ne permettait pas de modifier l'apparence de l'écran d'accueil, sauf à en modifier la couleur de fond par application d'un thème prédéfini. Désormais, vous disposez d'une plus grande latitude dans la personnalisation de son interface. Voici comment procéder :

1. **Affichez l'écran d'accueil.**
2. **Placez le pointeur de la souris dans l'angle supérieur droit de cet écran, ou exécutez le raccourci clavier Win + C pour ouvrir la barre des charmes.**
3. **Cliquez sur l'icône Paramètres puis sur Personnaliser.**

   Le volet de personnalisation apparaît, comme à la Figure 2.13.

4. **Cliquez sur une des vignettes pour définir un nouvel arrière-plan.**
5. **Dans la section Couleur de l'arrière-plan, cochez une des teintes du nuancier afin de changer la couleur actuelle.**

   Pour afficher davantage de variantes d'une nuance, faites glisser le curseur situé sous le nuancier.

6. **Effectuez la même opération pour déterminer la couleur d'accentuation.**

Figure 2.13 : La personnalisation de l'écran d'accueil est beaucoup plus simple.

Mais ce n'est pas tout ! Vous pouvez appliquer comme arrière-plan de l'écran d'accueil celui de votre Bureau :

7. **Basculez vers le Bureau en appuyant sur Win + D ou en cliquant sur le bouton Démarrer qui s'affiche lorsque vous placez le pointeur de la souris dans l'angle inférieur gauche de l'écran.**

   Une autre méthode consiste à appuyer sur la touche Windows ou Echap de votre clavier.

8. **Une fois sur le Bureau, faites un clic droit sur un espace vide de la barre des tâches, c'est-à-dire la barre affichant vos programmes dans la partie inférieure de l'écran.**

9. **Dans le menu contextuel qui apparaît, choisissez Propriétés, comme à la Figure 2.14.**

10. **Dans la boîte de dialogue Propriétés de la barre des tâches et de la navigation, ouvrez l'onglet Navigation.**

11. **Là, cochez l'option Afficher l'arrière-plan de mon Bureau sur l'écran d'accueil (Figure 2.15).**

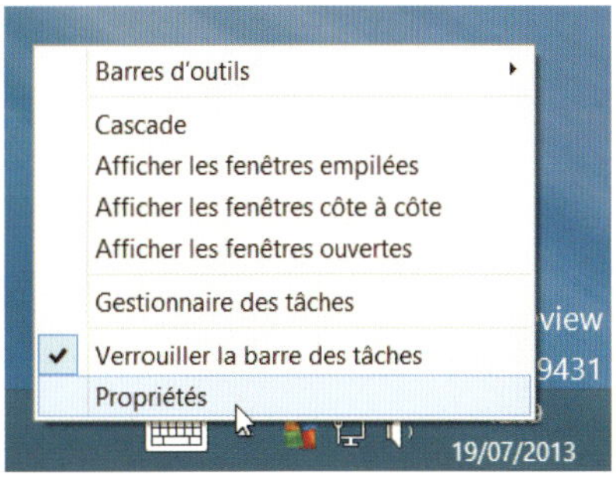

Figure 2.14 : Accédez aux propriétés de navigation de Windows 8.1.

Et voilà ! Vous garderez ainsi une continuité graphique lorsque vous basculerez du Bureau à l'écran d'accueil, et réciproquement.

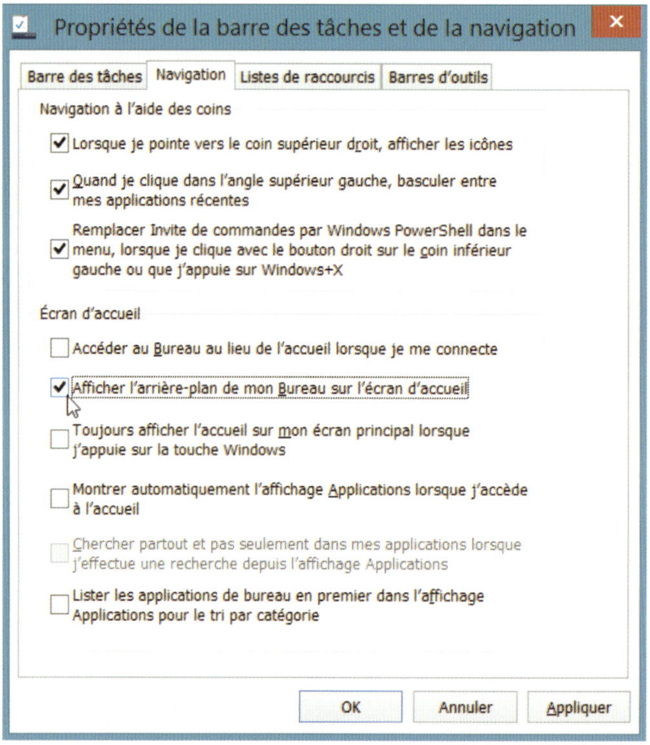

Figure 2.15 : Pour utiliser l'arrière-plan de votre Bureau sur l'écran d'accueil.

Quitter Windows

Quitter Windows n'est pas facile. Vous devez en effet vous décider entre plusieurs actions : vous déconnecter de votre compte d'utilisateur, mettre l'ordinateur en veille, redémarrer l'ordinateur ou l'arrêter.

La réponse dépend de la durée pendant laquelle vous n'utiliserez pas l'ordinateur : est-ce que vous vous en éloignez un instant, ou en avez-vous fini pour la journée ? Nous envisagerons les deux cas de figure.

NOUVEAUTÉ WINDOWS 8

Mais si vous voulez simplement éteindre l'ordinateur, le moyen le plus rapide est le suivant :

1. **Que vous soyez dans l'écran d'accueil ou sur le Bureau, faites un clic droit sur le bouton Démarrer.**
2. **Dans le menu contextuel qui apparaît, placez le pointeur de la souris sur Arrêter.**
3. **Choisissez une des trois options proposées, comme le montre la Figure 2.16.**

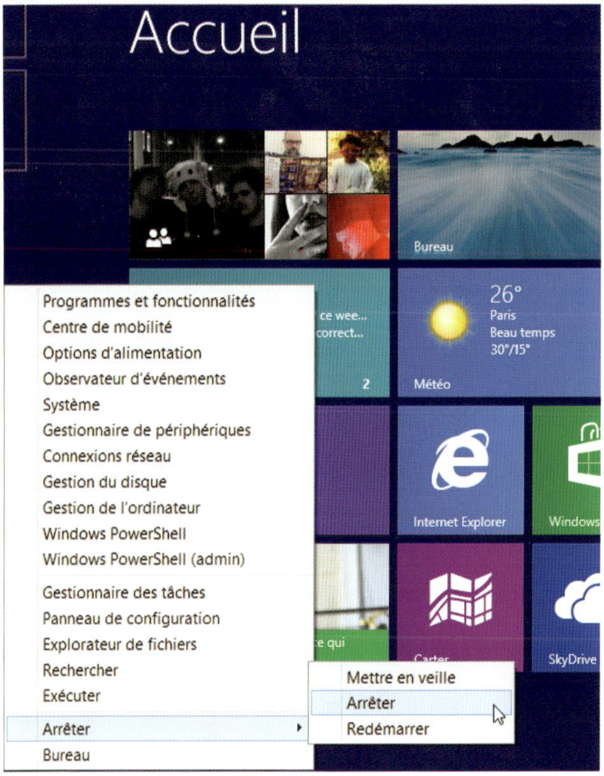

Figure 2.16 : Pour quitter rapidement Windows 8.1.

Une autre méthode consiste à enchaîner la séquence suivante :

1. **Dirigez le pointeur de la souris jusqu'en bas à droite de l'écran pour faire apparaître la barre des charmes (si l'écran est tactile, effleurez vers l'intérieur à partir du bord droit).**
2. **Cliquez sur l'icône Paramètres puis sur l'icône Marche/Arrêt.**
3. **Cliquez sur Arrêter.**

4. **Si l'ordinateur signale que des documents n'ont pas été enregistrés, cliquez sur Annuler. Recommencez l'opération, mais choisissez cette fois Veille.**

Les deux sections qui suivent détaillent des opérations qui suscitent parfois une certaine perplexité.

Quitter momentanément l'ordinateur

Windows 8.1 propose trois manières de quitter momentanément l'ordinateur, selon que vous voulez seulement vous faire un café ou que vous êtes parti acheter des allumettes, ce qui pour certaines personnes équivalait à une très longue absence. Voici comment choisir entre ces trois éloignements momentanés :

1. **Revenez dans l'écran d'accueil.**

   Appuyez sur la touche Windows ou affichez la barre des charmes puis cliquez sur l'icône Accueil.

2. **Cliquez sur le nom de votre compte d'utilisateur, en haut à droite de l'écran.**

   Ainsi que le montre la Figure 2.17, vous avez le choix entre trois options :

Figure 2.17 : Cliquez sur le nom de votre compte d'utilisateur pour accéder à ces options.

- **Verrouiller :** protège l'ordinateur des curiosités malsaines quand vous vous absentez un instant. De retour, vous devez saisir le mot de passe pour retrouver Windows dans le même état que vous l'aviez laissé.
- **Se déconnecter :** choisissez cette option lorsque vous avez fini d'utiliser l'ordinateur et que quelqu'un d'autre va l'utiliser. Windows enregistre vos travaux en cours, puis il affiche l'écran des comptes d'utilisateurs.
- **Accéder à un autre compte :** si d'autres comptes d'utilisateurs ont été définis, le nom de ces comptes apparaît dans la liste. Si l'un des utilisateurs désire emprunter l'ordinateur pendant quelques minutes, cliquez sur son nom et laissez-le taper son mot de passe. Lorsqu'il aura fini d'utiliser l'ordinateur et qu'il se sera déconnecté, vous pourrez vous reconnecter à votre compte et retrouver votre travail là où vous l'aviez laissé.

Chacune de ces trois options vous permet de vous éloigner de l'ordinateur pendant un petit moment, et de retrouver votre travail là où vous l'aviez laissé.

En revanche, si vous avez fini d'utiliser l'ordinateur pour le restant de la journée, appliquez la procédure décrite ci-après.

Éteindre l'ordinateur pour la journée

Quand vous avez fini votre travail de la journée, ou quand vous désirez éteindre l'ordinateur pendant que vous êtes dans le métro ou en vol pour Rome, vous avez là encore le choix entre trois options. Vous y accédez de la manière suivante :

1. **Depuis le Bureau ou l'écran d'accueil, faites un clic droit sur le bouton Démarrer.**

2. **Placez le pointeur de la souris sur Arrêter.**

   Vous affichez un menu local proposant les actions suivantes :

- **Mettre en veille :** le travail en cours reste dans la mémoire vive de l'ordinateur, et dans le disque dur lorsque l'ordinateur passe en mode d'économie d'énergie. Quand vous revenez à l'ordinateur, Windows réaffiche tout comme auparavant, y compris les travaux non enregistrés. Si l'alimentation a été coupée, le contenu réapparaît quand même, mais il lui faut quelques secondes de plus.
- **Redémarrer :** choisissez cette option pour dépanner l'ordinateur lorsqu'il se conduit bizarrement (un programme se bloque, Windows fait n'importe quoi…). L'ordinateur s'arrête puis redémarre aussitôt. L'installation de certains programmes et certaines mises à jour exigent parfois le redémarrage de l'ordinateur.
- **Arrêter :** l'ordinateur est éteint.

Tout cela est déjà bien beau. Mais si vous avez un peu de temps, voici quelques autres points intéressants :

N'OUBLIEZ PAS

Il est inutile d'éteindre l'ordinateur tous les soirs. En fait, des gens qui s'y connaissent le laissent allumer en permanence, affirmant que c'est mieux pour sa longévité. D'autres affirment exactement le contraire. D'autres encore estiment que la mise en veille est un bon compromis. En revanche, tout le monde est d'accord sur la nécessité d'éteindre l'écran quand l'ordinateur n'est pas utilisé, car il peut ainsi refroidir, ce qui lui fait le plus grand bien.

Les ordinateurs un peu anciens ne proposent pas de mise en veille, car leur mémoire vive limitée est incapable de stocker toutes les données à conserver. À moins d'augmenter la mémoire, vous ne pourrez qu'arrêter ou redémarrer l'ordinateur.

ATTENTION

N'arrêtez jamais l'ordinateur à partir du bouton marche/arrêt, car vous pourriez perdre des travaux non enregistrés. De plus, des dysfonctionnements pourraient apparaître au niveau de Windows lui-même, car il doit fermer correctement des fichiers qui lui sont propres avant d'éteindre l'ordinateur.

TRUC

Vous voulez démarrer votre ordinateur ou votre tablette lors d'un vol en avion tout en évitant la connexion à Internet ? Activez le mode Avion et utilisez l'option Veille plutôt que Arrêter. Lorsque l'ordinateur est réveillé, il est en mode Avion, déconnecté de l'Internet. Ce mode est décrit au Chapitre 23.

Chapitre 3

Le Bureau de Windows 8.1

Dans ce chapitre :

- Trouver le Bureau.
- Accéder à l'écran d'accueil.
- Démarrer Windows 8.1 sur le Bureau
- Travailler sur le Bureau.
- Récupérer des éléments supprimés.
- Comprendre la barre des tâches.
- Personnaliser le Bureau.
- Trouver plus facilement un programme.

L'écran d'accueil, truffé d'applications de Windows 8.1, est parfait pour un usage à domicile. Depuis cet écran, vous pouvez en effet écouter de la musique, échanger du courrier électronique, regarder des vidéos, préparer vos voyages et vos repas, entamer un régime, et aller sur Facebook.

Mais le lundi matin arrive inévitablement. Il faut alors passer à autre chose, autrement dit abandonner l'écran d'accueil et utiliser des logiciels un peu plus productifs. Les employeurs préfèrent voir leur personnel travailler sur des feuilles de calcul et des traitements de texte plutôt que jouer à des jeux vidéo.

C'est dans ce domaine bien particulier que l'autre visage de Windows, le Bureau, se dévoile. Il est une métaphore d'un véritable bureau. C'est un lieu de travail où vous créez et organisez vos documents, comme cela est expliqué dans ce chapitre.

Qu'est devenu le bouton Démarrer ?

Contrairement à son prédécesseur Windows 8, la version 8.1 réintègre un bouton Démarrer. Il est localisé sur le bord gauche de la barre des tâches.

Si l'intention est louable, la fonction l'est beaucoup moins. Le bouton Démarrer des anciennes versions de Windows permettait aux utilisateurs d'accéder en un clic de souris à tous leurs programmes récemment utilisés, au contenu de leur ordinateur, au Panneau de configuration, au système d'aide, et à tous les programmes. Largement critiqués par l'absence de ce bouton, nous pouvions légitimement espérer que les ingénieurs de Microsoft rectifient le tir avec Windows 8.1 en réintégrant sur le Bureau un nouveau bouton Démarrer équivalent à l'ancien. Que nenni !

Par défaut, lorsque vous cliquez sur le bouton Démarrer de Windows 8.1, vous basculez vers l'écran d'accueil. Convenez alors qu'il est bien plus rapide d'appuyer sur la touche Windows de votre clavier pour obtenir ce résultat. Malgré cette critique, force est de constater que le bouton Démarrer évite de passer préalablement par la barre des charmes, puis de cliquer sur le bouton Accueil. Quelle innovation ! (Oui, c'est un sarcasme.) Vous devez envisager ce bouton Démarrer comme un bouton qui vous envoie vers l'interface donnant accès à toutes vos applications. En effet, une fois sur l'écran d'accueil, il suffit de cliquer sur la flèche située dans la partie inférieure gauche de l'écran pour ouvrir le panneau Applications dont la configuration est expliquée au Chapitre 2. Cliquez alors sur la vignette du programme que vous souhaitez utiliser. Nous verrons qu'il est possible de configurer Windows 8.1 pour que le bouton Démarrer ouvre directement l'écran Applications. Cette nouvelle fonction ravira tous ceux qui utilisent un PC pour travailler et non pas pour se divertir.

Vous pouvez également faire un clic droit sur le bouton Démarrer, et ainsi ouvrir un menu contextuel qui reprend les grands principes de l'ancien bouton Démarrer de Windows, mais sous une forme beaucoup plus austère, comme le montre la Figure 3.1.

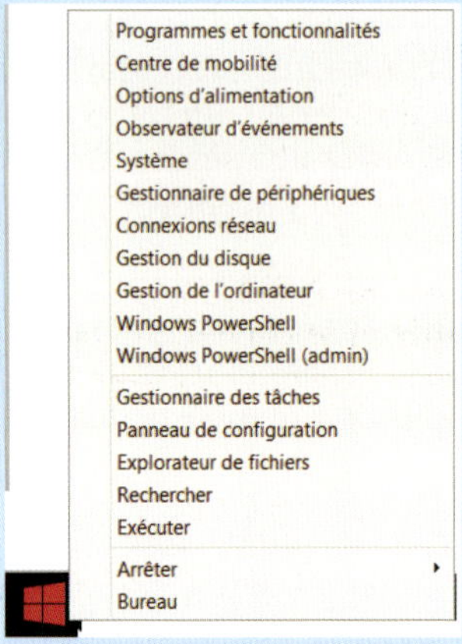

Figure 3.1 : L'illusion de retrouver les commandes et les fonctions de l'ancien bouton Démarrer de Windows.

NOUVEAUTÉ WINDOWS 8

Qu'est devenu le bouton Démarrer? *(suite)*

Vous l'utiliserez pour quitter Windows et éteindre votre ordinateur, le redémarrer, ou passer en veille. Vous ouvrirez également ce menu contextuel pour afficher le Panneau de configuration, lancer une recherche, *etc.* Envisagez alors le bouton Démarrer comme une sorte de raccourci qui évite de passer par la barre des charmes pour paramétrer l'ordinateur, quitter Windows, basculer vers l'écran d'accueil, partager des données, ou bien encore afficher vos périphériques.

Nous verrons un peu plus loin dans ce chapitre que le bouton Démarrer est plus intéressant lorsque l'écran d'accueil est configuré pour afficher l'écran Applications par défaut.

Trouver le Bureau et l'écran d'accueil

NOUVEAUTÉ WINDOWS 8

Dans l'écran d'accueil de Windows 8.1, le Bureau n'est qu'une application parmi d'autres. Pour accéder pour la première fois au Bureau à chaque fois que vous allumez votre ordinateur, vous devez cliquer sur la vignette Bureau.

TRUC

Dès que vous accédez une fois au Bureau, vous pouvez basculer entre l'écran d'accueil et le Bureau en appuyant sur la touche Windows ou Echap de votre clavier.

La vignette Bureau est une miniature du Bureau lui-même, avec son arrière-plan et son contenu. Cliquez sur cette vignette, et vous vous retrouvez dans le traditionnel environnement de Windows.

Le Bureau de Windows 8.1 ressemble beaucoup à celui des versions précédentes, comme le montre la Figure 3.2. Vous constatez qu'il ne diffère pas beaucoup du Bureau de Windows 7.

ÉCRAN TACTILE

Avec ses petits boutons et sa mince barre des tâches, le Bureau de Windows 8.1 fonctionne surtout bien avec la souris et le clavier. Si vous utilisez une tablette, vous aurez sans doute intérêt à acheter une souris et un clavier pour l'utiliser plus confortablement.

Presque tous les logiciels pour Windows XP, Vista ou 7 peuvent être exécutés sur le Bureau de Windows 8.1. Les exceptions qui ne s'accommodent guère des changements de version de Windows sont les antivirus, les logiciels de sécurité Internet et quelques utilitaires.

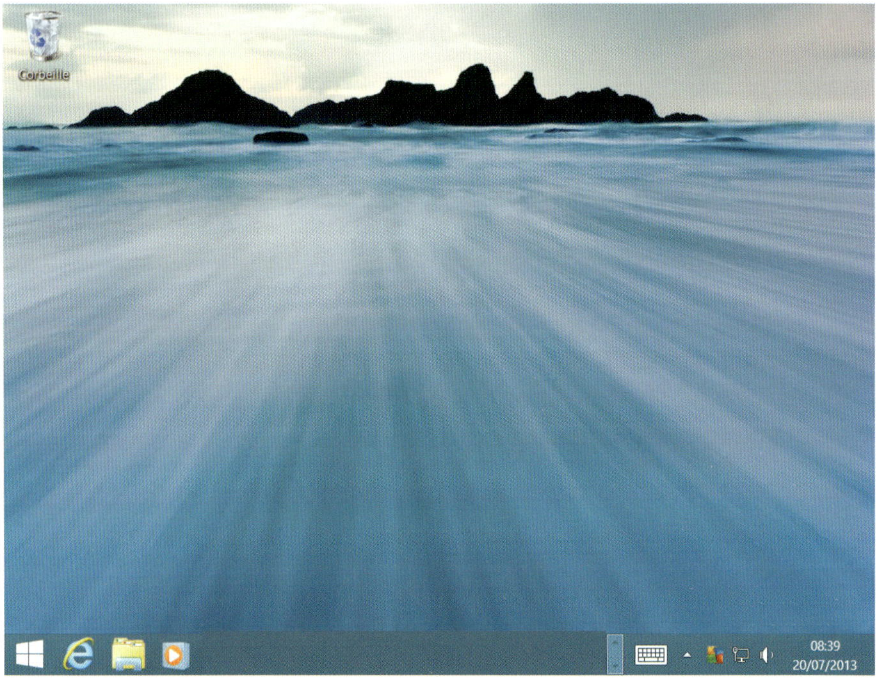

Figure 3.2 : Le Bureau de Windows 8.1 ressemble beaucoup à celui des versions précédentes.

ÉCRAN TACTILE

Utiliser le Bureau sur un écran tactile

- **Sélectionner :** touchez l'élément du bout du doigt, car la pulpe du doigt risque cependant d'être un peu trop grande.
- **Double-cliquer :** là encore, le double-toucher avec le bout du doigt est plus efficace.
- **Cliquer du bouton droit :** laissez le doigt sur l'écran tactile jusqu'à ce qu'un petit carré apparaisse. Ôtez le doigt ; le menu reste affiché. Touchez ensuite l'option désirée.

Si votre doigt est trop gros pour les délicates manœuvres sur le Bureau, achetez un clavier et une souris Bluetooth pour votre tablette. Utilisez ensuite l'écran d'accueil pour un usage courant et le Bureau pour travailler.

Travailler sur le Bureau

L'écran d'accueil occupe la totalité de l'écran, ce qui complique le multitâche. En revanche, plusieurs programmes peuvent être utilisés simultanément sur le Bureau. Chacun est placé dans sa propre *fenêtre,* ce qui permet entre autres de faire passer des données d'un logiciel à un autre.

Quand il est tout neuf, Windows 8.1 démarre avec l'écran presque vide de la Figure 3.2. Mais après l'avoir utilisé pendant quelque temps, il se remplit peu à peu d'icônes, ces petits boutons qui démarrent un logiciel d'un double-clic. Beaucoup de gens bourrent l'écran d'icônes.

D'autres sont plus organisés. Quand ils terminent un travail, ils stockent le fichier dans un dossier, une tâche décrite au prochain chapitre.

Voici quelques informations pratiques à propos du Bureau de Windows 8.1 :

- **La barre des tâches :** s'étirant paresseusement en bas de l'écran, la barre des tâches reçoit les icônes des logiciels et des fichiers actuellement ouverts. Immobilisez le pointeur de la souris sur une icône pour connaître le nom du logiciel, ou voir parfois une miniature de la fenêtre. Par exemple, si plusieurs onglets ont été ouverts dans Internet Explorer affichant chacun une page Web spécifique, le fait de placer le pointeur de la souris sur l'icône de ce programme dans la barre des tâches affiche une miniature de chacun des onglets. Il suffit de cliquer sur celui dont vous souhaitez consulter le contenu (Figure 3.3).
- **La Corbeille :** vous y envoyez ou déposez les fichiers et les dossiers dont vous n'avez plus besoin. Il est cependant possible de les récupérer.
- **L'écran d'accueil :** pour y accéder, cliquez sur le bouton Démarrer situé sur le côté gauche de la barre des tâches, appuyez sur la touche Windows, ou bien ouvrez la barre des charmes en plaçant le pointeur de la souris dans l'angle supérieur ou inférieur droit du Bureau, puis en cliquant sur le bouton Accueil.
- NOUVEAUTÉ WINDOWS 8 — **La barre des charmes :** elle est accessible en permanence dans Windows 8.1 en dirigeant le pointeur de la souris jusque dans le coin en bas à droite ou en haut à droite.

Ces icônes sont décrites plus loin dans ce chapitre et par ailleurs dans ce livre. Voici cependant quelques informations à leur sujet :

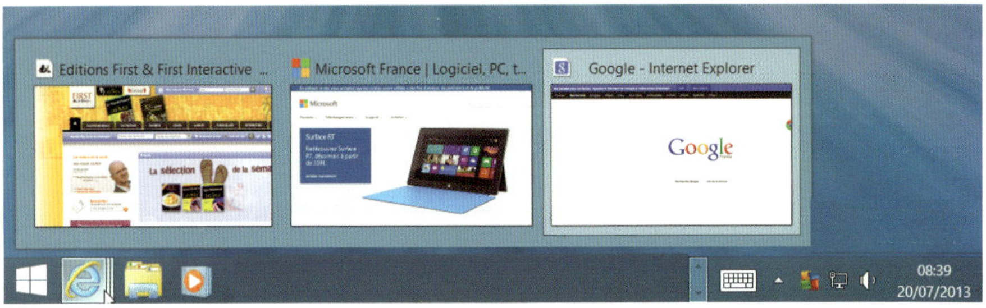

Figure 3.3 : Les applications ouvertes sur la barre des tâches permettent de choisir rapidement le contenu à consulter.

- Certaines activités peuvent être démarrées directement du Bureau. Cliquez du bouton droit sur son arrière-plan, c'est-à-dire la photo qui couvre toute la surface de votre écran, et dans le menu contextuel qui apparaît, choisissez Nouveau. Cliquez ensuite sur l'une des options proposées, comme la création d'un document ou la compression d'un dossier (Figure 3.4).
- Vous vous demandez à quoi sert un élément sur le Bureau ? Immobilisez le pointeur de la souris dessus et une petite info-bulle vous renseignera. Cliquez du bouton droit sur cet élément et Windows 8.1 affichera un menu proposant diverses actions.
- Toutes les icônes du Bureau peuvent soudainement disparaître (c'est le côté un peu caractériel de Windows 8.1). Pour les faire réapparaître, cliquez du bouton droit sur le fond d'écran et dans le menu, choisissez Affichage puis Afficher les éléments du Bureau.
- Pour afficher rapidement le Bureau lorsque plusieurs applications sont ouvertes simultanément, cliquez dans l'angle inférieur droit de l'interface, c'est-à-dire à droite de la date et de l'heure affichées dans la zone des notifications.

Accéder à l'écran d'accueil et ouvrir des applications

Nous ne sommes pas à une répétition près, mais pour passer du Bureau à l'écran d'accueil, Windows 8.1 met à votre disposition plusieurs méthodes :

- Cliquez sur le bouton Démarrer situé sur le bord gauche de la barre des tâches.

- Appuyez sur Win + C pour ouvrir la barre des charmes, puis cliquez sur le bouton Accueil. (La barre des charmes peut également être affichée en plaçant le pointeur de la souris dans l'angle supérieur ou inférieur droit du Bureau.)

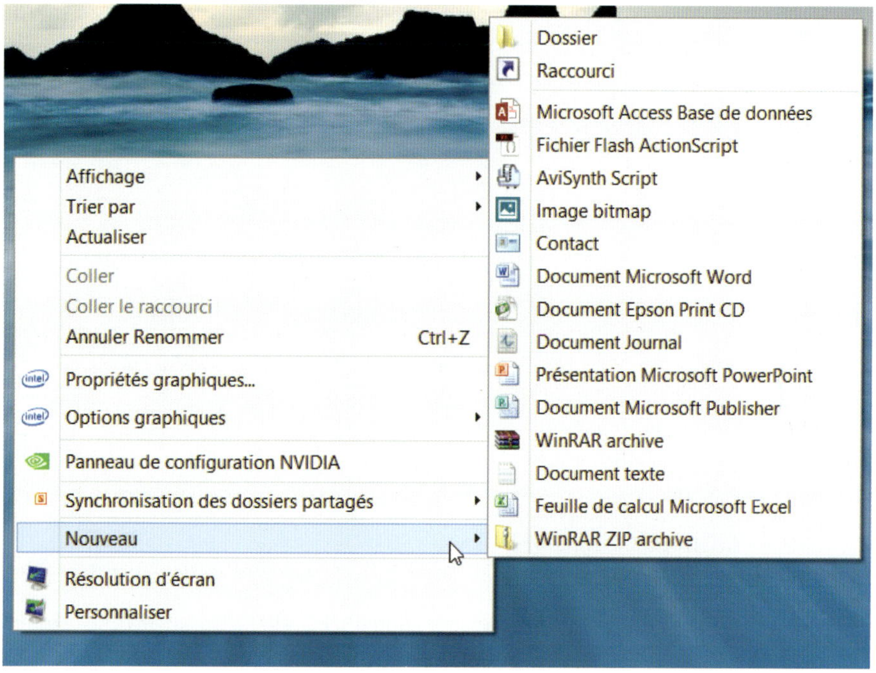

Figure 3.4 : Lancer des opérations avec le sous-menu Nouveau.

Une fois dans l'écran d'accueil, vous pouvez exécuter aussi bien des programmes de cet écran que des applications qui ne fonctionnent que dans l'interface du Bureau :

1. **Cliquez sur la petite flèche située dans la partie inférieure gauche de l'écran d'accueil.**

   Vous affichez ainsi l'écran Applications comme à la Figure 3.5.

2. **Ouvrez le menu local situé à droite ou sous le titre Applications afin de choisir une option de tri.**

   Vous pouvez en effet organiser les programmes par nom, date d'installation, fréquence d'utilisation et catégorie.

   Ce tri reste effectif jusqu'à ce que vous le modifiiez. Par conséquent, chaque fois que vous invoquerez l'écran Applications, les programmes seront classés en fonction du choix réalisé à l'Étape 2, et cela même après avoir redémarré votre ordinateur.

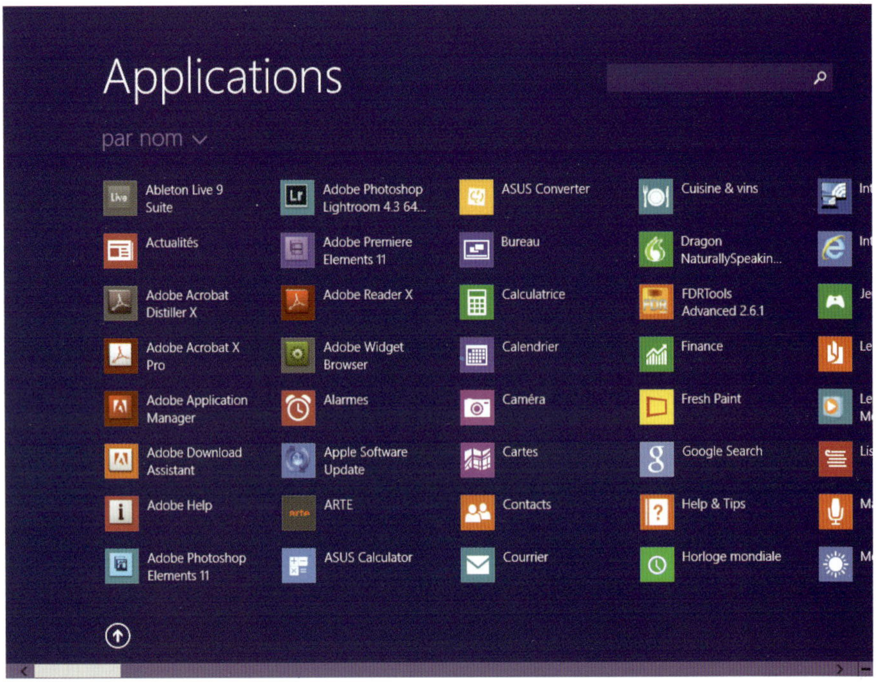

Figure 3.5 : L'écran applications permet d'accéder rapidement à tous les programmes installés sur votre ordinateur.

3. **Cliquez sur l'application à utiliser.**

   S'il s'agit d'une application de l'écran d'accueil, elle s'ouvrira dans cet écran. En revanche, s'il s'agit d'un programme du Bureau, vous quitterez automatiquement l'écran d'accueil afin de travailler dans cette application. Par exemple, si vous cliquez sur la vignette de l'application Word, ce programme s'ouvrira sur le Bureau.

Voici quelques considérations sur l'utilisation des applications :

- Lorsque vous ouvrez une application de l'écran d'accueil, il suffit de faire un clic droit sur une partie vide de son interface pour afficher une barre d'application proposant des options spécifiques à ce programme.
- Pour revenir au Bureau depuis une application de l'écran, affichez l'écran d'accueil puis cliquez sur la vignette Bureau. Une technique plus rapide consiste à exécuter le raccourci clavier Win + D.

- Vous pouvez également revenir rapidement à l'écran d'accueil depuis une application de cet écran, en plaçant le pointeur de la souris dans l'angle inférieur gauche de votre écran. Cette action affiche le bouton Démarrer. Cliquez dessus. Il ne vous restera plus qu'à cliquer sur la vignette Bureau pour y basculer.
- Vous pouvez basculer d'une application de l'écran d'accueil au Bureau, en plaçant le pointeur de la souris dans l'angle supérieur gauche de l'écran d'accueil. Un volet d'applications apparaît. Faites glisser le pointeur de la souris vers le bas pour afficher des vignettes de tous les programmes actuellement ouverts. Pour revenir au Bureau, cliquez sur la vignette Bureau, comme à la Figure 3.6.
- Pour fermer une application depuis l'écran d'accueil, affichez le volet d'applications, et cliquez sur sa vignette avec le bouton droit de la souris. Dans le menu contextuel qui apparaît, choisissez Fermer. L'application disparaît de l'écran. Seul le Bureau est affiché.
- Pour fermer une application de l'écran d'accueil, placez le pointeur de la souris tout en haut de votre écran. Il prend la forme d'une main. Cliquez et glissez-déposez l'application tout en bas de votre écran. Dès qu'elle devient plus sombre, relâchez le bouton droit de la souris. L'application se ferme.

Vous pouvez aussi accéder à l'écran d'accueil en appuyant sur la touche Windows du clavier ou de la tablette.

Accéder directement aux applications avec le bouton Démarrer

Sous Windows 8, l'exécution d'une application du Bureau était complexe. Il fallait passer par la commande Rechercher de la barre des charmes, ou bien basculer vers l'écran d'accueil. Bien que ces deux options soient toujours disponibles sous Windows 8.1, vous pouvez asservir le bouton Démarrer à l'affichage de l'écran Applications. Ainsi, vous ne serez plus obligé de basculer préalablement vers l'écran d'accueil pour cliquer sur la petite flèche située dans sa partie inférieure gauche.

Pour que le bouton Démarrer affiche l'écran Applications :

1. **Affichez le Bureau.**

2. **Faites un clic droit sur une portion vide de la barre des tâches.**

Figure 3.6 : Revenir au Bureau depuis l'application Windows Store de l'écran d'accueil.

3. **Dans le menu contextuel qui apparaît, choisissez Propriétés.**

4. **Dans la boîte de dialogue Propriétés de la barre des tâches et de la navigation, cliquez sur l'onglet Navigation.**

5. **Cochez l'option Montrer automatiquement l'affichage Applications lorsque j'accède à l'accueil.**

   Vous pouvez également cocher l'option Lister les applications de bureau en premier dans l'affichage Applications pour le tri par catégorie afin de localiser plus rapidement la vignette du programme du Bureau à utiliser, comme le montre la Figure 3.7.

6. **Validez par un clic sur le bouton OK.**

7. **Cliquez sur le bouton Démarrer du Bureau.**

   Vous basculez vers l'écran Applications de l'écran d'accueil. Si vous classez son contenu par catégorie, les programmes qui ont besoin du Bureau pour fonctionner correctement apparaissent alors en premier dès lors que vous avez coché la seconde option présentée à l'Étape 5 (Figure 3.8).

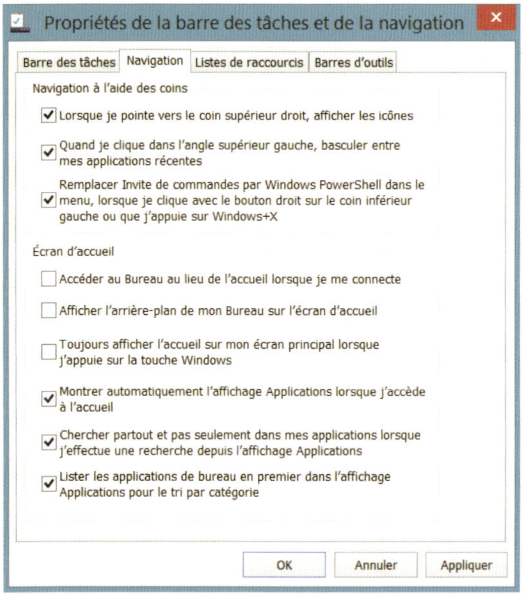

Figure 3.7 : Pour accéder instantanément aux applications du Bureau.

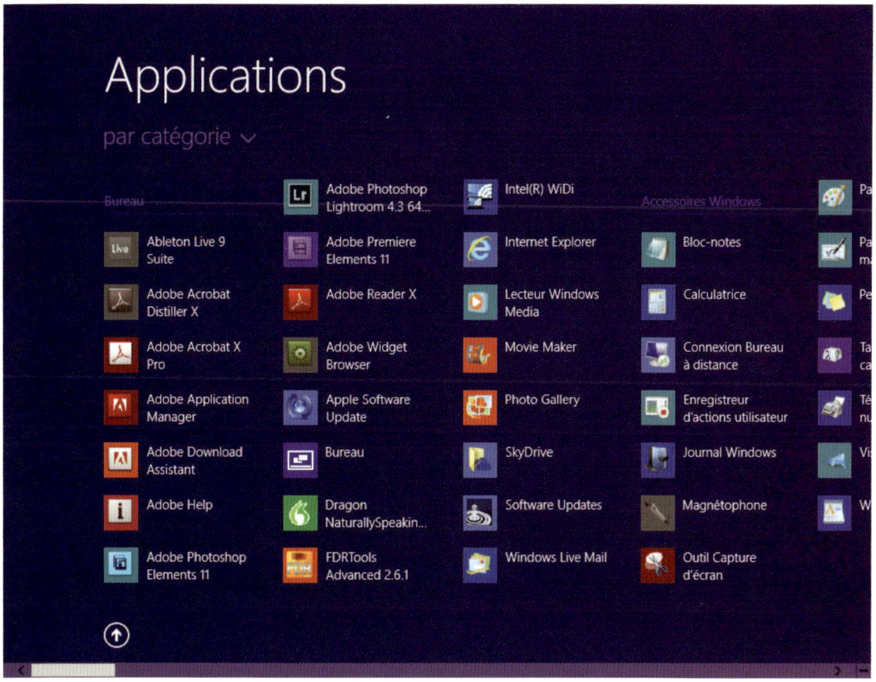

Figure 3.8 : Les applications du Bureau sont affichées en priorité.

Le bouton Démarrer de l'écran d'accueil basculera lui aussi vers l'écran Applications.

Vous ne basculerez plus vers le Bureau ou l'écran d'accueil en cliquant sur ce bouton. Pour retrouver cette fonctionnalité, vous devrez décocher l'option Montrer automatiquement l'affichage Applications lorsque j'accède à l'accueil de l'onglet Navigation de la boîte de dialogue Propriétés de la barre des tâches et de la navigation.

Afficher le Bureau au démarrage de Windows 8.1

Les utilisateurs inconditionnels du Bureau, par choix, obligation professionnelle, ou habitude passent très peu de leur temps sur l'écran d'accueil. Ils mettent en route leur ordinateur pour y travailler. Par conséquent, comme Windows s'ouvre systématiquement sur l'écran d'accueil, ils doivent tout aussi systématiquement cliquer sur la vignette Bureau afin de pouvoir commencer à travailler. Or cette étape est une étape de trop.

Pour corriger ce problème, Windows 8.1 permet de choisir entre démarrer sur l'écran d'accueil ou sur le Bureau. En d'autres termes, vous pouvez, au démarrage de Windows, éviter de perdre du temps sur l'écran d'accueil en affichant immédiatement le Bureau. Voici comment activer cette fonctionnalité.

1. **Affichez le Bureau.**

   N'oubliez pas que, finalement, la méthode la plus sûre pour afficher le Bureau consiste à exécuter le raccourci clavier Win + D. En effet, quelle que soit la configuration de votre système d'exploitation, ce raccourci fonctionnera toujours de la même manière.

2. **Faites un clic droit sur un espace vide de la barre des tâches.**

3. **Dans le menu contextuel qui apparaît, choisissez Propriétés.**

4. **Cliquez sur l'onglet Navigation de la boîte de dialogue Propriétés de la barre des tâches et de la navigation.**

5. **Cochez l'option Accéder au Bureau au lieu de l'accueil lorsque je me connecte.**

6. **Validez par un clic sur le bouton OK.**

À partir de cet instant, plus de temps perdu sur l'écran d'accueil. Vos sessions Windows 8.1 s'ouvriront sur le Bureau.

Modifier l'arrière-plan du Bureau

Windows 8.1 est livré avec des photos destinées à servir d'*arrière-plan* – ou de *fond d'écran*, si vous préférez – pour le Bureau.

Afficher un arrière-plan fixe personnalisé

Vous pouvez utiliser l'une de vos propres photos stockées dans votre ordinateur, procédez comme ceci :

1. **Cliquez du bouton droit sur l'image d'arrière-plan de votre Bureau. Dans le menu contextuel qui apparaît, choisissez Personnaliser puis, en bas à gauche de la fenêtre Personnalisation, cliquez sur Arrière-plan du Bureau.**

2. **Ouvrez le menu local Emplacement de l'image et choisissez Bibliothèque d'images.**

3. **Cliquez sur le bouton Effacer tout.**

   Cette action décoche toutes les images.

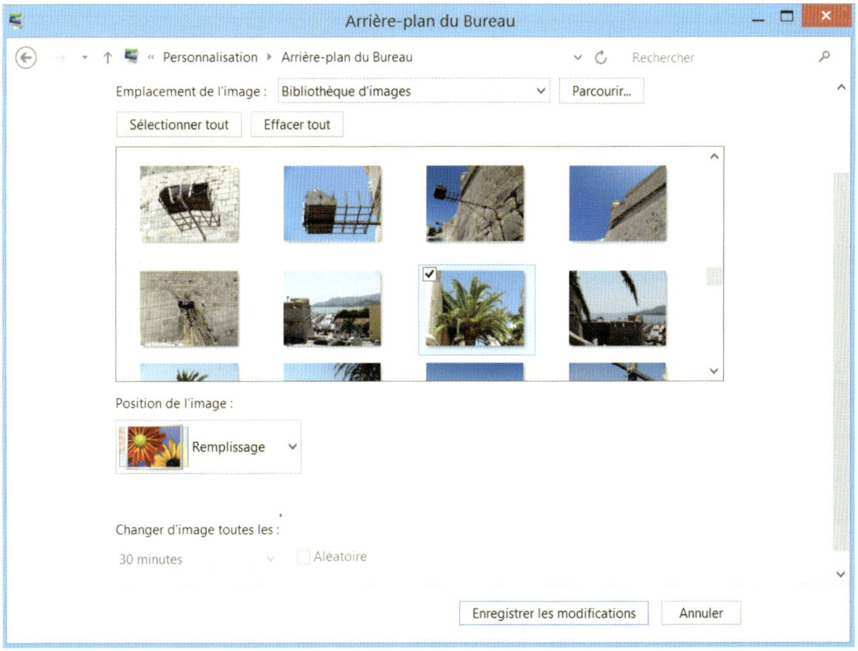

Figure 3.9 : Cliquez sur des vignettes de fond d'écran pour voir aussitôt l'effet. Cliquez sur le bouton Parcourir pour accéder à d'autres dossiers contenant des images.

4. **Faites défiler les images puis cliquez sur la vignette de la photo à utiliser comme fond d'écran (Figure 3.9).**

5. **Cliquez éventuellement sur le bouton Parcourir pour accéder à des photos dans d'autres dossiers de l'ordinateur.**

   Les dossiers et la manière de les parcourir sont expliqués au Chapitre 4.

6. **Cliquez sur le bouton Enregistrer les modifications, en bas de la fenêtre, pour conserver le fond d'écran que vous venez de choisir.**

Utiliser un diaporama comme arrière-plan du Bureau

Vous pouvez également diffuser un diaporama en fond d'écran de votre Bureau en appliquant les consignes suivantes :

1. **Répétez la précédente procédure, mais, à l'Étape 4, cochez plusieurs vignettes.**

   Vous pouvez également cliquer sur le bouton Sélectionner tout pour utiliser dans votre diaporama la totalité des images du dossier.

2. **Dans le menu local Changer d'image toutes les, choisissez la durée d'affichage des photos de votre diaporama.**

3. **Si vous ne souhaitez pas respecter l'ordre des images de votre dossier, cochez l'option Aléatoire.**

   Ainsi, le diaporama ne sera jamais pareil !

4. **Cliquez sur le bouton Enregistrer les modifications.**

   Dès cet instant, l'arrière-plan du Bureau est un diaporama qui égaye vos longues heures de labeur dans un environnement parfois austère.

Voici quelques conseils pour vos fonds d'écran en général :

- Le menu Position de l'image, en bas à droite de la fenêtre Arrière-plan du Bureau, permet de choisir si une photo qui n'est pas homothétique, c'est-à-dire aux mêmes proportions que la résolution de votre écran, doit être étirée sans déformation, ou montrée entre des bandes noires, ou étirée, ou répétée pour remplir tout l'écran. Les options Remplissage, Ajuster et Mosaïque conviennent aux photos de petites dimensions, comme celles prises avec des téléphones mobiles.
- Avec Internet Explorer, il est très facile d'utiliser comme arrière-plan n'importe quelle photo trouvée sur Internet. Cliquez du bouton droit sur l'image affichée sur une page Web et, dans le menu contextuel qui apparaît, cliquez sur Choisir comme image d'arrière-plan.

- Si vous ne voyez pas bien les icônes du Bureau sur un fond d'écran, optez pour une couleur uniforme. À l'Étape 2 de la précédente procédure, choisissez Couleurs unies dans le menu local Emplacement de l'image. Sélectionnez ensuite l'une des couleurs proposées, ou cliquez sur Autres pour paramétrer un coloris personnalisé.
- Pour modifier complètement l'aspect de Windows 8.1, cliquez du bouton droit sur le Bureau, choisissez Personnaliser, puis sélectionnez un thème. Chaque thème change les couleurs des boutons, bordures et autres éléments, comme expliqué au Chapitre 12 (si vous téléchargez des thèmes depuis l'Internet, vérifiez-les avec un antivirus, ainsi que nous le préconisons au Chapitre 11).

Attacher une application au bord du Bureau

En principe, Windows sépare nettement l'écran d'accueil et le Bureau. Vous agissez dans l'un ou dans l'autre, mais pas avec les deux à la fois. Or, il peut arriver que vous vouliez afficher le calendrier sur le Bureau pour ne pas manquer vos rendez-vous. Ou alors, vous voulez que Messenger soit affiché pendant que vous travaillez afin de rester en contact avec des personnes.

La solution consiste à *ancrer* une application en bordure du Bureau. L'application consomme relativement peu de place, comme le montre la Figure 3.10. Mais vous pouvez accorder plus de place à l'application, au détriment du Bureau.

Figure 3.10 : L'application Calendrier a été placée à droite du Bureau.

Procédez comme suit pour ancrer une application sur le Bureau :

1. **Ouvrez une application, dans l'écran d'accueil.**

   Appuyez sur la touche Windows pour accéder à l'écran d'accueil, ou dirigez le pointeur de la souris jusque dans le coin en bas à gauche, puis cliquez sur la vignette Accueil.

2. **Une fois cette application ouverte, basculez de nouveau vers le Bureau.**

3. **Placez le pointeur de la souris dans l'angle supérieur gauche du Bureau afin d'afficher le volet d'applications.**

4. **Faites glisser légèrement le pointeur de la souris vers le bas pour afficher les vignettes des applications ouvertes sur l'écran d'accueil.**

5. **Faites un clic droit sur la vignette de l'application à afficher sur le Bureau.**

6. **Dans le menu contextuel qui apparaît, exécutez la commande Insérer à gauche ou Insérer à droite.**

7. **Faites glisser la barre verticale vers la gauche ou la droite pour allouer davantage d'espace à l'une ou l'autre des applications, c'est-à-dire celle du Bureau ou celle de l'écran d'accueil affichée sur le Bureau.**

8. **Pour fermer l'application de l'écran d'accueil et faire en sorte que le Bureau occupe de nouveau toute la surface de votre écran, faites glisser cette barre verticale de manière à faire disparaître l'application du Bureau.**

   Cette action ne ferme pas l'application. Elle est donc toujours ouverte sur l'écran d'accueil.

Bien que l'ancrage ne pose aucun problème avec certaines tâches, pour d'autres, quelques règles doivent être respectées :

- Une application ne peut pas être ancrée sur un côté de l'écran d'accueil. Ce dernier occupe toujours la totalité de l'écran. Mais quand vous accédez à l'écran d'accueil, l'application ancrée dans le Bureau reste où elle est.
- Vous ne pouvez ancrer qu'une application à la fois.

La Corbeille

La Corbeille de Windows fonctionne de la même manière qu'une véritable corbeille à papier : vous pouvez y jeter ce dont vous n'avez pas besoin, et récupérer les éléments qui sont finalement encore utiles.

Vous avez le choix entre ces trois manières :

- Cliquez du bouton droit sur l'élément à jeter puis, dans le menu, cliquez sur Supprimer. Windows demande prudemment de confirmer la suppression. Cliquez sur Oui et hop ! il part à la corbeille.
- Plus rapide encore : cliquez sur l'élément et appuyez sur la touche Supprimer.
- Glissez-déposez l'élément dans la Corbeille.

Vous voulez récupérer un élément ? Double-cliquez sur l'icône Corbeille pour voir ce qu'elle contient. Sélectionnez l'élément en cliquant dessus. Ensuite, dans l'onglet Gestion de la boîte de dialogue qui apparaît, cliquez sur Restaurer les éléments sélectionnés, comme à la Figure 3.11. Pour restaurer la totalité du contenu de la Corbeille, choisissez Restaurer tous les éléments.

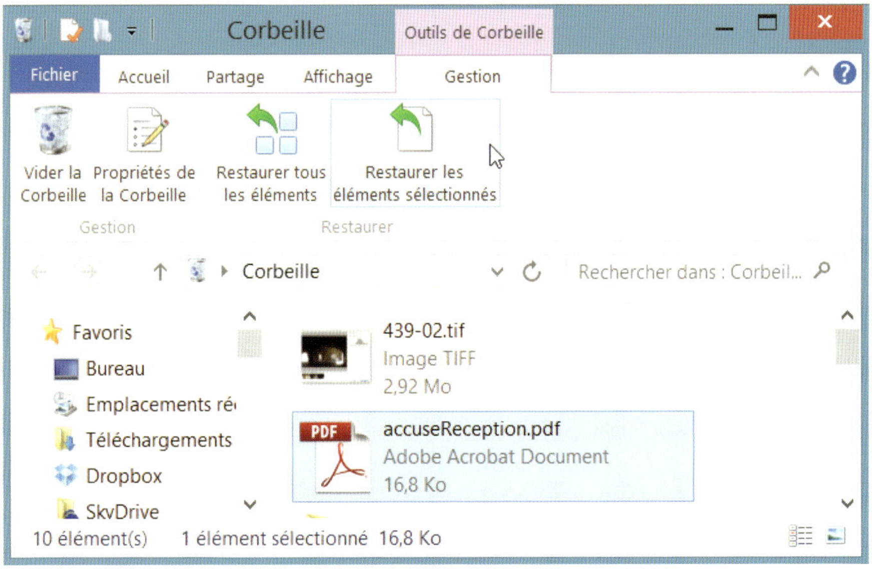

Figure 3.11 : Restaurer un élément de la Corbeille.

Une autre technique consiste à faire un clic droit sur un des éléments affichés dans la Corbeille. Ensuite, dans le menu contextuel qui apparaît, exécutez la commande Restaurer.

La Corbeille se remplit vite. Pour trouver rapidement ce que vous avez supprimé récemment, cliquez du bouton droit dans une partie vide de la Corbeille et, dans le menu, choisissez Trier par, puis Date de suppression.

Pour supprimer définitivement un élément, supprimez-le depuis la Corbeille. Pour cela, cliquez dessus et appuyez sur la touche Supprimer. Pour vider la Corbeille, cliquez sur le bouton éponyme de l'onglet Gestion de la fenêtre de la Corbeille.

Vous pouvez également cliquer sur un espace vide de la fenêtre de la Corbeille, puis exécuter la commande Vider la Corbeille du menu contextuel qui apparaît.

Pour supprimer un élément sans le faire transiter par la Corbeille, appuyez sur les touches Majuscule + Supprimer. C'est un moyen radical pour supprimer des documents confidentiels, comme une mise en demeure de payer ou une lettre d'amour torride.

- Lorsque la Corbeille contient ne serait-ce qu'un seul élément, son icône montre une corbeille pleine, débordant de papiers.
- Si vous ne souhaitez pas conserver une trace des fichiers supprimés, ouvrez la boîte de dialogue Propriétés de la Corbeille en faisant un clic droit sur son icône. Ensuite, activez l'option Ne pas déplacer les fichiers vers la Corbeille. Cette option est très très très dangereuse ! Vous risquez de vous en mordre les doigts !
- La Corbeille conserve tous les fichiers supprimés tant que la limite de 5 % de la capacité du disque dur n'est pas atteinte. Ensuite, elle efface les fichiers les plus anciens pour faire de la place. Si votre disque dur est plutôt modeste, vous pouvez réduire la place allouée à la Corbeille. Pour cela, cliquez du bouton droit sur l'icône Corbeille et, dans le menu, choisissez Propriétés. Ensuite, dans Taille personnalisée, réduisez la taille maximale.
- La Corbeille ne conserve que les éléments supprimés sur l'ordinateur. Tout ce que vous supprimeriez sur une clé USB, dans la carte mémoire d'un appareil photo, dans un lecteur MP3 ou sur un CD réinscriptible, entre autres, est définitivement effacé.
- Vous avez bêtement vidé la Corbeille ? Il est néanmoins possible de récupérer son contenu avec la nouvelle fonction de sauvegarde nommée Historique de fichiers, décrite au Chapitre 13.

ATTENTION

- Quand vous supprimez des fichiers dans l'ordinateur de quelqu'un d'autre, par le réseau informatique, il n'est plus possible de les récupérer. La Corbeille ne recueille que les fichiers effacés par l'utilisateur de l'ordinateur où se trouve la Corbeille. Sur un ordinateur distant, le fichier disparaît définitivement. Sachez-le et soyez prudent.

La barre des tâches

Dès que plusieurs fenêtres sont ouvertes simultanément, vous êtes confronté à un petit problème : les fenêtres ont tendance à se chevaucher, ce qui complique leur utilisation. Pire encore : des programmes comme Internet Explorer ou Word peuvent ouvrir de nombreuses fenêtres. Comment s'en sortir dans cette pagaille ?

La solution réside dans la *barre des tâches,* une zone spéciale dans laquelle se trouvent les icônes de tous les programmes ouverts et leurs fenêtres. Représentée à la Figure 3.12, elle se trouve tout en bas du Bureau.

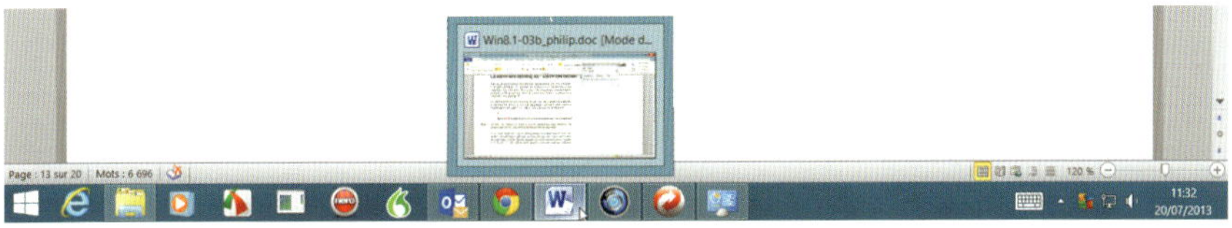

Figure 3.12 : Survolez le bouton dans la barre des tâches pour voir les vignettes.

TRUC

La barre des tâches est aussi le lieu de prédilection pour démarrer vos programmes favoris. Elle évite le détour par l'écran d'accueil ou l'écran Applications.

Vous vous demandez à quoi correspondent les icônes dans la barre des tâches ? Immobilisez le pointeur sur l'une d'elles et vous verrez, soit le nom du programme, soit une vignette montrant le contenu de sa fenêtre.

La barre des tâches permet d'exécuter les tâches suivantes :

- **Démarrer un programme réduit dans la barre des tâches :** cliquez sur son icône et la fenêtre du programme se déploie aussitôt à l'écran, par-dessus celles qui s'y trouvent déjà, prête à être utilisée. Cliquer de nouveau sur la même icône réduit de nouveau le programme dans la barre des tâches.

N'OUBLIEZ PAS

- Chaque fois qu'un programme est ouvert sur le Bureau, son icône est visible dans la barre des tâches. Si vous ne trouvez pas une fenêtre sur le Bureau, parce qu'elle est recouverte par beaucoup d'autres, cliquez sur son icône dans la barre des tâches pour ramener la fenêtre au premier plan.

- **Fermer un programme :** cliquez du bouton droit sur son icône, dans la barre des tâches, et choisissez Fermer la fenêtre. Le programme se ferme exactement comme si vous aviez choisi la commande Quitter. Il vous sera demandé d'enregistrer le travail si cela n'a pas encore été fait.
- **Déplacer la barre des tâches :** elle se trouve traditionnellement en bas de l'écran, mais vous pouvez la tirer contre n'importe quel autre bord (si cela ne fonctionne pas, cliquez dessus du bouton droit et dans le menu, désactivez l'option Verrouiller la barre des tâches).
- **Masquer ou non la barre des tâches :** cliquez du bouton droit sur la barre des tâches et dans le menu, choisissez Propriétés. Dans la boîte de dialogue des propriétés, cochez ou décochez la case Masquer automatiquement la barre des tâches. Lorsqu'elle est masquée, elle réapparaît en approchant le pointeur de la souris du bord où elle se trouve.
- **Épingler un programme sur la barre des tâches :** Comme cela est expliqué à la section « Ouvrir rapidement un programme sans quitter le Bureau » plus loin dans ce chapitre, en plaçant des programmes sur la barre des tâches, vous les exécuterez en un clic de souris.

Réduire des fenêtres dans la barre des tâches et les réafficher

« Windows » se traduit par « fenêtres » et ce n'est pas pour rien. Quand vous écrivez un courrier, c'est dans une fenêtre que vous le faites. Quand vous vérifiez les coordonnées d'un contact, c'est dans une fenêtre qu'apparaît la liste de vos contacts. Quand vous désirez jeter un coup d'œil sur un site Internet, c'est dans une fenêtre que la page apparaît. En un rien de temps, l'écran est plein de fenêtres.

Pour éviter d'être débordé par ce déferlement de fenêtres, Windows 8.1 contient une fonctionnalité fort utile : la possibilité de placer les fenêtres dans la barre des tâches qui se trouve en bas de l'écran. Pour cela, vous devez cliquer sur le bouton Réduire.

Avez-vous remarqué les trois boutons qui se trouvent en haut à droite de presque chaque fenêtre? Cliquez sur le bouton *Réduire* d'une fenêtre – celui avec un petit tiret – et elle disparaît aussitôt de l'écran tandis que l'icône de la fenêtre subsiste dans la barre des tâches.

Pour rétablir la fenêtre minimisée, cliquez sur son icône dans la barre des tâches.

N'OUBLIEZ PAS

- Vous vous demandez quelle peut bien être l'icône que vous recherchez, parmi toutes celles de la barre des tâches ? Survolez-les avec le pointeur de la souris et vous verrez apparaître une vignette de la fenêtre ainsi que le nom du programme.
- Quand vous réduisez une fenêtre, vous ne supprimez pas son contenu et vous ne fermez pas le programme. Quand vous rétablissez une fenêtre, elle s'ouvre à la même taille et avec le même contenu qu'au moment où vous l'aviez réduite.

Exécuter des actions à partir de la barre des tâches

La barre des tâches de Windows 8.1 ne sert pas qu'à ouvrir des programmes et passer d'une fenêtre à l'autre. Vous pouvez également exécuter diverses tâches grâce à un clic du bouton droit. Ainsi que le montre la Figure 3.13, le clic du bouton droit sur l'icône Internet Explorer affiche une liste des sites récemment visités. Cliquez sur l'un d'eux pour y accéder aussitôt.

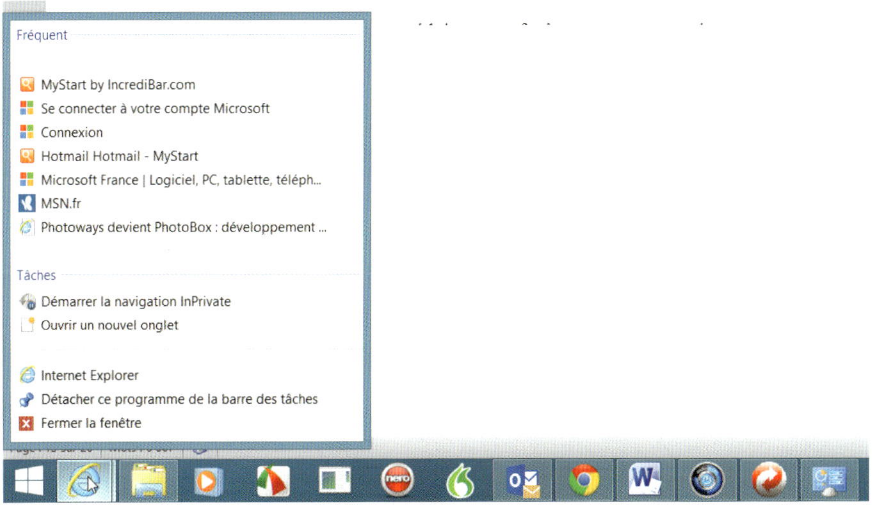

Figure 3.13 : Les diverses actions à exécuter dans le menu contextuel de la vignette d'Internet Explorer.

Ces *listes de raccourcis* permettent de répéter rapidement des actions effectuées précédemment.

La zone de notification de la barre des tâches

La barre des tâches recèle d'autres fonctionnalités. Elles se trouvent dans la partie droite, dans une partie appelée *zone de notification* (Figure 3.14). Les icônes qui s'y trouvent varient selon l'ordinateur et les logiciels qui y ont été installés, mais vous y trouverez sans doute celles-ci :

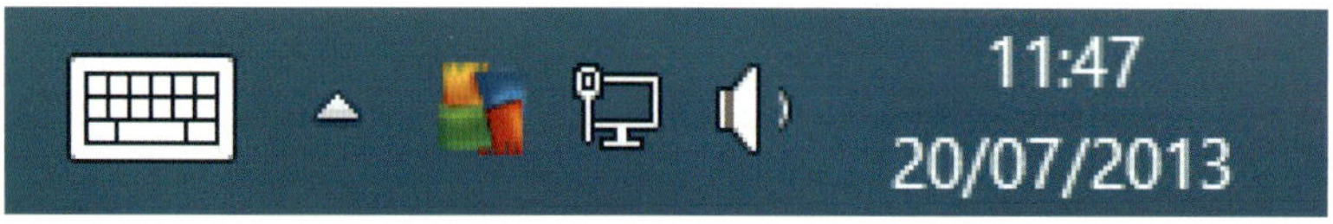

Figure 3.14 : La zone de notification de la barre des tâches.

- **Heure et date :** cliquez dessus pour afficher un calendrier et une horloge. Pour changer de date et d'heure, voire ajouter un fuseau horaire, cliquez sur Modifier les paramètres de la date et de l'heure, comme expliqué au Chapitre 12.

- **Retirer un périphérique en toute sécurité :** cliquez sur l'icône avant de retirer un périphérique comme une clé USB, un lecteur MP3, un disque dur externe, *etc*. Windows s'assurera qu'aucun fichier n'est en cours de lecture ou d'écriture avant de vous autoriser à ôter le périphérique.

- **Bluetooth :** cliquez sur cette icône pour configurer une connexion Bluetooth. Ce type de liaison radio est décrit au Chapitre 12.

- **Notifications de Windows :** ce drapeau devient rouge lorsque Windows détecte que l'antivirus ou le pare-feu ne sont pas configurés, ou lorsqu'il tient à signaler d'autres problèmes de sécurité informatique.

- **Réseau Wi-Fi :** apparaît lorsque la connexion Wi-Fi est établie. Une croix rouge par-dessus cette icône signale que l'ordinateur est déconnecté du réseau.

- **Réseau filaire :** apparaît lorsque la connexion au réseau est établie par un câble Ethernet. Une croix rouge signale que l'ordinateur est déconnecté.

- **Volume :** cliquez sur cette icône pour régler le volume de sortie du son.

- **Batterie :** indique que l'ordinateur portable fonctionne sur la batterie. Immobilisez la souris au-dessus de l'icône pour connaître le pourcentage de la charge.

- **Secteur :** indique que l'ordinateur portable est alimenté par le courant secteur et que la batterie est en train d'être chargée.

- **Afficher les icônes cachées :** cette flèche, à gauche des icônes de la zone de notification, donne accès aux icônes qui ne sont pas affichées dans la barre. Nous y reviendrons plus loin à la prochaine section, « Personnaliser la barre des tâches ».

Personnaliser la barre des tâches

La barre des tâches est personnalisable. Cela est particulièrement utile dans Windows 8.1, car vous éviterez ainsi de multiples allers et venues entre le Bureau et l'écran d'accueil.

À l'origine, la barre des tâches ne contient que trois icônes : le bouton Démarrer, Internet Explorer, le logiciel vous permettant de visiter des sites Internet, et l'Explorateur de fichiers qui permet d'accéder à vos documents. Les icônes sont repositionnables les unes par rapport aux autres en les faisant glisser.

Pour personnaliser davantage la barre des tâches, cliquez sur une partie non occupée et dans le menu, choisissez Propriétés (Figure 3.15).

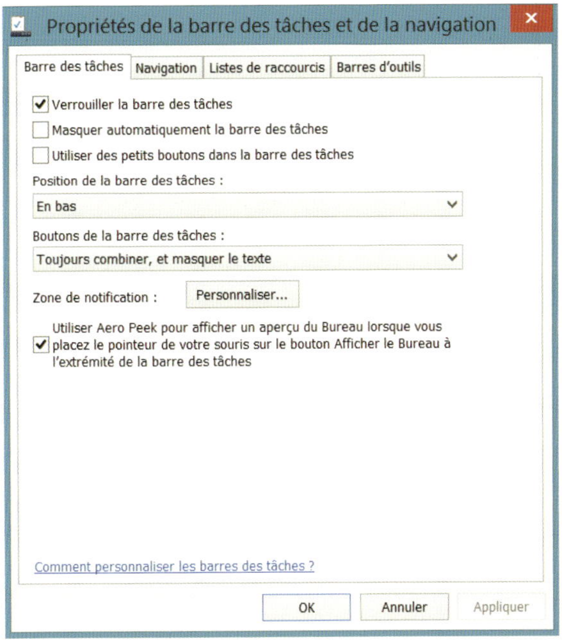

Figure 3.15 : L'onglet Barre des tâches permet de personnaliser cette partie de l'interface du Bureau de Windows 8.1.

Le Tableau 3.1 explique les options de la boîte de dialogue et fournit quelques recommandations. Pour que certaines de ces options fonctionnent, vous devrez décocher la case Verrouiller la barre des tâches.

convient pas ? Rétablissez l'option comme avant, puis cliquez de nouveau sur Appliquer.

Après avoir configuré la barre des tâches à votre guise, cochez la case Verrouiller la barre des tâches.

Essayez les diverses options des propriétés de la barre des tâches. Pour voir les effets de l'une d'elles, cliquez sur le bouton Appliquer. Le résultat ne vous
L'onglet Liste des raccourcis, dans la boîte de dialogue Propriétés de la barre des tâches, contient une rubrique Confidentialité. Elle empêche la liste de raccourcis – évoquée précédemment dans ce chapitre – de se souvenir des fichiers récemment ouverts, afin que d'autres personnes ne puissent pas en prendre connaissance.

Tableau 3.1 : Personnaliser la barre des tâches.

Commandes	*Recommandations*
Verrouiller la barre des tâches	Lorsque cette case est cochée, l'apparence de la barre des tâches n'est plus modifiable. Cela évite les changements par inadvertance.
Masquer automatiquement la barre des tâches	Lorsque cette option est active, la barre des tâches disparaît en bas de l'écran lorsqu'elle n'est pas utilisée. Approchez le pointeur de la souris du bord inférieur pour la faire réapparaître.
Utiliser des petits boutons dans la barre des tâches	La hauteur de la barre des tâches ainsi que ses icônes sont réduites à la moitié de leur taille. Cette option est commode pour les petits écrans.
Position de la barre des tâches	La barre des tâches peut être placée contre n'importe quel bord de l'écran. Choisissez le bord dans ce menu.
Boutons de la barre des tâches	Lorsque vous ouvrez de nombreux programmes et fenêtres, Windows évite d'encombrer la barre des tâches en groupant les boutons similaires sous un seul. Par exemple, toutes les fenêtres Word sont liées à un seul bouton Word. Pour cela, conservez l'option Toujours combiner, et masquer le texte.

Zone de notification	Le bouton Personnaliser permet de définir quelles icônes doivent apparaître dans la zone de notification. Personnellement, je choisis systématiquement Afficher l'icône et les notifications.
Utiliser Aero Peek...	Normalement, immobiliser le pointeur de la souris dans le coin inférieur droit de l'écran rend toutes les fenêtres transparentes, ce qui permet de voir le Bureau. Pour désactiver cet effet, décochez l'option Passage furtif sur le Bureau.

Faciliter la recherche d'un programme

Après avoir affiché le Bureau, vous voudrez peut-être éviter le fort encombré écran d'accueil. Nous avons vu qu'il était désormais possible de démarrer Windows en affichant directement le Bureau, et que nous pouvions configurer le bouton Démarrer pour qu'il affiche l'écran Applications de l'écran d'accueil afin d'y choisir le programme à exécuter.

Toutefois, le plus rapide est de ne jamais quitter le Bureau. Pour cela, recherchez ce programme depuis le Bureau, ou bien placez autant de raccourcis que nécessaire sur le Bureau.

Ouvrir rapidement un programme sans quitter le Bureau

A priori, vous connaissez le nom du programme dans lequel vous souhaitez travailler. Dans ce cas, voici comment l'exécuter sans passer par l'écran d'accueil ou l'écran Applications :

1. **Depuis le Bureau, affichez la barre des charmes, soit en exécutant le raccourci clavier Win + C, soit en plaçant le pointeur de la souris dans l'angle supérieur ou inférieur droit de l'écran.**

2. **Dans la barre des charmes qui apparaît, cliquez sur le bouton Rechercher.**

3. **Commencez par saisir les premières lettres du nom de votre programme.**

   Par exemple, pour exécuter Word, tapez **wo**. Windows affiche la liste des applications et des autres éléments commençant par ces lettres.

Vous constatez que Word apparaît en bonne position, comme le montre la Figure 3.16.

4. **Cliquez sur la vignette du programme.**

   Windows 8.1 ouvre l'application directement sur le Bureau.

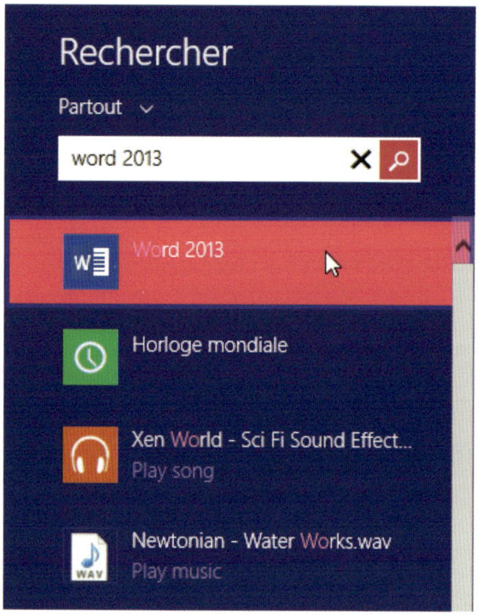

Figure 3.16 : Localiser un programme avec la fonction Rechercher du Bureau.

TRUC

Cette technique est également utilisable depuis l'écran d'accueil ou l'écran Applications. Mais cette fois, inutile d'afficher préalablement la barre des charmes. Il vous suffit de commencer à taper les premières lettres de votre application pour que le volet Rechercher s'ouvre dans la partie droite de l'interface, comme à la Figure 3.17.

Figure 3.17 : La recherche d'un programme peut également être lancée depuis l'écran Applications.

Épingler vos programmes sur la barre des tâches

Soucieux de rester sur le Bureau une fois que vous y êtes, voici une technique rapide pour épingler un programme sur la barre des tâches sans passer par les écrans d'accueil ou Applications :

1. **Répétez la précédente procédure pour afficher dans le volet Rechercher le programme à épingler sur la barre des tâches.**

2. **Faites un clic droit sur la vignette du programme.**

3. **Dans le menu contextuel qui apparaît, choisissez Épingler à la barre des tâches comme à la Figure 3.18.**

   L'icône du programme apparaît sur la barre des tâches.

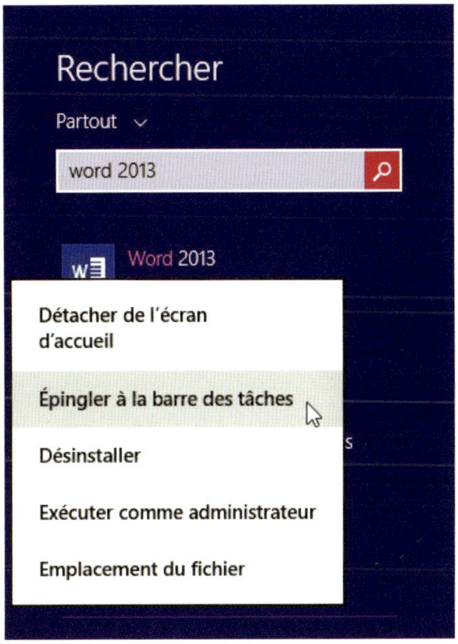

Figure 3.18 : Épingler rapidement un programme à la barre des tâches.

4. **Cliquez sur l'icône du programme pour l'ouvrir.**

Vous pouvez effectuer cette opération dans l'écran d'accueil ou l'écran Applications. Il suffit alors de faire un clic droit sur la vignette du programme. Dans la barre d'application qui s'affiche en bas de l'écran, cliquez sur Épingler à la barre des tâches.

Lorsque vous ne souhaitez plus qu'un programme soit affiché dans la barre des tâches, répétez ces étapes. Dans le menu contextuel ou la barre d'applications, exécutez la commande Détacher de la barre des tâches.

Chapitre 4

Les rouages de Windows

Dans ce chapitre :

- Les différents éléments de Windows.
- Boutons, barres et curseurs.
- Trouver les commandes sur le Ruban.
- Les volets de navigation et de visualisation.
- Parcourir un document dans une fenêtre.
- Déplacer des fenêtres et modifier leur taille.

L'écran d'accueil de Windows 8.1 paraît presque rudimentaire avec ses vignettes surdimensionnées, ses grands caractères et ses couleurs vives. En revanche, l'écran du Bureau contient de tout petits éléments, les caractères sont minuscules et les graphismes plutôt élaborés.

Dans ce chapitre, vous apprendrez à naviguer parmi les fenêtres du Bureau. Nous en décortiquerons chaque partie, qui sera minutieusement expliquée. Vous découvrirez le fonctionnement de chacune d'elles et apprendrez les procédures requises pour les exploiter.

Un pense-bête, à la fin du chapitre, reprend chaque bouton, boîte, fenêtre, barre, liste et autres éléments que vous serez susceptible de rencontrer lorsque vous utiliserez Windows au quotidien.

Analyse d'une fenêtre typique

La Figure 4.1 montre une fenêtre typique : celle du dossier Documents – le lieu de stockage par défaut de la majeure partie de votre travail –, dont tous les éléments sont étiquetés.

La mention « par défaut », figurant dans le précédent paragraphe, signifie que Windows 8.1 propose systématiquement ce dossier de stockage lorsque vous enregistrez des documents comme des fichiers texte (conçus dans le Bloc-notes, Wordpad et autre Word), des feuilles de calculs, des présentations et j'en passe.

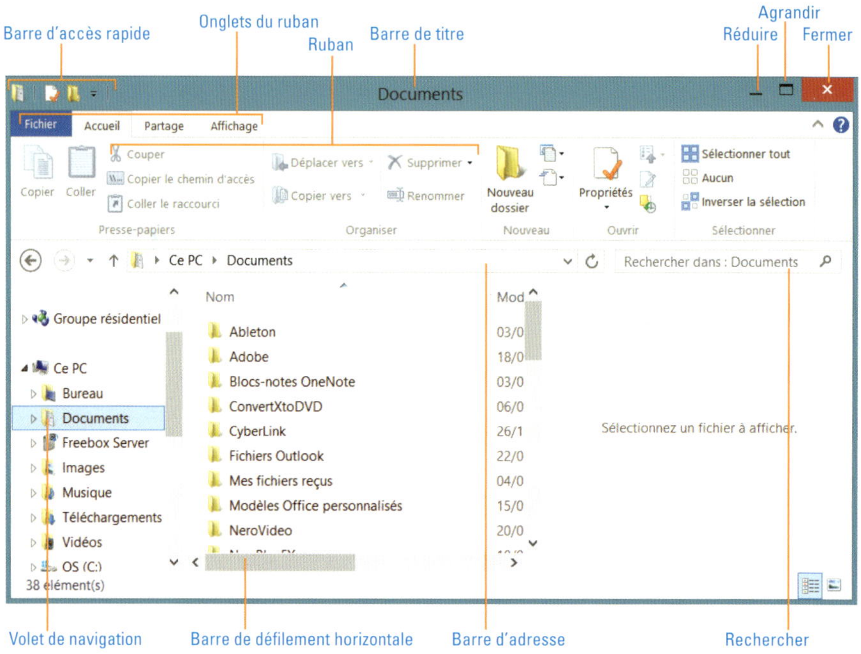

Figure 4.1 : Voici la terminologie des diverses parties d'une fenêtre de Windows.

Les fenêtres se comportent différemment selon la fonction qu'elles remplissent. Les prochaines sections décrivent les principales parties du dossier Documents – celui de la Figure 4.1 –, comment et où cliquer, et comment Windows réagit en conséquence.

- Dans Windows 8.1, un *ruban* contenant des boutons et des commandes remplace la barre de menus en haut des dossiers.
- Windows 8.1 regorge de petits boutons, bordures et boîtes bizarroïdes. Il est inutile de retenir leurs noms, bien que cela puisse s'avérer utile lorsque vous aurez recours aux menus d'Aide de certaines fenêtres. En cas de doute, reportez-vous à la Figure 4.1 et lisez les explications.
- Vous pouvez interagir avec la plupart de ces éléments en cliquant, en double-cliquant ou en cliquant du bouton droit (dans le doute, essayez toujours le clic droit).
- Vous utilisez un écran tactile ? Reportez-vous à l'encadré où il est question du toucher lors de l'utilisation d'une tablette tournant sous Windows 8.1.
- Après avoir cliqué de-ci, de-là, vous vous rendrez compte combien il est facile d'obtenir la réponse souhaitée de la part de votre fenêtre. Le plus ardu est de trouver la bonne commande la première fois (un peu comme les nouveaux boutons sur un téléphone mobile).

La barre de titre d'une fenêtre

Située en haut de presque chaque fenêtre, la barre de titre mentionne le nom du fichier et celui du programme. La Figure 4.2 montre celles de deux petits programmes de traitement de texte : WordPad (en haut) et le Bloc-notes (en bas). Dans les deux cas, le fichier n'a pas encore été enregistré ; c'est pourquoi leur nom est respectivement Document et Sans titre.

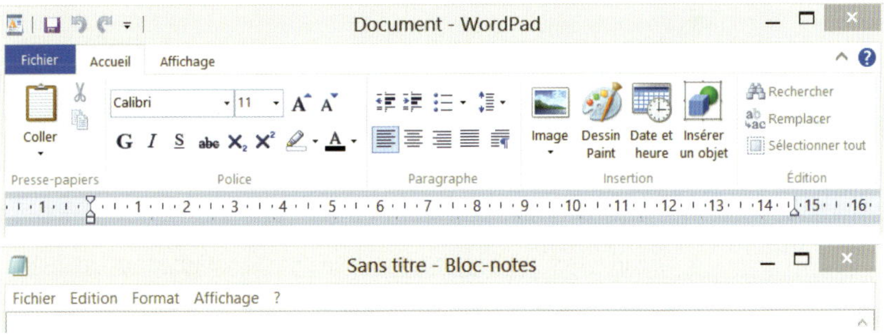

Figure 4.2 : La barre de titre de WordPad (en haut) et du Bloc-notes (en bas).

En dépit de son aspect anodin, la barre de titre contient bon nombre de fonctionnalités intéressantes :

- La barre de titre permet de déplacer une fenêtre sur le Bureau. Cliquez dessus – ailleurs que sur une icône – puis, sans relâcher le bouton de la souris, faites-la glisser. La fenêtre suit le mouvement de la souris. Relâchez le bouton de votre souris pour la déposer à son nouvel emplacement.
- Double-cliquez dans une partie vide de la barre de titre, et la fenêtre emplit tout l'écran. Double-cliquez de nouveau dessus, et elle reprend ses dimensions d'origine.
- Remarquez les petites icônes à gauche, dans la barre de titre de WordPad. Elles forment la barre d'outils Accès rapide et appartiennent à ce que Microsoft appelle une *interface à ruban*.
- Trois boutons rectangulaires se trouvent à droite, dans la barre de titre. Ce sont, de gauche à droite, les boutons Réduire, Agrandir et Fermer que nous avions vus au chapitre précédent.
- La fenêtre active, c'est-à-dire celle qui subit les effets de vos actions réalisées à la souris ou au clavier, présente une barre de titre la plus sombre, et son bouton Fermer rouge, en haut à droite, comme la fenêtre WordPad, en haut de la Figure 4.2. Cette présentation différencie cette fenêtre *active* de celle que vous n'utilisez pas, comme le Bloc-notes, en bas de la Figure 4.2.

Glisser-déposer et démarrer

Le glisser-déposer est une action aussi vieille que Windows, qui sert à déplacer ou repositionner un élément, une icône par exemple.

Pour *faire glisser* un élément, placez le pointeur de la souris sur l'objet en question. Ensuite, maintenez le bouton gauche, puis déplacez la souris. L'icône semble collée au pointeur. Parvenue à destination, relâchez le bouton et l'icône est *déposée*.

Vous pouvez déplacer un élément avec le bouton droit de la souris. Dans ce cas, un petit menu contextuel vous demande, après avoir déposé l'icône, si vous désirez la Copier ici ou la Déplacer ici.

Une petite astuce : vous avez déplacé quelque chose et vous vous rendez compte, au cours de l'opération, que vous vous êtes trompé d'élément ? Ne relâchez pas le bouton de la souris, mais appuyez sur la touche Échap pour annuler l'action.

Naviguer parmi les dossiers avec la barre d'adresse de la fenêtre

Sous le ruban se trouve la *barre d'adresse* (voir Figure 4.3). Elle semblera familière à ceux qui connaissent déjà Internet Explorer, car elle rappelle furieusement la barre d'adresse de ce navigateur Web.

Figure 4.3 : La barre d'adresse d'un dossier.

Les trois parties principales de la barre d'adresse – de gauche à droite dans les paragraphes qui suivent – ont chacune une fonction bien définie :

- **Boutons Précédent et Suivant :** ces deux boutons mémorisent votre itinéraire parmi les dossiers du PC. Le bouton Précédent vous ramène au dossier que vous venez de visiter (en amont). Le bouton Suivant vous ramène au dernier dossier (en aval). Cliquez sur la minuscule flèche à droite des deux boutons pour accéder à une liste des emplacements que vous avez visités. Cliquez sur l'un d'eux pour y accéder aussitôt.

NOUVEAUTÉ WINDOWS 8

- **Bouton Niveau supérieur :** supprimé dans Windows 7, le bouton revient dans Windows 8.1. Cliquez dessus pour reculer d'un niveau dans l'arborescence des dossiers.
- **Barre d'adresse :** elle contient l'adresse du dossier actuellement ouvert. Cette adresse correspond plus exactement au *chemin* dans le disque dur : par exemple, à la Figure 4.3, l'adresse est *Bibliothèques, Documents, Mes trucs à moi*. Elle indique que vous vous trouvez dans le dossier Mes trucs à moi, qui se trouve dans le dossier Documents, lequel se trouve dans le dossier Bibliothèques de votre compte d'utilisateur. Eh oui, ces histoires de dossiers sont suffisamment compliquées pour qu'un chapitre entier – le prochain – leur soit consacré.

NOTE TECHNIQUE

Vous constatez qu'il ne s'agit pas d'un chemin très précis. Par exemple, si vous ouvrez l'Explorateur de fichiers puis un dossier, le chemin d'accès reste très graphique et pas vraiment informatique. Pour afficher le vrai chemin d'accès au dossier Documents, cliquez sur la première icône de la barre d'adresse. Le chemin d'accès apparaît en séparant ses éléments avec des barres obliques inversées (\).

- **Le champ Rechercher :** encore un emprunt à Internet Explorer… Toutes les fenêtres de Windows 8.1 sont dotées d'un champ Rechercher, capable d'explorer le dossier et ses sous-dossiers à la recherche d'une donnée ou d'une information. Par exemple, si vous recherchez le mot **carotte**, Windows montrera tous les dossiers et fichiers contenant ce mot. Toutefois, pour lancer de plus larges recherches, il est préférable d'utiliser cette fonctionnalité de la barre des charmes.

TRUC

Remarquez, dans la barre d'adresse, les petits triangles noirs entre les mots Ce PC, Documents et <votre dossier>. Cliquer dessus affiche un menu de tous les autres dossiers se trouvant à ce niveau. C'est un moyen commode d'accéder à d'autres dossiers.

Trouver les commandes sur le ruban

ÉCRAN TACTILE

Les commandes de Windows 8.1 sont innombrables et contextuelles en ce sens qu'elles varient en fonction de la fenêtre utilisée. Pour y accéder rapidement, elles ont été réparties dans différents onglets d'un ruban. Ce dernier se trouve en haut de chaque dossier et de chaque bibliothèque (voir Figure 4.4).

Figure 4.4 : Les onglets d'un ruban.

Chacun des onglets donne accès à différentes options. Pour les voir, cliquez sur l'un d'eux, Partage, par exemple. Le ruban se présente alors comme dans la Figure 4.5. Il contient toutes les options et commandes de partage de fichier.

Certaines options sont parfois indisponibles. Elles apparaissent alors en grisé, comme l'option Imprimer, dans la Figure 4.5 (dans le dossier, l'élément sélectionné est un dossier contenant des photos. Or, seul le contenu d'un dossier peut être imprimé).

Il n'est pas nécessaire de savoir combien de types de rubans il existe dans Windows, car ceux que vous pouvez utiliser sont automatiquement affichés. Par exemple, lorsque vous cliquez sur la bibliothèque Musique, dans le volet de navigation, un onglet Lecture s'ajoute aux autres onglets dès que vous sélectionnez un de ses éléments dans le volet central.

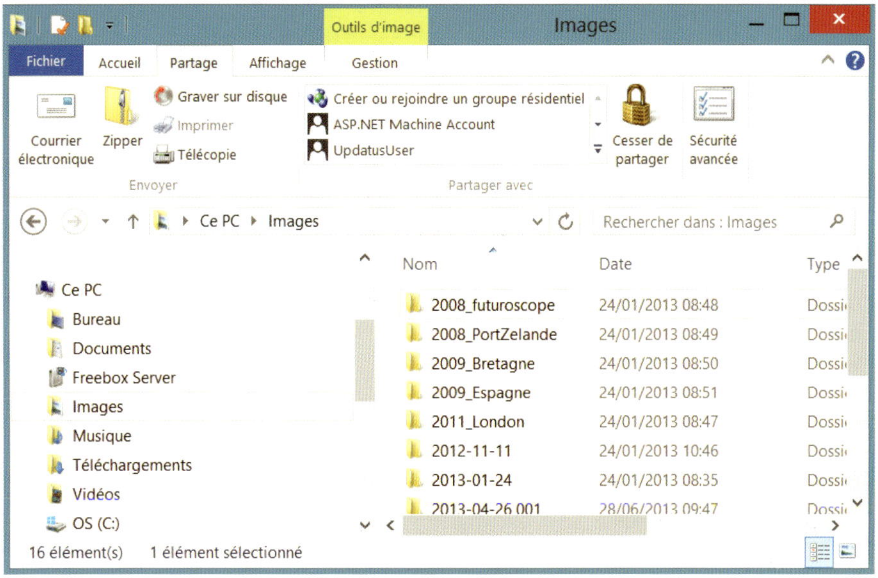

Figure 4.5 : Cliquez sur un onglet pour voir ses commandes.

Si l'usage d'un bouton ne vous semble pas évident, immobilisez le pointeur de la souris dessus. Une info-bulle apparaît et explique son utilité. Voici un bref descriptif des onglets et leur raison d'être :

- **Fichier :** présent à gauche dans chaque ruban, cet onglet sert principalement à ouvrir de nouvelles fenêtres et accéder aux emplacements fréquemment visités.
- **Accueil :** vous trouvez dans cet onglet, toujours affiché, les commandes permettant de copier, couper et coller, de déplacer ou supprimer les éléments sélectionnés, ou de renommer un fichier ou un dossier.
- **Partage :** cet onglet permet de partager le contenu de votre ordinateur avec d'autres personnes qui l'utilisent. Mais surtout, il permet d'interdire l'accès aux documents confidentiels que vous auriez partagés par erreur. Le partage est expliqué au Chapitre 12.
- **Affichage :** les commandes de cet onglet servent à modifier l'aspect de la fenêtre. Par exemple, cliquez sur le bouton Très grandes icônes pour afficher en grand les vignettes des photos.
- **Gestion :** cet onglet contient des commandes propres au type de fichier que contient le dossier. Par exemple, vous trouverez un bouton Diaporama dans l'onglet Gestion des outils d'image, ainsi que des boutons pour remettre droit une la vignette d'une photo cadrée en hauteur.

TRUC

Vous aimeriez que le ruban occupe moins de place ? Cliquez sur le petit chevron en haut à droite de la fenêtre pour n'afficher que les onglets. Ou alors, appuyez sur Ctrl + F1 ; c'est plus rapide.

Les accès rapides du volet de navigation

Examinez un bureau – un vrai – et vous constaterez que les objets les plus couramment utilisés sont à portée de main : le pot à crayons, l'agrafeuse, les tampons, la tasse de café et peut-être quelques miettes du sandwich de midi… C'est pareil dans Windows 8.1 : tous les éléments les plus fréquemment utilisés (hormis le café et les miettes) sont placés dans le volet de navigation que montre la Figure 4.6.

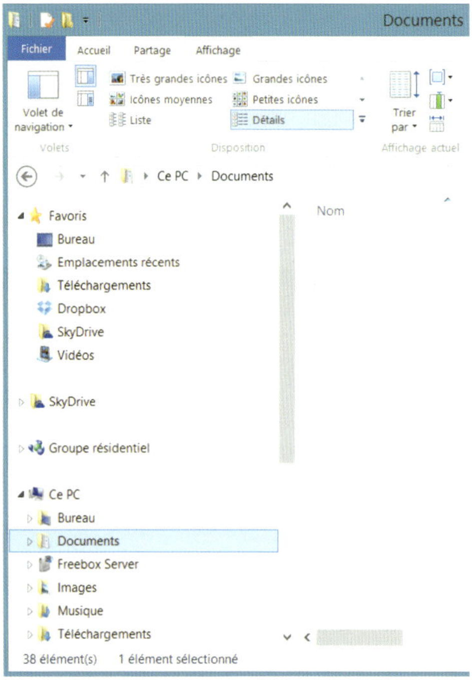

Figure 4.6 : Le volet de navigation contient des accès vers les emplacements les plus visités.

Situé à gauche de chaque dossier, le volet de navigation est divisé en cinq rubriques : Favoris, SkyDrive (si vous avez souscrit à ce service proposé par Microsoft), Groupe résidentiel, Ce PC (qui regroupe désormais les anciens dossiers Ordinateur et Bibliothèques), et Réseau. Cliquez sur l'une de ces rubriques, Favoris par exemple, et son contenu apparaît dans le volet de droite.

Voici quelques précisions sur les parties du volet de navigation :

- **Favoris :** les Favoris, à ne pas confondre avec ceux d'Internet Explorer évoqués au Chapitre 9, sont des raccourcis vers les emplacements les plus fréquentés de Windows :
  - **Bureau :** vous ne vous en doutiez peut-être pas, mais le Bureau est en réalité un dossier dont le contenu apparaît en permanence sur l'écran. Cliquer sur Bureau, à la rubrique Favoris, montre tout ce qui s'y trouve.
  - **Emplacements récents :** vous y trouverez tous les dossiers et fichiers récemment ouverts.
  - **SkyDrive :** affiche tout ce que vous avez stocké sur le Cloud (nuage informatique de Microsoft). Cet espace de stockage distant vous permet de travailler sur vos fichiers, quel que soit l'endroit où vous séjournez dès lors que vous disposez d'un accès à Internet. SkyDrive n'apparaît que si vous avez souscrit à ce service.
  - **Téléchargements :** cliquez ici pour accéder aux fichiers téléchargés avec Internet Explorer lors de vos pérégrinations sur le Web. C'est en effet là qu'ils se retrouvent.
- **Ce PC :** regroupe désormais les dossiers Bibliothèques et Ordinateur. Vous y retrouvez les dossiers suivants :
  - **Bureau :** affiche tous les éléments actuellement stockés sur le Bureau. Il peut s'agir de dossiers, de fichiers, et de raccourcis.
  - **Documents :** accède au contenu de la bibliothèque Documents qui regroupe des fichiers créés avec des applications et qui y sont enregistrés par défaut.
  - **Images :** cette icône donne accès à votre photothèque numérique. Il s'agit du dossier de stockage de vos images par défaut quand, par exemple, vous les importez depuis un appareil photo numérique, ou que vous les copiez depuis un disque dur externe, une clé USB, ou une carte mémoire.
  - **Musique :** cliquez sur Musique, puis double-cliquez sur un morceau pour l'écouter aussitôt. Il s'agit là aussi d'un espace de stockage par défaut pour faciliter la gestion de vos fichiers audio.
  - **Vidéos :** un double-clic sur les séquences stockées dans ce dossier vous permettra de les visionner avec le Lecteur Windows Media.
  - **Téléchargements :** cliquez ici pour accéder aux fichiers téléchargés avec Internet Explorer lors de vos pérégrinations sur le Web. C'est en effet là qu'ils se retrouvent.
  - **Périphériques et lecteurs :** cette section du dossier Ce PC affiche tous les disques durs connectés à votre ordinateur. Double-cliquez sur l'icône de celui dont vous souhaitez afficher les éléments.

- **Réseau :** bien que les groupes résidentiels facilitent le partage des fichiers, la notion de réseau informatique existe toujours. C'est à cet endroit que s'affiche le nom des ordinateurs mis en réseau, y compris le vôtre.

Voici quelques conseils pour tirer le meilleur parti du volet de navigation :

- Ajoutez vos emplacements préférés dans la rubrique Favoris du volet de navigation : cliquez sur un dossier puis glissez-déposez-le dans cette zone, et il se transforme en raccourci. Pour le retirer des Favoris, faites un clic droit sur son icône et exécutez la commande Supprimer. Bien entendu, cette action ne supprime pas l'élément de son emplacement d'origine.
- TRUC — Le dossier Bibliothèques vous manque ? Réintégrez-le en faisant un clic droit dans un espace vide du volet de navigation. Dans le menu contextuel qui apparaît, cochez l'option Afficher les bibliothèques.
- TRUC — Vous avez semé la pagaille dans le volet de navigation ? Cliquez du bouton droit sur une rubrique ou un dossier. Dans le menu contextuel, choisissez Restaurer <nom de l'élément sur lequel vous avez cliqué> par défaut. Par exemple, si vous avez ajouté ou supprimé des sous-dossiers du dossier Bibliothèques, faites un clic droit sur ce dossier et exécutez la commande Restaurer les Bibliothèques par défaut.

Se déplacer dans une fenêtre avec la barre de défilement

La barre de défilement (voir Figure 4.7) apparaît au bord droit et/ou inférieur d'une fenêtre dès qu'elle est trop petite pour afficher tout son contenu. À l'intérieur de la barre, un *curseur de défilement* monte et descend selon la partie d'une page qui est affichée. D'un seul coup d'œil sur le curseur, vous savez si vous êtes plutôt en haut, au milieu ou en bas du contenu d'une fenêtre.

Cliquer en différents endroits de la barre de défilement permet de se déplacer rapidement dans un document. Par exemple :

- Cliquer dans la barre dans la direction à afficher. Par exemple, cliquer au-dessus du curseur vertical déplace la vue d'une page vers le haut. Cliquer dessous la déplace d'une page vers le bas.
- NOUVEAUTÉ WINDOWS 8 — Actionner la barre de défilement horizontale en bas de l'écran d'accueil permet d'accéder à tous les programmes et applications qui s'étendent au-delà de l'écran, vers la droite.

- Pas de curseur dans la barre de défilement, ou aucune barre visible ? Cela signifie que tout le contenu de la fenêtre est affiché. Il n'y a donc pas lieu de la faire défiler.
- Vous voulez parcourir rapidement le contenu d'une fenêtre ? Cliquez sur le curseur et tirez-le, et vous verrez le contenu de la fenêtre défiler à toute vitesse. Arrivé là où vous le vouliez, relâchez le bouton de la souris.
- Votre souris est dotée d'une molette ? Actionnez-la pour déplacer le curseur vertical. C'est un moyen commode pour parcourir des documents longs ou des dossiers très remplis.

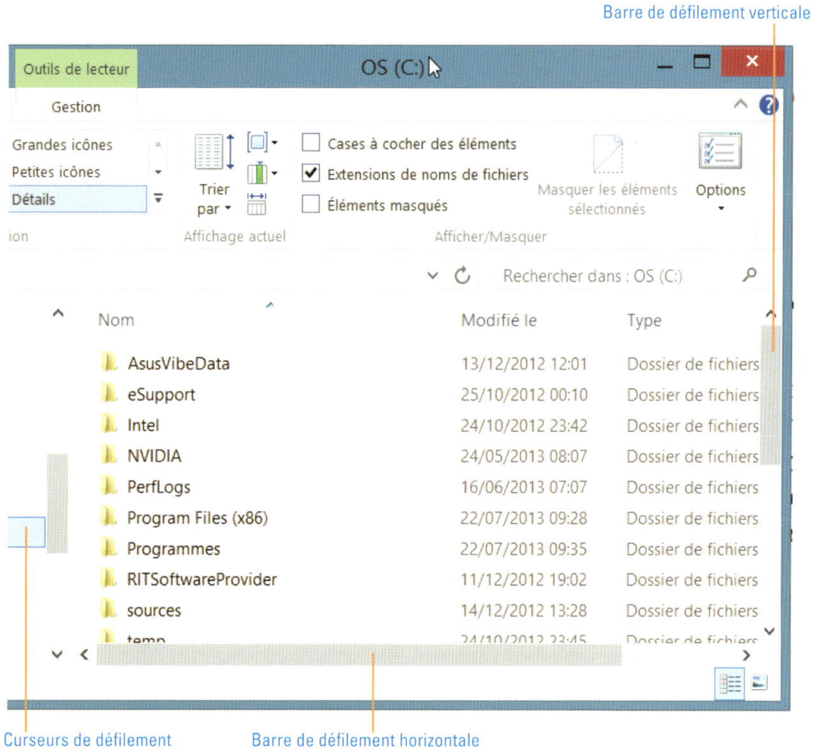

Figure 4.7 : Les barres de défilement verticale et horizontale.

Du côté des bordures

Une *bordure* est le cadre qui entoure une fenêtre.

Pour changer la taille d'une fenêtre, cliquez sur une bordure – le pointeur de la souris prend la forme d'une flèche à deux pointes – et tirez dans la direction désirée. Redimensionner une fenêtre en cliquant et en faisant glisser un coin est le plus commode. Notez que certaines fenêtres ne sont pas redimensionnables.

Les sélections multiples

Cliquer sur un élément le sélectionne. Cliquer sur un autre élément le sélectionne tout en désélectionnant le précédent. Voici comment sélectionner plusieurs éléments à la fois :

- Pour sélectionner plusieurs éléments à différents emplacements d'une fenêtre, maintenez la touche Ctrl enfoncée puis cliquez sur les éléments à sélectionner.
- Pour sélectionner une plage d'éléments qui se suivent, dans une liste, cliquez sur le premier d'entre eux puis, touche Majuscule enfoncée, cliquez sur le dernier. Tous les éléments, du premier que vous avez sélectionné jusqu'au dernier sur lequel vous venez de cliquer, sont sélectionnés. Notez qu'il est possible de désélectionner des éléments de cet ensemble en cliquant dessus, touche Ctrl enfoncée.
- Vous pouvez aussi utiliser la fonction lasso : cliquez sur le fond du dossier, à proximité d'un élément puis, tout en maintenant le bouton de la souris enfoncé, tracez un contour de sélection autour des éléments à sélectionner. Relâchez ensuite le bouton.

Déplacer les fenêtres sur le Bureau

Avec Windows 8.1, vous pouvez déplacer les fenêtres sur le Bureau avec la dextérité d'un joueur de cartes. Lorsqu'elles sont nombreuses, elles finissent par se recouvrir plus ou moins les unes les autres. Cette section vous explique comment les empiler rationnellement, en plaçant celle que vous préférez en haut du tas. Vous pouvez aussi les étaler, comme une main au poker. Et, cerise sur le gâteau, elles peuvent être redimensionnées et s'ouvrir automatiquement à n'importe quelle taille.

Placer une fenêtre au-dessus des autres

Pour Windows 8.1, la fenêtre au-dessus de toutes les autres, qui attire l'attention, est la *fenêtre active.* C'est celle qui reçoit tout ce que vous ou votre chat tapez sur le clavier.

Une fenêtre peut être placée au-dessus des autres de diverses manières. Voici comment :

- En cliquant sur une fenêtre qui en chevauche d'autres, vous la basculez au premier plan.
- Dans la barre des tâches, cliquez sur le bouton de la fenêtre désirée.
- La touche Alt enfoncée, appuyez sur la touche Tab. Un petit panneau montre une miniature de chacune des fenêtres ouvertes sur le Bureau. Appuyez autant de fois que nécessaire sur la touche Tab pour sélectionner la fenêtre voulue, puis relâchez les deux touches Alt et Tab. La fenêtre sélectionnée est au premier plan.
- Sur l'écran d'accueil, maintenez la touche Windows enfoncée tout en appuyant à répétition sur la touche Tab. Une barre apparaît à gauche de l'écran ; elle contient la vignette de toutes les applications et programmes ouverts. Dès que la vignette de l'élément à ouvrir est encadrée, relâchez les touches pour l'ouvrir.

Le Bureau est encombré de fenêtres au point de gêner votre travail ? Cliquez dans la barre de titre d'une fenêtre, secouez-la avec la souris jusqu'à ce que les autres fenêtres disparaissent dans la barre des tâches. Secouez-la de nouveau, et les fenêtres réapparaissent.

Déplacer une fenêtre

Pour une raison ou pour une autre, vous voudrez déplacer une fenêtre. Peut-être parce qu'elle est décentrée, ou pour faire de la place et voir tout ou partie d'une autre fenêtre.

Bref et quoi qu'il en soit, vous déplacerez une fenêtre en la tirant par sa barre de titre. La fenêtre repositionnée reste sélectionnée et donc active.

Afficher une fenêtre en plein écran

Pour certaines tâches, agrandir une fenêtre afin qu'elle exploite au maximum la surface de l'écran est une bonne chose. Pour cela, double-cliquez sur la barre de titre : la fenêtre s'étale instantanément sur tout le Bureau, recouvrant toutes les autres.

Pour la ramener à sa taille d'origine, double-cliquez de nouveau sur sa barre de titre. On ne s'en lasse pas…

- Si double-cliquer sur la barre de titre vous paraît vraiment ringard, cliquez sur le bouton Agrandir. C'est celui du milieu, en haut à droite.

- Quand une fenêtre est en plein écran, le bouton Agrandir est remplacé par le bouton Niveau inférieur. Cliquez dessus pour qu'elle redevienne plus petite.
- Faites glisser la fenêtre par la barre de titre jusqu'en haut de l'écran ; l'ombre de la fenêtre s'étend à présent tout autour de l'écran. Relâchez le bouton de la souris, et la fenêtre est en plein écran. Bon d'accord, le double-clic dans la barre de titres est plus rapide (mais c'est d'un ringard…).

- Trop fatigué pour attraper la souris ? La touche Windows enfoncée, appuyez sur la touche fléchée Haut pour agrandir la fenêtre en plein écran. Les touches Windows + Flèche bas rétablissent la fenêtre à sa taille d'origine.

Fermer une fenêtre

Quand vous avez fini de travailler dans une fenêtre, fermez-la en cliquant sur le petit bouton « X », en haut à droite.

Si le travail en cours n'a pas été enregistré, Windows vous propose d'en effectuer la sauvegarde. Confirmez-la en cliquant sur le bouton Oui – vous devrez peut-être nommer le fichier que vous avez créé et choisir un dossier de stockage –, ou en cliquant sur Non si vous estimez qu'il n'est pas nécessaire de l'enregistrer. D'autres fenêtres – comme celles propres à Windows – se ferment sans formalité supplémentaire.

Redimensionner une fenêtre

Comme le chantait Serge Gainsbourg en son temps à propos de la pauvre Lola, il faut savoir s'étendre sans se répandre. Fort heureusement, une fenêtre de Windows ne s'étend ni ne se répand, elle se redimensionne. Voici comment :

1. **Immobilisez le pointeur de la souris au-dessus d'un bord ou d'un coin de la fenêtre. Lorsqu'elle se transforme en flèche à deux pointes, cliquez et faites glisser le pointeur pour changer la taille de la fenêtre.**

2. **Le redimensionnement terminé, relâchez le bouton de la souris.**

Redimensionner en tirant un coin est plus souple que de ne tirer qu'un seul côté, mais c'est à vous de voir.

Placer deux fenêtres côte à côte

Quand vous voudrez copier un élément dans une fenêtre pour le coller dans une autre, pouvoir juxtaposer les deux fenêtres vous facilitera la tâche.

- Le moyen le plus rapide consiste à faire glisser la barre de titre de chaque fenêtre vers un bord de l'écran. Tirez le pointeur de la souris jusqu'au bord.
- Cliquez sur une partie vide de la barre des tâches – y compris sur l'horloge – et choisissez Afficher les fenêtres côte à côte. Windows dispose aussitôt toutes les fenêtres les unes à côté des autres. Si vous préférez les voir les unes sur les autres, choisissez Afficher les fenêtres empilées. Si les fenêtres sont nombreuses, l'option Cascade les empile toutes, légèrement décalées en diagonale les unes par rapport aux autres.

- Quand plus de deux fenêtres sont ouvertes, cliquez sur le bouton Réduire de celle que vous ne voulez pas afficher puis choisissez de nouveau la commande Afficher les fenêtres côte à côte pour ne voir que celles qui restent.

- Les touches Windows + Flèche gauche agrandissent la fenêtre sur la moitié gauche de l'écran et les touches Windows + Flèche droite sur la moitié droite de l'écran.

Toujours ouvrir une fenêtre à la même taille

Parfois, une fenêtre s'ouvre à une taille trop petite, parfois en plein écran et je ne parle pas des courants d'air qui font claquer la porte du Bureau. Windows n'en fait qu'à sa tête, à moins que vous connaissiez cette petite astuce : quand vous redimensionnez *manuellement* une fenêtre, Windows mémorise sa taille et son emplacement. Il rouvrira toujours cette fenêtre à la même taille au même endroit. Procédez comme suit pour vous en assurer :

1. **Ouvrez la fenêtre.**

   Elle s'ouvre comme d'habitude à n'importe quelle taille.

2. **Redimensionnez la fenêtre à la taille voulue et placez-la là où elle doit apparaître.**

   Veillez à redimensionner la fenêtre manuellement en repositionnant les côtés et/ou les coins. Se contenter de cliquer sur le bouton Agrandir ne donnerait rien.

3. **Fermez immédiatement la fenêtre.**

Windows mémorise la taille et l'emplacement d'une fenêtre au moment où elle est fermée. Quand vous la rouvrirez, elle le sera là et à la taille d'avant. Ces réglages ne s'appliquent toutefois qu'au programme auquel appartient la fenêtre. Par exemple, quand vous ouvrez la fenêtre d'Internet Explorer, Windows ne tiendra compte que de la fenêtre propre à ce programme, et non de la fenêtre d'un autre.

La plupart des fenêtres respectent ces règles, mais quelques-unes y dérogent. Eh oui, tout le monde n'a pas le goût du travail bien fini…

Chapitre 5

Fichiers, dossiers, clé USB, bibliothèques et CD

Dans ce chapitre :

- Gérer les fichiers avec l'Explorateur de fichiers.
- Naviguer parmi les lecteurs, les dossiers et une clé USB.
- Les bibliothèques.
- Créer et nommer des dossiers.
- Sélectionner et désélectionner des éléments.
- Copier et déplacer des fichiers et des dossiers.
- Enregistrer sur des CD, des cartes mémoire et des disquettes.
- SkyDrive, le nuage informatique de Microsoft.

Tout le monde espérait que l'écran d'accueil simplifierait les choses en mettant fin à la complexité des dossiers et des fichiers. Ce n'est pas du tout le cas.

Comme l'écran d'accueil n'est pas équipé d'un gestionnaire de fichiers digne de ce nom, vous êtes obligé de recourir à l'Explorateur de fichiers chaque fois que vous désirez accéder à un dossier de l'ordinateur, mais aussi à un dossier hors de l'ordinateur, dans une clé USB, dans un disque dur externe, dans un autre ordinateur du réseau ou dans un espace de stockage distant, par Internet. Toutefois, lorsque vous insérez un disque dur externe, une clé USB, ou bien une carte mémoire alors que vous utilisez l'écran d'accueil, un message vous avertit de l'insertion du périphérique. Cliquez dessus pour ouvrir une boîte de dialogue dont une des options permet de basculer directement dans l'Explorateur de fichiers du Bureau.

Que vous utilisiez une tablette à écran tactile, un ordinateur portable ou de bureau, les dossiers et les fichiers font toujours partie de l'univers informatique. Et si vous ne maîtrisez pas leur principe, vous aurez du mal à trouver facilement vos données.

Ce chapitre explique comment utiliser ce gestionnaire de fichiers qui porte le nom d'*Explorateur de fichiers*. Vous apprendrez tout ce qu'il faut savoir à son sujet.

Parcourir le classeur à tiroirs informatisé

Pour que vos programmes et documents soient rationnellement rangés, Windows a gratifié la métaphore du classeur à tiroirs de jolies petites icônes. C'est là que se trouvent les zones de stockage de votre ordinateur où vous pourrez copier, déplacer, renommer ou supprimer des fichiers.

Pour ouvrir vos tiroirs virtuels, cliquez sur la vignette Bureau, dans l'écran d'accueil. L'Explorateur de fichiers est la petite icône qui se trouve dans la barre des tâches, à côté de celle d'Internet Explorer.

Cliquez sur l'icône de l'Explorateur de fichiers – ou double-touchez-la – et vous accédez aux fichiers et aux dossiers. Ce contenu peut être affiché de diverses manières. Pour voir votre espace de stockage, cliquez sur Ordinateur, dans le volet de gauche.

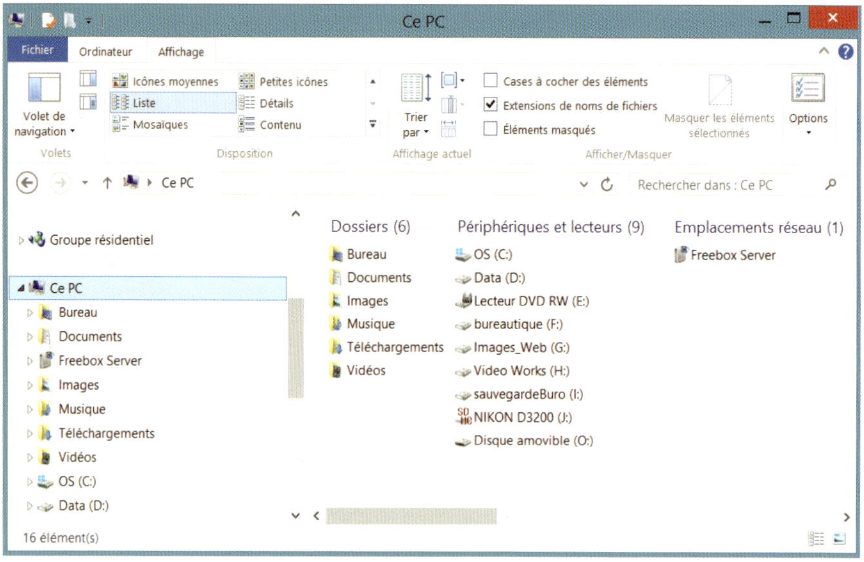

Figure 5.1 : L'Explorateur de fichiers affiche tous les espaces de stockage auxquels vous avez accès.

Le contenu de l'Explorateur de fichiers que montre la Figure 5.1 est sans doute différent de celui de votre ordinateur, mais les noms des différentes zones sont identiques. Voici à quoi elles correspondent :

- **Le volet de navigation :** situé à gauche, il contient les noms des diverses *bibliothèques* dans lesquelles vous stockez vos fichiers : Documents, Images, Musique et Vidéos.
- **Périphériques et lecteurs :** visible dans la Figure 5.1, cette zone montre le ou les disques durs, c'est-à-dire les mémoires de masse les plus importantes de votre PC. Tout ordinateur en possède au moins un. Double-cliquer sur l'icône d'un disque dur affiche ses dossiers et ses fichiers, mais ce n'est pas le meilleur moyen d'y accéder. Explorez plutôt les bibliothèques Documents, Images, Musique et Vidéos.

  Vous avez remarqué l'icône du disque dur marquée du logo Windows ? Ce logo indique que c'est dans ce disque dur que Windows 8.1 est installé. En fonction du mode d'affichage du contenu de l'Explorateur de fichiers, des jauges indiquent la quantité de données, c'est-à-dire l'espace libre et occupé du disque, comme à la Figure 5.2. Lorsqu'un disque ou une clé est presque pleine, la jauge devient rouge. Le moment est alors venu, soit de faire le ménage, soit de remplacer le disque dur par un plus volumineux.

  - **Lecteur de CD, DVD et Blu-ray :** Windows 8.1 indique si un lecteur ne peut que lire, ou lire et écrire, sur l'un de ces types de supports. Par exemple, si un graveur de DVD porte la mention DVD-RW, cela signifie qu'il peut à la fois lire (*Read* en anglais) et écrire (*Write*) des CD et des DVD. Un lecteur qui ne peut graver que les seuls CD porte la mention CD-RW.

  - **Clé USB et lecteurs de cartes mémoire :** l'icône de certaines clés USB ressemble à une clé USB, mais souvent, c'est l'icône visible dans la marge qui est affichée. Quant au lecteur de cartes mémoire, il peut être intégré à l'ordinateur ou branché à un port USB.

  - Windows 8.1 n'affiche pas d'icône du lecteur de cartes mémoire tant qu'une carte mémoire n'est pas insérée dedans. Pour l'afficher en permanence, ouvrez l'Explorateur de fichiers, cliquez sur l'onglet Affichage puis cliquez sur le bouton sous l'icône Options et choisissez Modifier les options des dossiers et de recherche. Une petite pause et ça repart : dans la boîte de dialogue Options des dossiers, cliquez sur l'onglet Affichage et décochez la case Masquer les lecteurs vides dans le dossier ordinateur. Cliquez sur OK.
  - **Lecteurs MP3 :** Windows 8.1 n'affiche d'icônes spécifiques que pour quelques lecteurs MP3; autrement il arbore une icône de carte USB générique ou de disque dur pour le populaire iPod (les lecteurs MP3 sont abordés au Chapitre 16). Notez que des morceaux ne peuvent pas être copiés directement entre Windows 8.1 et un iPod (NdT : vous devez utiliser pour cela le logiciel iTunes d'Apple).

- **Appareils photo :** dans la fenêtre de l'Explorateur de fichiers, un appareil photo numérique peut apparaître sous la forme d'une icône spécifique ou plus simplement d'un périphérique amovible. Pour accéder aux photos, double-cliquez sur l'icône de l'appareil. Après avoir procédé au transfert (voir Chapitre 16), Windows 8.1 place les photos dans le dossier Images.

- **Réseau :** cette icône n'est visible que si l'ordinateur est relié à un réseau informatique (voir Chapitre 15). Elle représentera par exemple le serveur de médias qu'est votre box Internet, ou d'un autre ordinateur connecté au réseau. Cliquez sur cette icône pour accéder aux morceaux de musique, photos et vidéos de l'ordinateur distant.

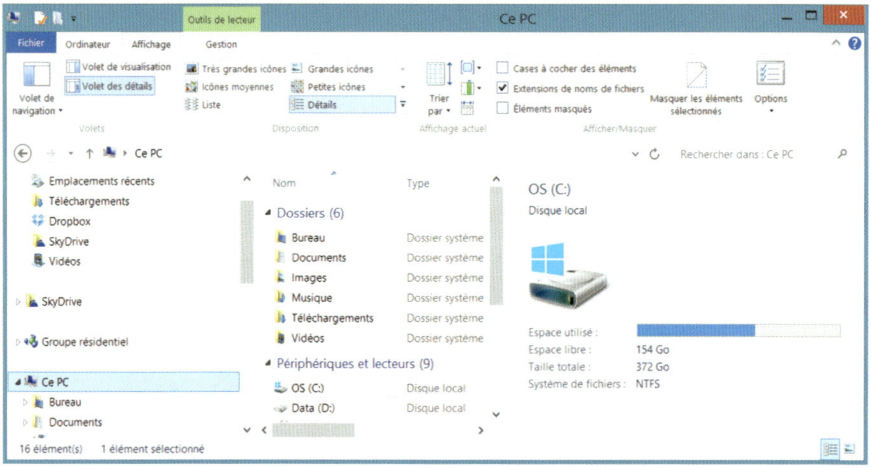

Figure 5.2 : Les jauges permettent de mesurer en un clin d'œil le niveau d'occupation des disques.

Quand vous connectez un caméscope numérique, un téléphone mobile ou tout autre périphérique à votre ordinateur, l'Explorateur de fichiers s'orne d'une nouvelle icône le représentant. Double-cliquez dessus pour voir le contenu du périphérique ; cliquez dessus du bouton droit pour savoir ce que Windows 8.1 vous permet de faire. Pas d'icône ? Peut-être devez-vous installer un pilote pour votre périphérique, comme expliqué au Chapitre 13.

Tout sur les dossiers et les bibliothèques

Ce sujet est un peu aride, mais si vous n'en prenez pas connaissance, vous risquez d'être aussi perdu dans Windows que vos fichiers dans l'ordinateur, et inversement.

Un *dossier* est une zone de stockage sur le disque dur. On peut le comparer à un véritable dossier en carton. Windows 8.1 divise le ou les disques durs de votre ordinateur en autant de dossiers thématiques que vous le désirez. Par exemple, les morceaux de musique sont stockés dans le dossier Musique, et les photos dans le dossier Images. Vous et vos programmes les retrouvez ainsi facilement.

Windows 8.1 contient quatre bibliothèques pour y stocker vos fichiers et dossiers (voir Figure 5.3) : Documents, Images, Musique et Vidéos. Afin d'y accéder rapidement, ils se trouvent dans le volet de navigation de tout dossier.

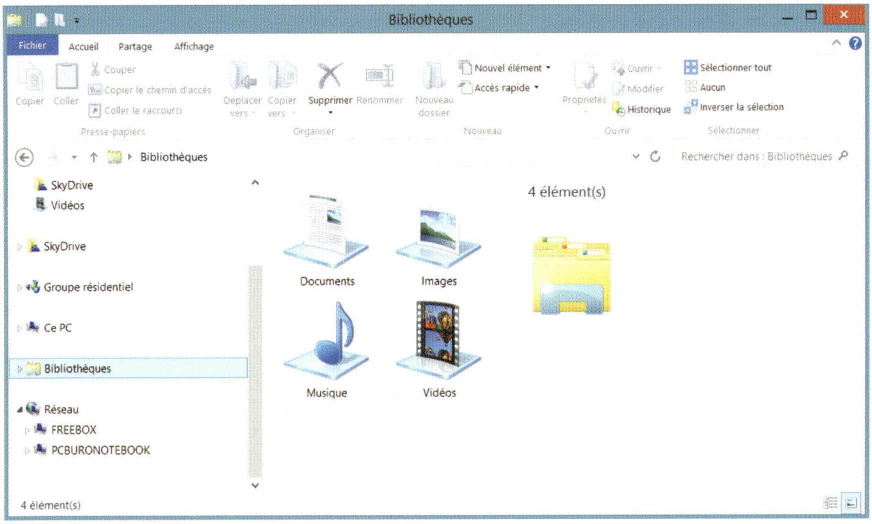

Figure 5.3 : Ces quatre dossiers se trouvent dans tous les comptes d'utilisateurs, mais séparément pour chaque compte.

TRUC

Le dossier Bibliothèques est absent du volet de navigation ? Faites un clic droit dans un espace vide de ce volet. Dans le menu contextuel qui apparaît, cochez l'option Afficher les bibliothèques.

Gardez à l'esprit ce qui suit quand vous manipulez des fichiers dans Windows 8.1 :

- Rien ne vous empêche de déposer tous vos fichiers sur le Bureau de Windows 8.1. Mais cela équivaut à jeter toutes ses affaires sur le siège arrière de la voiture et de se demander, un mois plus tard, où peuvent bien se trouver les lunettes de soleil. Quand les affaires sont bien rangées, on s'y retrouve mieux.

- Si vous brûlez d'impatience de créer un dossier, ce qui est très facile, reportez-vous à la section « Créer un nouveau dossier » plus loin dans ce chapitre.
- Les dossiers d'un ordinateur sont organisés en arborescence, de la racine du disque dur jusqu'aux dossiers, sous-dossiers et sous-sous-dossiers (non, ce ne sont pas dossiers où l'on range ses sous) les plus profondément enfouis.

Lorgner dans les lecteurs, les dossiers et les bibliothèques

Savoir ce que sont les lecteurs et les dossiers, c'est certes génial pour impressionner la vendeuse de petits pains au chocolat, mais c'est surtout utile pour trouver un fichier (reportez-vous à la section précédente pour savoir quel dossier contient quoi). Coiffez votre casque de chantier, empoignez la clé à molette et parcourez les lecteurs et les dossiers de votre ordinateur en vous servant de cette section comme guide.

Voir les fichiers d'un disque dur

À l'instar de presque tout dans Windows 8.1, les lecteurs de disques sont représentés par des boutons, ou icônes. L'icône Ordinateur affiche aussi des informations sur d'autres zones, comme un lecteur MP3, un appareil photo numérique ou un scanner (ces icônes ont été expliquées à la section « Parcourir le classeur à tiroirs informatisé », précédemment dans ce chapitre.

Ouvrir ces icônes donne généralement accès à leur contenu et permet de gérer les fichiers, comme dans n'importe quel autre dossier de Windows 8.1.

Quand vous double-cliquez sur une icône dans l'Explorateur de fichiers, Windows 8.1 l'ouvre promptement afin de vous montrer ce qui s'y trouve. Mais comment doit-il réagir lorsque vous introduisez une clé USB, un CD ou un DVD dans un lecteur ?

Lorsque vous introduisiez une carte mémoire d'appareil photo numérique dans le lecteur de cartes de votre ordinateur, Windows 8.1 affiche un message dans l'angle supérieur droit de l'écran comme à la Figure 5.4. Le même message apparaît aussi bien sur le Bureau que sur l'écran d'accueil.

Cliquez sur le message pour obtenir une liste de suggestions (Figure 5.5). La nature des actions dépend de ce qui a été branché au port USB ou inséré dans le lecteur.

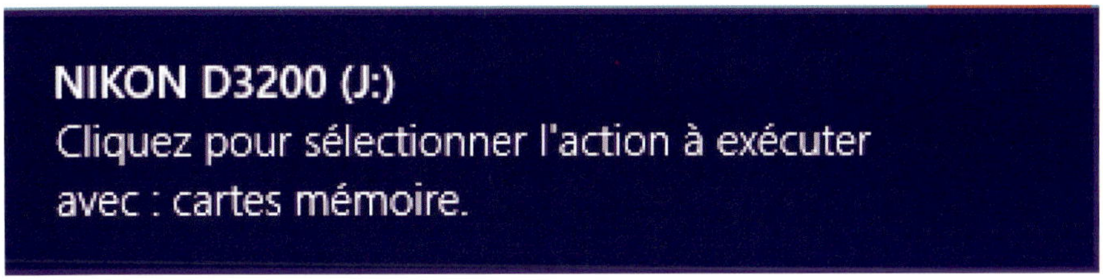

Figure 5.4 : Windows vous invite à cliquer sur ce message.

Mais comment faire si vous changez d'avis sur ce que Windows 8.1 doit faire quand vous insérerez de nouveau un élément du même type ? Dans l'Explorateur de fichiers, cliquez du bouton droit sur l'icône de l'élément en question et, dans le menu, choisissez Ouvrir la lecture automatique. Windows réaffiche le menu de la Figure 5.5. Choisissez l'action à effectuer désormais.

Figure 5.5 : Choisissez l'action que Windows devra désormais exécuter chaque fois qu'un élément de ce genre – ici, une carte mémoire d'appareil photo – est inséré dans l'ordinateur.

L'exécution automatique est particulièrement commode pour les clés USB. Si elle contient quelques morceaux de musique, Windows 8.1 risque de démarrer spontanément le Lecteur Windows Media pour les jouer : effet garanti sur le lieu de travail. Pour éviter ce genre de gag, accédez à la lecture automatique comme expliqué au paragraphe précédent puis, dans le menu, choisissez l'option Ouvrir le dossier et afficher les fichiers.

- Si vous ne savez pas à quoi sert une icône dans l'Explorateur de fichiers, cliquez dessus du bouton droit de la souris. Windows 8.1 affiche alors un menu de toutes les actions possibles sur cet élément. Vous pourrez par exemple choisir Ouvrir, pour voir tous les fichiers d'un CD audio.
- Quand vous double-cliquez sur l'icône d'un CD ou d'un DVD alors que le lecteur est vide, Windows 8.1 vous invite gentiment à insérer un disque avant de continuer.
- Vous avez remarqué l'icône sous Réseau ? C'est une porte dérobée permettant de lorgner, le cas échéant, dans les autres ordinateurs du réseau. Nous y reviendrons au Chapitre 15.

- Pour afficher le nom du chemin à la manière classique – avec des barres inversées et le nom des répertoires à la place des noms de dossiers – et non à la manière Windows 8.1, cliquez sur l'icône en forme de dossier au début de la barre d'adresse.

C'est quoi, un chemin ?

Un chemin est tout bonnement l'adresse d'un fichier, similaire à une adresse postale. Quand vous envoyez une lettre, elle est acheminée vers le pays, le département, la ville, la rue, le numéro, voire le bâtiment, jusqu'à votre boîte aux lettres nominative. Il en va de même pour un chemin, dans l'ordinateur. Il est acheminé vers le lecteur, dans un dossier, puis un ou plusieurs sous-dossiers et se termine par le nom du fichier.

Prenons le cas du dossier Téléchargements. Pour que Windows 8.1 trouve un fichier qui y est stocké, il commence au disque dur C:, franchit le dossier Utilisateurs, puis le dossier à votre nom d'utilisateur, et va au dossier Téléchargements. Internet Explorer suit le même chemin lorsqu'il enregistre les fichiers que vous téléchargez.

Accrochez-vous au pinceau, car la grammaire informatique n'a rien à envier à celle du français. Sur un chemin, le disque dur principal est appelé `C:\`. La lettre et le signe deux-points forment la première partie du chemin. Tous les dossiers et sous-dossiers qui suivent sont séparés par une barre inversée (`\`). Le nom du fichier, *Ma vie de cloporte.rtf*, par exemple, vient en dernier.

Tout cela peut sembler indigeste ; c'est pourquoi on en remet une louche : la lettre du lecteur arrive en premier, suivie par un deux-points et une barre inversée. Suivent ensuite tous les dossiers et sous-dossiers conduisant au fichier, séparés par des barres inversées. Le nom du fichier ferme le chemin.

Windows 8.1 définit automatiquement le chemin approprié lorsque vous cliquez sur un dossier. Heureusement. Mais chaque fois que vous cliquez sur le bouton Parcourir pour atteindre un fichier, vous naviguez parmi des dossiers et parcourez le chemin qui mène à lui.

Voir ce que contient un dossier

Les dossiers étant en quelque sorte des chemises à documents, Windows 8.1 s'en tient à cette représentation.

Pour voir ce que contient un dossier, qu'il soit dans l'Explorateur de fichiers ou sur le Bureau, double-cliquez sur son icône en forme de chemise. Une nouvelle fenêtre apparaît pour en afficher le contenu. Il se peut alors que vous y trouviez un autre dossier. Comme ce dossier secondaire se situe dans un dossier principal (ou répertoire), on parle de *sous-dossier*. Double-cliquez dessus pour découvrir ce qu'il recèle. Cliquez ainsi jusqu'à ce que vous trouviez le fichier désiré ou arriviez dans un cul-de-sac.

Vous êtes arrivé au fond du cul-de-sac ? Si vous avez malencontreusement cherché dans le mauvais dossier, revenez en arrière comme vous le feriez sur le Web : cliquez sur la flèche Retour, en haut à gauche de la fenêtre. Vous reculez ainsi d'un dossier dans l'arborescence. En continuant à cliquer sur la flèche Retour, vous finissez par revenir au point de départ.

La barre d'adresse est un autre moyen d'aller rapidement en divers endroits du PC. Tandis que vous naviguez de dossier en dossier, la barre d'adresse du dossier – la petite zone de texte en haut de la fenêtre – conserve scrupuleusement une trace de vos pérégrinations. La Figure 5.6 montre celle qui apparaît quand vous êtes dans un dossier que vous avez créé, Courrier perso en l'occurrence.

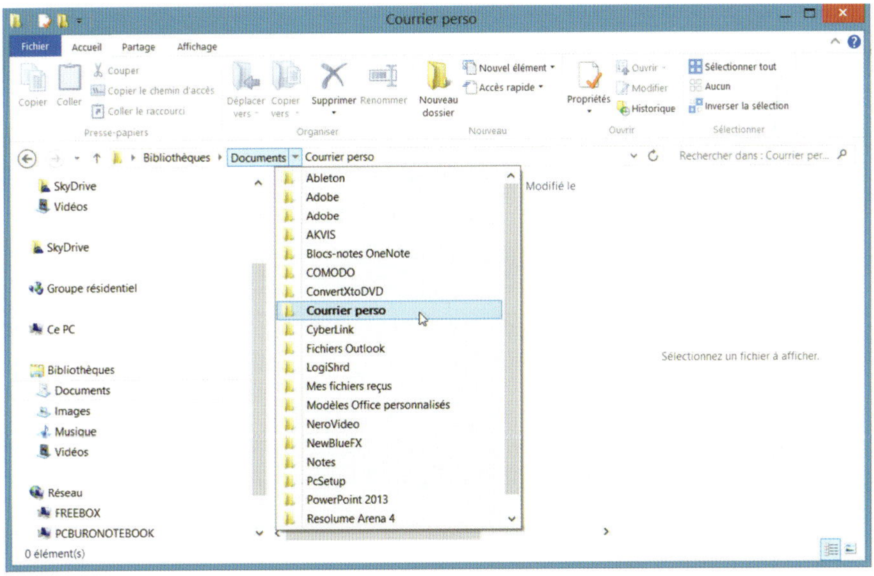

Figure 5.6 : Les petites flèches entre les noms de dossiers sont autant de raccourcis vers d'autres dossiers.

Voici quelques astuces pour trouver votre chemin dans et hors des dossiers :

- Un dossier contient parfois trop de sous-dossiers et de fichiers pour tenir dans la fenêtre. Cliquez dans la barre de défilement pour voir les autres. Cette commande est expliquée au Chapitre 4.

- Quand vous farfouillez profondément dans vos dossiers, la flèche Emplacements récents est un moyen de retourner rapidement dans n'importe quel dossier que vous venez de visiter : cliquez sur la petite flèche pointant vers le bas, à côté de la flèche Suivant en haut à gauche de la fenêtre. Le menu local qui s'affiche mémorise tous les dossiers que vous avez parcourus. Cliquez sur le nom de celui où vous désirez retourner.
- Supprimée dans Windows Vista et dans Windows 7, la flèche Niveau supérieur réapparaît. Cliquez sur cette flèche située à gauche de la barre d'adresse, et vous remontez d'un dossier dans l'arborescence.
- Impossible de retrouver un dossier ou un fichier ? Au lieu d'errer comme une âme en peine dans l'arborescence, utilisez la commande Rechercher, du bouton Démarrer, ou bien de la barre des charmes décrite au Chapitre 7. Cette fonction connaît des améliorations considérables sous Windows 8.1.
- Face à une interminable liste de fichiers triés alphabétiquement, cliquez n'importe où dans la liste puis tapez rapidement une ou deux lettres du début du nom de fichier. Windows se positionne aussitôt sur le premier nom de fichier commençant par cette ou ces lettres.

Gérer les dossiers d'une bibliothèque

Le système de bibliothèques de Windows 8.1 peut paraître déroutant, mais vous pouvez sans aucun risque vous dispenser de savoir comment il fonctionne. Contentez-vous de traiter une bibliothèque au même titre que n'importe quel autre dossier : un emplacement où stocker et ouvrir des types de fichiers d'un même genre. Mais si vous tenez à savoir ce qui se passe en coulisse, cette section vous éclairera.

Les bibliothèques affichent constamment le contenu de plusieurs dossiers dans une seule fenêtre. Ce qui nous amène à cette judicieuse question : comment savoir quels sont les dossiers qui apparaissent dans une bibliothèque ? Vous trouverez la réponse en double-cliquant sur le nom de la bibliothèque.

Par exemple, double-cliquez sur la bibliothèque Documents, dans le volet de navigation, et vous verrez qu'elle contient par défaut deux sous-dossiers qui se présentent sous la forme de sections dans le volet de droite de l'Explorateur : Documents et Documents publics, ainsi que le révèle la Figure 5.7.

Si vous avez souscrit au nuage informatique (Cloud) SkyDrive de Microsoft, vous verrez un troisième sous-dossier Documents.

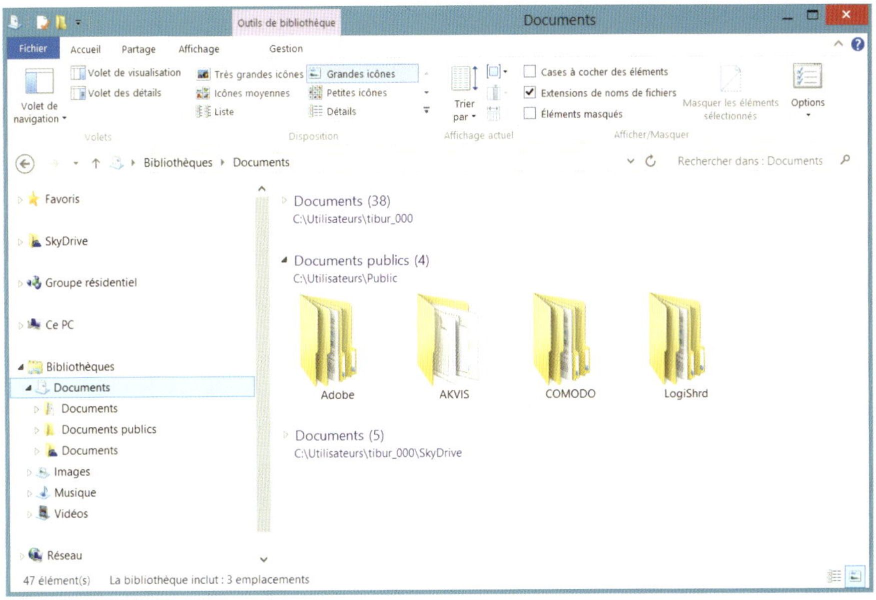

Figure 5.7 : La bibliothèque Documents affiche indistinctement le contenu de deux sous-dossiers : Documents et Documents publics.

Quand vous stockez des fichiers dans d'autres emplacements, dans un disque dur externe par exemple, voire dans un autre ordinateur du réseau, ajoutez ces emplacements extérieurs à la bibliothèque de votre choix en procédant comme suit :

1. **Cliquez du bouton droit sur la bibliothèque à étendre à d'autres dossiers, puis choisissez Propriétés.**

   Si vous choisissez la bibliothèque Documents, par exemple, la boîte de dialogue Propriétés se présente comme celle de la Figure 5.8.

2. **Cliquez sur le bouton Ajouter.**

   La fenêtre Inclure le dossier dans Documents apparaît.

3. **Naviguez jusqu'au dossier à ajouter, cliquez dessus, puis cliquez sur le bouton Inclure le dossier. Cliquez ensuite sur OK.**

   La bibliothèque intègre aussitôt le contenu de ce dossier et le place dans un groupe distinct.

   - Vous pouvez ajouter autant de dossiers que vous le désirez à une bibliothèque. La bibliothèque montrera toujours le contenu à jour.

- Pour ôter un dossier d'une bibliothèque, répétez la première étape, puis cliquez sur le dossier à éliminer. Cliquez ensuite sur le bouton Supprimer.

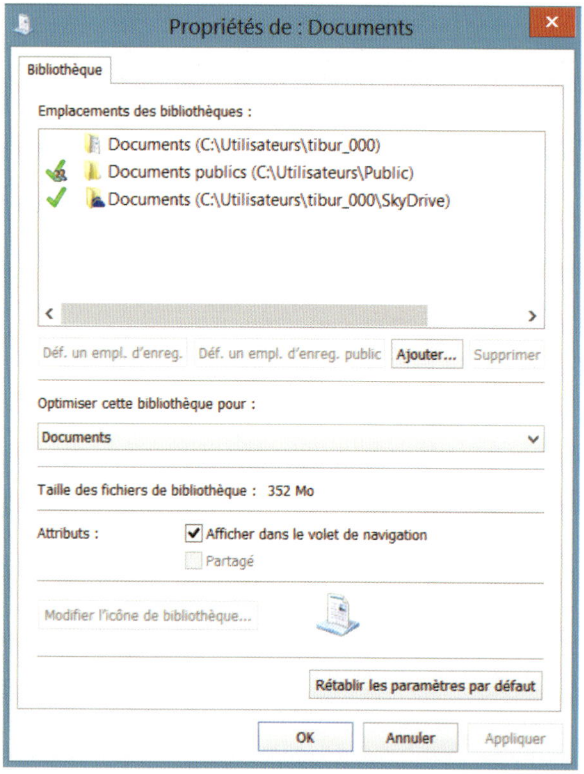

Figure 5.8 : La boîte de dialogue de la bibliothèque Documents montre les dossiers qui s'y trouvent.

- Quand vous placez un fichier dans une bibliothèque, dans quel dossier se retrouvera-t-il exactement ? Eh bien, il se retrouve dans un dossier qui est *l'emplacement d'enregistrement par défaut.* C'est le dossier bénéficiant de l'insigne honneur de recevoir les fichiers entrants. Par exemple, quand vous déposez un fichier dans la bibliothèque Musique, il se retrouve dans le dossier *Musique.* Dans la même veine, les documents se retrouvent dans le dossier *Documents,* les vidéos dans *Vidéos* et les photos dans *Images.*

NOTE TECHNIQUE

- Et comment faire pour que les fichiers déposés dans une bibliothèque se retrouvent dans un autre dossier ? Pour choisir un autre dossier de réception, cliquez sur un emplacement ne présentant pas une coche verte à gauche de son nom. Pour affecter cette noble tâche à un autre dossier, cliquez du bouton droit sur cet autre dossier et dans le menu contextuel, choisissez Définir comme emplacement d'enregistrement par défaut. Cet emplacement sera proposé par défaut pour le type de fichiers qu'elle est censée stocker.
- Vous pouvez créer d'autres bibliothèques en fonction de vos nécessités : cliquez du bouton droit sur le dossier Bibliothèques du volet de navigation et, dans le menu contextuel qui apparaît, choisissez Nouveau > Bibliothèque. Une nouvelle bibliothèque est créée, prête à être renommée. Placez-y des dossiers à surveiller en procédant comme expliqué précédemment aux Étapes 1 à 3.

Créer un nouveau dossier

Quand vous rangez un document dans un classeur à tiroirs, vous prenez une chemise en carton, vous écrivez un nom dessus puis vous y placez votre paperasserie. Pour stocker de nouvelles données dans Windows 8.1 – vos échanges de lettres acerbes avec un service de contentieux, par exemple – vous créez un nouveau dossier, pensez à un nom qui lui convient bien, et le remplissez avec les fichiers appropriés.

Pour créer rapidement un nouveau dossier avec l'Explorateur de fichier :

1. **Commencez par afficher le contenu du disque ou de la bibliothèque, voire d'un dossier en cliquant sur leur icône dans le volet de navigation, ou en double-cliquant sur l'élément dans la partie droite de l'Explorateur.**

   Cette action affiche les commandes d'un onglet Gestion.

2. **Cliquez sur le bouton Nouveau dossier, comme le montre la Figure 5.9.**

   Cette action crée un dossier nommé Nouveau dossier. Comme son nom est sélectionné, tapez immédiatement le nom de ce dossier.

3. **Saisissez le nom du nouveau dossier.**

   Si vous vous êtes fourvoyé et que vous désirez recommencer, cliquez du bouton droit sur le dossier, choisissez Renommer et recommencez.

TRUC

Parfois, le bouton Nouveau dossier n'apparaît pas faute d'onglet Gestion. Dans ce cas, la technique la plus rapide pour créer un dossier consiste à faire un clic droit soit sur un dossier du volet de navigation, soit dans un espace vide de la partie droite de l'Explorateur de fichier. Dans le menu contextuel qui apparaît, cliquez sur Nouveau/Dossier.

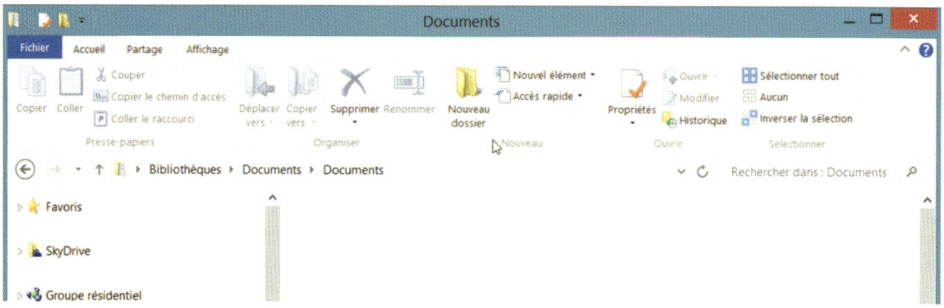

Figure 5.9 : Créer rapidement un nouveau dossier.

N'OUBLIEZ PAS

Certains caractères et symboles sont interdits. L'encadré suivant « Les noms de dossiers et de fichiers admis » donne des détails. Vous n'aurez jamais de problème en vous en tenant aux bons vieux chiffres et lettres.

Les noms de dossiers et de fichiers admis

Windows est plus que pinailleur sur les caractères utilisables ou non pour des noms de fichier ou de dossier. Pas de problème si vous n'utilisez que des lettres, des chiffres et certains signes comme le tiret, le point d'exclamation, l'apostrophe, le signe de soulignement, *etc.* En revanche, les caractères que voici sont interdits :

: / \ * | < > ? «

Si vous tentez de les utiliser, Windows 8.1 affichera un message d'erreur et vous devrez modifier le nom que vous comptiez attribuer. Voici quelques noms de fichiers dont Windows ne voudra pas :

Dernier 1/4 d'heure
Travail : fini
Un < deux
Pas de «gros mots» ici

En revanche ces noms sont admis :
Dernier quart d'heure
Travail = OK !
Un est inférieur à deux

#@$% de !!! et j'en dis pas plus !

Renommer un fichier ou un dossier

Un nom de fichier ou de dossier ne convient plus ? Modifiez-le. Pour cela, cliquez du bouton droit sur l'icône incriminée puis, dans le menu, choisissez Renommer.

Windows sélectionne l'ancien nom du fichier, qui disparaît sitôt que vous commencez à taper le nouveau nom. Appuyez sur Entrée ou cliquez dans le Bureau pour le valider.

Ou alors, vous pouvez cliquer sur le nom du fichier ou du dossier afin de le sélectionner, attendre une seconde puis cliquer de nouveau dans le nom afin de modifier tel ou tel caractère. Sélectionner le nom et appuyer sur la touche F2 est une autre technique de renommage.

Une dernière méthode consiste à cliquer sur le dossier pour le sélectionner puis, dans la foulée, à cliquer sur son nom. Cette action sélectionne le nom du dossier (surbrillance). Tapez le nouveau nom que vous validerez en appuyant sur la touche Entrée de votre clavier.

- Quand vous renommez un fichier, seul son nom change. Le contenu reste le même, de même que sa taille et son emplacement.
- Pour renommer simultanément un ensemble de fichiers, sélectionnez-les tous, cliquez du bouton droit sur le premier et choisissez Renommer. Tapez ensuite le nouveau nom et appuyez sur Entrée : Windows 8.1 renomme tous les fichiers en les numérotant : `chat`, `chat(2)`, `chat(3)`, `chat(4)` et ainsi de suite.
- Renommer des dossiers peut semer une redoutable pagaille dans Windows, voire le déstabiliser ou le bloquer. Ne renommez jamais des fichiers comme Mes documents, Mes images ou Ma musique.
- Windows n'autorise pas le renommage de fichiers ou de dossiers actuellement utilisés par un programme. Fermer le programme dans lequel le fichier est ouvert résout généralement le problème. S'il persiste, le moyen le plus radical consiste à redémarrer l'ordinateur puis réessayer de renommer.

Sélectionner des lots de fichiers ou de dossiers

La sélection d'un fichier, d'un dossier ou de tout autre élément peut sembler particulièrement ennuyeuse, mais c'est le point de passage obligé pour une foule d'autres actions : supprimer, renommer, déplacer, copier et bien d'autres bons plans que nous aborderons d'ici peu.

Pour sélectionner un seul élément, cliquez dessus. Pour sélectionner plusieurs fichiers et dossiers épars, maintenez la touche Ctrl enfoncée tout en cliquant sur les noms ou sur les icônes. Chacun reste en surbrillance.

Pour sélectionner une plage de fichiers ou de dossiers, cliquez sur le premier puis, la touche Majuscule enfoncée, cliquez sur le dernier. Ces deux éléments ainsi que tous ceux qui se trouvent entre sont sélectionnés (en surbrillance, dans le jargon informatique).

Windows 8.1 permet aussi de sélectionner des fichiers et des dossiers avec le lasso. Cliquez à proximité d'un fichier ou d'un dossier à sélectionner puis, sans relâcher le bouton de la souris, tracez un contour englobant les fichiers et/ou dossiers à sélectionner. Un rectangle coloré montre l'aire de sélection. Relâchez le bouton de la souris. Le lasso disparaît, mais les fichiers englobés restent sélectionnés.

- Il est possible de glisser et déposer de gros ensembles de fichiers aussi facilement que vous en déplacez un seul.
- Vous pouvez simultanément couper, copier ou coller ces gros ensembles à n'importe quel autre emplacement, par n'importe laquelle des techniques décrites dans la section « Copier ou déplacer des fichiers et des dossiers », plus loin dans ce chapitre.
- Ces gros ensembles de fichiers et de dossiers peuvent être supprimés d'un seul appui sur la touche Suppr.
- Pour sélectionner simultanément tous les fichiers et sous-dossiers, choisissez Sélectionner tout, dans le menu Édition du dossier. Pas de menu ? Appuyez sur Ctrl + A. Voici une autre manip sympa : pour tout sélectionner sauf quelques éléments, appuyez sur Ctrl + A puis, touche Ctrl enfoncée, cliquez sur les éléments à ne pas prendre en compte.

Se débarrasser d'un fichier ou d'un dossier

Tôt ou tard, vous vous débarrasserez de fichiers ou de dossiers – lettres d'amours défuntes ou photos embarrassantes… – qui n'ont plus de raisons d'exister. Pour supprimer un fichier ou un dossier, cliquez sur leur nom du bouton droit et choisissez Supprimer, dans le menu contextuel. Cette manipulation des plus simples fonctionne pour presque n'importe quoi dans Windows : fichiers, dossiers, raccourcis…

Pour supprimer en un clin d'œil, cliquez sur l'élément en question et appuyez sur la touche Suppr. Le glisser et le déposer dans la Corbeille produit le même effet.

L'option Supprimer supprime la totalité d'un dossier, y compris tous les fichiers et sous-dossiers qui s'y trouvent. Assurez-vous d'avoir choisi le véritable dossier à jeter avant d'appuyer sur Suppr.

- Après avoir choisi Supprimer, Windows demande confirmation. Si vous êtes sûr, cliquez sur Oui. Si vous êtes lassé de cette sempiternelle question, cliquez du bouton droit sur la Corbeille, choisissez Propriétés puis décochez la case Afficher la demande de confirmation de la suppression. Windows supprime désormais les dossiers et les fichiers sans autre forme de procès.

- Assurez-vous plutôt deux fois qu'une de ce que vous faites lorsque vous supprimez une icône arborant une petite roue dentée. Ces fichiers sont généralement des fichiers techniques sensibles, cachés, que vous n'êtes pas censé bidouiller.

- Les icônes avec une petite flèche dans un coin sont des raccourcis, autrement dit des boutons qui se contentent de pointer vers des fichiers à ouvrir. Les supprimer n'élimine en aucun cas le fichier ou le programme visé.
- Maintenant que vous savez supprimer des fichiers, assurez-vous d'avoir lu le Chapitre 3 qui explique différentes manières de les récupérer au besoin. Un conseil en cas d'urgence : ouvrez la Corbeille, cliquez du bouton droit sur le fichier et choisissez Restaurer (c'est ça, la restauration rapide…).

Inutile de lire cette littérature à risque

Vous n'êtes pas le seul à créer des fichiers dans l'ordinateur. Les programmes stockent souvent des informations – la configuration de l'ordinateur, par exemple – dans un fichier de données qu'ils créent automatiquement. Pour éviter qu'un utilisateur les considère comme des éléments inutiles et les détruise, Windows ne les affiche pas.

Mais si cela vous intéresse, vous pouvez afficher les dossiers et fichiers cachés en procédant ainsi :

1. **Ouvrez un dossier, cliquez sur l'onglet Affichage.**

   Le ruban propose les diverses manières d'afficher le contenu du dossier.

2. **Cliquez sur la case Éléments masqués.**

   Si cette commande n'est pas visible, élargissez la fenêtre jusqu'à ce qu'elle apparaisse.

Les fichiers cachés apparaissent maintenant parmi les autres. Veillez à ne pas les supprimer, car le programme auquel ils appartiennent aurait un comportement inattendu et Windows lui-même pourrait être endommagé. Je vous conseille vivement de ne pas activer cette commande. Les fichiers sensibles resteront ainsi prudemment invisibles.

Copier ou déplacer des fichiers et des dossiers

Pour copier ou déplacer des fichiers vers d'autres dossiers du disque dur, il est parfois plus facile d'effectuer un glisser-déposer avec la souris. Par exemple, voici comment déplacer le fichier Voyageur du dossier Maison vers le dossier Maroc.

1. **Ouvrez deux fenêtres de l'Explorateur de fichier en cliquant sur son icône dans la barre des tâches. Une fois la première fenêtre ouverte, faites un clic droit sur cette icône et, dans le menu contextuel qui apparaît, cliquez sur Explorateur de fichiers.**

2. **Juxtaposez les deux fenêtres sur votre Bureau en les faisant glisser par leur barre de titre.**

3. **Amenez le pointeur de la souris jusque sur le dossier ou le fichier à déplacer.**

   Il s'agit en l'occurrence du fichier Voyageur.

4. **Glissez-déplacez l'élément jusqu'à ce qu'il se trouve sur le dossier de destination.**

   Comme le révèle la Figure 5.10, le fichier Voyageur est glissé du dossier Maison jusque dans le dossier Maroc. Le fichier suit le pointeur de la souris, tandis que Windows indique dans une info-bulle que vous déplacez un fichier. Veillez à ce que le bouton droit reste enfoncé pendant toute la manœuvre.

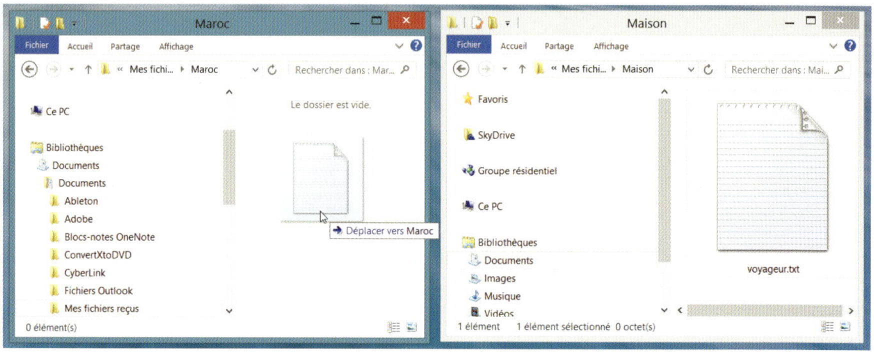

Figure 5.10 : Glissez-déplacez un fichier ou un dossier d'une fenêtre à une autre.

Pour copier le fichier, donc sans le déplacer, effectuez cette opération en maintenant la touche Ctrl enfoncée. Vous observez que la petite info-bulle affichée à la base du pointeur de la souris indique cette fois Copier vers et non pas Déplacer vers.

Vous pouvez également appliquer cette technique en utilisant le bouton droit de la souris. Cette fois, lorsque vous relâcherez ce bouton, un menu contextuel vous propose les commandes suivantes : Copier ici, Déplacer ici ou Créer les raccourcis ici. Cliquez sur celle qui est adaptée à ce que vous souhaitez réaliser.

Si le glisser-déposer prend trop de temps, Windows propose quelques autres manières de copier ou déplacer des fichiers. Certains des outils qui suivent seront plus ou moins appropriés selon l'arrangement de l'écran :

- **Les menus contextuels :** cliquez du bouton droit sur un fichier ou sur un dossier et choisissez Couper ou Copier. Cliquez ensuite du bouton droit dans le dossier de destination et choisissez Coller. C'est simple, ça fonctionne à tous les coups et il n'est pas nécessaire d'afficher deux fenêtres à l'écran.
- **Les commandes du ruban :** dans l'Explorateur de fichiers, cliquez sur le dossier ou sur le fichier. Cliquez ensuite sur l'onglet Accueil, sur le ruban, et choisissez Copier vers ou Déplacer vers. Un menu se déploie, proposant des dossiers de destination. Celui que vous désirez utiliser ne s'y trouve pas ? Cliquez sur Choisir un emplacement, puis parcourez les sous-dossiers jusqu'à celui qui vous convient. Cliquez ensuite sur le bouton Copier ou Déplacer. Cela vous semble bien compliqué ? Certes, mais cette technique est pratique quand vous ne savez pas exactement où se trouve le dossier de destination.
- Le ruban de Windows 8.1 est décrit au Chapitre 4.
- **Le Volet de navigation :** décrit à la section « Le Volet de navigation », au Chapitre 4, ce volet contient la liste des emplacements les plus usités, comme les bibliothèques, les dossiers, les lecteurs et les dossiers favoris, ce qui permet d'y déposer facilement des fichiers, sans la corvée de devoir ouvrir le dossier de destination.

Quand vous avez installé un programme dans votre ordinateur, ne déplacez jamais le dossier dans lequel il se trouve. Un programme est toujours intimement lié à Windows. Si vous déplaciez son dossier, toutes les relations qu'il entretient avec Windows seraient rompues, vous obligeant à le réinstaller (sans parler de la pagaille que le programme déplacé risque d'avoir laissée derrière lui). En revanche, les raccourcis des programmes peuvent être librement déplacés.

Obtenir plus d'informations sur les fichiers et les dossiers

Chaque fois que vous créez un fichier ou un dossier, Windows 8.1 révèle des informations le concernant : la date de création, sa taille, et autres renseignements plus banals. Parfois, il vous permet même d'ajouter vos propres informations : des paroles ou une critique d'un morceau de musique, ou la miniature de chacune de vos photos.

Vous pouvez parfaitement ignorer toutes ces informations, mais parfois, elles vous permettront de résoudre un problème.

Pour les découvrir, cliquez du bouton droit sur un fichier ou un dossier et, dans le menu contextuel qui s'affiche, choisissez Propriétés. Par exemple, les propriétés d'un morceau du groupe Sigur Ros révèlent une quantité d'informations, comme le montre la Figure 5.11. Voici la signification de chaque onglet :

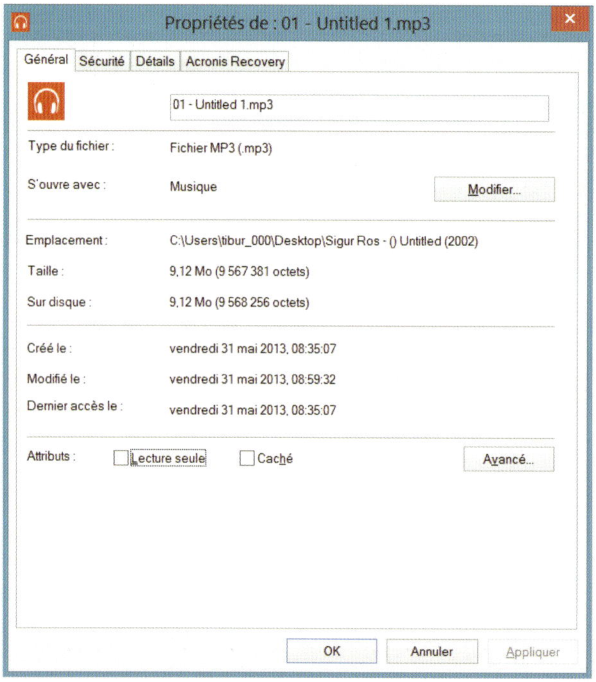

Figure 5.11 : Les propriétés d'un fichier indiquent le programme qui l'ouvre automatiquement, la taille du fichier ainsi que d'autres informations.

- **Général :** ce premier onglet (à gauche dans la Figure 5.10) indique le type du fichier, un fichier MP3 du morceau *untitled,* sa taille (9,12 Mo), le programme qui l'ouvre (l'application Musique, dans l'écran d'accueil) et l'emplacement du fichier audio, c'est-à-dire son chemin d'accès.

  TRUC

  Vous voudriez qu'un autre programme ouvre le fichier ? Cliquez du bouton droit sur le fichier, choisissez Propriétés et, sous l'onglet Général, cliquez sur le bouton Modifier. Sélectionnez ensuite votre programme préféré dans la liste.

- **Sécurité :** sous cet onglet, vous contrôlez les autorisations, c'est-à-dire qui a le droit d'accéder au fichier et ce qu'il peut faire avec, des détails qui ne deviennent une corvée que lorsque Windows 8.1 empêche l'un de vos amis – ou même vous – d'ouvrir un fichier. Si ce problème s'avère ardu, copiez le dossier dans un emplacement public, comme expliqué au Chapitre 14. C'est un espace d'accès libre, où tout le monde peut accéder au fichier.

- **Détails :** cet onglet révèle des informations supplémentaires concernant un fichier. Si c'est celui d'une photo numérique, cet onglet contient les métadonnées EXIF (*Exchangeable Image File Format,* format de fichier d'image échangeable) : marque et modèle de l'appareil photo, diaphragme, focale utilisée et autres valeurs que les photographes apprécient. Pour un morceau de musique, cet onglet affiche son identifiant ID3 (*Identify MP3*) : artiste, titre de l'album, année, numéro de la piste, genre, durée, son débit binaire, c'est-à-dire sa vitesse de transmission qui permet de juger de sa qualité, et d'autres informations.

Normalement, tous ces détails restent cachés à moins de cliquer du bouton droit sur un fichier et de choisir Propriétés. Mais un dossier peut fournir simultanément des détails de la totalité des fichiers, ce qui est commode pour des recherches rapides. Voici comment procéder :

1. **Dans le ruban, cliquez sur l'onglet Affichage.**

   Les commandes du ruban indiquent les diverses manières d'afficher le contenu du dossier.

2. **Dans le groupe Disposition, cliquez sur l'option Détails, comme le montre la Figure 5.12.**

   Les fichiers sont affichés dans une liste à colonnes. Chaque colonne indique une caractéristique de ces fichiers.

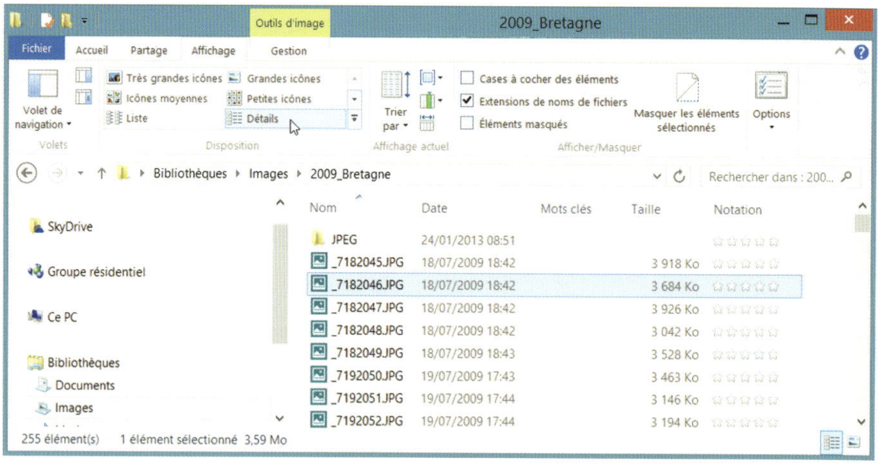

Figure 5.12 : Pour obtenir des informations détaillées sur les fichiers, vous pouvez aussi cliquer sur le bouton en bas à droite de la fenêtre.

Essayez toutes les vues du groupe Disposition. Windows 8.1 mémorise celles que vous préférez pour chacun des types de dossiers.

N'OUBLIEZ PAS

- Si vous ne vous souvenez plus de la fonction d'un bouton de la barre de commandes, immobilisez le pointeur de la souris dessus. Windows 8.1 affiche alors une info-bulle expliquant succinctement à quoi il sert.
- Bien que les informations supplémentaires puissent être appréciables, elles occupent de la place au détriment du nombre de fichiers affichés dans la fenêtre. N'afficher que le nom des fichiers est souvent une meilleure option. C'est seulement lorsque vous voudrez en savoir plus sur un fichier ou un dossier que vous essayerez l'astuce qui suit.

TRUC

- Dans un dossier, les fichiers sont habituellement triés alphabétiquement. Pour les lister différemment, cliquez sur le bouton Trier par de l'onglet Affichage. Dans le menu local qui apparaît, optez pour Choisir les colonnes. Une boîte de dialogue permet alors de cocher une ou plusieurs des 250 manières de trier des fichiers.

TRUC

Vous pouvez également faire un clic droit dans un espace vide du contenu d'un dossier. Dans le menu contextuel qui apparaît, pointez sur Trier par, et cliquez sur Autre. La boîte de dialogue Choisir les détails apparaît. Cochez ceux que vous souhaitez utiliser pour trier vos fichiers.

TRUC

- Le tri peut être effectué sur chaque colonne. Cliquez sur l'en-tête Taille, par exemple, pour placer rapidement les fichiers les plus volumineux en haut de la liste. Cliquez sur Date de modification pour trier les fichiers selon la date de modification la plus récente (NdT : cliquer une seconde fois inverse l'ordre de tri).

Graver des CD et des DVD

La plupart des ordinateurs actuels savent graver des CD ou des DVD. Pour savoir si votre lecteur de CD est aussi un graveur, ôtez tout disque se trouvant dans le tiroir, ouvrez l'Explorateur de fichiers et cliquez sur Ordinateur, dans le volet de gauche. Examinez ensuite la mention sous l'icône du lecteur, car elle indique ce qu'il est capable de faire :

- **Lecteur DVD-RW :** lecture et gravure des CD et des DVD.
- **Lecteur BD-ROM :** lecture et gravure des CD et des DVD, et lecture des disques Blu-ray.
- **Lecteur BD-RE :** lecture et gravure des CD, des DVD et des disques Blu-ray.

NOTE TECHNIQUE

Si votre PC est équipé de deux lecteurs, de CD ou de DVD, indiquez à Windows 8.1 lequel sera utilisé pour la gravure. Pour ce faire, cliquez du bouton droit sur le lecteur, choisissez Propriété puis cliquez sur l'onglet Enregistrement. Choisissez ensuite votre lecteur favori à la partie supérieure.

Acheter des CD et DVD vierges pour la gravure

Il existe deux types de CD : les CD-R (comme *Recordable,* « enregistrable », en anglais) et CD-RW (comme *ReWritable,* « réinscriptible »). Voici la différence :

- **CD-R :** la plupart des gens achètent des CD-R car ils sont bon marché et sont parfaits pour stocker de la musique ou des fichiers. Vous pouvez graver les données jusqu'à ce qu'ils soient pleins, mais c'est tout. Il est impossible de modifier le contenu. Ce n'est pas un problème, car ceux qui utilisent ce support ne veulent pas que leurs CD risquent d'être effacés. Ils sont aussi utilisés pour les sauvegardes.

- **CD-RW :** les CD réinscriptibles servent notamment à faire des sauvegardes temporaires. Vous pouvez les graver tout comme un CD-R, à la différence près que le CD-RW peut être entièrement effacé – l'effacement partiel est impossible – et réutilisé. Ce type de CD est cependant plus onéreux.

À l'instar des CD, les DVD existent eux aussi en version enregistrable et réinscriptible. Hormis cela, c'est la pagaille : les fabricants multiplient les formats, semant la confusion parmi les consommateurs. Avant d'acheter des DVD vierges, vérifiez les formats acceptés par votre lecteur : DVD-R, DVD-RW, DVD+R, DVD+RW et/ou DVD-RAM. La plupart des lecteurs récents reconnaissent les quatre premiers formats, ce qui facilite votre choix.

- La vitesse de rotation du disque, indiquée par l'opérateur × (comme dans 8×, 40×…) indique la rapidité de la gravure : généralement 52× pour un CD et 16× pour un DVD.

  NDT : à quoi se rapportent les vitesses ? Elles sont basées sur l'une des toutes premières normes de gravure de CD, à la fin des années 1980, qui imposait un taux de transfert des données de 153 ko par seconde. Un lecteur qui grave à la vitesse de 52× grave ainsi 7 956 ko par seconde, soit 7,77 Mo/s.

- Les CD vierges sont bon marché. Pour un essai, demandez-en un à un ami : si la gravure s'effectue sans problème, achetez-en d'autres du même type. En revanche, les DVD vierges étant plus chers, il vous sera plus difficile d'en obtenir un pour un test.
- Bien que Windows 8.1 gère parfaitement les tâches de gravure de CD simples, il est extraordinairement compliqué lorsqu'il s'agit de copier des CD. La plupart des utilisateurs renoncent rapidement et préfèrent s'en remettre à des logiciels de gravure tiers. Nous y reviendrons au Chapitre 16.
- La copie des CD audio et des DVD est soumise aux lois protégeant le droit d'auteur. Windows 8.1 est incapable de copier des DVD vidéo du commerce qui bénéficient de cette protection, mais certains logiciels permettent de le faire.

Copier des fichiers depuis ou vers un CD ou un DVD

Il fut un temps ou CD et DVD étaient à l'image de la simplicité : il suffisait de les introduire dans un lecteur de salon pour les lire. Mais, dès lors que ces disques ont investi les ordinateurs, tout se compliqua. À présent, lorsque vous gravez un CD ou DVD, vous devez indiquer au PC ce que vous copiez et comment vous comptez le lire : sur un lecteur de CD audio ? Sur un lecteur de DVD ? Ou ne s'agit-il que de fichiers informatiques ? Si vous avez mal choisi, le disque ne sera pas lisible.

Voici les règles régissant la création d'un disque :

- **Musique :** reportez-vous au Chapitre 16 pour savoir comment créer un CD lisible par une chaîne stéréo ou un autoradio. Vous utiliserez le Lecteur Windows Media pour graver un CD audio.
- **Diaporamas :** le programme DVD Maker fourni avec Windows Vista et Windows 7 n'est plus livré avec Windows 8.1. Pour créer des diaporamas, vous devrez utiliser un logiciel tiers, ou télécharger le logiciel gratuit de Microsoft Windows Movie Maker.

  Dans ce cas, autant télécharger la suite Windows Live Essential qui vous permet de profiter d'un programme de messagerie électronique, de Writer, de Skype (remplaçant de Messenger), de Galerie photo, et bien entendu de Movie Maker.

Mais il en va différemment si vous désirez seulement copier des fichiers informatiques sur un CD ou un DVD, à des fins de sauvegarde ou pour les envoyer à quelqu'un.

Suivez ces étapes pour graver des fichiers sur un CD ou un DVD vierge (si vous ajoutez les données à un disque qui en contient déjà, passez à l'Étape 4).

1. **Insérez le disque vierge dans le graveur. Cliquez ensuite sur la notification qui apparaît dans l'angle supérieur droit de l'écran.**

2. **Dans le menu qui apparaît, cliquez sur l'option Graver les fichiers sur un disque, comme le montre la Figure 5.13.**

   Windows 8.1 affiche une boîte de dialogue Graver un disque.

3. **Dans le champ Titre du disque, nommez le CD ou le DVD.**

   Après avoir entré un nom, Windows 8.1 se prépare à recevoir les fichiers qu'il devra graver. Pour le moment, la fenêtre du disque est vide.

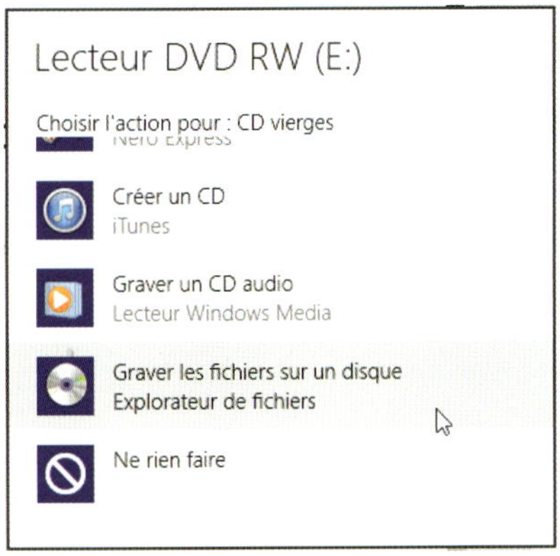

Figure 5.13 : Graver des fichiers sur un disque directement avec Windows 8.1.

Le nom ne peut pas excéder 16 caractères, ce qui vous oblige à être concis. Vous pouvez aussi conserver le titre par défaut, c'est-à-dire la date d'aujourd'hui.

4. **Choisissez comment utiliser ce disque.**

   - **Comme un lecteur flash USB :** un lecteur flash USB est tout simplement une clé USB. Cette option permet de graver des fichiers plusieurs fois. C'est un moyen commode pour stocker des fichiers au fur et à mesure. Le CD ainsi créé n'est malheureusement pas compatible avec certains lecteurs de salon connectés à une chaîne stéréo ou à un téléviseur.

   - **Avec un lecteur de CD/DVD :** si vous avez l'intention de lire le CD avec un lecteur de salon assez récent et donc capable de lire des fichiers enregistrés dans divers formats, sélectionnez cette option.

5. **Indiquez à Windows 8.1 les fichiers qu'il doit graver.**

   Le disque étant prêt à recevoir des données, il indique à Windows 8.1 où il les trouvera. Vous pouvez le faire de diverses manières :

   - Cliquez du bouton droit sur l'élément à copier, qu'il s'agisse d'un seul fichier, d'un dossier, ou d'un ensemble de fichiers et de dossiers sélectionnés. Dans le menu contextuel qui apparaît, choisissez Envoyer vers puis sélectionnez le graveur.

   - Faites glisser les fichiers et/ou les dossiers et déposez-les sur la fenêtre du graveur, ou sur l'icône du graveur, dans la fenêtre de l'Explorateur de fichiers.

   - Dans le dossier Musique, Images ou Documents, cliquez sur l'onglet Partage puis cliquez sur l'option Graver sur disque. Tous les fichiers du dossier, ou uniquement ceux préalablement sélectionnés, sont copiés sur le disque.

   - Demandez au logiciel que vous utilisez actuellement d'enregistrer le fichier sur le disque compact plutôt que sur le disque dur.

   Quelle que soit la technique choisie, Windows 8.1 examine scrupuleusement les données puis les grave sur le disque.

6. **Fermez la session de gravure en éjectant le disque.**

   Quand vous avez fini de copier des fichiers sur un disque, indiquez-le à Windows 8.1 en appuyant sur le bouton d'éjection du disque, ou cliquez du bouton droit sur l'icône du lecteur, dans l'Explorateur de fichiers, et choisissez Ejecter. Windows 8.1 ferme la session en veillant à ce que le disque soit lisible par d'autres ordinateurs.

Par la suite, vous pouvez graver d'autres fichiers sur le même disque jusqu'à ce que Windows vous informe qu'il est plein. Vous devrez alors mettre fin à la gravure, comme à l'Étape 4 précédemment, insérer un disque vierge puis tout recommencer à partir de l'Étape 1.

TRUC

Si vous tentez de copier un ensemble de fichiers plus volumineux que ce que peut héberger le disque, Windows 8.1 le signale aussitôt. Réduisez le nombre de fichiers à copier sur un disque en les répartissant sur plusieurs.

TRUC

La plupart des programmes permettent d'enregistrer directement sur un CD. Cliquez sur l'onglet Fichier, puis cliquez sur Enregistrer et sélectionnez le graveur. Insérez un disque dans le lecteur – de préférence pas trop plein – pour démarrer le processus.

Dupliquer un CD ou un DVD

Windows 8.1 ne possède pas de commande de duplication de disque compact. Il n'est pas même capable de copier un CD audio, ce qui explique pourquoi les gens achètent un logiciel de gravure.

Il est cependant possible de copier tous les fichiers d'un CD ou d'un DVD dans un disque vierge en procédant en deux étapes :

1. **Copiez les fichiers et dossiers du CD ou du DVD dans un dossier de votre PC.**
2. **Copiez le contenu de ce dossier sur un CD ou un DVD vierge.**

Vous obtenez ainsi une copie du CD ou du DVD, commode lorsque vous tenez à conserver deux sauvegardes essentielles.

Ce procédé ne fonctionne pas avec un CD audio ou un film sur DVD (j'ai essayé). Seuls les disques contenant des programmes ou des données informatiques peuvent être dupliqués.

Clés USB et cartes mémoire

Les possesseurs d'appareil photo numérique connaissent bien les cartes mémoire, ces petites plaquettes en plastique qui remplacent la pellicule. Windows 8.1 est capable de lire les photos numériques directement sur l'appareil, pour peu qu'il soit connecté à l'ordinateur. Mais il est aussi capable de lire les cartes mémoire, une technique prisée par tous ceux qui préfèrent ménager la batterie de leur appareil photo, car il doit rester allumé pendant toute la procédure de transfert.

Mais pour cela, le PC doit être équipé d'un lecteur de cartes mémoire, à moins que vous connectiez un lecteur de cartes mémoire externe acceptant les formats les plus répandus : SD-HC (*Secure Digital High-Capacity*), CF (*Compact Flash*), Memory Stick, et d'autres encore.

Un lecteur de cartes mémoire est d'une agréable convivialité : après avoir inséré la carte, vous pouvez ouvrir son dossier dans le PC et voir les miniatures des photos qui s'y trouvent. Toutes les opérations de glisser-déposer, copier-coller et autres manipulations décrites précédemment dans ce chapitre sont applicables. Vous déplacez et organisez vos photos intuitivement.

Les clés USB sont reconnues par Windows 8.1 de la même manière que les lecteurs de cartes mémoire ou les disques durs externes : insérez-la dans un port USB et elle apparaît dans le dossier Ordinateur sous la forme d'une icône, prête à être ouverte d'un double-clic.

ATTENTION

- •ormater une carte mémoire efface irrémédiablement toutes les photos et autres données qui s'y trouvent. Ne formatez jamais une carte mémoire sans avoir préalablement vérifié ce qu'elle contient (NdT : en règle générale, vous ne devez jamais formater une carte mémoire avec l'ordinateur, mais seulement avec la commande de formatage de l'appareil photo lui-même).
- La procédure, maintenant : si Windows se plaint de ce qu'une carte nouvellement insérée n'est pas formatée – un problème qui affecte surtout les cartes ou clés endommagées –, cliquez du bouton droit sur son lecteur et choisissez Formater. Parfois, le formatage permet d'utiliser la carte avec un autre appareil que celui pour lequel vous l'aviez achetée : un lecteur MP3 acceptera par exemple celle que l'appareil photo refuse.

SkyDrive : l'informatique dans le nuage

Le stockage des fichiers dans l'ordinateur est parfait tant que vous êtes chez vous ou au bureau. Si vous devez emporter des fichiers, vous pouvez les copier dans une clé USB, ou dans un disque dur externe, voire les graver sur un CD ou un DVD. Encore faut-il ne pas les oublier sur place.

Pour éviter ce risque, il existe une solution beaucoup plus commode et élégante : le stockage distant avec SkyDrive. Ce service tout nouveau que propose Microsoft est aussi appelé « informatique dématérialisée » ou, pour les plus romantiques d'entre vous, « informatique dans le nuage ».

L'écran d'accueil de Windows 8.1 contient une application SkyDrive, mais pour l'utiliser, vous devez disposer des éléments suivants :

- **Un compte Microsoft Live :** il est indispensable pour placer des fichiers sur SkyDrive et les récupérer. Il est possible que vous en ayez créé un lorsque vous avez créé un compte pour votre ordinateur tournant sous Windows 8.1 (les comptes Microsoft sont expliqués au Chapitre 2).

  Tout compte de messagerie peut servir de compte Microsoft Live. Personnellement, j'utilise un compte Yahoo! pour me connecter au Cloud de Microsoft !

- **Une connexion Internet :** c'est par l'Internet que s'effectuent les transferts de fichiers. Vous pouvez les récupérer avec un autre équipement (ordinateur, tablette, smartphone…) que le vôtre, et depuis n'importe où dans le monde.

- **De la patience :** l'envoi des fichiers vers SkyDrive est toujours plus long que leur récupération. Le transfert des fichiers très volumineux peut exiger plusieurs minutes.

Pour certaines personnes, SkyDrive est plus sûr et commode, car elles peuvent toujours accéder à leurs fichiers les plus importants. C'est aussi un moyen de mettre ces fichiers hors de portée des autres personnes. Si SkyDrive ne vous tente pas, vous pouvez toujours copier vos fichiers dans une clé USB que vous emporterez avec vous.

Gérer les fichiers avec l'application SkyDrive

Avec Windows 8.1, SkyDrive connaît un lifting qui lui donne une seconde jeunesse. Désormais, la majorité des actions à distance se déroulent directement dans SkyDrive sans être obligé de revenir à l'écran d'accueil ou au Bureau.

Copier des fichiers de votre PC sur SkyDrive

Comme expliqué précédemment, cette procédure se déroule simplement depuis SkyDrive :

1. **Dans l'écran d'accueil, cliquez sur l'application SkyDrive.**

   Lorsque vous ouvrez l'application SkyDrive (voir Figure 5.14), elle peut réagir de différentes manières :

   - Si vous n'avez jamais utilisé SkyDrive, l'application est vide. Tant que vous n'avez rien téléchargé, il n'y a quasiment rien à voir.

   - Si la connexion Internet est active, l'application apparaît à l'écran. Reportez-vous au Chapitre 9 pour savoir comment la configurer.

- Si des fichiers se trouvent dans SkyDrive, vous les apercevez comme s'ils étaient dans un classique dossier.
- Si Windows vous demande d'ouvrir un compte Microsoft, reportez-vous au Chapitre 2 où la procédure est expliquée.

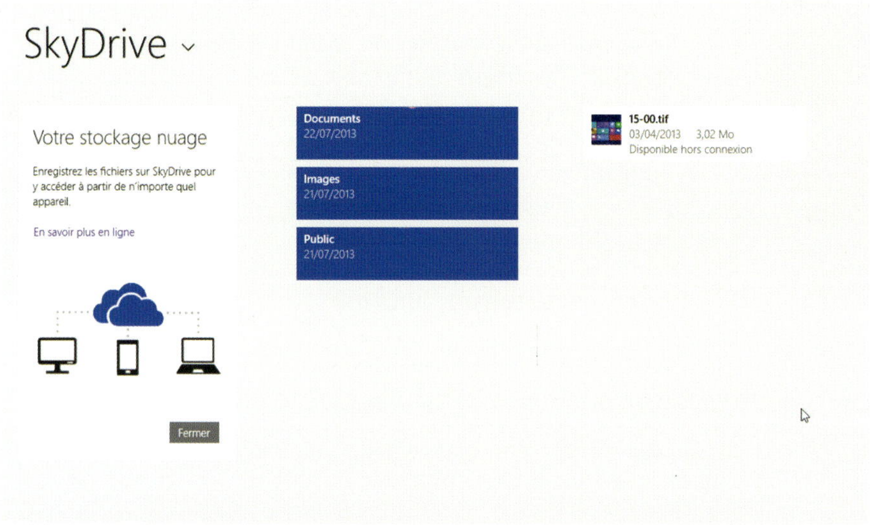

Figure 5.14 : L'application SkyDrive sert à placer des fichiers dans un espace appartenant à Microsoft et à les récupérer.

2. **Pour copier des fichiers de l'ordinateur vers SkyDrive, cliquez sur le chevron situé à droite du mot SkyDrive. Dans le menu local qui apparaît, choisissez Ce PC comme le montre la Figure 5.15.**

   Les principales Bibliothèques de votre PC sont alors affichées directement sur SkyDrive. Vous disposez même d'un accès à vos différents autres lecteurs comme des périphériques de stockage USB connectés à votre ordinateur (Périphériques et lecteurs).

Figure 5.15 : Pour copier des fichiers de votre PC sur SkyDrive.

3. **Ouvrez le dossier contenant les fichiers à copier sur SkyDrive.**

   Si ces fichiers sont stockés dans un autre emplacement que les

Bibliothèques traditionnelles de Windows 8.1, cliquez sur le dossier Périphériques et lecteurs.

4. **Naviguez parmi vos dossiers pour localiser le fichier à copier.**

   La liste des sous-dossiers s'affiche sur le côté droit de l'écran. Si elle n'est pas visible, faites glisser vers la gauche la barre de défilement horizontale située en bas de l'écran.

   Bien entendu, vous pouvez copier l'intégralité d'un dossier au lieu de vous limiter à un fichier. Il suffit d'appliquer cette procédure à un dossier et non pas à un de ses fichiers.

5. **Faites un clic droit sur la vignette d'un fichier (ou d'un dossier) afin de le cocher.**

   Répétez cette action sur les vignettes d'autres éléments à ajouter à la sélection et que vous voulez copier sur SkyDrive.

   Cette action affiche une barre d'outils dans la partie inférieure de SkyDrive, comme le montre la Figure 5.16.

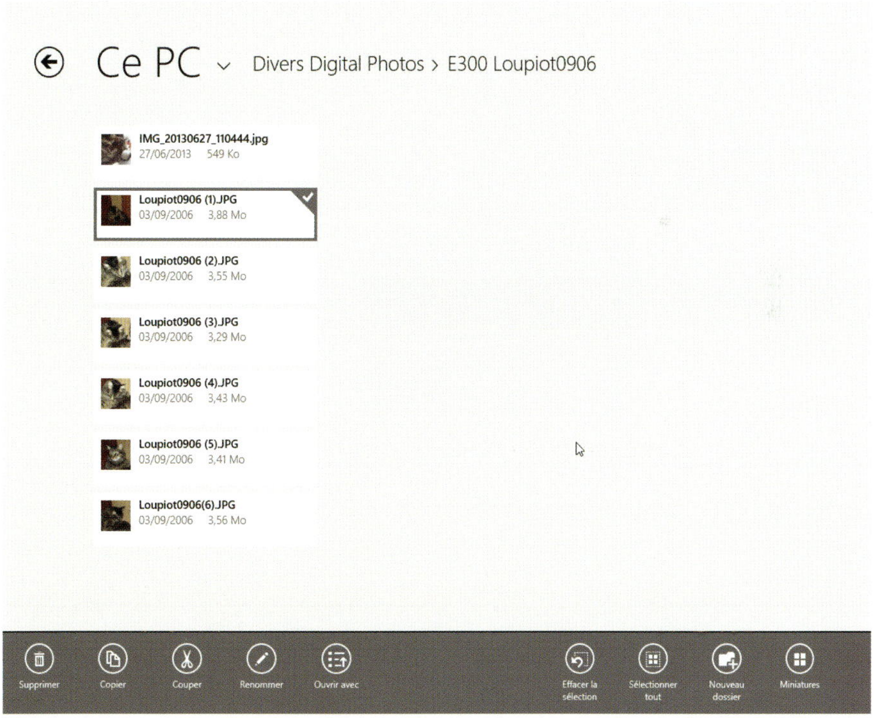

Figure 5.16 : Sélection d'un fichier avec apparition de la barre d'outils.

Pour sélectionner le contenu d'un dossier ou d'un sous-dossier, cliquez sur le bouton Sélectionner tout.

Pour désélectionner les éléments sélectionnés, cliquez sur le bouton Effacer la sélection.

6. **Une fois les éléments sélectionnés, cliquez sur le bouton Copier.**

   Vous pouvez choisir le bouton Couper si vous souhaitez que le fichier soit effacé de votre PC et ainsi uniquement disponible sur SkyDrive.

7. **Basculez vers SkyDrive en cliquant sur le chevron situé à droite des mots Ce PC, et en choisissant SkyDrive dans le menu local qui apparaît.**

8. **Ouvrez un des dossiers proposés par défaut par SkyDrive.**

   Il s'agit des dossiers Documents, Images et Public.

9. **Pour créer un dossier, mais aussi pour coller le fichier dans l'élément ouvert, faites un clic droit sur SkyDrive.**

   Une nouvelle barre d'option apparaît, comme à la Figure 5.17.

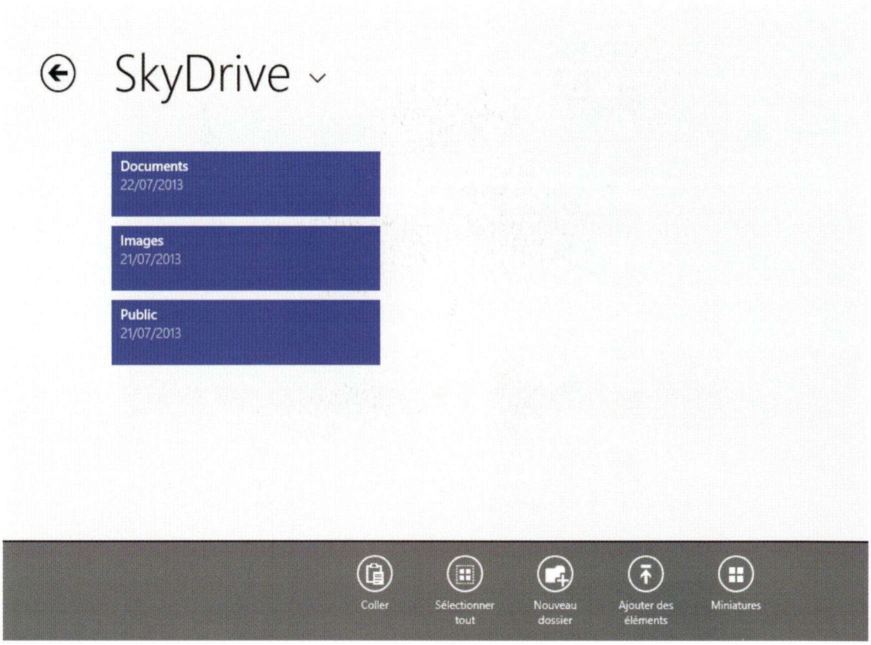

Figure 5.17 : Pour coller le fichier ou le dossier sur SkyDrive.

10. **Cliquez sur le bouton Coller.**

    L'icône Ajouter d'autres éléments bascule vers la Bibliothèque de l'écran d'accueil. Utilisez alors ses diverses fonctionnalités pour parcourir le contenu de votre PC et ainsi répéter les précédentes étapes de cette procédure pour copier rapidement d'autres éléments (Figure 5.18). Cette fois, vous sélectionnerez vos fichiers dans une interface externe à SkyDrive, puis vous les copierez en cliquant sur le bouton Copier vers SkyDrive. La copie sera immédiate. Pour coller les fichiers et/ou dossiers précédemment sélectionnés, il vous suffit de faire un clic droit sur SkyDrive pour afficher la barre d'outils, et de cliquer sur le bouton Coller.

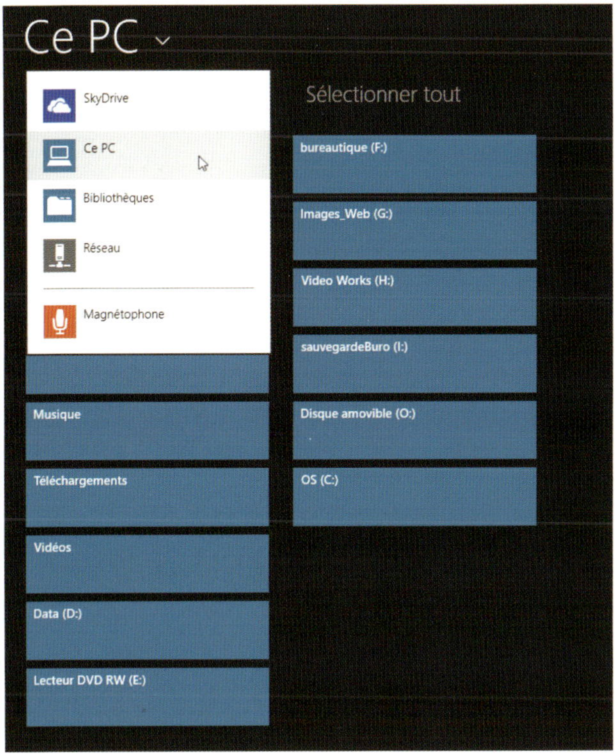

Figure 5.18 : Pour ajouter rapidement d'autres éléments.

Voici d'autres actions de gestion de vos fichiers que vous pouvez directement effectuer depuis SkyDrive :

- Pour ouvrir un fichier depuis l'application SkyDrive, cliquez dessus.

- Pour ouvrir un fichier avec une autre application que celle qui en a permis la création, faites un clic droit sur sa vignette afin de le sélectionner. Ensuite, cliquez sur le bouton Ouvrir avec de la barre d'outils qui apparaît. Choisissez l'application dans le menu local qui s'affiche. Si vous ne la trouvez pas, cliquez sur le lien Plus d'options. Si elle n'y figure toujours pas, faites défiler verticalement le contenu de ce menu local, et cliquez sur Rechercher une autre application sur ce PC. Localisez le programme à utiliser *via* la boîte de dialogue Ouvrir avec qui apparaît.
- Pour copier un fichier de SkyDrive vers l'ordinateur, répétez cette procédure mais en sélectionnant d'abord un fichier ou un dossier de SkyDrive. Ensuite, choisissez un dossier de votre PC comme destination de ce fichier (ou dossier).

- Cliquez sur Créer un dossier pour ajouter un dossier à SkyDrive afin d'y coller le fichier ou le dossier sélectionné sur votre PC.

- Pour renommer les éléments sélectionnés dans SkyDrive, cliquez sur ce bouton. Une petite boîte de dialogue apparaît au niveau de l'icône. Comme le nom est en surbrillance, tapez le nouveau nom, et validez-le en appuyant sur la touche Entrée ou en cliquant sur le bouton Renommer. Attention, la fonction Renommer n'est pas utilisable quand plusieurs éléments sont sélectionnés.

- Affichez des miniatures de vos fichiers et de vos dossiers en cliquant sur le bouton éponyme. La vignette devient plus grande et plus aucune information n'est donnée sur le fichier ou le dossier.

- Pour consulter un fichier stocké sur SkyDrive lorsque vous n'avez pas de connexion Internet à proximité, cliquez sur ce bouton afin de rendre l'élément consultable hors connexion.

- Pour supprimer un fichier depuis l'application SkyDrive, cliquez dessus du bouton droit. Dans la barre qui apparaît en bas de l'écran, cliquez sur l'icône Supprimer, puis confirmez la suppression.

Accéder à SkyDrive depuis le Bureau

Si l'application SkyDrive de l'écran d'accueil vous semble trop rudimentaire, allez sur le Bureau de Windows, ouvrez Internet Explorer, et tapez l'adresse `https://skydrive.live.com`.

Cette version du site, que montre la Figure 5.19, fonctionne sensiblement comme celle de l'écran d'accueil. La grande différence tient au fait que la copie de fichier se fait par le biais d'un bouton Charger.

Enfin, vous disposez de SkyDrive dans l'Explorateur de fichiers. Si vous utilisez les applications de la suite Office 2013, vous pouvez choisir SkyDrive comme dossier d'enregistrement et ainsi l'utiliser comme s'il s'agissait d'un disque dur de votre PC, comme le montre la Figure 5.20.

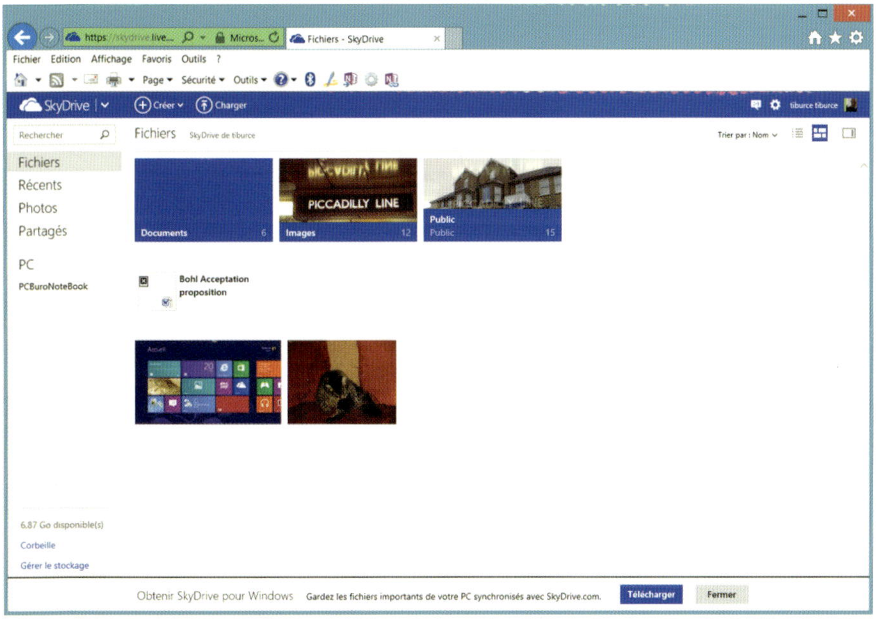

Figure 5.19 : Le site SkyDrive est une alternative à l'application de l'écran d'accueil.

Figure 5.20 : Utiliser SkyDrive comme une unité de stockage externe.

Deuxième partie

Les éléments de Windows 8.1 que vous êtes censé utiliser

Dans cette partie...

Nous avons vu dans la première partie de ce livre comment utiliser Windows 8.1 avec la souris, le clavier et même du bout des doigts.

Dans cette deuxième partie du livre, nous passons aux choses sérieuses : démarrer une application depuis l'écran d'accueil ou un programme depuis le Bureau, ouvrir un fichier déjà existant, créer des fichiers et les enregistrer, puis imprimer votre production.

Vous découvrirez aussi ces manipulations simples mais essentielles que sont le copier-coller, autrement dit la possibilité de copier des données dans une fenêtre pour les coller dans une autre.

Et si d'aventure vous ne parvenez plus à localiser vos fichiers parmi vos innombrables dossiers, vous apprendrez au Chapitre 7 comment les retrouver et faire en sorte qu'ils ne vous échappent plus.

Chapitre 6

Programmes, applications et documents

Dans ce chapitre :

- Ouvrir un programme ou un document.
- Choisir un autre programme pour ouvrir un document.
- Installer, désinstaller, et mettre à jour des applications.
- Créer un raccourci.
- Couper ou copier, et coller.

Dans Windows, les *programmes* et les *applications* sont vos outils. Ils vous permettent de calculer, d'écrire et d'abattre des vaisseaux spatiaux.

Les *documents,* en revanche, sont ce que vous créez à l'aide des applications et des programmes : une feuille de calcul révélant que vous vivez au-dessus de vos moyens, une lettre à l'eau de rose, les scores de vos jeux.

Ce chapitre commence par les bases : ouvrir des programmes et des applications à partir de l'écran d'accueil de Windows 8.1. Il explique également comment trouver et télécharger des applications depuis l'application Windows Store. Vous découvrirez aussi où trouver les menus des applications, car Microsoft les a cachés afin de laisser un maximum d'espace à l'affichage des interfaces, donc des documents.

Au fil des pages, vous découvrirez comment faire pour que ce soit votre programme préféré qui ouvre tel ou type de fichier, ce qui évite d'aller dans l'écran d'accueil pour le démarrer.

Ce chapitre se termine par quelques considérations essentielles sur l'art de couper, copier et coller, des opérations indispensables dans l'univers de Windows.

Démarrer un programme ou une application

Conscient de leur erreur commise avec Windows 8, les ingénieurs de Microsoft ont réintroduit un bouton Démarrer dans cette nouvelle version 8.1. Bien qu'il ne fonctionne pas du tout comme l'ancestral bouton Démarrer des précédentes versions de Windows, il permet d'accéder plus facilement à la liste des applications et des programmes afin de les exécuter en toute simplicité. Comme nous l'avons expliqué au Chapitre 2, l'action de ce bouton est programmable. Mais pour ceux d'entre vous qui, impatients de lancer un programme, consulteraient directement ce nouveau chapitre, nous en rappellerons les grands principes de fonctionnement.

Démarrer une application ou un programme depuis l'écran d'accueil

Sous Windows 8, l'écran d'accueil était le seul moyen de lancer une application ou un programme dont vous n'aviez pas créé de raccourci sur le Bureau. Le seul souci est qu'il était très compliqué, donc pas du tout intuitif, d'afficher l'écran Applications qui centralisait tous les programmes installés sur votre PC.

Bien entendu, dès que vous affichez l'écran d'accueil, une série de groupes de vignettes permet d'exécuter instantanément les applications et les programmes proposés. Si vous ne voyez pas celui avec lequel vous souhaitez travailler, faites défiler horizontalement le contenu de l'écran. Ensuite, cliquez sur la vignette du programme à exécuter. Démarrer un programme de cette manière est donc très simple. Les choses se complexifient lorsque l'application ou le programme ne figure pas parmi ces groupes de vignettes.

Voici comment démarrer une application ou un programme absent de l'écran d'accueil grâce aux nouveaux aménagements de Windows 8.1 :

1. **Allez dans l'écran d'accueil.**

   Vous y accédez des manières suivantes :

   - **Souris :** dirigez le pointeur de la souris jusque dans le coin inférieur gauche puis cliquez sur l'icône qui vient d'apparaître.

   - **Clavier :** appuyez sur la touche Windows.

- **Écran tactile :** effleurez du bord droit de l'écran vers l'intérieur, puis touchez le bouton Accueil.

L'écran d'accueil apparaît avec ses nombreuses vignettes d'applications et de programmes, comme le montre la Figure 6.1.

Figure 6.1 : L'écran d'accueil de Windows 8.1.

2. **Cliquez sur la flèche située dans l'angle inférieur gauche de l'écran d'accueil.**

   Ce bouton n'est pas visible ? Bougez le pointeur de la souris !

   Cette action ouvre l'écran Applications qui liste tous les programmes classés par ordre alphabétique.

3. **Si de nombreux programmes sont installés sur votre ordinateur, triez-les différemment pour trouver rapidement celui que vous souhaitez utiliser. Pour cela, cliquez sur le chevron situé à droite du mot Applications, et choisissez un des quatre modes de tri suivants :**

   - par nom ;
   - par date d'installation ;
   - par fréquence d'utilisation ;
   - par catégorie.

Ce tri sera systématiquement appliqué tant que vous ne choisirez pas une autre option.

4. **Cliquez sur l'application ou le programme à démarrer (ou touchez-le).**

   Le programme n'est pas visible ? Passez à l'étape suivante.

5. **Faites défiler l'écran horizontalement pour accéder aux autres vignettes.**

   L'écran d'accueil s'ouvre toujours sur les vignettes qui sont le plus à gauche. Pour voir celles qui s'étendent plus loin à droite – s'il y en a – actionnez le curseur de défilement en bas de l'écran.

Si vous possédez un écran tactile, effleurez l'écran vers la gauche.

Épingler un programme à l'écran d'accueil

La section précédente explique comment afficher toutes les applications de votre PC afin d'exécuter rapidement celle que vous souhaitez utiliser. Pour éviter d'effectuer cette recherche, l'idéal ne serait-il pas de disposer de la vignette de ce programme directement sur l'écran d'accueil ? Si, bien entendu ! Par conséquent, voici comment épingler une application ou un programme sur l'écran d'accueil de Windows 8.1 :

1. **Accédez à l'écran Applications, comme cela est expliqué dans la précédente section.**

2. **Faites un clic droit sur la vignette du programme ou de l'application à épingler à l'écran d'accueil.**

3. **Dans la barre d'outils qui apparaît en bas de l'écran, cliquez sur le bouton Épingler à l'écran d'accueil.**

La vignette de cette application ou de ce programme apparaît à l'extrême droite de l'écran d'accueil. Glissez-déplacez-la dans un groupe de vignettes, comme cela est expliqué au Chapitre 2.

Pour que l'écran Applications s'affiche systématiquement lorsque vous basculez vers l'écran d'accueil, faites un clic droit sur la barre des tâches du Bureau. Dans le menu contextuel qui apparaît, choisissez Propriétés. Dans la boîte de dialogue qui s'affiche, cliquez sur l'onglet Navigation, puis cochez l'option Montrer automatiquement l'affichage Applications lorsque j'accède à l'accueil, comme le montre la Figure 6.2.

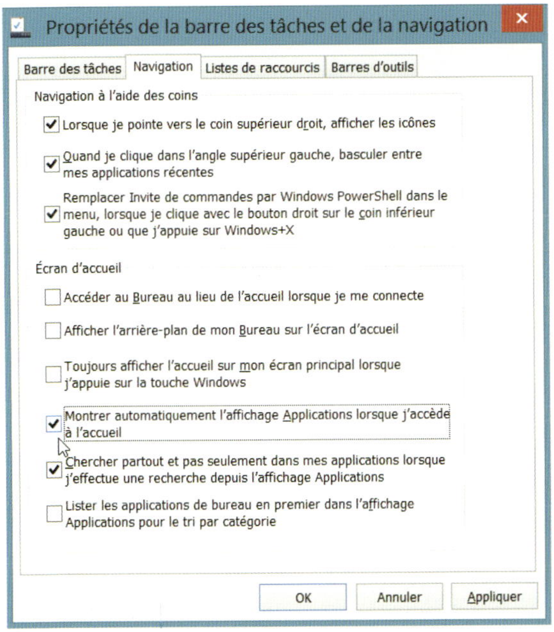

Figure 6.2 : Avec cette option, l'écran d'accueil affichera systématiquement l'écran Applications.

TRUC

Pour afficher l'écran d'accueil depuis l'écran Applications, cliquez sur la flèche située dans l'angle inférieur gauche de l'interface, ou bien appuyez sur la touche Windows. Si vous appuyez sur la touche Echap, vous basculez vers le Bureau.

Rechercher une application ou un programme

NOUVEAUTÉ WINDOWS 8

Si vous connaissez le nom de votre application, le plus simple est sans doute d'en lancer une recherche depuis l'écran d'accueil ou depuis le Bureau. Voici comment procéder :

1. **Depuis l'écran d'accueil ou l'écran application, commencez à taper directement les premières lettres du programme à utiliser.**

   Par exemple, pour utiliser le programme Microsoft Word, commencez par saisir **wo**.

   Cette action ouvre le volet Rechercher où le nom du programme figure en bonne position, comme à la Figure 6.3.

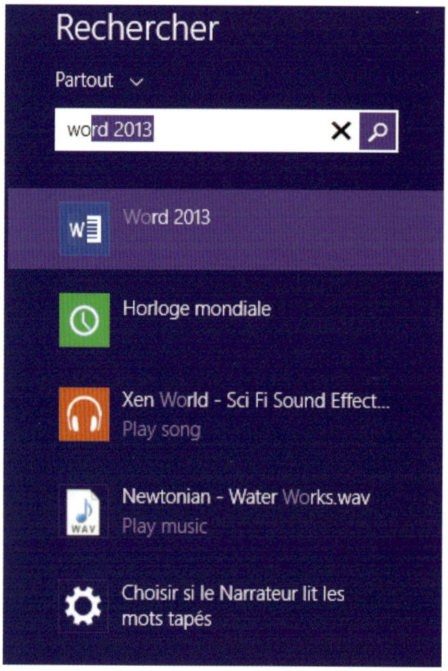

Figure 6.3 : La technique la plus rapide pour exécuter un programme consiste à taper les premières lettres de son nom.

2. **Cliquez sur votre programme.**

   Plus vous tapez de lettre et plus les propositions de Windows 8.1 seront réduites.

Pour réaliser la même opération lorsque vous êtes sur le Bureau, affichez la barre des charmes en plaçant le pointeur de la souris dans l'angle supérieur droit de l'écran. Choisissez ensuite Rechercher. La suite des opérations se déroule comme expliqué précédemment.

Ouvrir un document

Windows 8.1 adore tout ce qui est normalisé. La preuve? Tous les programmes chargent les documents – généralement appelés « fichiers » – et les ouvrent de la même manière :

1. **Cliquez sur l'option Fichier, dans la barre de menus située en haut du programme.**

Si la barre de menus n'est pas visible, appuyez sur la touche Alt pour la faire apparaître.

Toujours pas de barre de menu ? Dans ce cas, le programme est sans doute équipé d'un ruban. Dans ce cas, cliquez sur l'onglet Fichier, en haut à gauche du ruban, pour déployer ses options.

2. **Dans le menu Fichier, choisissez Ouvrir.**

   La boîte de dialogue Ouvrir, que montre la Figure 6.4, suscite une impression de déjà-vu, et pour cause : elle ressemble et se comporte comme le dossier Documents décrit au Chapitre 5.

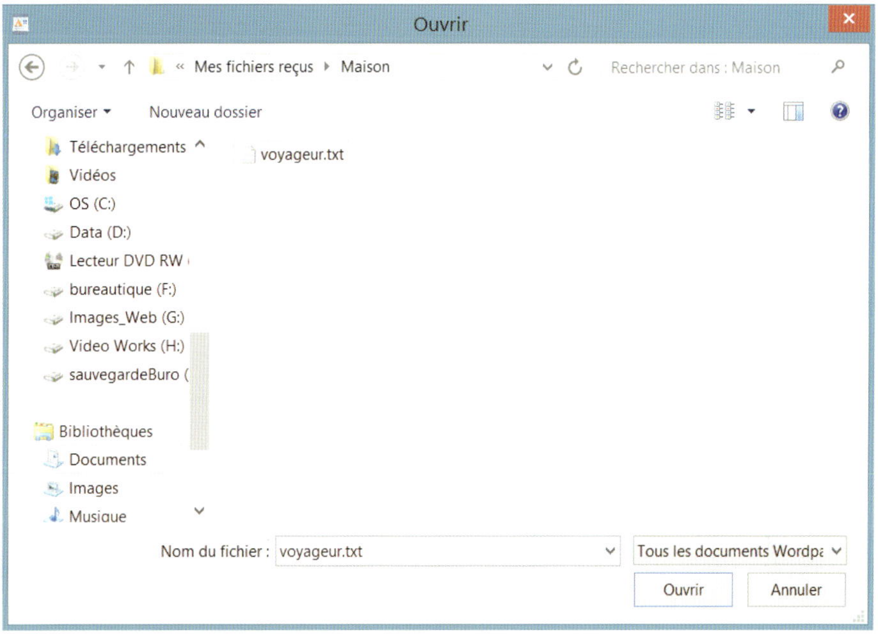

Figure 6.4 : Ouvrir un fichier dans un programme.

   Il y a cependant une grande différence : cette fois, le dossier ne montre que les fichiers que le programme est capable d'ouvrir. Tous les autres ne sont pas affichés.

3. **Cliquez sur le document désiré puis cliquez sur le bouton Ouvrir.**

   Avec un écran tactile, touchez le document pour l'ouvrir.

   Le programme ouvre le fichier et affiche son contenu.

Cette technique d'ouverture d'un fichier fonctionne avec la plupart des programmes, qu'ils aient été édités par Microsoft, par un autre éditeur, ou programmés par le boutonneux féru d'informatique, en bas de la rue.

- Pour aller plus vite, double-cliquez sur le nom du fichier désiré. Il est aussitôt ouvert, la boîte de dialogue Ouvrir se fermant toute seule.
- Si le fichier désiré ne figure pas dans la liste, commencez à parcourir le disque dur *via* le volet de navigation situé dans la partie gauche de la boîte de dialogue. Par exemple, cliquez sur la bibliothèque Documents, par exemple, pour voir les fichiers qui s'y trouvent.
- Les gens rangent souvent leurs papiers, photos et CD dans des boîtes en carton, mais l'ordinateur, lui, stocke ses fichiers dans des petits compartiments dûment étiquetés, appelés « dossiers ». Double-cliquez sur l'un d'eux pour voir ce qu'il contient.
- Chaque fois que vous ouvrez un fichier et que vous le modifiez, même rien qu'en appuyant sur la barre Espace par mégarde, Windows 8.1 présume que vous aviez une bonne raison de le faire. C'est pourquoi, si vous tentez de fermer le fichier, il vous demande s'il faut enregistrer la modification. Si vos modifications ont été faites à bon escient, cliquez sur Oui. Mais si vous y avez semé la pagaille ou ouvert un mauvais fichier, cliquez sur le bouton Non ou Annuler.
- Tous ces boutons et icônes en haut et à gauche de la boîte de dialogue Ouvrir vous intriguent ? Immobilisez la souris sur l'un d'eux et une info-bulle vous renseignera.

Enregistrer un document

Enregistrer signifie que vous écrivez votre travail sur la surface magnétique d'un disque dur, dans la mémoire flash d'une clé USB, ou tout autre support, afin de le conserver. Tant qu'un travail n'est pas enregistré, il réside dans la mémoire vive de l'ordinateur, qui est vidée dès que l'ordinateur est éteint. Vous devez spécifiquement demander à l'ordinateur d'enregistrer votre travail.

Fort heureusement, Microsoft a fait en sorte que la même commande Enregistrer apparaisse dans tous les programmes de Windows 8.1, et cela quel qu'en soit le programmeur ou l'éditeur. Voici plusieurs moyens d'enregistrer un fichier :

- Cliquez sur le menu ou l'onglet Fichier de votre application, puis choisissez Enregistrer. Windows propose toujours de sauvegarder un document dans le dossier Documents. Acceptez ou choisissez un autre emplacement, comme le Bureau par exemple.

- Cliquez sur l'icône Enregistrer.
- Appuyez sur Ctrl + S (ici le « S » est celui du mot anglais *Save*, « enregistrer »).

NOTE TECHNIQUE

Quand les programmeurs se disputent les types de fichiers

Quand il s'agit de formats, c'est-à-dire la manière dont les données sont organisées dans les fichiers, les programmeurs ne se font pas de cadeaux. Pour s'accommoder de cette petite guerre, bon nombre de programmes sont dotés d'une fonction spéciale permettant d'enregistrer les fichiers dans différents formats.

Examinez l'une des zones de liste en bas à droite de la Figure 6.5. Elle mentionne actuellement Tous les documents Wordpad, autrement dit les fichiers dont l'extension – les quelques lettres après le nom – est `.rtf`, `.txt` ou `.wri`. Pour voir les fichiers enregistrés dans d'autres formats, ouvrez ce menu local, et choisissez l'un des autres formats proposés. La boîte de dialogue Ouvrir affiche aussitôt les seuls fichiers correspondant au nouveau format.

Comment afficher tous les fichiers, indépendamment de leur format ? Choisissez Tous les documents, dans ce menu local. Certes, tous sont maintenant visibles, mais cela ne signifie pas que le programme sera capable d'ouvrir n'importe lequel. Si le format est incompatible, il refusera d'ouvrir le fichier ou affichera n'importe quoi…

Par exemple, Wordpad peut afficher des noms de fichiers de photos numériques quand l'option Tous les documents est sélectionnée. Mais si vous tentez d'en ouvrir une, il l'affichera sous la forme de pages remplies de caractères spéciaux (si cette mésaventure vous arrive, abstenez-vous d'enregistrer le fichier, car le document serait irrémédiablement inutilisable ; quittez aussitôt le programme en cliquant sur Annuler).

Quand vous enregistrez pour la première fois, Windows 8.1 demande d'indiquer le nom du fichier. Efforcez-vous d'être descriptif et de n'utiliser que des lettres, des chiffres et des espaces (NdT : tiret, apostrophe, parenthèses et caractères accentués ou à cédille et signe de soulignement sont admis). N'essayez pas d'utiliser un des caractères interdits, décrits au Chapitre 5, car Windows refuserait le nom.

- Choisissez toujours un nom descriptif pour vos fichiers. Windows 8.1 autorise 255 caractères, c'est-à-dire plus qu'il n'en faut. Un fichier nommé *Rapport de l'Assemblée Générale de 2012* ou *Prévision des ventes* sera plus facile à retrouver qu'un fichier laconiquement nommé *Rapport* ou *Prévisions.*

N'OUBLIEZ PAS

- Vous pouvez enregistrer un fichier dans n'importe quel dossier, voire dans une carte mémoire et même sur un CD ou un DVD. Mais c'est en les enregistrant dans le dossier Documents, Images, Musique ou Vidéos que vous le retrouverez le plus facilement.
- La plupart des programmes peuvent enregistrer des fichiers directement sur un CD : choisissez Enregistrer, dans le menu Fichier puis, comme destination, sélectionnez le graveur de CD. Insérez un CD dans le lecteur, et c'est parti !

N'OUBLIEZ PAS

- •Quand vous travaillez sur quelque chose d'important – c'est presque toujours le cas –, utilisez la commande Enregistrer toutes les quelques minutes. Ou mieux, appuyez sur les touches Ctrl + S (touche Ctrl enfoncée, appuyez brièvement sur S). La première fois, le programme demandera d'indiquer le nom et l'emplacement du fichier, mais par la suite, le processus sera quasiment instantané.

Quelle est la différence entre Enregistrer et Enregistrer sous ?

Enregistrer sous quoi ? Sous la table ? Sous le tapis ? Que nenni bonnes gens. La commande Enregistrer permet d'enregistrer un fichier sous un autre nom et/ou à un autre emplacement.

Supposons que le fichier *Ode à Tina* se trouve dans le dossier Documents et que vous désirez modifier quelques phrases. Vous désirez enregistrer cette modification, mais sans perdre la version originale. Pour conserver les deux versions de cette impérissable littérature, vous choisirez Enregistrer sous, et vous renommerez le fichier *Ode à Tina - Ajouts* (en plaçant le mot « ajouts » après le nom, vous préservez le classement par ordre alphabétique de vos fichiers).

Lors d'un premier enregistrement, les commandes Enregistrer et Enregistrer sous sont identiques : les deux vous invitent à nommer le fichier et à choisir son emplacement.

Choisir le programme qui ouvre un fichier

En général, Windows 8.1 sait quel programme il doit utiliser pour ouvrir tel ou tel fichier. Double-cliquez sur un fichier, et Windows 8.1 démarre le programme, charge le fichier et l'ouvre.

Mais parfois, Windows ne démarre pas le programme que vous vouliez utiliser pour ce type de fichier. Par exemple, lorsque vous double-cliquez sur un morceau de musique, Windows 8.1 la fait jouer par l'application Musique.

Or, vous pourriez préférer que ce soit le programme Lecteur Windows Media qui démarre.

Voici comment choisir un programme lorsqu'un fichier s'ouvre dans un autre :

1. **Cliquez du bouton droit sur le fichier qui pose problème et, dans le menu contextuel, choisissez Ouvrir avec.**

   Comme le montre la Figure 6.5, Windows propose quelques-uns des programmes capables d'ouvrir ce type de fichier.

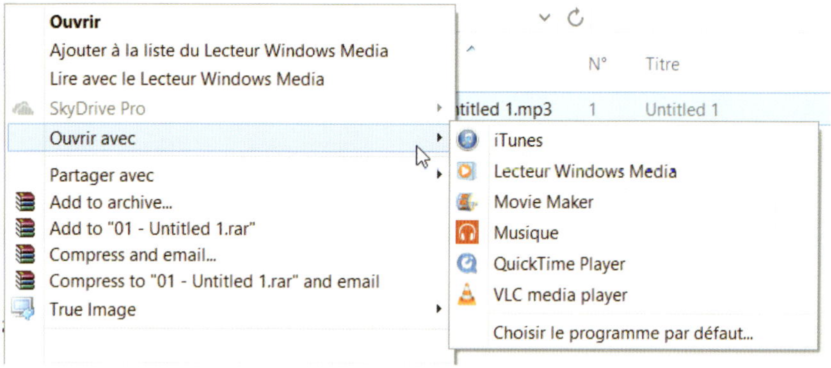

Figure 6.5 : Windows indique les programmes capables d'ouvrir ce type de fichier (ici, un fichier audio).

   Si cliquer sur un fichier affiche une fenêtre proposant de rechercher une autre application sur ce PC ou de rechercher une autre application dans le Windows Store, passez directement à l'Étape 3.

2. **Cliquez sur Choisir le programme par défaut, puis sélectionnez celui qui doit ouvrir ce type de fichier.**

   La boîte de dialogue qui apparaît contiendra sans doute d'autres programmes capables d'ouvrir le fichier (selon le nombre de logiciels installés dans le l'ordinateur, cette liste peut être plus ou moins fournie). Assurez-vous que la case Utiliser cette application pour ouvrir tous les fichiers est cochée.

3. **Si vous ne trouvez pas le programme qui vous intéresse, cliquez sur le lien Plus d'options, en bas du panneau.**

   Deux autres options sont proposées en bas de la liste :

   - **Rechercher une application dans le Windows Store :** cliquez sur cette option donne accès au Windows Store, où vous pourrez parcourir les rayons virtuels à la recherche d'une application capable d'ouvrir le fichier.

- **Rechercher une autre application sur ce PC :** plutôt réservée aux férus de technique, cette option ouvre l'Explorateur de fichiers sur le dossier Programmes. Ne choisissez cette option que si vous savez réellement dans quel sous-dossier se trouve le programme désiré.

Quand vous installez un nouveau programme ou une application, elle s'arroge généralement le droit d'ouvrir ses propres fichiers. Si cela ne se produit pas, exécutez la manipulation précédente à partir de l'Étape 1. Cette fois, le nouveau programme ou la nouvelle application figure dans la liste.

NOTE TECHNIQUE

L'association (sans but lucratif) de fichiers

Tous les programmes ajoutent quelques caractères, appelés « extension de fichier », au nom des fichiers qu'ils créent. Cette extension identifie leur nature : quand vous double-cliquez sur un fichier, Windows s'enquiert de son extension pour savoir à quel programme il est lié. Par exemple, le Bloc-notes ajoute l'extension `.txt` (abrégé de « texte ») à tous les fichiers qu'il crée : l'extension `.txt` est ainsi associée au Bloc-notes.

Normalement, Windows n'affiche pas les extensions, officiellement pour plus de sécurité. En effet, si l'extension était modifiée pour une raison ou pour une autre, Windows n'ouvrirait plus le fichier comme prévu.

Procédez comme suit si vous tenez absolument à voir ces mystérieuses extensions :

1. **Ouvrez l'Explorateur de fichiers, et cliquez sur l'onglet Affichage.**
2. **Dans le groupe Afficher/Masquer du Ruban, cochez la case Extensions de noms de fichiers.**

   La case est décochée.
3. **Cliquez sur le bouton OK.**

   Toutes les extensions de fichiers sont aussitôt visibles, ce qui peut s'avérer commode en cas d'incident.

Maintenant que vous avez vu les extensions, masquez-les de nouveau en cochant la case Extensions de noms de fichiers.

Attention : ne modifiez jamais l'extension d'un fichier à moins de savoir exactement ce que vous faites. Autrement, Windows se tromperait de programme ou ne saurait plus lequel utiliser.

NOUVEAUTÉ WINDOWS 8

- Dans Windows 8.1, le terme *application* se rapporte à la fois aux classiques logiciels et aussi aux applications de l'écran d'accueil.

TRUC

- Parfois, vous voudrez alterner entre divers programmes et applications lorsque vous travaillez sur un même document. Pour ce faire, cliquez du bouton droit sur le document, choisissez Ouvrir avec puis sélectionnez le programme dont vous avez besoin à ce moment-là.

- Il est parfois impossible de faire en sorte que votre programme favori ouvre un fichier particulier tout simplement parce que le programme ne sait que faire. Par exemple, le Lecteur Windows Media lit les vidéos, sauf quand elles sont au format QuickTime, développé par Apple. La seule solution consiste alors à installer le logiciel QuickTime (`www.apple.com/fr/quicktime/`) et à l'utiliser pour ouvrir ce type de vidéo.
- Quand vous entendez parler d'association, à propos de Windows, c'est forcément celle dont il est question dans l'encadré « L'association (sans but lucratif) de fichiers ».

Visiter la boutique Windows Store

Les *applications,* qui ne sont rien d'autre que des miniprogrammes spécialisés dans une seule tâche, proviennent de l'univers des smartphones.

Les applications diffèrent des programmes à bien des égards :

- Elles sont affichées en plein écran. Les programmes, eux, sont affichés dans une fenêtre.
- Les applications sont liées à votre compte Microsoft. De ce fait, vous devez avoir ouvert un compte Microsoft pour télécharger des applications depuis le Windows Store, même si elles sont gratuites.

  N'importe quelle adresse de messagerie peut être utilisée comme compte Microsoft. Vous n'êtes donc pas obligé de créer une adresse spéciale Hotmail ou Live.
- Une application téléchargée depuis le Windows Store peut être utilisée sur cinq ordinateurs ou appareils mobiles à la fois, dès lors que ces équipements sont liés à votre compte Microsoft.
- Après leur installation, des programmes peuvent placer plusieurs vignettes dans l'écran d'accueil. En revanche, une application ne place qu'une seule vignette.

Applications et programmes peuvent être développés et vendus par de grands éditeurs ayant pignon sur rue, mais aussi par d'obscurs programmeurs amateurs.

Bien que les programmes et les applications se comportent différemment, Microsoft les appelle indistinctement « applications » dans Windows 8.1.

Télécharger des applications avec Windows Store

Si vous avez besoin d'une application capable d'exécuter une tâche bien précise, procédez comme suit pour la trouver :

1. **Dans l'écran d'accueil, cliquez sur la vignette Windows Store.**

   Appuyez sur la touche Windows pour accéder rapidement à l'écran d'accueil.

   La boutique virtuelle Windows Store apparaît en plein écran, comme à la Figure 6.6. Elle contient de nombreuses catégories comme Actualités, Jeux, Social, Divertissement, Photo, Musique et vidéo, Sports, et beaucoup d'autres. Faites défiler l'écran horizontalement pour les découvrir.

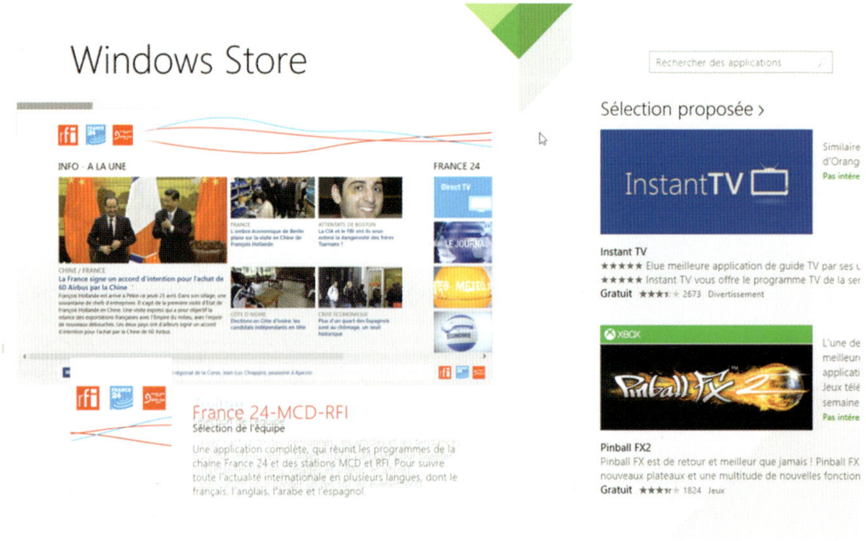

Figure 6.6 : L'application Windows Store donne accès à la boutique virtuelle d'où vous pouvez télécharger des applications gratuites ou payantes.

2. **Pour réduire le champ de recherche, faites un clic droit sur l'écran, puis cliquez sur le nom d'une des catégories qui apparaît en haut de l'interface, comme à la Figure 6.7.**

   Vous accédez aux applications de cette catégorie.

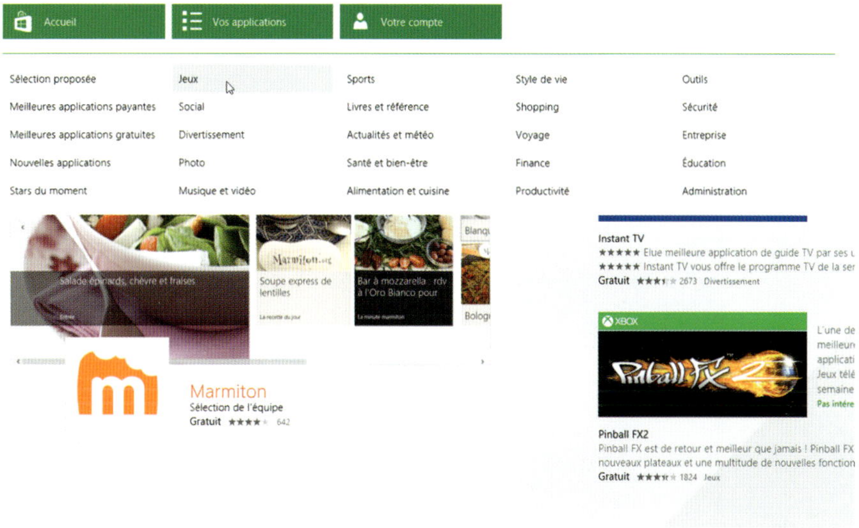

Figure 6.7 : Allez directement à la catégorie d'applications qui vous intéresse.

3. **Cliquez sur une application pour accéder à sa fiche descriptive.**

   La page qui s'ouvre contient des informations détaillées, notamment son prix, des images de l'application, des critiques d'utilisateurs et des informations un peu plus techniques.

4. **Cliquez sur le bouton Installation, Acheter ou Essayer (limité dans le temps).**

   Après quelques instants – la durée exacte dépend du débit de la connexion Internet –, la vignette de l'application apparaît dans l'écran d'accueil.

Les applications nouvellement téléchargées apparaissent dans un groupe situé dans la partie droite de l'écran d'accueil. Reportez-vous au Chapitre 2 pour savoir comment organiser l'écran d'accueil.

Désinstaller une application

Pour désinstaller une application tombée en disgrâce, cliquez du bouton droit sur sa vignette, dans l'écran d'accueil ou l'écran Applications. Cliquez ensuite sur l'icône Désinstaller, à gauche dans la barre en bas de l'écran.

La désinstallation d'une application ne la supprime que dans l'écran d'accueil de *votre compte d'utilisateur*. Elle est sans effet sur les autres comptes où elle aurait pu avoir été installée.

Vous pouvez désinstaller une application depuis le Bureau, ouvrez la barre des charmes et cliquez sur Rechercher. Tapez le nom du programme à désinstaller. Faites un clic droit sur sa vignette et, dans le menu contextuel qui apparaît, choisissez Désinstaller comme le montre la Figure 6.8.

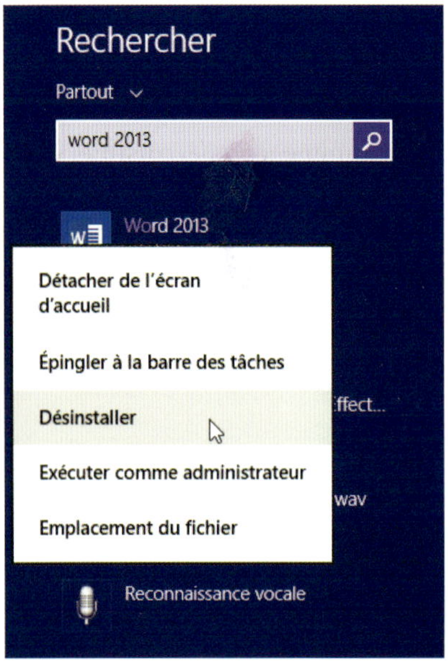

Figure 6.8 : Désinstaller un programme depuis le Bureau.

Mette une application à jour

Les programmeurs améliorent sans cesse leurs applications. Ils peaufinent quelques fonctions, éradiquent des bogues et colmatent les failles de sécurité. Lorsqu'une ou plusieurs applications ont été mises à jour, un numéro correspondant au nombre de mises à jour détectées est affiché sur le coin supérieur droit de la vignette de l'application Windows Store.

Cliquez sur la vignette pour accéder à la liste des mises à jour. Cliquez ensuite sur le bouton Tout mettre à jour.

Notez qu'une application n'est mise à jour que pour le compte d'utilisateur courant, et non pour les autres comptes. Chaque utilisateur devra procéder à ses propres mises à jour. Cela est également vrai pour les applications livrées d'origine avec Windows 8.1.

Prendre un raccourci

Dans Windows 8.1, l'écran d'accueil et le Bureau sont deux entités distinctes, mais vous passerez pas mal de temps à passer de l'une à l'autre. Pour éviter ces pertes de temps, créez des raccourcis vers les programmes, dossiers, disques, fichiers, et même vers les sites Internet que vous utilisez ou visitez fréquemment. Un raccourci est tout simplement une icône pointant vers l'un de ces éléments. Double-cliquez dessus, et c'est comme si vous aviez double-cliqué sur la véritable icône du programme, dossier, disque, fichier, ou saisi une adresse de site Internet.

Comme les raccourcis ne sont rien de plus que des icônes qui démarrent d'autres éléments, ils sont particulièrement sûrs, commodes et faciles d'accès. Il est facile de les différencier de l'original grâce à la petite flèche incurvée, en bas à gauche, visible ici, dans la marge, sur le raccourci du programme Calculatrice.

Voici comment créer des raccourcis pour les éléments les plus utilisés :

- **Dossiers ou documents :** cliquez du bouton droit sur le dossier ou le document, choisissez Envoyer vers et sélectionnez l'option Bureau (créer un raccourci).
- **Sites Internet :** vous avez remarqué la petite icône qui précède l'adresse du site dans la barre d'adresse d'Internet Explorer ? Faites-la glisser et déposez-la sur le Bureau ou ailleurs. Vous pouvez aussi placer les sites Internet intéressants parmi vos Favoris, comme expliqué au Chapitre 9.
- **Panneau de configuration :** vous avez découvert un élément particulièrement intéressant dans le Panneau de configuration, qui est la plaque tournante de Windows 8.1 ? Glissez-déposez son icône jusque sur le Bureau, ou jusque sur un dossier du volet de navigation ou n'importe où ailleurs, et l'icône est aussitôt convertie en raccourci.
- **Disque dur :** ouvrez l'Explorateur de fichiers. Dans le volet de navigation, cliquez du bouton droit sur un disque dur et dans le menu, choisissez Créer un raccourci. Windows le place sur le Bureau.

Voici quelques astuces supplémentaires :

- Pour graver rapidement des CD, placez un raccourci du graveur sur le Bureau. Il suffira ainsi de glisser et déposer les fichiers sur l'icône du raccourci. Insérez un CD vierge, confirmez les paramètres et la gravure commence.

- Vous désirez placer un raccourci du Bureau dans l'écran d'accueil ? Cliquez du bouton droit sur le raccourci présent sur le Bureau et, dans le menu, choisissez Épingler à l'écran d'accueil. Sa vignette apparaît aussitôt dans l'écran d'accueil.
- Vous pouvez librement déplacer un raccourci de-ci, de-là et même l'élément vers lequel il pointe. Le raccourci est automatiquement mis à jour.
- Vous voulez savoir où se trouve le programme que démarre un raccourci ? Cliquez dessus du bouton droit et choisissez Ouvrir l'emplacement du dossier (si cette option est proposée). Le raccourci vous mène promptement vers le dossier où réside son seigneur et maître.

Le petit guide du Couper, Copier et Coller

Windows a emprunté à l'école maternelle les petits ciseaux à bouts ronds et le pot de colle à papier. Enfin, leur version informatique… Vous pouvez électroniquement *couper* ou *copier,* puis *coller* quasiment tout ce que vous voulez, et tout cela avec la plus grande facilité.

Les programmes de Windows sont conçus pour travailler ensemble et partager des données, ce qui permet par exemple de placer très facilement le plan d'un quartier, préalablement numérisé avec un scanner, sur le carton d'invitation créé avec WordPad. Vous pouvez déplacer des fichiers en les coupant ou en les copiant, et en les collant ensuite à un autre emplacement. Rien n'est plus simple, dans un traitement de texte, que de couper un paragraphe et de le coller ailleurs.

Ne mésestimez pas le Copier et le Coller. Copier le nom et l'adresse d'un contact est moins fastidieux que de taper ces éléments dans la lettre. Et si quelqu'un vous envoie une adresse Internet à rallonges, il sera plus sûr – et beaucoup moins fastidieux – de la copier et la coller dans la barre d'adresse d'Internet Explorer. Il est aussi très facile de copier la plupart des images d'une page Web, au grand dam des photographes professionnels.

Le couper-coller facile

En total accord avec le Département « Lâche-moi la grappe avec ces ennuyeux détails », voici, en trois étapes, comment couper, copier et coller :

1. **Sélectionnez l'élément à couper ou à coller : quelques mots, un fichier, une adresse Web ou n'importe quoi d'autre.**

2. **Cliquez du bouton droit dans la sélection et choisissez Couper ou Copier, dans le menu, selon vos besoins.**

   Utilisez *Couper* lorsque vous désirez déplacer un élément, et *Copier* lorsque vous voulez le dupliquer en laissant l'original intact.

   Les raccourcis clavier sont : Ctrl + X pour Couper, Ctrl + C pour Copier.

3. **Cliquez du bouton droit sur l'élément de destination et choisissez Coller.**

   Le raccourci clavier de Coller est Ctrl + V.

Les trois prochaines sections détaillent ces actions.

Sélectionner les éléments à couper ou à copier

Avant de coller des éléments ailleurs, vous devez indiquer à Windows desquels il s'agit. Le meilleur moyen est de les sélectionner à la souris. Il suffit généralement de cliquer dessus, ce qui met les éléments en surbrillance.

- **Sélectionner du texte dans un document, un site Internet ou une feuille de calcul :** placez le pointeur de la souris au début des données à sélectionner puis cliquez et maintenez le bouton enfoncé. Faites glisser ensuite la souris jusqu'à l'autre bout des données. Cette action surligne – met en surbrillance – tout ce qui se trouve entre le clic et l'endroit où vous avez libéré le bouton, comme l'illustre la Figure 6.9.

  Soyez prudent après avoir sélectionné du texte. Si vous appuyez accidentellement sur une touche, le *b* par exemple, Windows remplace toute la sélection par la lettre *b*. Pour corriger cette bourde, cliquez immédiatement sur Édition > Annuler, dans le menu, ou mieux, appuyez sur Ctrl + Z, qui est le raccourci de cette commande.

- **Pour sélectionner un fichier ou un dossier :** cliquez dessus pour le sélectionner. Procédez comme suit pour sélectionner plusieurs éléments :

  - **S'il s'agit d'une plage de fichiers :** cliquez sur le premier de la série, maintenez la touche Majuscule enfoncée et cliquez sur le dernier. Windows sélectionne le premier élément, le dernier et tous ceux qui se trouvent entre.

  - **Si les éléments sont éparpillés :** maintenez la touche Ctrl enfoncée tout en cliquant sur les fichiers et les dossiers à sélectionner.

Les éléments étant sélectionnés, la prochaine section explique comment les couper ou les copier.

N'OUBLIEZ PAS

Après avoir sélectionné un élément, ne tardez pas à le couper ou à le copier. Car si vous cliquez distraitement ailleurs, votre sélection disparaît, vous obligeant à la refaire entièrement.

- Appuyez sur la touche Suppr pour supprimer un élément sélectionné, qu'il s'agisse d'un fichier, d'un paragraphe, d'une photo, *etc*.

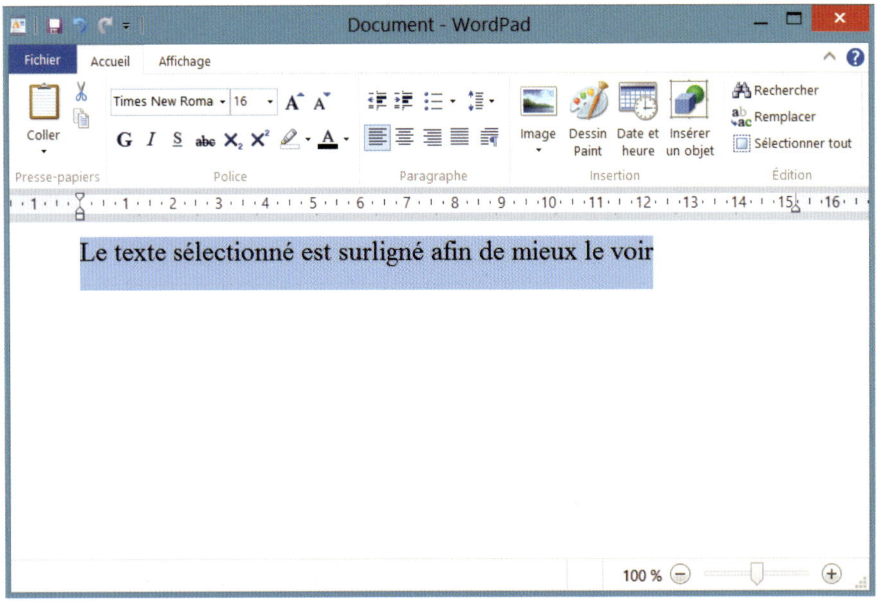

Figure 6.9 : Le texte sélectionné est surligné afin de mieux le voir.

Couper ou coller une sélection

Après avoir sélectionné des données, vous pouvez commencer à les manipuler, notamment les couper ou les copier, voire les supprimer en appuyant sur la touche Suppr.

N'OUBLIEZ PAS

Cliquez du bouton droit sur un élément sélectionné puis, dans le menu contextuel, choisissez Couper ou Copier, selon vos besoins, comme le montre la Figure 6.10. Ensuite, cliquez dans la destination et choisissez Coller.

Les options Couper et Coller sont fondamentalement différentes. Laquelle des deux faut-il choisir ?

TRUC

- Vous pouvez couper et coller des fichiers entiers dans différents dossiers. Quand vous coupez un fichier dans un dossier, l'icône du fichier s'assombrit jusqu'à ce que vous l'ayez collée (la faire disparaître serait trop stressant). Vous changez d'avis au cours de la manipulation ? Appuyez sur la touche Échap et l'icône redevient normale.
- **Choisissez Copier pour dupliquer des données.** Lorsque vous utilisez cette commande, rien ne semble se passer à l'écran, car les données originales subsistent. Elles n'en sont pas moins copiées dans le Presse-papiers.

TRUC

Pour copier l'image du Bureau dans le Presse-papiers, c'est-à-dire la totalité de l'écran, appuyez sur la touche Impr.écran (le nom peut parfois différer). Vous pourrez ensuite coller l'image où bon vous semble. NdT : pour ne copier que la fenêtre active, appuyez sur Alt + Impr.écran.

TRUC

Sélectionner des lettres, des mots, des paragraphes et plus encore

Quand vous travaillez sur des mots, dans Windows, ces raccourcis vous aident à sélectionner rapidement des données :

- Pour sélectionner une seule lettre ou caractère, cliquez juste avant. Ensuite, la touche Majuscule enfoncée, appuyez sur la touche fléchée Droite. Maintenez-la enfoncée pour sélectionner davantage de texte.
- Pour ne sélectionner qu'un mot, double-cliquez dessus. Le mot est surligné. La plupart des traitements de texte permettent de déplacer un ou plusieurs mots sélectionnés par un glisser-déposer.
- Pour sélectionner une seule ligne de texte, cliquez dans la marge, à la hauteur de la ligne. Le bouton de la souris enfoncé, tirez vers le haut ou vers le bas pour ajouter d'autres lignes à la sélection. Vous pouvez aussi ajouter des lignes en appuyant, touche Majuscule enfoncée, sur les touches fléchées Haut et Bas.
- Pour sélectionner un paragraphe, double-cliquez dans sa marge gauche. Le bouton enfoncé, déplacez la souris vers le haut ou vers le bas pour ajouter d'autres paragraphes à la sélection.
- Pour sélectionner la totalité d'un document, appuyez sur les touches Ctrl + A. Ou alors, choisissez Sélectionner tout, dans le menu Édition.

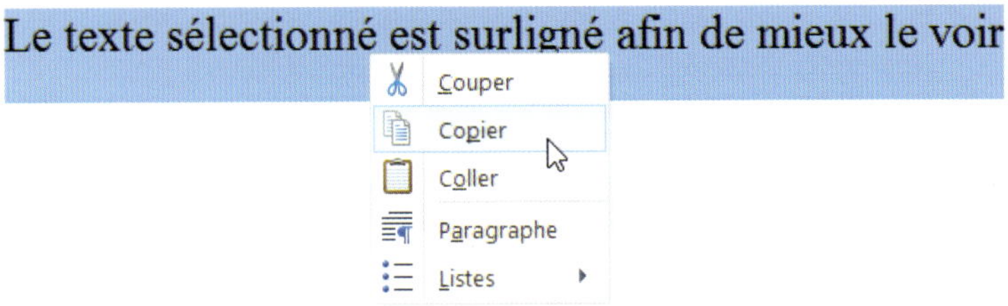

Figure 6.10 : Pour copier une sélection dans une autre fenêtre, cliquez du bouton droit dans la sélection et choisissez Copier.

Coller les données ailleurs

Les données coupées ou copiées, qui résident à présent dans le Presse-papiers de Windows, sont prêtes à être collées à presque n'importe quel emplacement.

Coller est une opération relativement simple :

1. **Ouvrez la fenêtre de destination et cliquez là où les données doivent apparaître.**
2. **Cliquez du bouton droit et, dans le menu déroulant, choisissez Coller.**

   Et hop ! Les éléments que vous aviez coupés ou copiés apparaissent.

Ou alors, si vous voulez coller un fichier sur le Bureau, cliquez du bouton droit sur le Bureau et choisissez Coller. L'icône du fichier apparaît là où vous avez cliqué.

- La commande Coller insère une copie des données résidant dans le Presse-papiers. Elles y restent, prêtes à être collées ailleurs autant de fois que vous le désirez.

- Avec un écran tactile, touchez continument l'endroit où vous désirez coller des données puis, dans le menu qui finit par apparaître, touchez Coller.
- La barre d'outils ou le ruban de nombreux programmes contient des boutons Couper, Copier et Coller, comme le montre la Figure 6.11 (à gauche, le ruban de l'Explorateur de fichiers, à droite, le menu du Bloc-notes).

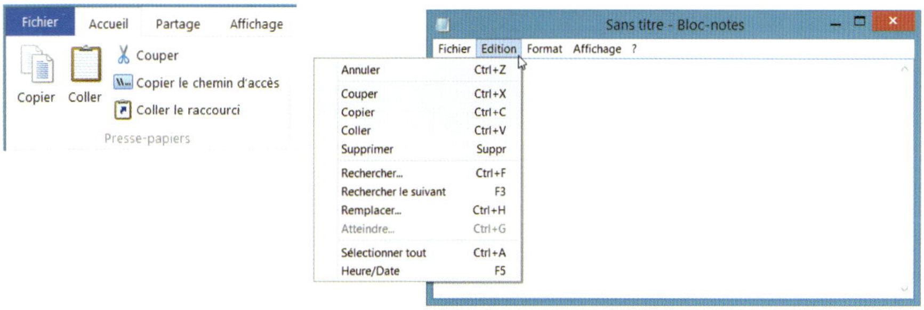

Figure 6.11 : Les boutons Couper, Copier et Coller d'un ruban (à gauche) et d'un classique menu (à droite).

Annuler des actions

Windows propose une foule de manières d'exécuter une même action, mais deux seulement pour accéder à la commande Annuler et corriger ainsi vos bourdes :

- La touche Ctrl enfoncée, appuyez sur Z. La dernière action est annulée. Si le programme comporte un bouton Rétablir, vous pouvez annuler une annulation.
- Il ne fallait pas annuler ? Pas de problème : appuyez sur Ctrl + Y et Windows annule votre annulation. Tout est à présent comme si vous n'aviez rien fait.

Chapitre 7

Vite perdu, vite retrouvé

Dans ce chapitre :

- Localiser les applications et les programmes ouverts.
- Retrouver des fenêtres et des fichiers à partir du Bureau.
- Trouver les programmes, des courriers électroniques, des morceaux de musique et des documents.
- Trouver d'autres ordinateurs sur un réseau.
- Trouver une information sur Internet.

À un moment ou à un autre, Windows 8.1 vous laissera dans la perplexité : « Ce fichier était là il y a une seconde. Où a-t-il bien pu se fourrer ? » Vous apprendrez dans ce chapitre comment faire pour le retrouver.

Localiser les applications et les programmes ouverts

L'écran d'accueil emplit tout l'écran de l'ordinateur. Cliquez sur la vignette d'une application, et elle emplit à son tour tout l'écran. Comme une seule application à la fois est visible dans l'écran d'accueil, toutes les autres applications que vous auriez déjà démarrées sont cachées par celle que vous utilisez. Le problème se pose différemment à partir du Bureau, mais dans les deux cas, il s'agit de savoir comment retourner à une application ouverte.

La solution passe par la barre de vignettes visible à gauche, dans la Figure 7.1.

Figure 7.1 : La liste des applications récemment utilisées se trouve dans une barre à gauche de l'écran. Cliquez sur une vignette pour accéder à l'application en question.

La barre de vignettes est affichable aussi bien sur l'écran d'accueil que sur le Bureau. Voici comment la faire apparaître :

- **Souris :** dirigez le pointeur jusque dans le coin supérieur gauche de l'écran. Lorsque la vignette de la dernière application utilisée apparaît en haut de cette barre (ou volet), faites glisser le pointeur vers le bas. Les vignettes des applications les plus récemment utilisées apparaissent. Pour accéder à une application, cliquez sur sa vignette. Pour fermer une application, cliquez du bouton droit sur la vignette puis cliquez sur Fermer.

- **Clavier :** appuyez sur les touches Windows + Tab pour voir la barre d'icônes. La touche Windows enfoncée, appuyez à plusieurs reprises sur Tab. Cette action fait passer d'une vignette à une autre. Lorsque la vignette de l'application désirée est sélectionnée, relâchez les deux touches pour y accéder. Ou alors, pour la fermer, appuyez sur la touche Supprimer.

  Vous constatez que les programmes du Bureau peuvent également être sélectionnés dans cette barre d'icônes.

- **Écran tactile :** effleurez lentement l'écran du bord gauche vers l'intérieur. Lorsque la vignette de la dernière application utilisée apparaît, glissez le doigt vers le bas pour afficher la barre de vignettes. Touchez la vignette de l'application à ouvrir. Pour fermer une application, tirez sa vignette jusqu'au-delà du bord inférieur de l'écran et elle disparaît.

Le volet des applications ouvertes donne accès à une vignette Bureau, mais pas à ses programmes.

Retrouver les fenêtres égarées sur le Bureau

Contrairement à l'écran d'accueil où tout s'ouvre en plein écran, Windows 8.1 ressemble plutôt à un pique-notes. Chaque fois que vous ouvrez une nouvelle fenêtre, c'est comme si vous mettiez une autre note sur la pique. La fenêtre du dessus est facile à lire, mais atteindre l'une de celles qui sont dessous est plus compliqué. Mais si une petite partie dépasse, il suffit de cliquer dessus pour la mettre au premier plan.

Quand une fenêtre est complètement recouverte par d'autres, recherchez-la dans la barre des tâches, en bas de l'écran (si elle ne veut pas se montrer, appuyez sur la touche Windows). Cliquez sur le nom de la fenêtre et la voilà qui émerge du tas. La Barre des tâches est décrite au Chapitre 3.

Toujours introuvable ? La touche Alt enfoncée, appuyez à répétition sur la touche Tab pour voir un ruban contenant une vignette de chacune des fenêtres ouvertes (voir Figure 7.2) et passer de l'une à l'autre. À la place de la touche Alt, vous pouvez aussi actionner la molette de la souris. Lorsque la vignette désirée est sélectionnée, relâchez la touche Alt pour la placer au premier plan.

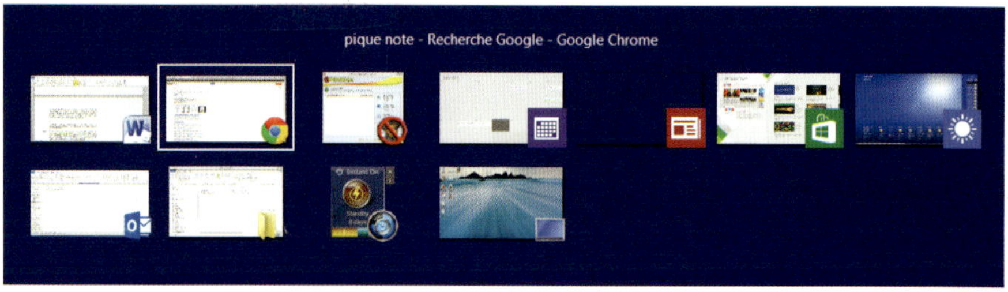

Figure 7.2 : La touche Alt enfoncée, appuyez répétitivement sur Tab pour parcourir les fenêtres. Relâchez la touche Alt pour déposer la fenêtre au premier plan sur le Bureau.

TRUC

Si vous êtes certain qu'une fenêtre est ouverte, mais qu'elle reste introuvable, répartissez-les toutes sur le Bureau. Pour ce faire, cliquez du bouton droit sur la Barre des tâches et, dans le menu, choisissez Afficher les fenêtres côte à côte. C'est la solution de dernier recours, mais qui peut vous faire retrouver la fenêtre égarée.

Trouver un programme, un courrier électronique, un morceau de musique, un document, etc.

NOUVEAUTÉ WINDOWS 8

Nous avons vu dans les deux sections précédentes comment trouver des applications et des programmes actuellement ouverts. Mais comment faire pour trouver un programme que vous n'avez pas utilisé depuis un moment ?

Pour vous permettre de trouver rapidement les applications, les fichiers, les paramètres et même des courriers électroniques, Windows 8.1 est équipé d'un outil de recherche accessible de la manière suivante :

- **Souris :** dirigez le pointeur de la souris jusque dans le coin supérieur droit ou inférieur droit de l'écran. Dans la barre des charmes qui apparaît, cliquez sur l'icône Rechercher.
- **Clavier :** appuyez sur les touches Windows + Q pour accéder directement au panneau Rechercher.
- **Écran tactile :** effleurez du bord droit vers l'intérieur de l'écran. Dans la barre des charmes qui apparaît, touchez l'icône Rechercher.

ÉCRAN TACTILE

Toutes ces manipulations affichent le panneau Rechercher que montre la Figure 7.3. Procédez ensuite comme suit pour rechercher un élément manquant :

1. **Tapez l'objet de votre recherche dans le champ où clignote un point d'insertion.**

   Par défaut, Windows 8.1 lance une recherche Partout comme l'indique la mention affichée sous le verbe Rechercher. Cela signifie que le système va afficher tous les éléments contenant les lettres que vous saisissez.

Figure 7.3 : Le panneau Rechercher permet de retrouver des applications, des paramètres et des fichiers.

2. **Pour réduire l'étendue de la recherche, cliquez sur ce chevron et choisissez le type d'éléments à rechercher, comme le montre la Figure 7.4.**

   Vous avez le choix entre les options suivantes :

   - **Partout :** Windows 8.1 affiche tous les éléments correspondant aux lettres saisies sans aucune distinction. Il trouvera ainsi aussi bien des fichiers que des applications, voire des rubriques sur Internet.
   - **Paramètres :** permet de rechercher un paramètre parmi les innombrables paramètres du Panneau de configuration et des panneaux Paramètres du PC. Vous pouvez ainsi ne voir que les paramètres de police, de clavier, de sauvegarde, *etc.*
   - **Fichiers :** permet de retrouver l'un de vos fichiers sur le disque dur de l'ordinateur.
   - **Image Web :** Windows 8.1 lance une recherche d'images qui correspondent à votre saisie.
   - **Vidéo Web :** Windows 8.1 lance une recherche de vidéos qui correspondent à votre saisie.

Figure 7.4 : Pour cibler les résultats de votre recherche.

3. Une fois le type d'élément choisi, cliquez sur l'icône de la loupe.

- L'action dépend du choix effectué. Par exemple, si vous lancez une recherche sur le programme Windows Video Maker, et que vous optez pour Vidéo Web, Windows lance une recherche *via* le moteur Bing de l'écran d'accueil, comme le montre la Figure 7.5.

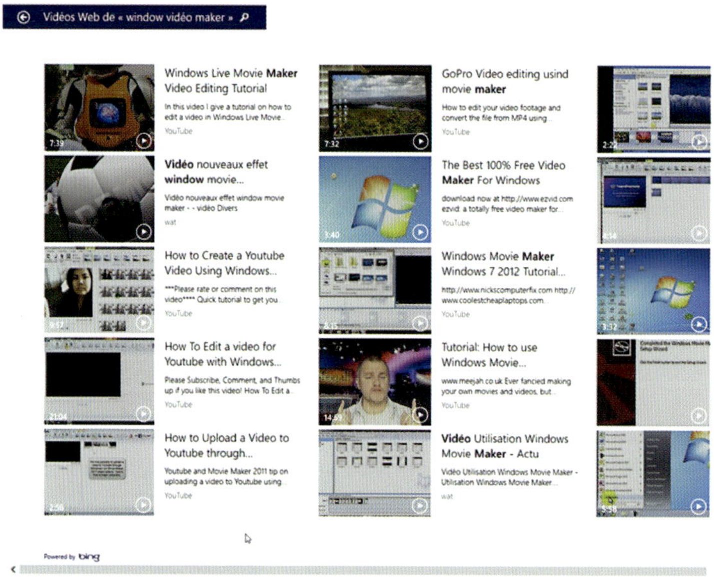

Figure 7.5 : Recherche de vidéos sur le programme Windows Movie Maker.

Voici quelques considérations sur ce type de recherche :

- Saisissez un mot ou une phrase figurant quelque part dans la catégorie choisie.
- Au fur et à mesure de la saisie, Windows 8.1 réduit les occurrences. Après avoir tapé un certain nombre de caractères, le choix est facile à effectuer parmi les éléments restants.
- Windows n'a rien trouvé ? Ce serait vraiment étonnant puisque la recherche se fait parallèlement sur le Web. Mais si c'était le cas, limitez la recherche à moins de mots, voire moins de caractères.

4. Cliquez sur un résultat ou appuyez sur la touche Entrée. Windows montrera tous les fichiers, paramètres, vidéos, ou images correspondants.

N'OUBLIEZ PAS

Si vous cliquez sur un fichier, Windows l'ouvre avec l'application à laquelle il est associé : traitement de texte, Lecteur Windows Media…

- Windows 8.1 indexe tous les fichiers présents dans les bibliothèques Documents, Images, Musique et Vidéos, d'où l'importance d'y stocker vos créations. Notez qu'il est cependant impossible, pour des raisons compréhensibles, de rechercher des fichiers dans les comptes privés des autres utilisateurs de l'ordinateur.
- Les fichiers stockés dans d'autres supports, comme une clé USB ou un disque dur externe, ne sont pas indexés. Pour indexer leur contenu, vous devez le copier dans vos bibliothèques.
- TRUC — Quand Windows 8.1 trouve trop d'occurrences pour un mot, limitez la recherche en utilisant une phrase plutôt qu'un seul mot. Par exemple, au lieu de **Paris**, tapez **Paris au mois d'août**. Plus les mots sont nombreux, plus les chances de ne voir apparaître que le bon fichier sont accrues.
- Lors d'une recherche, Windows ne différencie pas les majuscules des minuscules. Pour Windows, le mot « pierre » et le prénom « Pierre », c'est pareil.
- Quand les résultats sont plus nombreux qu'il est possible d'en faire tenir sur l'écran, le reliquat de trouve vers la droite. Faites défiler l'écran pour y accéder.
- TRUC — Les inconditionnels du raccourci clavier peuvent ne rechercher que dans les fichiers en appuyant sur les touches Windows + F, ou que dans les paramètres en appuyant sur Windows + W, ou partout en appuyant sur Windows + Q.

Retrouver un fichier dans un dossier du Bureau

Le panneau Rechercher de la barre des charmes analyse l'ensemble de l'indexation par Windows 8.1, ce qui représente une grande quantité d'informations. Ce comportement est cependant excessif pour trouver un fichier dans un seul dossier. C'est pourquoi, un champ Rechercher est présent dans l'Explorateur de fichiers. La recherche que vous y lancerez se limitera au dossier actif.

Pour trouver un fichier perdu dans un dossier, ouvrez son contenu dans l'Explorateur de fichiers. Cliquez dans le champ Rechercher situé à droite de la barre d'adresse, et tapez quelques lettres ou mots qui se trouvent dans le fichier. Le filtrage des fichiers commence dès la saisie de la première lettre. La recherche se restreint ensuite jusqu'à ce que ne soient affichés que les quelques dossiers parmi lesquels se trouve, avec un peu de chance, celui que vous recherchez.

La Figure 7.6 montre une recherche portant sur les lettres Win. Le Ruban de l'Explorateur de fichiers affiche des outils dédiés à la recherche.

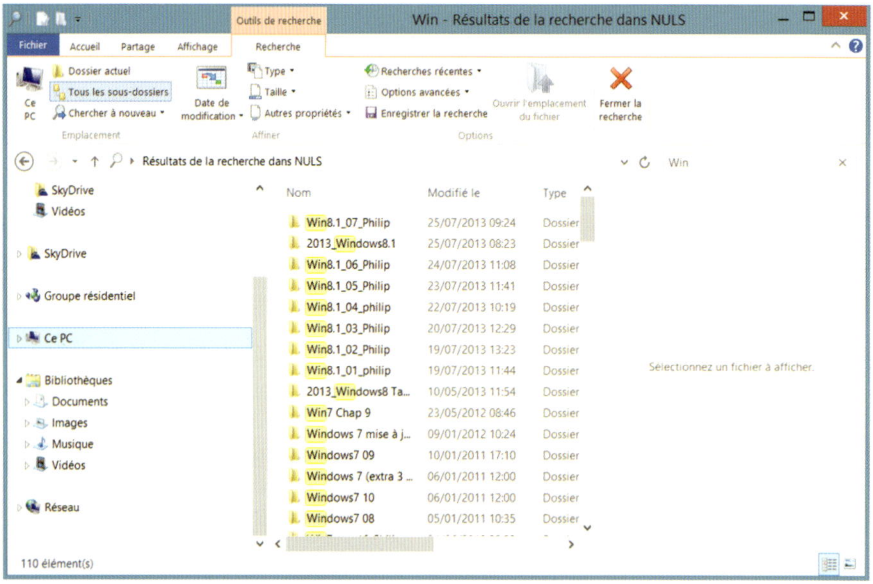

Figure 7.6 : L'affichage en mode Détails permet de trier les fichiers par nom ou par un autre critère, ce qui facilite la recherche.

Remarquez les en-têtes de colonnes Nom, Modifié le, Type, Taille et Chemin du dossier. Cliquez sur l'un d'eux pour trier les fichiers selon les critères suivants :

- **Nom :** vous connaissez les premières lettres du nom du fichier ? Cliquez sur cet en-tête pour trier les fichiers alphabétiquement, puis parcourez la liste. Cliquez de nouveau sur Nom pour inverser l'ordre du tri.
- **Modifié le :** cliquez sur cet en-tête si vous vous souvenez vaguement de la date à laquelle vous avez modifié le document pour la dernière fois. Les fichiers les plus récents sont ainsi placés en haut de la liste. Cliquer de nouveau sur Date de modification inverse l'ordre, un bon moyen pour retrouver des fichiers anciens.
- **Type :** cet en-tête trie les fichiers selon leur contenu. Toutes les photos sont regroupées, et aussi tous les documents textuels. Commode pour retrouver les quelques photos perdues parmi une quantité de fichiers de texte.

- **Taille :** si vous savez que ce que vous cherchez est peu volumineux ou au contraire particulièrement volumineux, cette colonne vous permettra de trier les fichiers selon leur encombrement sur le disque dur.
- **Dossier :** Windows indique aussi l'arborescence des sous-dossiers. C'est un critère qui peut parfois être utile.

Que les fichiers soient affichés sous forme de miniatures, d'icônes ou par leur nom, les en-têtes de colonne offrent toujours un moyen commode de les trier rapidement.

TRUC

Les dossiers affichent généralement cinq colonnes de détails, mais vous pouvez en ajouter d'autres. En fait, des fichiers peuvent être triés par nombre de mots, durée des morceaux, dimensions des photos, dates de création et beaucoup d'autres critères. Pour en voir la liste, cliquez du bouton droit sur un en-tête et, dans le menu déroulant, choisissez Autres. La boîte de dialogue Choisir les détails apparaît. Cochez les cases des colonnes à faire apparaître dans les fenêtres des dossiers.

Rechercher des photos

Windows 8.1 indexe vos documents du premier au dernier mot, mais il est incapable de faire la différence entre une photo de votre chat et celle d'un mariage. Pour identifier des photos, il ne peut que se fier aux informations textuelles dont il dispose. Les quatre conseils qui suivent lui facilitent la tâche :

- **Ajoutez des mots-clés à vos photos**. Quand vous connectez votre appareil photo numérique au PC, comme expliqué au Chapitre 17, Windows 8.1 propose alors de transférer les photos. Au cours de la copie, il suggère de leur ajouter des mots-clés. C'est le moment d'en introduire quelques-uns qui décrivent leur contenu. Windows 8.1 indexe les mots-clés, ce qui facilite les recherches ultérieures.
- **Stockez les séries de prises de vue dans des dossiers séparés.** Le programme d'importation de photos de Windows 8.1, décrit au Chapitre 16, crée automatiquement un nouveau dossier pour chaque série de photos, selon la date courante et la balise choisie. Mais si vous utilisez un autre logiciel de transfert, veillez à créer un dossier pour chaque journée de prise de vue ou série de photos, et nommez-le judicieusement : Soirée sushi, Planches de Deauville ou Cueillette de champignons.

- **Triez par date.** Vous venez de dénicher un dossier bourré à craquer de photos en tous genres ? Voici une façon rapide de vous y retrouver : cliquez sur l'onglet Affichage puis, dans le groupe Disposition, cliquez sur Grandes icônes ou sur Très grandes icônes. Chaque photo est alors représentée par une vignette montrant son contenu. Ensuite, dans le groupe Affichage actuel, cliquez sur l'icône Trier par ; dans le menu, choisissez Prise de vue. Vous photos seront présentées dans l'ordre chronologique où vous les avez prises.
- **Renommez les photos**. Au lieu de laisser vos photos de vacances aux Seychelles nommées IMG_2421, IMG_2422 et ainsi de suite, donnez-leur un nom plus parlant. Sélectionnez tous les fichiers du dossier en appuyant sur les touches Ctrl + A. Cliquez ensuite du bouton droit dans la première image, choisissez Renommer et tapez **Seychelles**. Windows les renommera Seychelles, Seychelles (2), Seychelles (3) et ainsi de suite.

Appliquer ces quatre règles simples évitera que votre photothèque ne devienne un invraisemblable fouillis de fichiers.

N'OUBLIEZ PAS

Veillez à sauvegarder vos photos numériques en effectuant des copies sur un disque dur externe, ou sur tout autre support, comme l'explique le Chapitre 13. Autrement, si vous ne sauvegardez rien – en deux exemplaires sur des supports distincts –, vos précieuses archives familiales seront à la merci du moindre crash de disque dur.

Trouver d'autres ordinateurs sur le réseau

Un *réseau* est un groupe d'ordinateurs reliés entre eux, permettant de partager ainsi des fichiers, une imprimante ou la connexion Internet. Beaucoup de gens utilisent un réseau quotidiennement sans même le savoir : quand vous relevez vos courriers électroniques, votre ordinateur se connecte à un ordinateur distant – un serveur – afin d'y télécharger les messages en attente.

Le plus souvent, vous n'avez pas à vous soucier des autres ordinateurs du réseau, PC et/ou Mac. Mais, si vous voulez en localiser un afin d'y chercher des fichiers, par exemple, Windows 8.1 se fera une joie de vous aider.

Le nouveau Groupe résidentiel d'ordinateurs facilite plus que jamais le partage des fichiers entre des ordinateurs tournant sous Windows 8.1. La création d'un groupe résidentiel revient en fait à créer un mot de passe identique pour tous les PC tournant sous Windows Vista, Windows 7, Windows 8, ou Windows 8.1.

Tri approfondi

Lorsqu'un dossier est affiché en mode Détails, comme à la Figure 7.6, le nom des fichiers figure dans une colonne, les colonnes de détails se trouvant à droite. Vous pouvez trier le contenu d'un dossier en cliquant sur l'en-tête de l'une des colonnes : Nom, Modifié le, Type, *etc.* Mais Windows 8.1 est capable de trier selon bien d'autres critères, comme vous le constatez en cliquant sur la petite flèche pointant vers le bas, à droite de chaque nom de colonne.

Cliquez sur la petite flèche de la colonne Modifié le, par exemple, et un calendrier se déploie, comme à la Figure 7.7. Cliquez sur une date et le dossier n'affiche que les fichiers modifiés ce jour-là, filtrant tous les autres. Sous le calendrier, des cases permettent de ne voir que les fichiers créés Aujourd'hui, Hier, La semaine dernière, Plus tôt ce mois, Plus tôt cette année ou encore, Il y a longtemps.

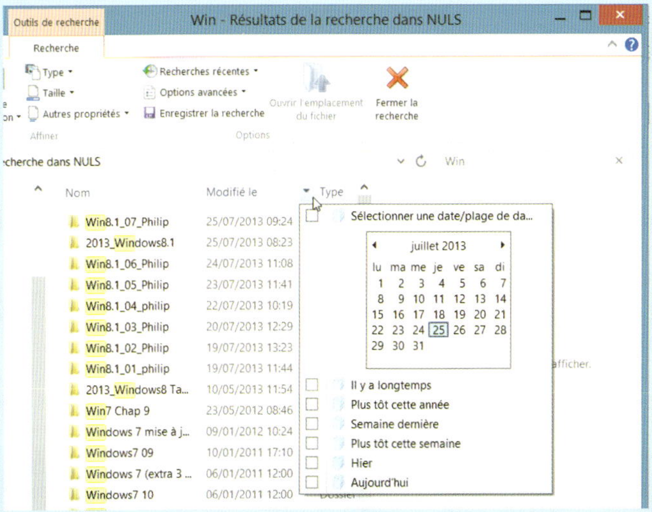

Figure 7.7 : Pour limiter la recherche à une date de modification spécifique.

De même, cliquer sur la flèche à côté de Type déploie une liste d'extensions de nom de fichier très usitée comme DOC, HTML, PDF et d'autres.

Ces filtrages ne sont pas sans inconvénient, car il est facile d'oublier que l'un d'eux est en cours. Une coche, à côté de l'en-tête d'une colonne, le signale toutefois. Pour désactiver le filtrage et voir tous les fichiers du dossier, cliquez sur la coche et examinez le menu déroulant. Cette action décoche les cases et supprime le filtrage.

Pour trouver un ordinateur sur le réseau, ouvrez l'Explorateur de fichiers. Dans le volet de navigation, cliquez sur Réseau. Windows 8.1 affiche tous les ordinateurs qui sont reliés à votre propre PC (Figure 7.8). Double-cliquez sur le nom d'un ordinateur et parcourez les fichiers qui s'y trouvent.

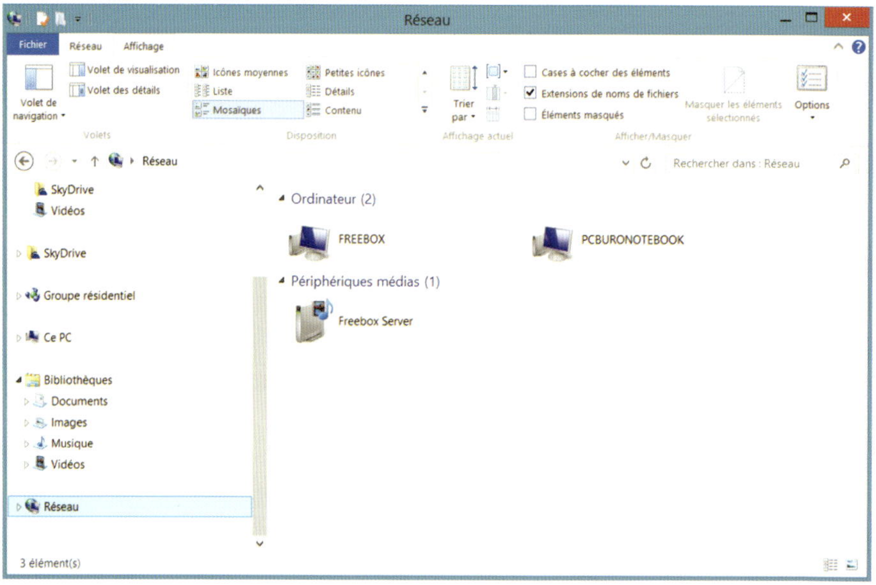

Figure 7.8 : Pour voir les ordinateurs reliés à votre PC, cliquez sur Réseau, en bas à gauche dans le volet de navigation de l'Explorateur de fichiers.

La création d'un Groupe résidentiel d'ordinateurs et d'un réseau est expliquée au Chapitre 15.

Trouver des informations sur l'Internet

Bien que la fonction Rechercher de la barre des charmes effectue désormais des recherches sur Internet, vous pouvez tout de même réaliser des recherches plus ciblées avec votre navigateur Web. Windows 8.1 est livré avec deux variantes du navigateur Internet Explorer. La première est utilisée par la fonction Rechercher de la barre des charmes, et la seconde exécute le programme Internet Explorer du Bureau.

Figure 7.9 : Lancer une recherche rapide avec la version simplifiée d'Internet Explorer de Windows 8.1.

Pour réaliser une recherche rapide sans ouvrir préalablement votre navigateur Web, affichez la barre des charmes depuis l'écran d'accueil ou le Bureau. Saisissez l'objet de votre recherche, comme *windows pour les nuls*, puis cliquez sur un des liens affichés dans la partie inférieure de la barre de recherche, comme à la Figure 7.9.

Les résultats apparaissent dans le moteur de recherche Bing de Microsoft qui est une application de l'écran d'accueil, comme le montre la Figure 7.10.

Figure 7.10 : Le moteur de recherche Bing s'affiche dans une version simplifiée d'Internet Explorer dédiée à l'écran d'accueil.

TRUC

Bien entendu, vous pouvez utiliser la version standard d'Internet Explorer (ou de tout autre navigateur Web) pour effectuer vos recherches sur Internet. Il suffit de lancer ce programme depuis l'écran d'accueil ou le Bureau, puis d'aller sur Google ou un autre moteur de recherche afin de consulter les sujets quoi vous tiennent à cœur.

La variante d'Internet Explorer qui se trouve sur le Bureau est beaucoup plus riche en options. Elle permet notamment d'enregistrer une page Internet en tant que fichier, ou d'imprimer les parties intéressantes d'un article interminable.

Pour effectuer une recherche avec la variante d'Internet Explorer qui se trouve sur le Bureau, saisissez vos critères de recherche directement dans la barre d'adresse (celle qui contient habituellement l'adresse d'un site Internet). Appuyez sur Entrée et le moteur de recherches Bing affiche les résultats. Nous reviendrons plus en détail sur Internet Explorer au Chapitre 9 qui lui est entièrement consacré.

NOTE TECHNIQUE

Reconstruire l'index

Si la fonction de recherche ralentit considérablement ou si elle ne parvient pas à trouver des fichiers alors que vous êtes sûr qu'ils sont quelque part, vous devrez demander à Windows 8.1 de tout réindexer.

Windows 8.1 reconstruit l'index en tâche de fond pendant que vous travaillez, mais pour ne pas subir le ralentissement de l'ordinateur, il est préférable d'effectuer la reconstruction au cours de la nuit. Ainsi, Windows 8.1 moulinera pendant votre sommeil, et vous livrera un index tout neuf avec les croissants du petit déjeuner.

Procédez comme suit pour lancer la réindexation :

1. **Quel que soit l'emplacement où vous vous trouvez, dans Windows 8.1, cliquez du bouton droit dans le coin en bas à gauche et, dans le menu, choisissez Panneau de configuration.**

   Le Panneau de configuration apparaît. Affichez-le en mode Grande icônes. Pour cela, cliquez sur le bouton Catégorie situé en haut à droite de la fenêtre. Dans le menu local qui apparaît, choisissez Grandes icônes.

2. **Cliquez sur l'icône Options d'indexation.**

   Vous ne la trouvez pas ? Saisissez le mot **Indexation** dans le champ Rechercher, en haut à droite.

3. **Cliquez sur le bouton Avancé puis sur le bouton Reconstruire.**

   Windows 8.1 vous prévient que cela risque d'être long car, ainsi que l'avait remarqué Woody Allen : « *L'éternité c'est long, surtout vers la fin* ».

4. **Cliquez sur OK.**

   Windows 8.1 réindexe tout. L'ancien index ne sera supprimé que quand le nouveau sera prêt.

Chapitre 8

Imprimer vos œuvres

Dans ce chapitre :

- Imprimer à partir d'une application de l'écran d'accueil.
- Imprimer des fichiers, des enveloppes et des pages Internet depuis le Bureau.
- Adapter le document à la page.
- Résoudre les problèmes d'impression.

Il vous arrivera parfois d'extraire des données de leur univers virtuel afin de les coucher sur un support plus tangible : une feuille de papier.

Ce chapitre est consacré à l'impression (pas celle que vous produisez, mais celle que vous faites, ou inversement). Vous apprendrez comment faire tenir un document sur une feuille sans qu'il soit tronqué.

Nous aborderons aussi la mystérieuse et méconnue notion de file d'attente, qui permet d'annuler l'impression des documents envoyés à l'imprimante, avant qu'ils gâchent du papier.

Imprimer à partir d'une application

L'écran d'accueil de Windows 8.1 se comporte très différemment du classique Bureau. Conçu principalement pour les appareils mobiles à écran tactile, il est censé afficher en permanence des informations utiles pendant que vous êtes en déplacement.

Bon nombre d'applications sont dépourvues d'une fonction d'impression, et celles qui sont imprimables ne proposent que peu de paramètres d'impression. Voici comment imprimer à partir d'une application de l'écran d'accueil :

1. **Dans l'écran d'accueil, ouvrez l'application contenant l'information à imprimer.**

   Toutes les applications ne sont pas imprimables et il est malheureusement difficile de savoir lesquelles le sont et lesquelles ne le sont pas. Les étapes qui suivent ne s'appliquent donc qu'à certaines applications.

2. **Affichez la barre des charmes puis cliquez sur l'icône Périphériques.**

   Procédez de l'une des manières suivantes :

   - **Souris :** dirigez le pointeur de la souris jusque dans le coin inférieur droit. Cliquez ensuite sur Périphériques.
   - **Clavier :** appuyez sur Windows + K. Le panneau Périphériques est aussitôt affiché.

   - **Écran tactile :** effleurez du bord droit vers l'intérieur de l'écran, puis touchez l'icône Périphériques.

   Windows affiche les périphériques utilisables par l'application, y compris – espérons-le – l'imprimante.

3. **Cliquez sur l'icône de l'imprimante.**

   Si plusieurs imprimantes sont affichées, cliquez sur celle que vous désirez utiliser (les icônes sont légendées).

   Aucune icône d'imprimante n'est visible ? Cela signifie tout simplement que cette application ne possède pas de fonction d'impression (hormis celle de la prochaine astuce).

   Appuyez sur les touches Windows + Impr.écran pour effectuer une copie de l'écran. L'image est enregistrée sous le nom `Capture d'écran.png` dans un sous-dossier `Captures d'écran` du dossier Images. Pour l'imprimer, cliquez du bouton droit sur l'image puis, dans le menu, choisissez Imprimer.

4. **Effectuez les réglages d'impression.**

   La fenêtre d'impression visible, dans la Figure 8.1, montre un aperçu de ce qui sera imprimé, ainsi que le nombre de pages. Immobilisez le pointeur de la souris au-dessus de l'aperçu puis cliquez sur la flèche, comme sur la figure, pour parcourir les pages.

   Sur un écran tactile, effleurez l'aperçu pour passer d'une page à une autre.

Pas assez d'options d'impression ? Cliquez sur le lien Autres paramètres. L'option Pages par feuille permet d'imprimer plusieurs pages sur une seule feuille de papier, ce qui est commode pour imprimer des petites photos.

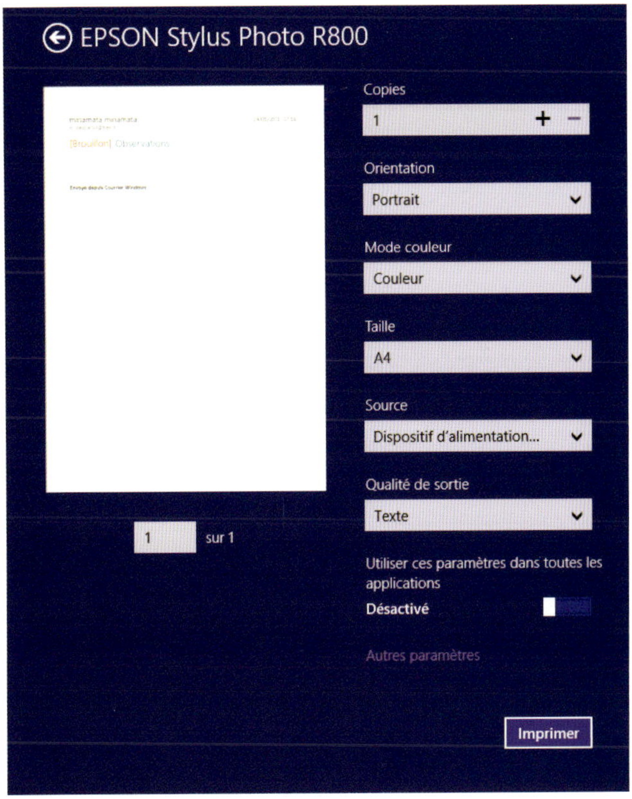

Figure 8.1 : Réglez l'impression et accédez à d'autres options en cliquant sur le lien Autres paramètres.

5. Cliquez sur le bouton Imprimer.

C'est parti !

Bien qu'il soit possible d'imprimer à partir de certaines applications, vous serez cependant confronté à quelques limitations :

- Le contenu de nombreuses applications n'est pas imprimable. C'est le cas d'un itinéraire calculé par l'application Cartes, et même d'un mois du calendrier.

- Quand vous imprimez une page Internet, vous êtes obligé de l'imprimer en totalité, ce qui peut provoquer l'impression d'innombrables feuilles alors que vous ne désirez imprimer qu'un extrait. Pour n'imprimer qu'une partie d'un site, reportez-vous à la section « Imprimer une page Internet ».
- Cliquer sur le lien Autres paramètres permet de choisir l'orientation Portrait ou Paysage, ou sélectionner le bac d'alimentation. Mais vous ne trouverez aucune fonction de mise en page, comme le réglage des marges ou l'ajout d'en-tête et de pied de page.

Bref, bien qu'il soit possible d'imprimer à partir des applications, cette possibilité ne vaut pas l'impression à partir du Bureau décrite dans le restant de ce chapitre.

Imprimer vos chefs-d'œuvre

Conçu pour la productivité, le Bureau offre un contrôle plus élargi sur les travaux d'impression, mais au prix d'options beaucoup plus nombreuses.

Windows 8.1 est capable d'envoyer votre travail à l'imprimante d'une bonne demi-douzaine de façons. Voici les plus connues :

- Choisir l'option Imprimer, dans le menu ou l'onglet Fichier d'un programme.
- Cliquer sur l'icône Imprimer (généralement ornée de l'icône d'une petite imprimante).
- Cliquer du bouton droit sur l'icône d'un document et choisir Imprimer.
- Cliquer sur le bouton Imprimer, dans la barre d'outils ou de commandes d'un programme.
- Faire glisser l'icône d'un document et la déposer sur l'icône de l'imprimante.

Si une boîte de dialogue apparaît, cliquez sur OK, et Windows 8.1 envoie aussitôt la page à l'imprimante. Pour peu que l'imprimante soit allumée et contienne de l'encre et du papier, Windows se charge de tout en tâche de fond, pendant que vous continuez à travailler.

Si la page n'est pas correctement imprimée – texte tronqué, caractères grisâtres… –, vous devrez modifier les paramètres d'impression ou changer de qualité de papier, comme l'expliquent les sections qui suivent.

TRUC

- Si une page de l'aide de Windows vous paraît utile, cliquez dessus du bouton droit et choisissez Imprimer. Ou alors, cliquez sur l'icône Imprimer, si vous en voyez une.
- Pour accéder rapidement à l'imprimante, ajoutez un raccourci sur le Bureau : cliquez du bouton droit sur le bouton Démarrer du Bureau et, dans la liste des actions à accomplir, choisissez Panneau de configuration. Dans la catégorie Matériel et audio, cliquez sur Afficher les périphériques et imprimantes. Cliquez du bouton droit sur l'icône de l'imprimante et choisissez Créer un raccourci. Pour imprimer, il suffira désormais de déposer l'icône du document sur l'icône de l'imprimante.
- Pour imprimer rapidement un lot de documents, sélectionnez toutes leurs icônes. Cliquez ensuite du bouton droit dans la sélection et choisissez Imprimer. Windows 8.1 les envoie tous à l'imprimante, d'où ils émergeront les uns après les autres.
- Si vous souhaitez installer une imprimante, consultez le Chapitre 12 qui en détaille la procédure.

Examiner la page avant de l'imprimer

Pour beaucoup, l'impression relève du mystère : ils cliquent sur Imprimer, et s'interrogent ave une pointe d'anxiété sur ce que la grosse boîte qui ronronne leur sortira. Avec un peu de chance – et de gros sel jeté par-dessus l'épaule gauche –, la page est bien imprimée. Autrement, une feuille aura été gâchée (sans parler du sel).

L'option Aperçu avant impression, qui figure dans le menu Fichier de la plupart des programmes, permet de vérifier la mise en page. Elle affiche le travail en cours en tenant compte des paramètres d'impression, montrant ainsi le document tel qu'il sera imprimé. L'aperçu avant impression est commode pour repérer des problèmes de marge, de tailles de caractères mal choisies et autres défauts typographiques.

L'aperçu avant impression varie d'un programme à un autre, certains étant plus précis que d'autres, mais tous montrent assez fidèlement ce que sera l'impression. Ainsi, dans les programmes de la suite Microsoft Office, il suffit de cliquer sur la commande Imprimer de l'onglet Fichier pour disposer automatiquement d'un aperçu.

Si l'aperçu vous convient, cliquez sur le bouton Imprimer, en haut de la boîte de dialogue. Mais si quelque chose ne va pas, cliquez sur le bouton Fermer pour revenir à votre travail et effectuer les corrections qui s'imposent.

Configurer la mise en page

En théorie, Windows affiche toujours votre travail tel qu'il sera imprimé. Si ce que vous imprimez diffère sensiblement de ce qui était affiché, un petit tour dans la boîte de dialogue Mise en page s'impose (Figure 8.2).

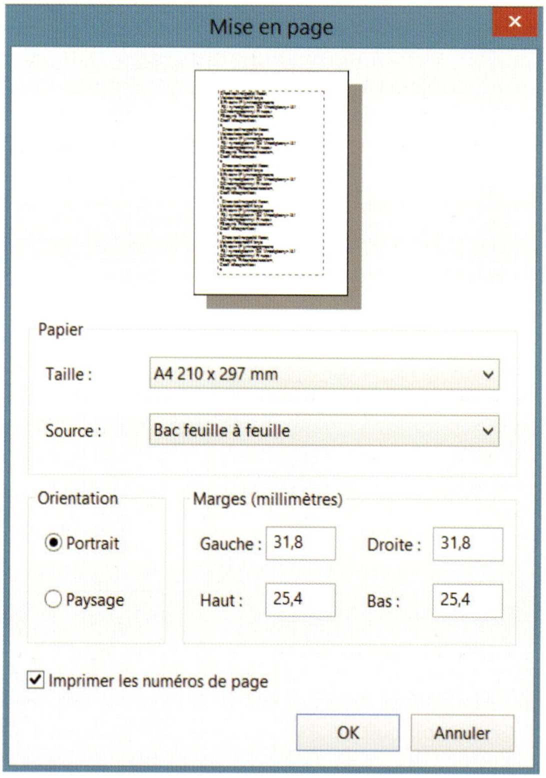

Figure 8.2 : Choisissez l'option Mise en page, dans le menu Fichier d'un programme, pour parfaire la présentation de votre travail dans la feuille de papier.

L'option Mise en page, qui figure dans le menu Fichier de la plupart des programmes, sert à peaufiner le positionnement du document dans la page. La boîte de dialogue n'est pas la même d'un programme à un autre, mais le principe général ne change guère. Voici les paramètres les plus courants et à quoi ils servent :

- **Taille :** indique au programme le format du papier actuellement utilisé. Laissez cette option sur A4 afin d'utiliser les feuilles normalisées, ou choisissez un autre format (A3, A5, enveloppe…) le cas échéant. Reportez-vous éventuellement à l'encadré « Imprimer des enveloppes sans finir timbré ».

- **Source :** choisissez Sélection automatique ou Bac, à moins que vous ne possédiez une de ces imprimantes haut de gamme alimentées par plusieurs bacs de feuilles de divers formats. Quelques imprimantes proposent une option Feuille à feuille, où vous devez manuellement introduire chaque feuille.
- **En-tête** et **Pied de page :** vous tapez un code spécial, dans ces zones, pour indiquer à l'imprimante ce qu'elle doit y placer : numéro de page, date et heure, nom et/ou chemin du fichier… Par exemple, à la Figure 8.1, le code `&F`, dans le champ En-tête et le code `Page &p`, dans le pied de page, impriment le nom du fichier en haut de chaque feuille, ainsi que le mot « Page » suivi du numéro de page en bas de la feuille.

  TRUC

  Malheureusement, tous les programmes n'utilisent pas les mêmes codes de mise en page. Si un bouton en forme de point d'interrogation se trouve en haut à droite de la boîte de dialogue, cliquez dessus puis dans une zone En-tête ou Pied de page pour en savoir plus. Pas de bouton d'aide ? Appuyez sur la touche F1 et faites une recherche sur **Mise en page** dans le système d'aide.
- **Orientation :** laissez cette option sur Portrait pour imprimer des pages en hauteur, mais choisissez Paysage si vous préférez imprimer en largeur. Cette option est commode pour les tableaux (notez qu'il n'est pas nécessaire d'introduire le papier de côté, dans une imprimante à large laize).
- **Marges :** réduisez les marges pour faire tenir plus de texte dans une feuille. Il faut parfois les régler lorsqu'un document a été créé sur un autre ordinateur.
- **Imprimante :** si plusieurs imprimantes sont disponibles, cliquez sur ce bouton pour sélectionner celle que vous désirez utiliser. Cliquez aussi ici pour modifier ses paramètres, une tâche abordée à la prochaine section.

Après avoir configuré les paramètres utiles, cliquez sur OK pour les mémoriser. Et revoyez une dernière fois l'aperçu avant impression pour vous assurer que tout est correct.

TRUC

Pour trouver la boîte de dialogue Mise en page dans certains programmes, dont Internet Explorer, cliquez sur la petite flèche près de l'icône de l'imprimante et choisissez Mise en page, dans le menu.

Imprimer des enveloppes sans finir timbré

Bien qu'il soit très facile de cliquer sur l'option Enveloppe, dans la boîte de dialogue Mise en page, imprimer l'adresse au bon endroit est extraordinairement difficile. Sur certains modèles d'imprimantes, les enveloppes doivent être introduites à l'endroit, sur d'autres il faut les présenter à l'envers. Si vous n'avez plus le manuel de l'imprimante, le meilleur moyen de trouver le bon sens – si ces mots en ont encore un – est de faire des essais.

Après avoir trouvé comment introduire les enveloppes, mettez un pense-bête sur l'imprimante (l'utilisateur est oublieux) indiquant le sens à respecter.

Si l'impression d'enveloppes est vraiment un calvaire, essayez les étiquettes. Achetez celles de la marque Avery puis téléchargez un logiciel d'impression gratuit (`www.avery.fr/avery/fr_fr/Modeles-et-Logiciels/`). Compatible avec Microsoft Word – PC et Mac –, il affiche des petits rectangles de la taille des étiquettes dans une page. Tapez les adresses dedans, insérez une feuille d'étiquettes dans l'imprimante, et Word sortira une planche d'autocollants parfaitement présentés. Il n'est même plus nécessaire de les humecter en les passant sur la truffe du chien.

Ou alors, faites-vous faire un tampon en caoutchouc à vos nom et adresse. C'est encore plus rapide que l'imprimante et les autocollants.

Régler les paramètres d'impression

Quand vous choisissez Imprimer, dans le menu Fichier d'un programme, Windows vous offre une dernière chance de peaufiner la page. La boîte de dialogue de la Figure 8.3 permet de diriger l'impression vers n'importe quelle imprimante installée dans l'ordinateur ou sur le réseau. Pendant que vous y êtes, il est encore possible de régler les paramètres d'impression, de choisir la qualité du papier et de sélectionner les pages à imprimer.

Vous trouverez très certainement ces paramètres dans la boîte de dialogue :

- **Sélectionnez une imprimante :** ignorez cette option si vous n'avez qu'une seule imprimante, car Windows la sélectionne automatiquement. Mais si l'ordinateur accède à plusieurs imprimantes, c'est ici que vous en choisirez une.

  TRUC

  L'imprimante que vous risquez de trouver dans Windows 8.1, nommée Microsoft XPS Document Writer, envoie votre travail dans un fichier au format particulier, généralement pour être utilisé par un imprimeur ou tout autre professionnel de la PAO (Publication Assistée par Ordinateur). Vous n'utiliserez probablement jamais cette imprimante virtuelle.

- **Étendue de pages :** sélectionnez Tout, pour imprimer la totalité du document. Pour n'imprimer qu'une partie des pages, sélectionnez l'option Pages et indiquez celles qu'il faut imprimer. Par exemple, si vous tapez **1-4, 6**, vous imprimez les quatre premières pages d'un document ainsi que la sixième, mais ni la cinquième ni les autres. Si vous avez sélectionné un paragraphe, choisissez Sélection pour n'imprimer que lui. C'est un excellent moyen pour n'imprimer que les parties intéressantes d'une page Web, et non la totalité (qui peut être fort longue).
- **Nombre de copies :** le plus souvent, les gens n'impriment qu'un exemplaire. Mais s'il vous en faut davantage, c'est ici que vous l'indiquerez. L'option Copies assemblées n'est utilisable que si l'imprimante dispose de cette fonctionnalité, ce qui est rare. Elle imprime chaque travail à part. Autrement, elle imprime toutes les pages 1, puis toutes les pages 2, et ainsi de suite.
- **Préférences :** cliquez sur ce bouton pour accéder à la boîte de dialogue de la Figure 8.4, où vous choisissez les options spécifiques à votre modèle d'imprimante. Il s'agit de ce que les spécialistes appellent *le pilote d'impression*. Il permet notamment de sélectionner différents grammages de papier, de choisir entre l'impression en couleur ou en niveaux de gris, de régler la qualité de l'impression et de procéder à des corrections de dernière minute de la mise en page.

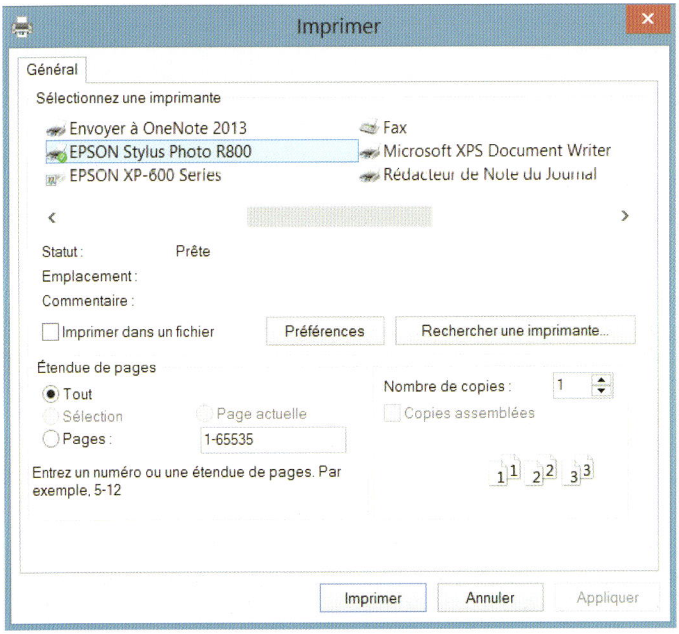

Figure 8.3 : La boîte de dialogue Imprimer permet de choisir l'imprimante et de la paramétrer.

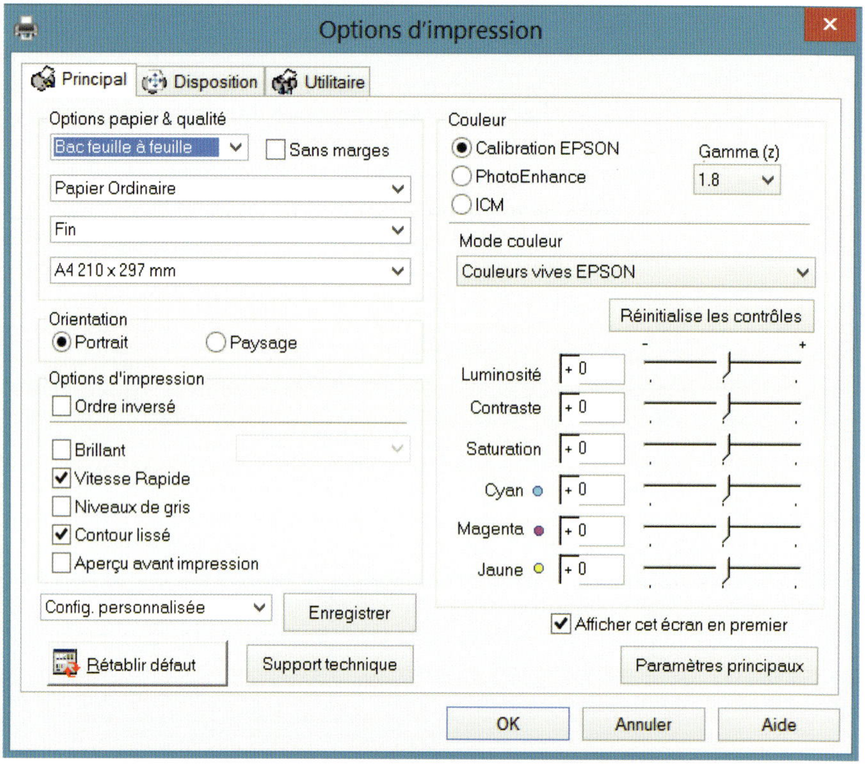

Figure 8.4 : La boîte de dialogue Options d'impression qui apparaît lorsque vous cliquez sur le bouton Préférences permet de régler les paramètres spécifiques à votre imprimante, notamment le type de papier et la qualité d'impression.

Annuler une impression

Vous venez de réaliser qu'il ne fallait pas surtout pas envoyer le document de 26 pages vers l'imprimante ? Dans la panique, vous êtes tenté de l'éteindre tout de suite. Ce serait une erreur car après le rallumage, la plupart des imprimantes reprennent automatiquement l'impression.

Procédez comme pour purger le document de la mémoire de l'imprimante après l'avoir éteinte :

1. **Dans l'écran d'accueil, cliquez sur la vignette Bureau.**

2. **Faites un clic droit sur le bouton Démarrer du Bureau.**

3. **Dans le menu, choisissez Panneau de configuration.**

4. Dans le panneau de configuration, sous Matériel et audio, cliquez sur Afficher les périphériques et imprimantes.

5. Cliquez du bouton droit sur le nom de l'imprimante ou sur son icône et dans le menu contextuel, choisissez Afficher les travaux d'impression en cours.

Une boîte de dialogue apparaît. Elle contient la file d'attente des travaux à imprimer.

6. Cliquez du bouton droit sur le document incriminé et dans le menu, choisissez Annuler. Confirmez ensuite l'annulation.

Faites-en éventuellement autant pour d'autres documents à ne pas imprimer.

Un délai d'une minute ou deux est parfois nécessaire pour qu'une annulation soit prise en compte. Pour accélérer les choses, cliquez sur Affichage > Actualiser. Lorsque la liste d'attente est purgée, ou que seuls subsistent les documents à imprimer, rallumez l'imprimante. Les travaux annulés ne seront pas imprimés.

- La file d'attente – appelée aussi « spouleur » – répertorie tous les documents qui attendent patiemment leur tour pour être imprimés. Vous pouvez modifier l'ordre par des glisser-déposer. En revanche, et en toute logique, rien ne peut être placé avant le document en cours d'impression.
- L'imprimante branchée à votre ordinateur est partagée par plusieurs utilisateurs, sur un réseau ? Les travaux envoyés par les autres ordinateurs se retrouvent dans votre file d'attente. C'est donc à vous d'annuler ceux qui ne doivent pas être imprimés.
- Si l'imprimante s'arrête en cours d'impression faute de papier, ajoutez-en. Vous devrez appuyer sur un bouton de l'imprimante pour reprendre l'impression. Ou alors, ouvrez la file d'attente, cliquez du bouton droit sur le document et choisissez Redémarrer.
- Vous pouvez envoyer des documents vers une imprimante même quand vous travaillez au bistrot du coin à partir de votre ordinateur portable. Quand vous le connectez à l'imprimante, la file d'attente s'en aperçoit et envoie vos fichiers. Attention : une fois qu'ils ont été placés dans la file d'attente, les documents sont mis en forme pour l'imprimante en question. Si par la suite vous connectez l'ordinateur portable à un autre modèle d'imprimante, l'impression ne sera peut-être pas correcte.

Imprimer une page Web

Très tentante de prime abord, l'impression des pages Web est rarement satisfaisante, notamment à cause de la marge droite qui tronque souvent la fin des lignes. La phénoménale longueur de certaines pages, ou les caractères si petits qu'ils sont à peine lisibles, font aussi partie des inconvénients.

Pire, la débauche de couleurs des publicités peut pomper les cartouches d'encre en un rien de temps. Quatre solutions sont cependant envisageables pour imprimer correctement des pages Web. Les voici par ordre d'efficacité décroissante :

- **Utilisez l'option Imprimer intégrée à la page Web.** Quelques sites Web proposent une discrète option Imprimer cette page, ou Version texte, ou Optimisé pour l'impression, *etc*. Elle élimine tout le superflu des pages Web et refait la mise en page en fonction des feuilles de papier. C'est le moyen le plus sûr d'imprimer une page Web.
- **Dans le navigateur Web, choisissez Fichier puis Imprimer.** Au bout d'un grand nombre d'années, certains concepteurs de sites Internet ont enfin compris que des visiteurs impriment leurs pages. Ils se sont donc débrouillés pour qu'elles se remettent d'elles-mêmes en forme lors de l'impression.

  Vous pouvez également cliquer sur l'icône de l'imprimante de la barre d'outils et exécutez la commande Imprimer.
- **Copier la partie qui vous intéresse et la coller dans WordPad.** Sélectionnez le texte désiré, copiez-le et collez-le dans WordPad ou n'importe quel traitement de texte. Profitez-en pour supprimer les éléments indésirables ou superflus. Réglez les marges et imprimez tout ou une partie seulement. Le Chapitre 5 explique comment copier et coller.
- **Copier la page Web en partie ou en totalité puis la coller dans un traitement de texte.** Sélectionnez la partie qui vous intéresse, ou choisissez Sélectionner tout, dans le menu Édition d'Internet Explorer. Choisissez ensuite Copier – qui est dans le même menu – ou appuyez sur Ctrl + C. Ouvrez ensuite Microsoft Word ou un autre traitement de texte haut de gamme, et collez-y le document. En coupant les éléments indésirables et en remettant les paragraphes en forme, vous obtiendrez un document parfaitement imprimable.

Ces conseils vous aideront eux aussi à coucher une page Web sur papier :

- Si une page vous intéresse, mais qu'elle n'a pas d'option d'impression, envoyez-vous-la par courrier électronique. L'impression de ce message sera peut-être plus réussie.

- Pour n'imprimer que quelques paragraphes d'une page Web, sélectionnez-les avec la souris (la sélection est expliquée au Chapitre 6). Dans Internet Explorer, cliquez sur l'icône de l'imprimante. Dans la boîte de dialogue qui apparaît, activez l'option Sélection comme à la Figure 8.5.
- Si dans une page Web, un tableau ou une photo dépasse du bord droit, essayez de l'imprimer en mode Paysage plutôt que Portrait.

TRUC

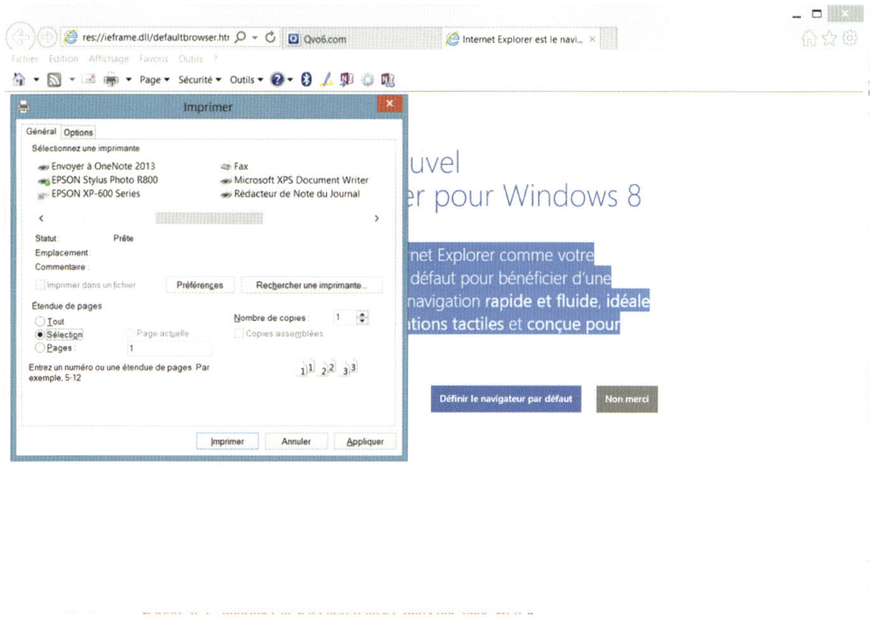

Figure 8.5 : Imprimer la sélection réalisée dans une page Web.

Résoudre les problèmes d'impression

Si un document refuse d'être imprimé, assurez-vous que l'imprimante est allumée, son cordon branché à la prise, et qu'elle est connectée à l'ordinateur.

Si c'est le cas, branchez-la à différentes prises électriques en l'allumant et en vérifiant si le témoin d'allumage est éclairé. Si ce n'est pas le cas, l'alimentation de l'imprimante est sans doute morte.

TRUC

Il est souvent moins cher de racheter une imprimante que de la faire réparer. Si vous tenez à la vôtre, faites établir un devis de réparation avant de vous en débarrasser.

Vérifiez ces points si le témoin d'allumage réagit :

- Assurez-vous qu'un papier n'a pas bourré le mécanisme d'entraînement. Une traction régulière vient généralement à bout d'un bourrage. Certaines imprimantes ont une trappe prévue à cette fin. Sinon, ouvrir et fermer le couvercle décoince parfois le papier.
- Y a-t-il encore de l'encre dans la cartouche, ou du toner dans l'imprimante Laser ? Essayez d'imprimer une page de test : faites un clic droit sur le bouton Démarrer, puis cliquez sur le bouton Panneau de configuration. Ensuite, dans la catégorie Matériel et audio, cliquez Afficher les périphériques et imprimantes. Cliquez du bouton droit sur l'icône de l'imprimante, choisissez Propriétés de l'imprimante (NdT : et non Propriétés tout court), puis cliquez sur le bouton Imprimer une page de test. Vous saurez si l'ordinateur et l'imprimante parviennent à communiquer.
- Procédez à la mise à jour du pilote de l'imprimante, un petit programme qui facilite la communication entre Windows 8.1 et les périphériques. Allez sur le site Web du fabricant, téléchargez le pilote le plus récent pour votre modèle d'imprimante, puis exécutez-le. Nous y reviendrons au Chapitre 13.

Voici pour finir deux conseils qui contribueront à protéger votre imprimante et ses cartouches :

- Éteignez l'imprimante quand vous ne l'utilisez pas. Autrement, la chaleur qu'elle dégage risque de dessécher l'encre de la cartouche, réduisant sa durée de vie.
- Ne débranchez jamais une imprimante par sa prise pour l'éteindre. Utilisez toujours le bouton marche/arrêt. L'imprimante peut ainsi ramener la ou les cartouches à leur position de repos, évitant qu'elles sèchent ou se colmatent.

Choisir le bon papier

Si vous vous êtes arrêté un jour au rayon des papiers pour imprimantes, vous avez sans doute été étonné de la variété du choix. Parfois, l'usage du papier est clairement indiqué, mais souvent, les caractéristiques sont sibyllines. Voici quelques indications :

- **Le grammage :** il indique le poids d'une feuille de un mètre carré. Celui d'un papier de bonne tenue doit être d'au moins 80 grammes. Un papier trop épais (au-delà de 120 ou 130 grammes) risque non seulement de bourrer dans l'imprimante, mais il coûte aussi plus cher en frais postaux.
- **Le papier pour imprimante à jet d'encre :** le dessus est traité pour que l'encre ne diffuse pas et produise un lettrage bien net. Veillez à l'insérer de manière à ce que le côté traité soit encré, et non le dessous, ce qui réduirait la qualité de l'impression.
- **Le papier pour photocopie :** il est traité pour accrocher les pigments de toner et résister à la température élevée de ces équipements. La technologie des photocopieuses et des imprimantes à laser étant la même, le papier pour photocopies convient aussi aux imprimantes Laser.
- **Le papier pour photos :** d'un grammage élevé et ayant reçu une couche de résine – ce qui justifie leur prix relativement élevé –, le papier photo est réservé aux tirages. Quand vous l'insérez dans l'imprimante, veillez à ce que l'impression se fasse du côté brillant. Certains papiers sont équipés d'un petit carton qui facilite le cheminement parmi les rouleaux d'entraînement.
- **Étiquettes :** il en existe de toutes les tailles. Attention au risque de décollement lorsque la feuille se contorsionne à l'intérieur de l'imprimante. Vérifiez, dans le manuel, si les planches d'étiquettes sont acceptées ou non.
- **Transparents :** ce sont des feuilles en plastique spéciales, à séchage rapide, résistant à la fois aux contraintes mécaniques de l'imprimante et à la chaleur des rétroprojecteurs.

Avant tout achat, assurez-vous que le papier – surtout les papiers spéciaux – soit spécifiquement conçu pour votre type d'imprimante.

Troisième Partie

Place nette pour Internet

Dans cette partie...

Cette partie explique comment utiliser les diverses fonctionnalités de Windows 8.1 pour accéder au rêve Internet. Ainsi, vous découvrirez les deux versions d'Internet Explorer, l'une relativement simplifiée utilisable depuis l'écran d'accueil, et l'autre plus aboutie qui s'exécute depuis le Bureau.

Vous apprendrez à échanger du courrier électronique, mais découvrirez surtout, tout un chapitre consacré à sécurité sur Internet.

Chapitre 9

Surfer sur le Web

Dans ce chapitre :

- Savoir ce qu'est un fournisseur d'accès Internet.
- Se connecter sans fil à l'Internet.
- Allez sur l'Internet à partir de l'écran d'accueil.
- Trouver des informations sur l'Internet.
- Les modules complémentaires.
- Enregistrer les informations trouvées sur l'Internet.
- Dépanner Internet Explorer.

Dès son installation, Windows 8.1 cherche à se connecter à l'Internet. Cela fait, il télécharge aussitôt les mises à jour qui lui permettront de fonctionner mieux encore. Mais Windows 8.1 en profite aussi pour vérifier que vous ne venez pas d'installer une copie pirate.

Windows 8.1 est à ce point dépendant du Web – NdT : le Web est la partie grand public de l'Internet – qu'il est livré avec deux navigateurs qui portent le même nom : Internet Explorer. L'un est une application qui se trouve dans l'écran d'accueil, l'autre un programme situé sur le Bureau. Quelle que soit la variante que vous choisirez, ce chapitre explique comment vous connecter à l'Internet, visiter des sites et trouver des informations.

Mais pour vous protéger des risques, ne manquez pas de lire le Chapitre 11. Vous apprendrez comment éviter les virus, logiciels espions, tentatives d'hameçonnage et autres parasites qui pourrissent l'Internet.

Le FAI, votre fournisseur d'accès Internet

Trois éléments sont indispensables pour se connecter à l'Internet : un ordinateur (ou ce qui en tient lieu), un navigateur Web, et… un fournisseur d'accès Internet, ou FAI.

Vous avez d'ores et déjà ce qui tient lieu d'ordinateur, qu'il s'agisse d'un ordinateur portable ou de bureau, ou d'une tablette, et Windows 8.1 est livré avec les deux variantes d'un navigateur Web nommé Internet Explorer.

Il ne vous reste plus qu'à choisir le fournisseur d'accès Internet. C'est lui qui vous fournit le *nom d'utilisateur* ainsi que le *mot de passe*, indispensables pour accéder au Web, qui est le réseau d'ordinateurs connectés à l'Internet.

Trouver un fournisseur d'accès Internet est assez facile, car les offres pullulent dans les boutiques de téléphonie. Renseignez-vous aussi auprès de vos amis et comparez les offres. Voici quelques points à prendre en considération :

- Le moyen le plus utilisé en France pour se connecter à l'Internet est la ligne ADSL (*Asymetrical Digital Subscriber Line,* ligne d'abonné numérique asymétrique) ou le câble. L'ADSL autorise des connexions jusqu'à 20 mégabits par seconde (mbps). Le câble autorise des débits encore plus élevés, jusqu'à 100 mbps. La fibre optique, en voie de déploiement, sera encore plus rapide. L'offre Internet est souvent couplée à d'autres services, comme la téléphonie et la télévision par Internet (offre dite « triple-play »).
- Un seul abonnement Internet est suffisant pour toute la maison. La connexion peut en effet être partagée entre plusieurs ordinateurs, tablettes et smartphones.
- Toutes les régions ne sont pas encore desservies par l'ADSL. Une connexion par satellite est alors nécessaire. Elle est hélas plus lente que l'ADSL et plus onéreuse.

Se connecter sans fil à l'Internet

Windows 8.1 cherche constamment à établir une connexion Internet. Dès qu'il en trouve une que vous aviez déjà utilisée auparavant, il s'y connecte automatiquement.

Mais quand vous êtes en déplacement, la connexion sans fil sera sans doute nouvelle. Vous devrez donc indiquer à Windows que vous désirez l'utiliser et l'autoriser à s'y connecter.

Voici comment vous connecter à un réseau, qu'il s'agisse du vôtre ou de celui d'un lieu public :

1. **Affichez la barre des charmes puis cliquez sur l'icône Paramètres.**

   Procédez de l'une des manières suivantes :

   - **Souris :** dirigez le pointeur de la souris jusque dans le coin inférieur droit. Cliquez ensuite sur Paramètres.
   - **Clavier :** appuyez sur Windows + I. Le panneau Paramètres est aussitôt affiché.

   - **Écran tactile :** effleurez du bord droit vers l'intérieur de l'écran, puis touchez l'icône Paramètres.

2. **Cliquez sur l'icône de la connexion sans fil.**

   Parmi les six icônes situées dans la partie inférieure de la barre des charmes, celle qui se trouve en haut à gauche est celle des réseaux. Son aspect varie selon le type de réseau (Wi-Fi ou filaire) et l'état de la connexion :

   - **Disponible :** un réseau Wi-Fi est à portée. Vous pouvez passer à l'Étape 2.
   - **Non disponible :** aucun réseau Wi-Fi n'a été détecté. Installez-vous à un emplacement plus favorable dans le cybercafé, ou changez de lieu, puis recommencez à l'Étape 1.

3. **Cliquez sur l'icône Disponible.**

   Windows liste tous les réseaux Wi-Fi à proximité. Ils peuvent être nombreux dans une zone urbaine. Si vous êtes chez vous, vos voisins aussi voient votre réseau.

4. **Cliquez sur le nom du réseau auquel vous voulez vous joindre, puis cliquez sur le bouton Connecter (Figure 9.1).**

   Si vous cochez la case Connexion automatique, avant de cliquer sur

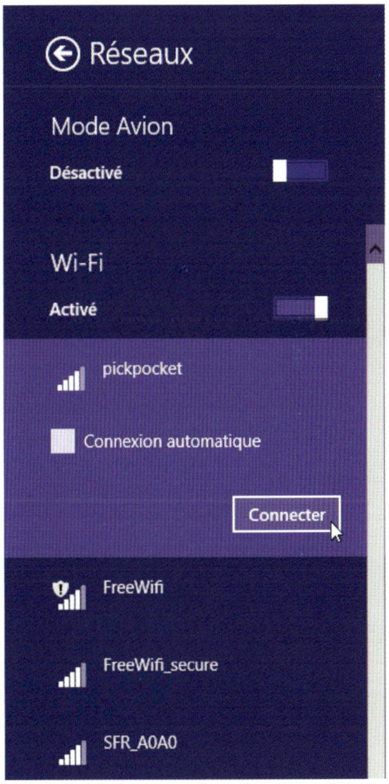

Figure 9.1 : Connectez-vous au réseau.

Connecter, Windows se connectera spontanément à ce réseau chaque fois que l'ordinateur sera à portée.

Si vous êtes connecté à un réseau non sécurité, qui n'exige de ce fait aucune clé ou mot de passe, la manipulation est terminée. Windows vous prévient que la connexion n'est pas sécurisée, mais vous laisse néanmoins continuer. Ne procéder à aucune transaction monétaire – achats ou opérations de banque – sur un réseau non sécurisé.

5. **Saisissez la clé de protection, si elle vous est demandée.**

   Chaque fois que vous vous connectez à un réseau sécurisé, Windows vous demande de saisir une clé de protection, autrement dit un mot de passe. Si vous êtes chez vous, cette clé figure sur l'étiquette de votre box ou de votre routeur (c'est souvent un code de 26 lettres et chiffres).

   Si vous êtes hors de chez vous, demandez au propriétaire du réseau de vous communiquer la clé.

6. **Indiquez si vous désirez partager vos fichiers avec d'autres utilisateurs du réseau.**

   Si vous vous connectez à votre propre réseau, choisissez l'option Oui, activer le partage et la connexion aux périphériques.

   En revanche, si vous vous connectez depuis un lieu public, choisissez l'option Non, ne pas activer le partage ou la connexion aux périphériques. Nul ne pourra ainsi venir farfouiller dans vos fichiers.

TRUC

Procédez comme suit si vous rencontrez des problèmes de connexion :

- Lorsque Windows ne parvient pas à se connecter à votre réseau sans fil, il effectue un diagnostic du réseau. S'il estime que le signal est trop faible, essayez de rapprocher l'ordinateur de la box ou du routeur.
- Si vous ne parvenez pas à vous connecter à un réseau sécurisé, essayez d'en trouver un qui ne le soit pas. Un réseau non sécurisé est parfait pour visiter sporadiquement des sites Internet.
- Les téléphones fixes sans fil et les fours à micro-ondes interfèrent avec les réseaux sans fil. Si possible, ne mettez pas le téléphone dans la même pièce que l'ordinateur et abstenez-vous de réchauffer une quiche pendant que vous vous baladez sur l'Internet.

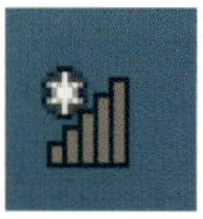

- Si l'icône représentée dans la marge est visible dans la barre des tâches, cliquez dessus et passez directement à l'Étape 3. Quand vous travaillez dans le Bureau de Windows 8.1, cette icône est un moyen rapide d'accéder à de nouvelles connexions Wi-Fi.

Quelle est la différence entre les deux Internet Explorer ?

Windows 8.1 est livré avec deux variantes d'Internet Explorer. L'application de l'écran d'accueil est une version réduite du programme présent dans le Bureau.

Comme ces deux variantes sont fondamentalement le même logiciel, elles ont en commun le même historique de navigation, les mêmes cookies, les mêmes mots de passe enregistrés et les mêmes fichiers temporaires.

L'application et le programme diffèrent sur quelques autres points. Le plus évident est la limitation de l'application Internet Explorer de l'écran d'accueil. Elle est uniquement visible en plein écran et ne permet pas d'afficher deux sites côte à côte. Elle ne permet pas de définir une page de démarrage et elle s'ouvre toujours sur la dernière page visitée.

L'application Internet Explorer de l'écran d'accueil ne peut afficher des animations ou des vidéos Flash que si elles se trouvent sur des sites approuvés par Microsoft. De ce fait, sur certains sites, vous manquez non seulement des vidéos, mais aussi des publicités (ce n'est toutefois pas une grosse perte...)

Si vous tenez à voir les animations Flash, cliquez sur le fond de page du site que vous visitez (avec une tablette, effleurez l'écran vers le centre, depuis le bord supérieur ou inférieur) puis, dans la barre qui apparaît en bas de l'écran, cliquez sur l'icône en forme de clé anglaise et choisissez Afficher sur le Bureau.

Naviguer rapidement avec l'application Internet Explorer

NOUVEAUTÉ WINDOWS 8

Conçu pour une navigation rapide, à volée, l'application Internet Explorer présente dans l'écran d'accueil est effectivement efficace. Mais cette rapidité est partiellement due à ses limitations. L'affichage en plein écran facilite la lecture, mais aucun menu n'est visible, ce qui rend la navigation assez ardue.

Pour démarrer la variante d'Internet Explorer dans l'écran d'accueil, cliquez sur sa vignette. L'application s'ouvre aussitôt et affiche le dernier site visité.

ATTENTION

Aïe! Lorsque vous cliquez sur cette vignette, Windows 8.1 ouvre la version du Bureau et vous demande de choisir ou non Internet Explorer comme navigateur Web par défaut. Vous constaterez alors que si vous ne répondez pas à cette question, mais que vous tapez une adresse dans la barre d'adresses du navigateur, vous pouvez l'utiliser sans souci. Mais Quid dans ce cas de la version de l'écran d'accueil. Eh bien, lorsque Windows 8.1 vous demande si Internet Explorer doit être utilisé comme navigateur Web par défaut, répondez par oui. Dès cet instant, la version de l'écran d'accueil sera opérationnelle.

Pour visiter un autre site, faites apparaître les éléments cachés en procédant de l'une des manières suivantes :

- **Souris :** cliquez du bouton droit sur le fond d'écran de la page Web.
- **Clavier :** appuyez sur Windows + Z.
- **Écran tactile :** effleurez du bord haut ou du bord bas vers l'intérieur de l'écran.

Une barre d'outils s'affiche en bas de l'écran, comme le montre la Figure 9.2. Voici quelques explications :

Figure 9.2 : Une barre d'outils apparaît en bas de l'application Internet Explorer.

- **Onglets :** les sites que vous venez de visiter apparaissent dans cette barre, vous permettant d'y revenir d'un seul clic (vous pouvez aussi les fermer en cliquant sur leur croix située dans l'angle supérieur droit de leur vignette).
- **Nouvel onglet :** affiche un écran vierge et la barre d'adresse, en bas, dans laquelle vous pouvez saisir l'adresse du site à visiter.

TRUC

Si vous avez défini une page d'accueil, ou si le téléchargement et l'installation d'un programme l'ont définie à votre place, elle s'affichera à chaque fois que vous créerez un nouvel onglet.

- **Outils d'onglet :** le menu local de cette icône contient deux options : Nouvel onglet InPrivate et Rouvrir l'onglet fermé. Sélectionnez un nouvel onglet InPrivate pour visiter des sites en toute confidentialité. Internet Explorer ne mémorisera pas les différents sites visités en mode privé. La seconde option permet d'afficher de nouveau le contenu du dernier onglet que vous avez fermé.
- **Clic droit sur une vignette d'un onglet :** Vous ouvrez un menu local qui contient trois options. La première, Ouvrir l'onglet dans une nouvelle fenêtre affiche la page Web correspondante dans une nouvelle fenêtre d'Internet Explorer. La deuxième, Fermer les autres onglets, permet de ne garder ouvert que l'onglet sur lequel vous avez cliqué. Enfin, la dernière, Dupliquer l'onglet permet d'ouvrir une autre occurrence de l'onglet sur lequel vous exécutez cette commande.

- **Précédent :** cliquez sur cette icône pour revenir à la page que vous venez de quitter.
- **Barre d'adresse :** saisissez l'adresse du site que vous désirez visiter. Ou alors, tapez simplement un sujet ou un thème. Internet Explorer proposera des sites correspondants. Astuce : cliquez dans la barre d'adresse pour voir une liste des sites fréquemment visités ainsi que les sites épinglés à l'écran d'accueil.

- **Actualiser :** cette icône recharge la page afin de la mettre à jour et obtenir les informations ou les données les plus récentes.

- **Outils de page :** cette icône contient un menu dont deux options sont importantes. La première, Rechercher dans la page, sert à trouver un mot quelque part dans une page très fournie en texte. L'autre option, Afficher sur le Bureau, est commode lorsque l'application ne permet pas d'afficher correctement un élément, comme une vidéo Flash. Une troisième option, Obtenir l'application de ce site, n'est disponible que s'il existe une application donnant un accès direct à ce site (l'accès à certains sites est en effet plus facile avec une application qu'avec un navigateur Web).

- **Suivant :** réaffiche la page que l'on vient de quitter.

Vous pouvez également rechercher un élément à partir de la barre des charmes, en cliquant sur l'icône Rechercher. Ouvrez son menu local et choisissez Internet Explorer.

Quand vous êtes en déplacement et que vous recherchez rapidement une information, l'application Internet Explorer et ses options réduites à l'essentiel vous feront sans doute gagner du temps. Mais si des éléments ne s'affichent pas correctement, utilisez plutôt le programme Internet Explorer décrit à la prochaine section.

Sur de nombreux sites, l'application Internet Explorer est incapable d'afficher des vidéos ou des animations utilisant la technologie Flash. Lorsqu'un site propose de télécharger le lecteur Flash, ignorez cette injonction et cliquez plutôt sur l'icône Outils de page. Cliquez ensuite sur l'option Afficher sur le Bureau. La page est ainsi transférée dans le programme Internet Explorer qui l'affichera correctement.

Visiter des sites avec le programme Internet Explorer

Si vous avez besoin de plus de fonctionnalités que celles offertes par l'application Internet Explorer, vous avez tout intérêt à utiliser l'autre variante : le programme Internet Explorer.

Le programme Internet Explorer se trouve dans la barre des tâches, en bas à gauche du Bureau. Cliquez dessus pour le démarrer.

Nous verrons dans cette section comment passer d'un site à un autre, comment revenir dans les sites qui nous ont été utiles, et comment naviguer parmi les sites en toute sécurité. Une grande partie des bases de la navigation s'appliquent aussi bien au programme Internet Explorer qu'à l'application du même nom, dans l'écran d'accueil.

Avec un écran tactile, il est conseillé d'utiliser un clavier et une souris car les gros doigts auront du mal à toucher les petits boutons et icônes avec précision. Les commandes digitales sont plus faciles sur les grands boutons des applications de l'écran d'accueil.

Si vous avez cliqué ou touché le mauvais bouton et que vous n'avez pas encore relevé le doigt, faites glisser la souris ou le doigt jusqu'au bouton correct. Le clic ou le toucher n'est en effet pris en compte qu'après coup.

De site en site, de page en page

Tous les navigateurs Web sont fondamentalement pareils. Vous pouvez même utiliser un concurrent d'Internet Explorer comme Firefox (`www.mozilla.org/fr/firefox`) ou Chrome (`www.google.com/chrome`).

Quel que soit le navigateur Web que vous adoptez, tous permettent de naviguer entre les pages de trois manières :

- En cliquant sur un bouton ou un texte souligné appelé « lien », qui pointe vers une autre page ou un autre site et vous y mène aussitôt.
- En saisissant une adresse Web dans la barre d'adresse du navigateur, et en appuyant ensuite sur Entrée.

- En cliquant sur les boutons de navigation de la barre d'outils du navigateur, en haut de son interface.

Cliquer sur des liens

C'est le moyen de navigation le plus facile. Recherchez les liens – un mot souligné, un bouton ou une image – et cliquez dessus, comme à la Figure 9.3. Observez comment le pointeur de la souris se transforme en main dès qu'il survole un lien. Cliquez pour atteindre la nouvelle page ou un nouveau site.

Figure 9.3 : Quand le pointeur de la souris se transforme en main (à gauche dans l'encadré « Informatique ») cela signifie qu'il survole un lien. Cliquez pour aller à la page ou sur le site vers lequel il pointe.

Saisir une adresse Web dans la barre d'adresse

La deuxième technique est la plus ardue. Si quelqu'un vous a griffonné une adresse Web sur un morceau de papier, vous devrez la saisir dans le navigateur. C'est facile tant que l'adresse est simple. Mais certaines sont longues et compliquées, et la moindre faute de frappe empêche d'accéder au site.

TRUC

Quand un site se termine par `com`, et uniquement dans ce cas comme dans `www.microsoft.com`, contentez-vous de taper le nom – `microsoft` en l'occurrence –, et le navigateur ajoute automatiquement le préfixe `http://www` ainsi que l'extension `.com`. Notez aussi que le préfixe `http://` n'est pas indispensable si l'adresse comporte l'élément `www`. (*world wide web* pour les intimes : « la toile mondiale »). Tapez `www.editionsfirst.fr`, par exemple, et vous accéderez à la page désirée (en revanche, si une adresse est du type `http://monsiteamoi.fr`, sans le `www`, vous devrez la saisir en entier).

Utiliser la barre d'outils d'Internet Explorer

Vous pouvez surfer sur l'Internet en cliquant sur les divers boutons de la barre d'outils d'Internet Explorer, en haut de son interface. Leur fonction est expliquée dans le Tableau 9.1.

Tableau 9.1 : Les boutons de navigation d'Internet Explorer

Bouton	*Nom*	*Utilisation*
	Retour	Sert à retourner à la page précédente. En cliquant plusieurs fois dessus, vous finissez par revenir au point de départ de la navigation, dans la fenêtre en question.
	Avancer	Après avoir cliqué sur le bouton Précédent, celui-ci permet de revenir dans l'autre sens.
	Rechercher	Un clic sur cette loupe, à droite dans la barre d'adresse, déploie un menu contenant l'historique des sites que vous avez visités.
	Saisie semi-automatique	Un clic sur ce minuscule triangle déploie la liste des sites qu'Internet Explorer finira de saisir à votre place dès que vous en aurez saisi quelques caractères. Pour ôter un site de la liste, cliquez sur la petite croix grise à droite de son nom (elle n'est visible qu'en survolant le nom avec le pointeur de la souris).
	Mode de compatibilité	Si dans un site, les menus, les images ou le texte semblent ne pas être à leur bonne place, cliquez sur cette icône pour activer le mode de compatibilité pour les sites dont la technique de programmation est assez ancienne.
	Actualiser	Si un site ne s'est pas complètement chargé, ou s'il semble n'être pas à jour, cliquez sur cette icône pour le charger de nouveau.

	Accueil	Si vous vous égarez lors de vos pérégrinations sur le Web, revenez au bercail en cliquant sur le bouton Accueil, en haut à gauche d'Internet Explorer.
	Favoris	Affiche la liste des liens pointant vers vos sites préférés (Microsoft a déjà placé ses propres sites à cet endroit. Ne vous gênez pas pour les supprimer et les remplacer par ceux que vous avez choisis).
	Outils	Cliquer sur ce bouton ouvre un menu rempli de paramètres. Vous pourrez notamment configurer le bloqueur de fenêtres intempestives et le filtre anti-hameçonnage, activer la navigation InPrivate et aussi imprimer la page Web.

Je veux voir la pub !

Les premières versions d'Internet Explorer ne disposaient d'aucun moyen pour empêcher l'apparition soudaine de fenêtres de publicité, appelées « pop-ups » dans le jargon des internautes.

Lorsqu'un site tente d'envoyer une fenêtre pop-up ou un message, Internet Explorer affiche un bandeau en haut de la fenêtre, signalant qu'une fenêtre intempestive a été bloquée, et invitant à cliquer dans le bandeau pour accéder aux options supplémentaires. Vous avez alors le choix entre deux actions : autoriser une seule fois l'apparition de la fenêtre publicitaire pour voir à quoi elle ressemble, ou autoriser les fenêtres publicitaires de ce site.

Ouvrir Internet Explorer sur votre site favori

Votre navigateur Web affiche automatiquement un site Web après la connexion. Cette page de démarrage peut être changée par une autre en procédant ainsi :

1. **Visitez votre site Web favori.**

   Choisissez celui qui vous plaît. Personnellement, j'ouvre mon navigateur sur Google Actualités (`http://news.google.fr/`) afin de connaître les grands titres de la presse. Mais vous pouvez aussi choisir le portail de votre fournisseur d'accès Internet.

2. **Cliquez du bouton droit sur l'icône Accueil et dans le menu, choisissez Ajouter ou modifier une page de démarrage.**

Très sécuritairement, Internet Explorer affiche une boîte de dialogue demandant si vous voulez vraiment utiliser cette page comme page de démarrage.

3. **Cliquez sur Utiliser cette page comme seule page de démarrage, puis cliquez sur Oui.**

   Après avoir cliqué sur Oui, comme à la Figure 9.4, Internet Explorer démarrera toujours sur la page que vous lui avez indiquée.

   Cliquer sur Non conserve la page de démarrage actuelle, celle du site de Microsoft en l'occurrence.

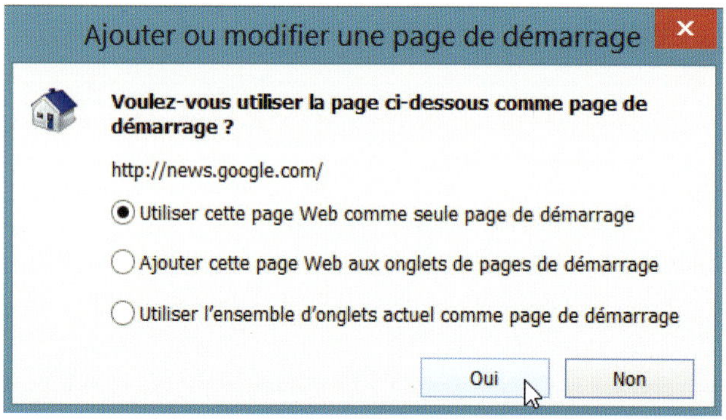

Figure 9.4 : Choisissez l'option Utiliser cette page comme seule page de démarrage, et Internet Explorer l'ouvrira systématiquement en premier.

Après le chargement de la page de démarrage, vous pouvez aller librement sur l'Internet, faire des recherches sur Google (`www.google.fr`) ou avec d'autres moteurs de recherche, en cliquant sur divers liens.

- La page d'accueil d'un site Web est l'équivalent de la page de couverture d'un magazine.
- ATTENTION — Si votre page de démarrage a été remplacée par un autre site, et qu'il est impossible de la rétablir avec la manipulation précédente, c'est sans doute à cause d'une action extérieure malfaisante. Reportez-vous à la section consacrée aux logiciels malfaisants, au Chapitre 11.
- TRUC — Internet Explorer permet de définir plusieurs pages comme pages de démarrage. Il les charge toutes et les place dans des onglets, vous permettant ainsi de les consulter à votre guise. Pour ajouter des pages de démarrage à votre collection, choisissez l'option Utiliser l'ensemble d'onglets actuel comme page de démarrage, à l'Étape 3 de la manipulation précédente (voir Figure 9.4).

Revisiter vos pages favorites

Lors de vos visites, vous voudrez absolument mémoriser l'accès à une page sur laquelle vous avez flashé. Pour pouvoir y retourner rapidement, ajoutez-la à la liste des favoris d'Internet Explorer en procédant ainsi :

1. **Cliquez sur l'icône Ajouter aux favoris, dans la barre d'outils d'Internet Explorer.**

   Un volet apparaît.

2. **Dans le menu local, cliquez sur le bouton Ajouter aux Favoris.**

   La boîte de dialogue qui apparaît propose de nommer la page Web par son titre, mais vous pouvez le remplacer par un texte plus explicite et plus concis, mieux adapté à l'étroit menu des favoris.

3. **Cliquez sur le bouton Ajouter.**

Pour retourner à la page qui vous a tant plu, cliquez sur le bouton Favoris, dans Internet Explorer. Choisissez ensuite la page dans le menu déroulant Favoris.

TRUC

Les gens organisés préfèrent regrouper leurs favoris. Pour ce faire, ouvrez le menu local du volet des favoris, et cliquez sur Organiser les Favoris. Vous pourrez ainsi créer des dossiers thématiques.

Les favoris n'apparaissent pas dans le menu déroulant lorsque vous cliquez sur le bouton Favoris ? Cliquez sur l'onglet Favoris du volet. Peut-être regardiez-vous dans l'historique – décrit dans l'encadré – ou consultiez-vous les flux RSS décrits plus loin dans ce chapitre.

Trouver des informations sur l'Internet

De même qu'il est quasiment impossible de retrouver un livre dans une bibliothèque sans la fiche qui indique sa cote, il est impossible de retrouver quoi que soit sur le Web sans un bon index.

Pour faciliter vos recherches, Internet Explorer vous permet d'utiliser un moteur de recherche dans lequel sont indexés des millions de sites Internet.

Tapez quelques mots dans le champ directement dans la barre d'adresse – **orchidées Seychelles**, par exemple – et appuyez sur Entrée. Internet Explorer lance aussitôt la recherche avec Bing, le moteur de recherche de Microsoft. Vous pouvez le remplacer par Google (`www.google.fr`) ou n'importe quel autre moteur de recherche de votre choix. Voici comment :

Internet Explorer sait où vous étiez

Internet Explorer conserve la trace de tous les sites Web que vous visitez. Bien que sa liste Historique soit très commode, elle peut aussi être un outil de flicage.

Pour voir ce qu'Internet Explorer a mémorisé, cliquez sur le bouton Favoris puis sur l'onglet Historique. En cliquant sur la petite flèche à droite du mot Historique, vous pouvez trier les pages par date, alphabétiquement, par fréquence de visites ou dans l'ordre où vous les avez visitées.

Pour ôter une page de l'historique, cliquez sur un des éléments temporels comme Aujourd'hui. Vous accédez à la liste des sites visités à cette période. Cliquez sur un site du bouton droit de la souris, et choisissez Supprimer. Pour supprimer toute la liste, cliquez sur le bouton Outils (icône d'un engrenage), et choisissez Options Internet. Cliquez sur le bouton Supprimer de la section Historique de navigation. Cochez uniquement l'option Historique, puis cliquez sur Supprimer.

Pour désactiver l'historique, cliquez sur le bouton Paramètres, au lieu de Supprimer. Cliquez sur l'onglet Historique, et mettez à zéro le compteur de l'option Jours pendant lesquelles ces pages sont conservées.

Supprimer l'historique dans le programme Internet Explorer supprime également l'historique dans l'application Internet Explorer de l'écran d'accueil.

1. **Cliquez sur l'icône Outils, en haut à droite d'Internet Explorer.**
2. **Dans le menu local qui apparaît, cliquez sur l'option Gérer les modules complémentaires.**
3. **Dans la boîte de dialogue Gérer les modules complémentaires, cliquez sur la catégorie Moteurs de recherche, dans le volet de gauche.**
4. **En bas de la boîte de dialogue, cliquez sur le lien Rechercher d'autres moteurs de recherche.**

   Cette action ouvre le site Galerie Internet Explorer. Il contient de nombreux moteurs de recherche, dont Bing, Google et bien d'autres.

5. **Cliquez sur la vignette du moteur de recherche à utiliser.**
6. **Cliquez ensuite sur le bouton Ajouter à Internet Explorer.**

   Internet Explorer vous demandera de confirmer l'ajout. Deux options sont en outre proposées : En faire mon moteur de recherche par défaut (cochez cette option si c'est ce que vous désirez) et Utiliser les suggestions de recherche de ce moteur. Si vous cochez cette case, le moteur de recherche vous proposera des résultats au fur et à mesure que vous saisissez un critère de recherche.

7. Cliquez sur le bouton Ajouter

Le moteur de recherche Bing est remplacé par celui que vous venez de choisir.

La page Web exige un module complémentaire !

L'Internet avait détourné des gens de la télévision, et voilà que par un juste retour des choses la télé investit l'Internet. Pour cela, les programmeurs ont mis au point des techniques élaborées qui ont pour noms Java, Flash, RealPlayer, QuickTime, SilverLight, *etc.*

Les programmeurs ont concocté des modules complémentaires – appelés aussi *plug-ins* dans le jargon technique – qui se greffent au programme principal et lui ajoutent des fonctionnalités nouvelles. Lorsqu'une page Web a besoin d'un de ces modules, Internet Explorer affiche un message sur le bord inférieur qui vous informe que cette page Web souhaite exécuter un module complémentaire. Cliquez sur le bouton Autoriser pour permettre l'installation du module dans Internet Explorer.

ATTENTION

N'autorisez l'installation d'un module complémentaire que si vous êtes certain de son innocuité. Vous apprendrez au Chapitre 11 comment évaluer la sûreté d'un module complémentaire.

Les modules externes suivants sont à la fois gratuits et sûrs :

- **Acrobat Reader** (`http://get.adobe.com/fr/reader/`) : ce programme édité par Adobe est indispensable pour lire certains documents au format PDF (*Portable Document Format,* format de document portable). Il présente le document exactement comme s'il était imprimé sur du papier. L'application Internet Reader, dans l'écran d'accueil, est capable d'ouvrir certains des formats lus par Acrobat Reader, mais pas toujours très bien.
- **Flash** (`http://www.adobe.com/fr/products/flashplayer.html`) : ce programme édité par Adobe est indispensable pour visionner les animations très élaborées qui ornent certaines pages publicitaires, et aussi pour voir certaines vidéos.
- **Silverlight** (`http://msdn.microsoft.com/fr-fr/silverlight/bb187358.aspx`) : concurrent du célébrissime Flash, ce programme développé par Microsoft lit des vidéos et de la publicité.
- **QuickTime** (`www.apple.com/fr/quicktime/`) : ce logiciel est capable de lire plusieurs formats vidéo que le Lecteur Windows Media ne reconnaît pas.

Méfiez-vous des sites qui tentent subrepticement d'installer un autre programme lorsque vous téléchargez un module complémentaire. L'installation d'une barre d'outils supplémentaire dans le navigateur Web est un grand classique de ce genre d'intrusion. Examinez attentivement les boîtes de dialogue et décochez tous les éléments dont vous n'avez pas besoin, que vous ne désirez pas ou auxquels vous ne faites pas confiance, avant de cliquer sur le bouton Télécharger ou Installer. Si c'est trop tard, vous trouverez à la section « Ça ne marche pas ! », plus loin dans ce chapitre, quelques conseils pour supprimer les programmes complémentaires indésirables.

Enregistrer les informations provenant de l'Internet

L'Internet est comme une bibliothèque à domicile, mais sans la file d'attente pour déposer la liste de livres à consulter. Et à l'instar des photocopieuses que l'on trouve dans toutes les bibliothèques, Internet Explorer propose plusieurs façons d'enregistrer les informations que vous récoltez, à des fins uniquement privées, car tout ce qui est sur l'Internet relève de la législation du droit d'auteur.

Cette section explique comment copier dans l'ordinateur les informations provenant de l'Internet, qu'il s'agisse d'une page entière, d'une photo, d'un son, d'une vidéo ou d'un programme.

L'impression des pages Web est expliquée au Chapitre 8.

Enregistrer une page Web

Vous voulez conserver cette longue page contenant la contre-valeur des euros en francs constants depuis un siècle ? Il vous faut absolument conserver cet itinéraire vers Béton-les-Gruyères ? Quand vous trouvez une information utile, sur le Web, vous ne résistez pas à l'envie de la sauvegarder dans l'ordinateur, de peur qu'un jour elle ne disparaisse du Web, ce qui arrive plus fréquemment qu'on ne l'imagine.

Quand vous enregistrez une page Web, vous l'enregistrez telle qu'elle existe actuellement. Pour voir ses éventuelles mises à jour, vous devrez aller sur son site, sur le Web.

Enregistrer la page que vous regardez est un jeu d'enfant :

1. **Ouvrez le menu Fichier, puis cliquez sur Enregistrer sous.**

Pas de menu Fichier à l'horizon ? Appuyez sur la touche Alt de votre clavier. La barre des menus apparaît. Pour qu'elle s'affiche systématiquement, cliquez sur le menu Affichage/Barre d'outils, et cochez l'option Barre des menus.

Internet Explorer place le nom de la page Web dans le champ Nom de fichier de la boîte de dialogue Enregistrer la page Web, comme le montre la Figure 9.5.

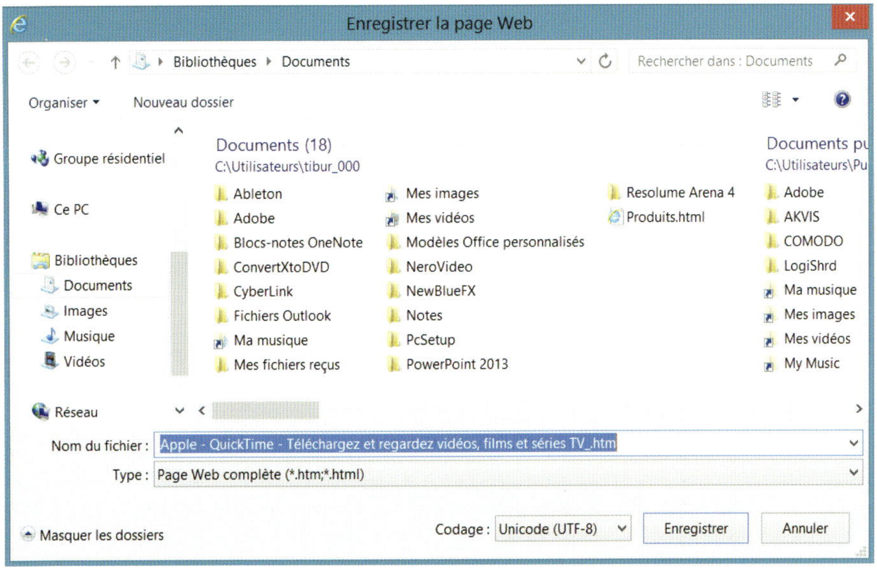

Figure 9.5 : Internet Explorer enregistre une page Web dans un seul fichier.

Pour enregistrer la page Web dans un seul fichier, dans le dossier Documents, cliquez sur Enregistrer. Mais si vous désirez l'enregistrer à un autre emplacement ou dans un format différent, passez à l'Étape 2.

2. **Sélectionnez un emplacement dans le volet de navigation.**

   Internet Explorer enregistre normalement les pages Web dans le dossier Documents, accessible en permanence *via* le volet de navigation. Pour enregistrer la page dans un autre dossier, dans Téléchargements par exemple, cliquez sur ce dossier, dans le volet de navigation.

3. **Sélectionnez un format de fichier dans la zone de liste Type.**

   Vous avez le choix entre quatre formats :

   - **Page Web complète (*.htm; *.html) :** rapide, commode mais un brin désordonnée, cette option demande à Internet Explorer de diviser la page en deux parties : le fichier de la page, et un sous-dossier contenant ses images et graphisme.

- **Archives Web, fichier seul (*.mht) :** un peu plus ordonnée, cette option enregistre une copie exacte de la page Web. Tous les éléments sont stockés dans un unique fichier au nom de la page Web. Malheureusement, seul Internet Explorer est capable d'ouvrir ce type de fichier, excluant tous ceux qui utilisent un autre navigateur Web.
- **Page Web, HTML uniquement (*.htm; *.html) :** cette option enregistre le texte et la mise en page, mais sans les images. Elle est commode pour éliminer les illustrations et publicités superflues des tableaux, graphiques et autres blocs de texte mis en forme.
- **Fichier texte (*.txt) :** cette option ne récupère que le texte et le place dans un fichier du Bloc-notes de Windows, sans aucune mise en forme. Elle est commode pour ne récupérer que du texte brut ou des listes simples.

4. **Cliquez sur le bouton Enregistrer.**

Pour revoir une page Web enregistrée, ouvrez le dossier Téléchargement puis double-cliquez sur l'un des fichiers de page. Internet Explorer démarre et montre son contenu.

Enregistrer du texte

Pour n'enregistrer qu'un peu de texte, sélectionnez-le, cliquez dessus du bouton droit, et exécutez la commande Copier (cette commande, ainsi que Couper et Coller, est expliquée au Chapitre 6). Ouvrez votre traitement de texte, collez-le dans un nouveau document puis enregistrez ce dernier dans votre dossier Documents.

Pour enregistrer la totalité du texte d'une page Web, il est préférable d'enregistrer l'intégralité de la page comme nous l'avons vu à la section précédente.

NOTE TECHNIQUE

Pour enregistrer du texte provenant d'une page Web, mais sans conserver la mise en page ou les enrichissements (gras, italique…), collez-le d'abord dans le Bloc-notes. Sélectionnez ensuite le texte dans cette application puis collez-le dans le logiciel de traitement de texte de votre choix.

Enregistrer une image

Pour enregistrer une image qui se trouve dans une page Web, cliquez dessus du bouton droit et, dans le long menu qui apparaît (voir Figure 9.6), choisissez Enregistrer l'image sous.

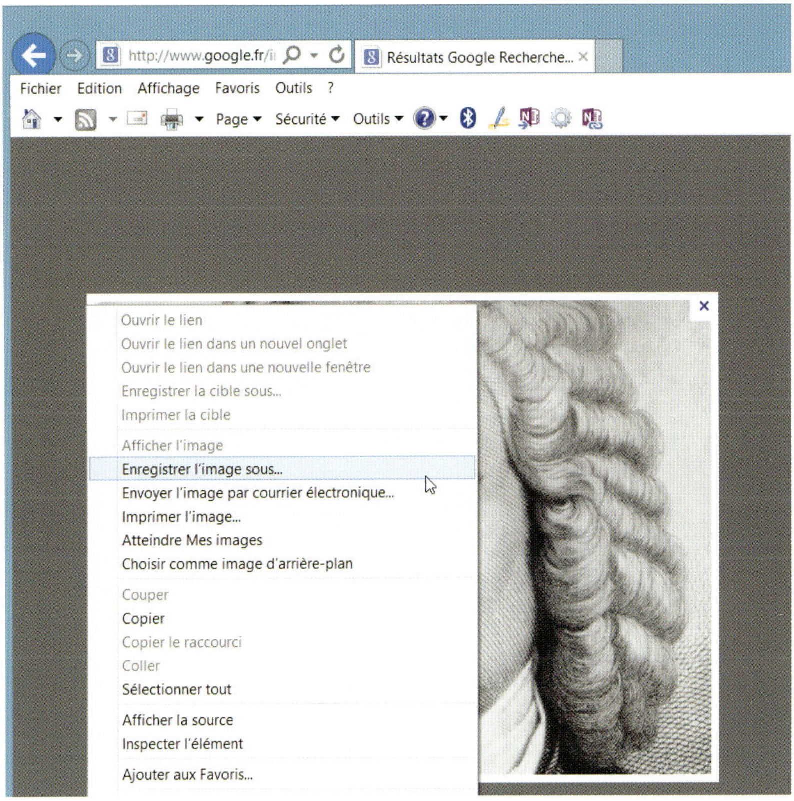

Figure 9.6 : Cliquez du bouton droit sur l'image convoitée et choisissez Enregistrer l'image sous, dans le menu contextuel.

La fenêtre Enregistrer l'image apparaît, vous permettant de renommer le fichier ou de conserver son nom d'origine. Cliquez sur le bouton Enregistrer, et le graphisme que vous venez de dérober honteusement sur Internet est stocké dans le dossier Images.

Le menu de la Figure 9.6 contient d'autres options fort commodes, notamment pour imprimer directement l'image ou l'envoyer par courrier électronique, voire en faire l'image d'arrière-plan de votre ordinateur.

TRUC

Une image provenant du Web peut aussi servir de photo pour votre compte d'utilisateur : cliquez dessus du bouton droit, enregistrez-la dans le dossier Images puis, dans la catégorie Comptes d'utilisateurs du Panneau de configuration (voir Chapitre 2) faites de cette image la nouvelle photo illustrant votre compte d'utilisateur.

Télécharger un programme, un son ou un fichier

Il suffit parfois de cliquer sur un bouton intitulé « Cliquez ici pour télécharger » pour que le téléchargement s'effectue aussitôt. Il vous est alors demandé d'indiquer le dossier où vous voulez stocker le fichier, généralement Documents ou Téléchargements.

Mais parfois, un téléchargement peut exiger quelques manipulations supplémentaires :

1. **Cliquez du bouton droit sur le lien pointant vers le fichier désiré et choisissez Enregistrer la cible sous.**

   Par exemple, pour télécharger un morceau de musique, cliquez du bouton droit sur son lien, qui est en fait une image, puis, dans le menu contextuel, choisissez Enregistrer la cible sous.

   TRUC

   Quand vous téléchargez un programme, Windows demande si vous désirez l'ouvrir, l'exécuter à partir de son emplacement courant ou l'enregistrer. Choisissez Enregistrer.

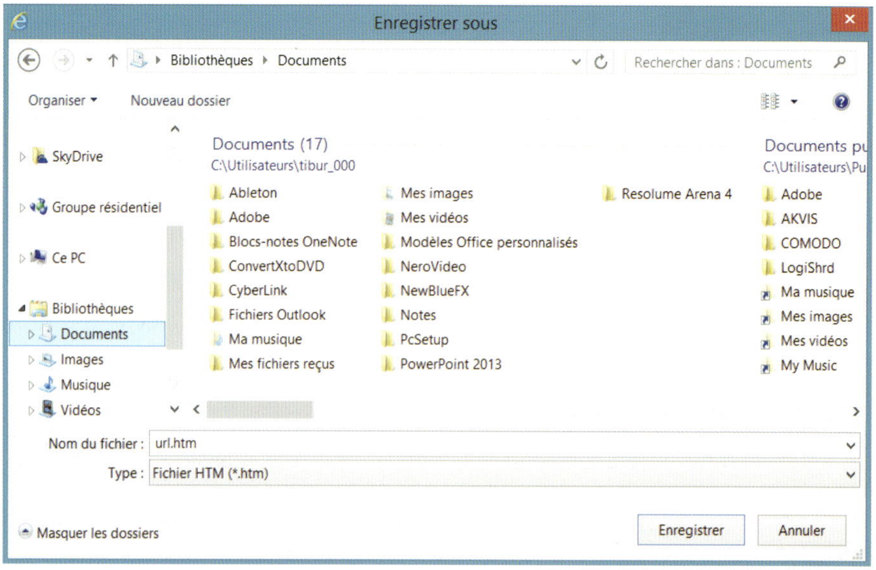

Figure 9.7 : Naviguez jusqu'au dossier où vous désirez stocker le fichier puis cliquez sur le bouton Enregistrer.

2. **Naviguez jusqu'à votre dossier Téléchargements puis cliquez sur le bouton Enregistrer.**

Windows 8.1 propose spontanément d'enregistrer le fichier dans le dossier Téléchargement, vous évitant ainsi de devoir naviguer jusqu'à lui. Mais si vous préférez le mettre dans un autre dossier, comme à la Figure 9.7, où le fichier sera stocké dans Documents, sélectionnez-le puis cliquez sur Enregistrer.

Quel que soit le type de fichier que vous téléchargez, Windows commence à le copier depuis le site Web où il réside et le place dans votre disque dur. Il vous signale ensuite la fin du téléchargement. Vous pourrez ensuite vérifier que le fichier est bel et bien présent dans le dossier de destination.

- Avant d'exécuter un programme téléchargé, un écran de veille, un thème pour Windows ou tout autre élément, soumettez-le à votre logiciel antivirus. Comme Windows 8.1 n'en possède pas, vous devrez vous en procurer un.
- Beaucoup de programmes téléchargés se trouvent dans un fichier préalablement compressé afin de réduire la durée du téléchargement. Un tel fichier est souvent appelé « fichier Zip » ou « fichier zippé », par allusion à la fermeture à glissière appelée *zip* aux États-Unis. Cliquez du bouton droit sur le fichier et dans le menu, choisissez Extraire tout.

Ça ne marche pas !

Ne paniquez pas si quelque chose ne fonctionne pas. L'Internet est certes entré dans les mœurs, mais c'est encore une usine à gaz assez mystérieuse dont les subtilités ne s'apprennent pas du jour au lendemain. Cette section aborde quelques problèmes courants et propose quelques solutions.

La personne possédant les privilèges d'Administrateur – généralement le propriétaire de l'ordinateur – est la seule autorisée à effectuer les interventions évoquées dans cette section. Si vous n'avez pas créé d'autres comptes d'utilisateurs, l'unique compte est forcément un compte Administrateur.

Voici quelques recommandations avant de passer aux sections qui suivent :

- Quand un site pose des problèmes, commencez par vider la corbeille à papier d'Internet Explorer. Cliquez sur le bouton Outils puis sur Options Internet. Sous l'onglet Général, cliquez sur le bouton Supprimer. Dans la boîte de dialogue qui apparaît, décochez toutes les cases excepté la case Fichiers Internet et fichiers de site Web temporaires. Cliquez sur le bouton Fermer, revenez au site problématique et réessayez.

- Si les paramètres de connexion paraissent faussés, essayez de reconfigurer la connexion Internet.
- Vous avez semé une pagaille pas possible dans le programme Internet Explorer ? La seule solution consiste peut-être à le réinitialiser de la manière suivante : cliquez sur le bouton Outils, puis sur Options Internet. Cliquez sur l'onglet Avancé puis cliquez sur le bouton Réinitialiser. Cette action efface tous vos paramétrages, mais aussi vos favoris. Mais au cours de ce grand coup de balai, elle élimine aussi tous les éléments malfaisants qui auraient pu se greffer à Internet Explorer.
- Si vous ne parvenez pas du tout à vous connecter à l'Internet, il vaut mieux téléphoner au support technique de votre fournisseur d'accès Internet.
- Si une page ne s'affiche pas correctement, voyez si Internet Explorer affiche un bandeau de mise en garde en haut de la page. Cliquez dessus et indiquez à Internet Explorer qu'il ne doit pas bloquer des éléments.

Supprimer les modules indésirables

Des sites Web installent des programmes complémentaires dans Internet Explorer, censés faciliter la navigation ou les interactions. Tous ne se comportent pas comme ils devraient le faire. Pour vous aider à vous défaire de ces sangsues, Internet Explorer tient à jour une liste des modules complémentaires, ou plug-ins.

Pour voir ce qui est venu se greffer à votre exemplaire d'Internet Explorer, cliquez sur le bouton Outils, en haut à droite, puis choisissez Gérer les modules complémentaires. La fenêtre éponyme apparaît (Figure 9.8). Elle répertorie tous les modules actuellement chargés, y compris ceux qui ont été utilisés dans le passé et ceux qui s'exécutent sans votre permission.

La plupart des modules complémentaires présents dans la liste sont de bon aloi, et ceux de Microsoft et des éditeurs ayant pignon sur rue, comme Adobe entre autres, sont inoffensifs. Mais si vous en repérez un que vous ne connaissez pas, ou que vous soupçonnez de provoquer des problèmes, vérifiez ce qu'en disent les internautes sur les forums techniques en faisant une recherche avec Google (`www.google.fr`). Si plusieurs intervenants estiment que le module est douteux, cliquez dessus puis cliquez sur le bouton Désactiver.

Si la désactivation d'un module empêche un élément de fonctionner correctement, revenez au gestionnaire de modules complémentaires, cliquez sur le nom du module en question et choisissez Activer.

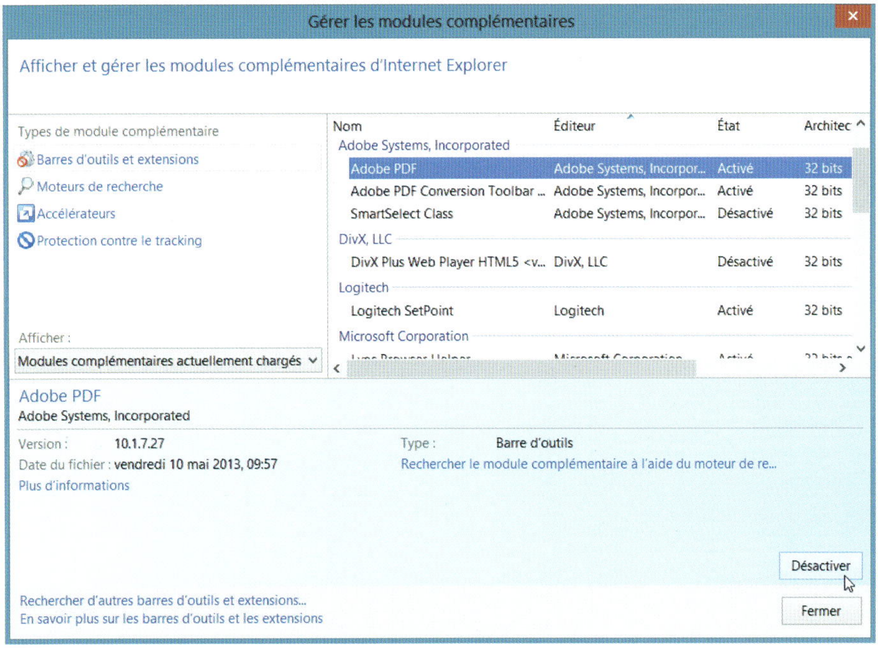

Figure 9.8 : Si un module complémentaire était douteux, ce qui n'est pas le cas ici, vous devriez le sélectionner puis cliquer sur le bouton Désactiver.

La gestion des modules complémentaires est relativement empirique, mais c'est le seul moyen de neutraliser des modules pourris installés par des sites sans scrupule.

Chapitre 10

Les applications sociales : Courrier, Contacts, Calendrier et Skype

Dans ce chapitre :

- Intégration de vos comptes.
- Configuration du courrier.
- Envoi et réception de fichiers et de photos.
- Gestion des contacts.
- Mise en œuvre du calendrier.
- Dialogue avec la messagerie instantanée.

Grâce à la mémoire permanente d'Internet, vos amis et connaissances ne disparaissent jamais ; les vieux copains d'université, les relations d'affaires et même vos anciens rivaux de l'école primaire vous attendent en ligne. Internet a créé un vaste réseau social à partir des informations et de divers messages échangés sur les sites Web.

Windows 8.1 vous aide à rester en contact avec les amis que vous aimez et à éviter ceux qui vous sont indifférents ; pour gérer votre vie sociale en ligne, il met à votre disposition une suite d'applications de réseaux sociaux interconnectés ; ce sont : Courrier, Contacts, Calendrier et Skype. Vous n'aurez aucune peine à deviner quelle application fait quoi !

Ces applications travaillent ensemble, ce qui simplifie considérablement la corvée de suivi des contacts et des rendez-vous. Par exemple, si vous associez Windows 8.1 à votre compte Facebook, les informations de vos amis Facebook seront automatiquement intégrées dans l'application Contacts, les rendez-vous seront ajoutés dans l'application Calendrier, et votre application Skype sera prête à dialoguer en direct.

Ce chapitre décrit les applications Windows 8.1 liées aux réseaux sociaux et particulièrement à Facebook, Google, Twitter et LinkedIn. Il explique comment les mettre en œuvre, les maintenir actives et si le besoin s'en fait sentir, les mettre en sommeil lorsque vous croulez sous la charge d'informations.

Ajout de vos comptes sociaux à Windows 8.1

Pendant des années, vous avez entendu cette litanie : « Ne divulguez jamais votre nom d'utilisateur et votre mot de passe » et à présent, il semble que Windows 8.1 veuille briser cette règle !

Lorsque vous ouvrez une des applications Contacts, Courrier ou Skype, il est probable que Windows 8.1 vous demande de saisir votre nom de compte et votre mot de passe Facebook, Google, Twitter, LinkedIn, Hotmail, *etc.*

Ne craignez rien, si Microsoft et les autres réseaux ont accepté de partager vos informations, cela ne se fera effectivement que si vous l'acceptez. Si par exemple, vous autorisez Windows à se connecter à votre réseau social Facebook, celui-ci partagera vos informations avec l'application Contacts de Windows 8.1.

Cette mise en commun de vos données personnelles vous permettra un gain de temps énorme puisque lorsque les comptes sont associés sous Windows 8.1, l'ordinateur importe les informations relatives à vos amis, et les stocke dans vos applications.

Pour associer Windows 8.1 à votre vie sociale en ligne, procédez de la manière suivante :

1. **À partir de l'écran d'accueil, ouvrez l'application Courrier.**

   L'écran d'accueil avec ses vignettes apparaît au démarrage de votre ordinateur ; il a été présenté au Chapitre 2. Si vous ne le voyez pas, vous pouvez le récupérer en suivant ces étapes :

   - **Souris** : cliquez sur le bouton Démarrer du Bureau qui est localisé dans l'angle inférieur gauche de l'écran. Une autre technique consiste à placer le pointeur de la souris dans l'angle supérieur droit de l'écran pour ouvrir la barre des charmes. Ensuite, cliquez sur l'icône Accueil.

- **Clavier** : appuyez sur la touche Windows.
- **Écran tactile** : appuyez sur le bouton Démarrer situé dans l'angle inférieur gauche de l'écran, ou bien faites glisser votre doigt de l'angle supérieur droit vers l'intérieur de l'écran pour faire apparaître la barre des charmes, puis appuyez sur l'icône Accueil.

Cliquez sur la vignette Courrier pour ouvrir l'application. Si vous n'avez pas encore créé un compte Microsoft, un message apparaît, vous rappelant que vous devez le faire (le Chapitre 2 explique comment vous connecter avec un compte Microsoft). Je rappelle cependant que n'importe quel compte de messagerie existant peut être utilisé comme compte Microsoft.

Lorsque l'application Courrier est exécutée pour la première fois, l'écran affiche généralement un message de bienvenue. L'application vous propose également de contribuer à l'amélioration du produit en transmettant les éventuels messages d'erreur à Microsoft.

2. **Ajoutez de nouveaux comptes à l'application Courrier.**

   Pour ajouter des comptes, activez la barre des charmes, cliquez sur l'icône Paramètres puis sur Comptes ; dans le volet Comptes, choisissez Ajouter un compte comme à la Figure 10.1. L'application propose les messageries Hotmail, Outlook, Google, Yahoo!, et Autre compte.

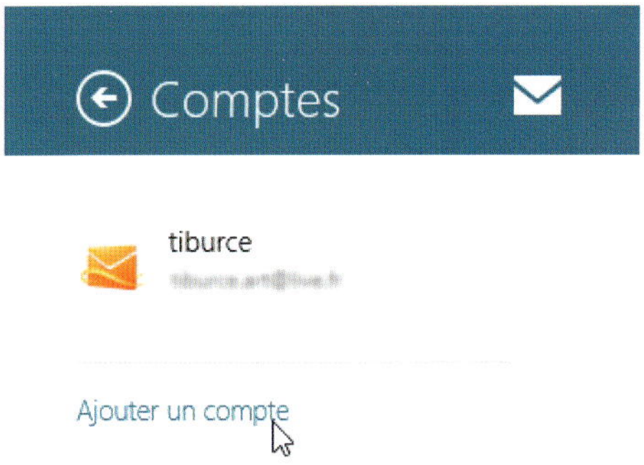

Figure 10.1 : Pour ajouter un compte de messagerie à l'application Courrier.

Par exemple, pour ajouter un compte Yahoo!, cliquez sur son icône. Windows 8.1 affiche une fenêtre sécurisée dans laquelle il vous invite à entrer votre adresse de messagerie Yahoo! et votre mot de passe (Figure 10.2). Cliquez sur le bouton Connecter.

La procédure peut connaître des étapes supplémentaires selon les autres fonctionnalités proposées par votre compte de messagerie. Ainsi, avec Gmail, vous êtes invité à inclure vos contacts et calendriers Google.

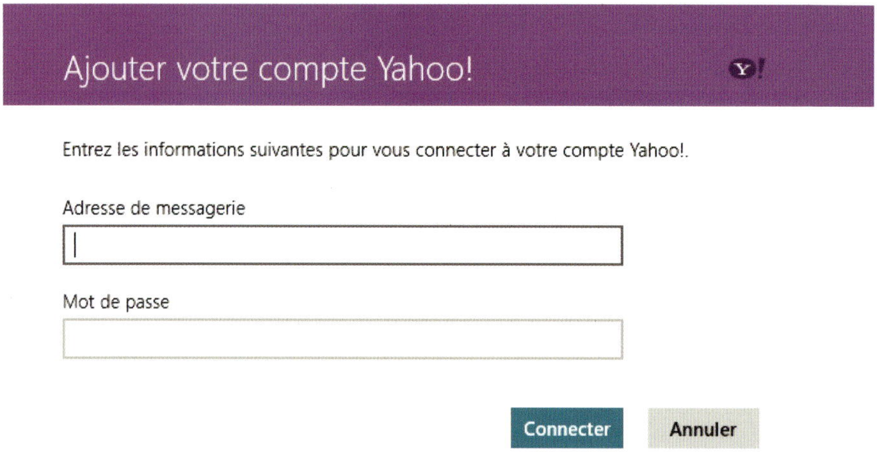

Figure 10.2 : Ajouter un compte de messagerie Yahoo!.

Dès que le compte est bien identifié, les messages qu'il contient sont téléchargés dans Courrier.

Répétez les étapes précédentes pour les autres comptes que vous désirez partager sous Windows 8.1.

Nous expliquerons ultérieurement dans ce chapitre comment ajouter des comptes de messagerie qui ne sont pas proposés par défaut par l'application Courrier.

3. **Revenez à l'écran d'accueil et cliquez sur la vignette Contacts puis entrez vos autres comptes en procédant comme avec Courrier.**

Cette application vous donne l'opportunité de rester en contact avec vos amis. Pour y parvenir, cliquez sur la vignette Contacts de l'écran d'accueil ; lorsque l'application Contacts s'ouvre, vous pouvez voir les caractéristiques de vos amis répertoriés dans les carnets d'adresses associés aux comptes de messagerie que vous avez déclarés à l'Étape 1.

Connectez-vous aux services Facebook, Twitter, Exchange, LinkedIn, *etc.*, en saisissant vos noms d'utilisateur et mots de passe pour ces comptes ; cela augmentera la liste de vos contacts.

Par exemple, pour ajouter vos identifiants Facebook, cliquez son icône ; une fenêtre apparaît dans laquelle vous devez entrer votre identifiant et mot de passe Facebook.

Après que vous avez ajouté vos comptes, Windows 8.1 récupère automatiquement vos messages dans vos différentes messageries *via* votre l'application Courrier, puis met à jour les informations relatives à vos amis dans l'application Contacts, et enfin ajoute tous vos rendez-vous dans l'application Calendrier.

Bien que fournir de la sorte vos noms de comptes et mots de passe à Windows 8.1 risque de vous sembler effrayant, vous en tirerez les avantages suivants :

- Lorsque vous voudrez accéder aux applications Facebook, Twitter ou LinkedIn et aux messageries Google, Hotmail, Outlook ou Windows Live, vous n'aurez plus besoin d'entrer votre nom de compte et votre mot de passe, vous serez automatiquement connecté.
- Les applications Windows 8.1 s'interconnectent très bien avec les applications et les programmes d'autres sociétés. Par exemple, si un ami veut chatter avec vous à partir de Facebook, l'application Skype de Windows 8.1 s'ouvre automatiquement, vous permettant de converser. Vous n'avez pas besoin d'ouvrir l'outil de Facebook et d'accéder à la messagerie instantanée. Cette interconnexion n'est possible que si vous l'avez expressément établie, comme cela est expliqué à la section consacrée à Skype, plus loin dans ce chapitre.
- Vous pouvez voir directement à partir de l'application Contacts les messages et les photos de vos amis Facebook, Twitter, LinkedIn. Plus besoin de faire le tour de tous vos réseaux sociaux pour avoir des nouvelles du monde.
- Cependant, si vous n'appréciez pas les fonctionnalités de ces nouvelles applications Windows 8.1, vous pouvez les ignorer et passer votre temps sur le Bureau de Windows 8.1. À partir de là, vous pourrez accéder à Facebook et à vos autres applications à partir du navigateur, comme vous l'avez toujours fait.

Comprendre l'application Courrier

Contrairement à Windows 7, Windows 8.1 est livré avec une application intégrée de gestion de courrier. Non seulement vous pouvez lire et écrire gratuitement votre courrier, mais vous pouvez vérifier l'orthographe avant de l'envoyer.

L'application Courrier est considérée comme une *application dynamique* puisqu'elle met à jour automatiquement la vignette Courrier de l'écran d'accueil en fonction du contenu de la boîte à lettres. Un coup d'œil à la vignette Courrier indique rapidement les noms des derniers expéditeurs et les sujets de vos derniers messages.

Suppression de comptes sociaux sous Windows 8.1

Si votre application Contacts est un peu trop « chargée » avec les 2 835 comptes que vous suivez sur Twitter, vous pouvez en supprimer. En fait, vous pouvez retirer tout ou partie des comptes sociaux que vous avez ajoutés à Windows 8.1.

Pour supprimer un compte, procédez de la manière suivante :

1. **Ouvrez l'application contenant les comptes que vous souhaitez supprimer, soit Courrier, soit Contacts.**
2. **Activez la barre des charmes et cliquez sur l'icône Paramètres.**
3. **Cliquez sur Comptes dans le volet Paramètres, puis sur le nom du compte que vous voulez supprimer.**

   Un nouveau volet affiche la configuration du compte choisi; vous avez la possibilité de modifier ou de supprimer le compte.
4. **Cliquez sur le bouton Supprimer le compte en bas du volet.**

   Pour certains comptes, l'Étape 4 conduit à une autre zone de paramètres. Si par exemple, vous souhaitez supprimer Facebook de l'application Contacts, l'Étape 4 propose de gérer le compte en ligne et, directement à partir de l'application Facebook, de choisir exactement quels types d'informations vous souhaitez partager avec l'application Contacts; vous avez aussi la possibilité de supprimer complètement le lien de connexion.

   Lorsque vous supprimez un compte en suivant ces étapes, vous annulez toute interaction avec celui-ci. Par exemple, si vous avez supprimé le compte Facebook, tous vos amis Facebook disparaîtront de l'application Contacts; il en sera de même pour leurs anniversaires et tout événement noté dans l'application Calendrier. Cependant, votre compte sur Facebook demeure intact, il arrête tout simplement le partage d'informations avec les applications Windows 8.1.

Si vous changez d'avis au sujet de la rupture des liens, pas de problème ! Revenez aux étapes décrites au début de ce chapitre et déclarez à nouveau le ou les comptes.

TRUC

Cette vignette n'affiche aucune information ? Faites un clic droit dessus. Dans la barre d'application qui s'affiche dans la partie inférieure de l'écran, cliquez sur l'icône Vignette activée.

Cependant, comme la plupart des applications gratuites, l'application Courrier impose certaines contraintes :

- Vous devez posséder un compte Microsoft ou reconnu comme tel par Microsoft pour accéder aux applications Courrier, Contacts, Calendrier et Skype. Le Chapitre 2 décrit la méthode pour créer un compte Microsoft gratuit.

- L'application Courrier fonctionne avec n'importe quel compte de messagerie de type IMAP ou Exchange active.

Si vous avez besoin d'ajouter un autre type de compte de messagerie, vous devez le faire sous Internet Explorer à partir du Bureau Windows. Cela est décrit plus loin dans ce chapitre, dans la section « Ajout d'autres comptes de messagerie dans l'application Courrier ».

La suite de cette section décrit comment accéder aux menus cachés de l'application Courrier, ainsi que la façon d'envoyer et de recevoir des messages et des fichiers.

Déplacement dans l'application Courrier : l'affichage principal, les menus et les comptes

Pour démarrer l'application Courrier, affichez l'écran d'accueil en tapant la touche Windows de votre clavier puis cliquez sur la vignette Courrier. L'application Courrier apparaît immédiatement sur l'écran, comme le montre la Figure 10.3.

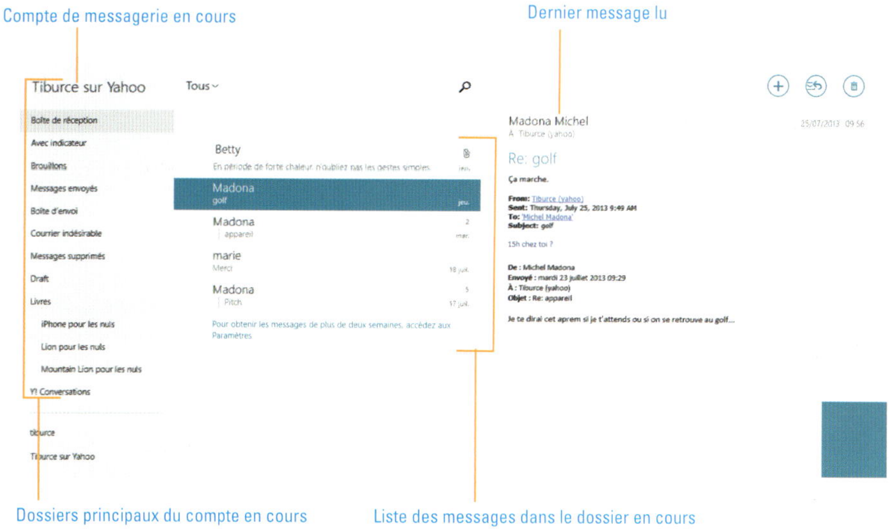

Figure 10.3 : Le dossier Boîte de réception (à gauche), affiche la liste des messages reçus au centre, et le contenu du message sélectionné à droite.

L'application Courrier affiche la liste des comptes de messagerie déclarés dans la partie inférieure gauche de l'interface. Par exemple, la Figure 10.3 indique la présence de deux comptes gérés par l'application : tiburce et Tiburce sur Yahoo.

Pour voir les messages d'un compte particulier, cliquez sur son nom dans la liste des comptes disponibles. La Figure 10.3 affiche les messages reçus par le compte Yahoo ; son nom est affiché dans la partie supérieure gauche de l'interface.

Sous le nom du compte en cours, l'application Courrier liste les dossiers principaux :

- **Boîte de réception :** c'est le dossier qui est affiché par défaut au démarrage de l'application Courrier ; il contient les messages reçus par le compte en cours. L'application Courrier vérifie automatiquement la présence de nouveaux messages sur le serveur ; cependant, si vous vous lassez d'attendre, faites un clic droit sur l'écran. Dans la barre d'outils qui apparaît, cliquez sur l'icône Synchroniser. Tout courrier en attente est immédiatement chargé. L'activation des menus de l'application Courrier est traitée plus loin dans cette section.
- **Avec indicateur :**ce dossier contient tous les messages auxquels vous avez attribué un indicateur *via* la barre d'outils de Courrier. Vous assignerez des indicateurs à des messages importants.
- **Brouillons :** si vous n'avez rédigé qu'une partie d'un mail et si vous souhaitez le terminer ultérieurement, cliquez sur l'icône Enregistrer le brouillon, à gauche de la barre de menus inférieure. Un message sera également placé dans le brouillon si vous cliquez sur le bouton Précédent avant de l'expédier. L'activation des menus de la marge inférieure est détaillée un peu plus loin dans cette section.
- **Messages envoyés :** une copie de chaque message envoyé est stockée dans ce dossier. Pour supprimer un message, sélectionnez-le puis cliquez sur l'icône de la corbeille en haut à droite de l'écran.
- **Boîte d'envoi :** lorsque vous envoyez ou répondez à un message, l'application Courrier tente immédiatement de se connecter à l'Internet et de l'envoyer. Si l'application ne peut pas accéder à l'Internet, le message est conservé dans le dossier Boîte d'envoi. Dès que la connexion à l'Internet est rétablie, cliquez sur l'icône Synchroniser dans la barre de menus inférieure pour envoyer le courrier en attente.
- **Courrier indésirable :** l'application Courrier détecte le courrier potentiellement indésirable et le déplace dans ce dossier. Consultez-le de temps en temps pour vous assurer que rien ne s'y trouve par erreur.
- **Messages supprimés :** le dossier Messages supprimés sert de corbeille à l'application Courrier, ce qui vous permet de récupérer les messages supprimés par erreur. Pour supprimer définitivement un message du dossier Messages supprimés, sélectionnez-le et cliquez sur l'icône de la corbeille.

Ajout d'autres comptes de messagerie dans l'application Courrier

L'application Courrier ne gère par défaut que les messages des comptes Hotmail, Outlook, Yahoo!, ou Gmail. Pour ajouter d'autres comptes, vous devez utiliser Internet Explorer à partir du Bureau Windows 8.1 et les déclarer dans le compte Hotmail (`www. hotmail.com`) ou Gmail (`www.gmail.com`).

À partir du client de messagerie sous Internet Explorer, ouvrez le menu Options et recherchez le sous-menu qui vous permettra la gestion de messages d'autres comptes de messagerie.

Vous devrez ensuite indiquer l'adresse de messagerie et le mot de passe.

Lorsque votre compte Hotmail ou Gmail aura importé les messages de vos autres comptes, l'ensemble de ces derniers sera accessible à partir de l'application Courrier.

Cependant, il est possible d'ajouter directement depuis Courrier des comptes de messageries fonctionnant selon le protocole IMAP. Il suffit d'afficher la barre des charmes et de cliquer sur Paramètres puis sur Comptes. Ensuite, cliquez sur Ajouter un compte, puis sur la vignette Autre compte. Dans la boîte de dialogue Ajouter votre compte de messagerie, choisissez IMAP, et cliquez sur Connecter. Entrez votre adresse et votre mot de passe. C'est tout !

Cliquez sur le nom d'un dossier pour en afficher le contenu. Ensuite, cliquez sur le message à consulter. Son contenu s'affiche à droite de l'écran.

TRUC

Si vous avez créé des dossiers dans votre compte Gmail, ceux-ci sont automatiquement listés dans l'application.

N'OUBLIEZ PAS

Mais où sont les outils et les menus de l'application Courrier ? Comme toutes les applications de l'écran d'accueil, l'application Courrier dissimule ses menus dans la marge inférieure de l'écran. Voici quelques astuces pour activer la barre inférieure de menus à partir d'une application Windows.

Pour activer la barre de menus inférieure à partir de n'importe quelle application, exécutez l'une des options suivantes :

- **Souris** : un clic droit sur une partie vide à l'intérieur de l'application.
- **Clavier** : appuyez sur les touches Windows + Z.
- **Écran tactile** : à partir du bas de l'écran, faites glisser votre doigt vers le haut.

Lorsque la barre d'outils apparaît au bas de l'écran, comme le montre la Figure 10.4, elle révèle des icônes pour vous aider à manœuvrer à travers l'application.

Figure 10.4 : La barre de menus inférieure que l'on retrouve dans toutes les applications de l'écran Accueil.

Composition et envoi d'un message

Lorsque vous êtes prêt à envoyer un message électronique, exécutez les étapes suivantes pour composer votre lettre et la déposer dans la boîte électronique, puis l'envoyer dans l'espace virtuel de votre destinataire :

1. **À partir de l'écran d'accueil, ouvrez l'application Courrier et cliquez sur l'icône Nouveau (représentée par un signe plus) localisée dans la partie supérieure droite de l'écran.**

   Une fenêtre Nouveau message, vide, apparaît.

   TRUC : Si vous avez configuré plus d'un compte de messagerie dans l'application Courrier, choisissez le compte à activer pour envoyer le courrier en cliquant sur la flèche dirigée vers le bas, en haut du volet de gauche.

   TRUC : Une autre technique consiste à choisir le compte dans la partie inférieure gauche de l'écran avant de cliquer sur le bouton Nouveau (+).

2. **Entrez l'adresse de messagerie du destinataire dans le champ À.**

   Dès que vous commencez à saisir les premières lettres, l'application Courrier scanne votre liste d'adresses dans l'application Contacts et affiche sous la zone À, une liste de correspondances éventuelles. Si l'adresse de votre destinataire se trouve dans la liste, cliquez-la ; l'application Courrier ajoute automatiquement l'adresse.

   Pour envoyer un message à plusieurs personnes, cliquez directement sur la lettre du champ À. L'application Contacts démarre et affiche la liste des adresses de messagerie de vos contacts. Cliquez sur le ou les noms des personnes à qui vous souhaitez envoyer votre message, puis cliquez sur le bouton Ajouter. Le champ À affiche la liste des adresses comme si vous les aviez tapées à la main.

3. **Ajoutez des contacts en copie par un clic dans le champ Cc.**

4. **Cliquez dans le champ Ajouter un objet situé au-dessus de la zone de saisie de votre message, et indiquez le sujet de votre courriel.**

Bien que facultatif, l'objet permet aux destinataires d'avoir une idée sur le contenu du mail et de trier leur courrier (voir la Figure 10.5).

5. **Saisissez le texte de votre message dans la zone vide sous la ligne Objet.**

   Vous n'êtes pas limité pour la taille du message et au fur et à mesure de la frappe, si vous orthographiez mal un mot, l'application Courrier le souligne en rouge. Pour le corriger, faites un clic droit sur le mot souligné et choisissez la bonne orthographe dans le menu qui apparaît, comme le montre la Figure 10.5.

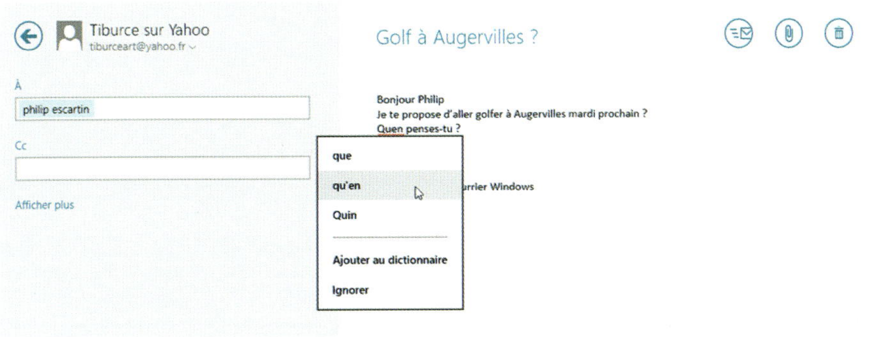

Figure 10.5 : Entrez votre message et profitez des bienfaits du vérificateur d'orthographe intégré.

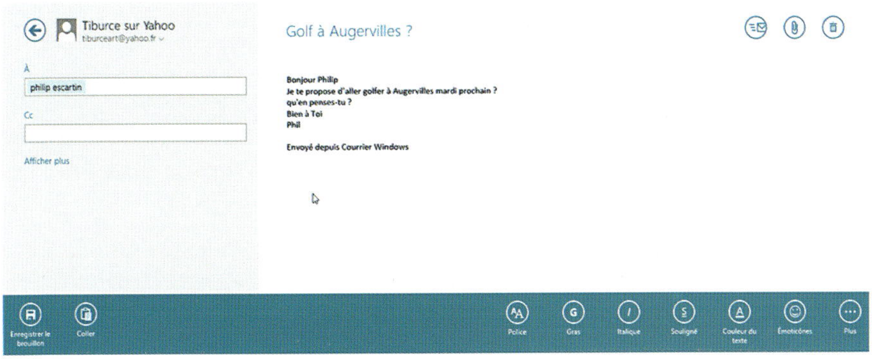

Figure 10.6 : Pour mettre en forme vos messages.

6. **Si vous le souhaitez, ajoutez des fichiers ou des photos à votre message.**

Ce dont vous avez besoin pour envoyer un message ?

Pour envoyer un message avec l'application Courrier, vous avez besoin de :

- **Un compte Microsoft** : vous devez créer ce compte de messagerie avant de lancer l'application Courrier (consultez le Chapitre 2 pour plus d'informations). Toutefois, comme vous pouvez utiliser n'importe quelle adresse de messagerie à l'installation de Windows 8.1, elle sera validée comme telle par Microsoft.
- **Un compte de messagerie** : votre compte Microsoft pourra servir de compte de messagerie si vous utilisez déjà un compte Live, Hotmail, Yahoo! ou Outlook. La plupart des FAI (fournisseurs d'accès Internet, traités dans le Chapitre 9) fournissent une adresse de messagerie avec l'accès à l'Internet, mais elle ne sera pas accessible à partir de l'application Courrier.
- **L'adresse de messagerie de vos correspondants** : pour les adresses de vos amis, il suffit de leur demander ou de les importer à partir des applications Facebook, Twitter, LinkedIn ou autres, comme cela est indiqué dans la section "Ajout de vos comptes sociaux à Windows 8.1" dans ce chapitre. Une adresse se compose d'un nom d'utilisateur (qui ressemble parfois au vrai nom de la personne parfois précédé par son prénom), suivi par le signe @, puis du nom du fournisseur d'accès Internet de votre contact. Par exemple, l'adresse de messagerie de l'utilisateur Georges Brecat hébergé par Free pourrait être `georges.brecat@free.fr`. Contrairement à votre bureau de poste local, l'adresse de messagerie ne tolère pas les fautes d'orthographe. La précision est un must !
- **Votre message** : c'est là que vous vous faites plaisir : la rédaction de votre lettre. Après avoir entré l'adresse de la personne, l'objet puis le texte du message, cliquez sur le bouton Envoyer. L'application Courrier achemine votre message dans la bonne direction.

Si vous avez mal orthographié une partie d'une adresse de messagerie, votre message est renvoyé dans votre boîte de réception, avec un message assez déroutant indiquant qu'il n'a pas pu être distribué. Vérifiez l'adresse, corrigez-la et essayez à nouveau d'envoyer le message. S'il vous est encore retourné, décrochez le téléphone et demandez au destinataire de vous confirmer son adresse messagerie.

Vous pouvez également modifier la mise forme à partir de la barre de menus inférieure. Pour la faire apparaître en bas de l'écran, faites un clic droit dans l'application ou bien tapez les touches Windows + Z. Vous pouvez également glisser votre doigt vers le haut à partir d'une tablette. La Figure 10.6 montre la barre de menus inférieure avec les icônes de mise en forme dans la partie droite.

- La section « Envoi et réception de fichiers avec la messagerie » indique comment associer des fichiers à vos messages. En attendant, si vous êtes un peu téméraire, cliquez sur l'icône Pièces jointes à gauche de la barre de menus inférieure.

- La plupart des FAI ne permettent pas d'envoyer des fichiers de plus de 5 Mo, ce qui exclut pratiquement tous les films et n'autorise que l'envoi de quelques fichiers contenant de la musique ou des photos.

7. **Cliquez sur le bouton Envoyer dans l'angle supérieur droit de l'écran.**

   - L'application Courrier transfère votre message par le biais de l'Internet jusqu'à la boîte vocale de votre ami. Selon le débit de votre connexion Internet et les capacités des serveurs de messagerie, le courrier peut arriver au bout de quelques secondes, mais parfois de quelques jours ; la moyenne étant de quelques minutes.

   - Si vous *ne voulez pas* envoyer le message, cliquez sur le bouton Abandonner (poubelle) situé dans l'angle supérieur droit de l'écran. Si vous cliquez sur le bouton Retour (Flèche gauche), une copie non envoyée du message est enregistrée dans le dossier Brouillon. Pour le supprimer, affichez le contenu de ce dossier, sélectionnez votre message, et cliquez sur le bouton Supprimer (Corbeille), ou bien appuyez sur la touche Suppr de votre clavier.

TRUC

Vous pouvez interrompre la rédaction d'un message pour la reprendre ultérieurement. Dans ce cas, enregistrez votre brouillon. Pour cela, affichez la barre d'outils, et cliquez sur le bouton éponyme.

Lecture d'un message reçu

Lorsque votre ordinateur est connecté à l'Internet, l'écran d'accueil de Windows vous alerte dès qu'un nouveau message est arrivé. La vignette de l'application Courrier se met à jour automatiquement pour afficher l'expéditeur et l'objet des derniers messages non lus.

Pour lire un message ou y répondre, exécutez les étapes suivantes :

1. **Cliquez sur la vignette Courrier à partir de l'écran d'accueil.**

   L'application Courrier s'ouvre et affiche la boîte de réception. Les messages sont répertoriés de manière chronologique, le dernier arrivé est affiché en haut de la liste.

TRUC

Pour trouver rapidement un message particulier, cliquez sur l'icône de la loupe située dans la partie supérieure droite du volet central affichant la liste des messages. Cette action ouvre le volet Rechercher dont l'option de recherche est tout naturellement Courrier, comme le montre la Figure 10.7.

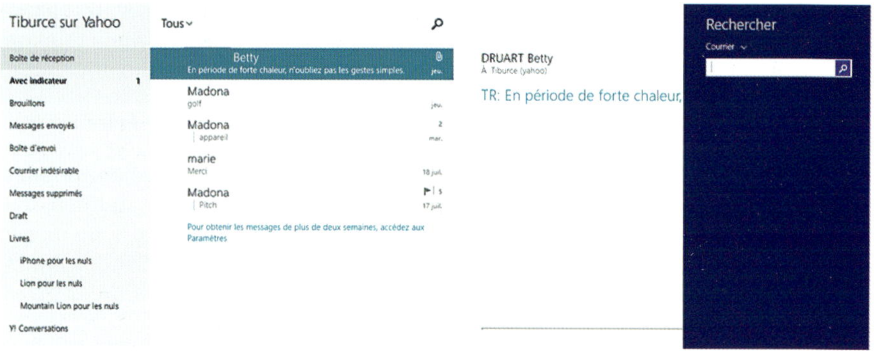

Figure 10.7 : Rechercher les messages d'un de vos contacts.

2. **Cliquez sur le message que vous souhaitez lire.**

   Le corps du message est affiché dans la partie droite de la fenêtre.

3. **Une fois que vous avez lu le message, plusieurs possibilités s'offrent à vous; chacune étant accessible à partir des boutons situés au-dessus du message :**

   - **Ne rien faire :** vous êtes indécis ? Ne faites rien ; le message sera simplement conservé dans la boîte de réception.

   - **Répondre :** cliquez sur le bouton Répondre dans la partie supérieure droite et choisissez Répondre dans le menu déroulant. Une nouvelle fenêtre apparaît, dans laquelle vous saisissez votre réponse. La fenêtre est semblable à celle dans laquelle vous rédigez un message, avec quelques différences : elle comporte le nom du destinataire et le sujet. En outre, le message d'origine est généralement conservé au bas de votre réponse.

   - **Répondre à tous :** certains courriers sont adressés simultanément à plusieurs personnes. Si vous voyez plusieurs destinataires dans un message, vous pouvez répondre à l'ensemble des destinataires en cliquant sur Répondre et en choisissant Répondre à tous dans le menu déroulant.

   - **Transférer :** si vous souhaitez envoyer le message à un autre destinataire, cliquez sur Répondre et choisissez Transférer dans le menu déroulant.

   - **Supprimer :** cliquez sur le bouton Supprimer pour déplacer le message dans le dossier Messages supprimés. Les messages supprimés sont conservés dans ce dossier. Pour les supprimer définitivement, accédez au dossier Messages supprimés, sélectionnez tous les messages et cliquez sur le bouton Supprimer.

Pour imprimer le message en cours, faites un clic droit sur l'écran. Ensuite, cliquez sur l'icône Imprimer de la barre d'outils qui apparaît dans la partie inférieure de Courrier.

L'application Courrier est un client de messagerie de base ; si vous avez besoin d'une application plus performante, vous pouvez revenir aux clients de messagerie spécifiques à vos messageries. À partir d'Internet Explorer, accédez à Outlook.com ou Google (`www.gmail.fr`) et gérez vos messages à partir de cette interface.

Si jamais vous recevez un message suspect venant d'une banque, d'eBay ou de tout autre site impliquant un compte bancaire, ne cliquez surtout pas sur les liens proposés par le message. Des sites d'hameçonnage envoient des messages qui tentent de récupérer les comptes et les mots de passe des utilisateurs en leur présentant par exemple, une interface de connexion en tous points semblable à celle de leur banque. L'hameçonnage ou *phishing* est traité plus en détail dans le Chapitre 11.

Envoi et réception de fichiers avec la messagerie

Comme quelques places de cinéma glissées dans une enveloppe avec une lettre, une pièce jointe est un fichier qui se greffe sur un message électronique. Vous pouvez envoyer ou recevoir tout type de fichier en pièce jointe.

Cette section décrit comment à la fois envoyer et recevoir un fichier *via* l'application Courrier.

Enregistrer une pièce jointe reçue avec un courrier

Lorsqu'une pièce jointe est associée à un message, elle s'affiche sous l'objet du message reçu. Pourtant, elle n'est pas encore disponible sur votre ordinateur.

Pour enregistrer le ou les fichiers joints, exécutez les étapes suivantes :

1. **Cliquez sur la pièce jointe pour la télécharger.**

   Cette technique est salutaire. En effet, tant que vous ne téléchargez pas la pièce jointe, elle reste sur votre serveur de messagerie, c'est-à-dire qu'elle n'est pas stockée sur votre ordinateur. Cela vous permet d'apprécier la validité de cette pièce jointe afin de ne pas importer dans votre ordinateur un fichier contenant un virus. Vous ne téléchargerez que les pièces jointes envoyées par vos contacts.

Lorsque le téléchargement est terminé, la pièce jointe est accessible. Si le fichier joint est une photo, une vignette de l'image est alors disponible.

2. **Cliquez sur l'icône ou sur la vignette de la pièce jointe. Dans le menu local qui apparaît, choisissez Enregistrer, comme à la Figure 10.8.**

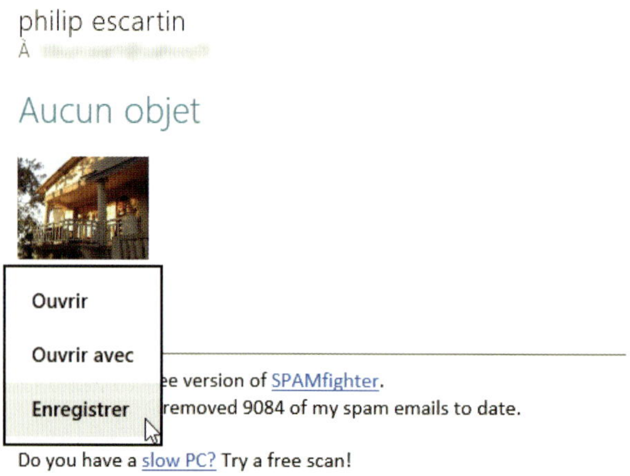

Figure 10.8 : Enregistrer une pièce jointe.

La pièce jointe sera copiée dans un dossier de votre ordinateur.

3. **Sélectionnez le dossier dans lequel le fichier sera copié.**

Le sélecteur de dossiers de Windows 8.1 apparaît, comme le montre la Figure 10.9.

4. **Cliquez sur la flèche à droite du mot Fichiers puis choisissez la bibliothèque qui recevra le fichier : Documents, Images, Musique, Vidéos,** *etc.*

La sauvegarde du fichier dans une des quatre bibliothèques est la meilleure méthode pour le retrouver plus tard sans problèmes. Les fichiers, dossiers et bibliothèques sont traités dans le Chapitre 5.

TRUC

Pour sauvegarder ce fichier dans un dossier personnel, choisissez Ce PC. Parcourez alors les disques durs et dossiers de votre ordinateur pour localiser l'emplacement de stockage de cette pièce jointe.

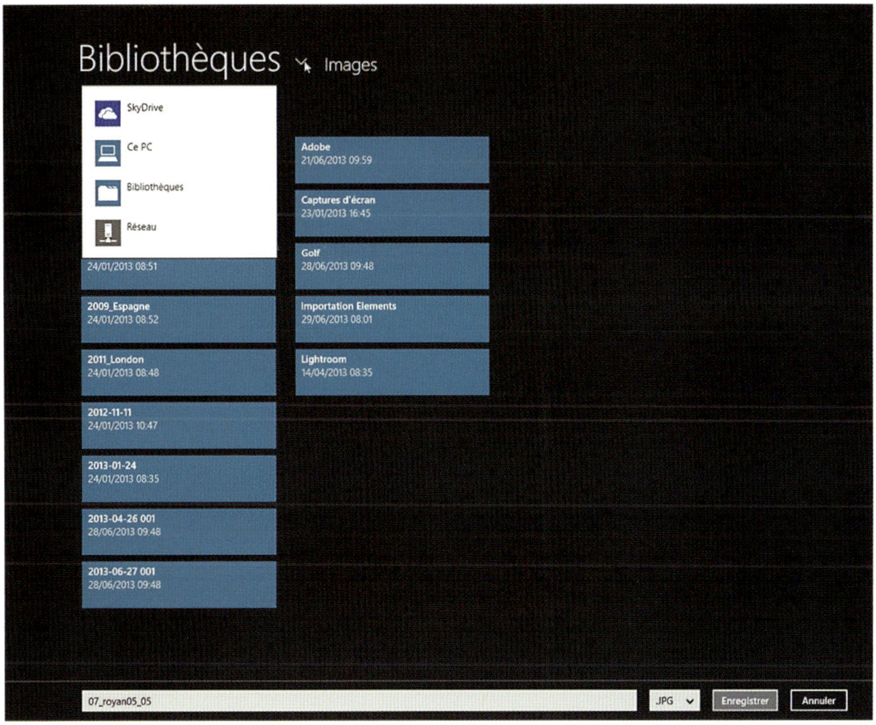

Figure 10.9 : Pour enregistrer un fichier, choisissez un dossier puis cliquez sur le bouton Enregistrer.

5. Cliquez sur le bouton Enregistrer en bas à droite de l'écran.

Le fichier est copié dans la bibliothèque ou le dossier du disque dur de votre choix.

Lorsque le fichier est enregistré, l'application Courrier revient à l'écran principal. Vous pouvez remarquer que le fichier joint est toujours associé au courrier. En effet, le fichier joint a été sauvegardé, mais il reste associé au message d'origine dans l'application de messagerie. Ce fonctionnement est pratique, car si vous supprimez accidentellement le fichier enregistré, vous pourrez toujours revenir au message d'origine et enregistrer le fichier à nouveau.

L'antivirus intégré à Windows 8.1, Windows Defender, analyse automatiquement le courrier électronique et les pièces jointes au fur et à mesure de leur arrivée. Windows Defender est présenté dans le Chapitre 11.

Envoi d'un fichier en pièce jointe

L'envoi d'un fichier par l'application Courrier fonctionne un peu comme l'enregistrement d'un fichier joint, mais en sens inverse : au lieu d'enregistrer un fichier dans un dossier ou une bibliothèque à partir d'un message, vous sélectionnez un fichier dans un dossier ou une bibliothèque et vous l'associez à un message.

Pour envoyer un fichier en pièce jointe dans l'application Courrier, procédez de la manière suivante :

1. **Ouvrez l'application Courrier et créez un nouveau message, comme décrit précédemment dans ce chapitre.**

2. **Cliquez sur l'icône Fichier située dans la partie supérieure droite de l'écran.**

   La fenêtre Sélecteur de dossiers de Windows 8.1 apparaît, comme sur la Figure 10.9.

3. **Déplacez-vous jusqu'au dossier contenant le fichier que vous souhaitez envoyer.**

   Cliquez sur la flèche à droite du mot Bibliothèques et sélectionnez la bibliothèque puis le dossier contenant le fichier (voir la Figure 10.9). La plupart des fichiers sont stockés dans les bibliothèques Documents, Images, Musique et Vidéos (les bibliothèques sont présentées dans le Chapitre 5).

   TRUC — À l'instar de l'enregistrement d'une pièce jointe, le choix d'un fichier peut se faire dans un autre dossier qu'une Bibliothèque. Pour cela, choisissez Ce PC afin d'afficher l'ensemble des disques durs connectés à votre ordinateur. Parcourez-les pour localiser le dossier contenant le fichier à joindre.

   Cliquez sur le nom d'un dossier pour voir les fichiers qu'il contient. Si ce n'est pas le bon dossier, cliquez sur le lien Monter pour revenir en arrière et déplacez-vous dans un autre dossier.

4. **Cliquez sur les noms des fichiers que vous souhaitez envoyer puis cliquez sur le bouton Joindre situé dans la partie inférieure droite de l'écran.**

   TRUC — Si vous avez sélectionné trop de fichiers, il suffit de cliquer à nouveau sur les noms des fichiers non désirés pour les désélectionner. Lorsque vous cliquez sur le bouton Joindre, l'application Courrier ajoute le ou les fichiers à votre message.

5. **Cliquez sur le bouton Envoyer.**

Votre courrier est envoyé à son destinataire.

Retrouver du courrier perdu

Il arrive fréquemment qu'un message important disparaisse dans une pile de dossiers et de fichiers. Pour le récupérer, la méthode est la même, quelle que soit l'application sous Windows 8.1. Commencez par activer le compte de messagerie dans lequel vous souhaitez retrouver un courrier. Ensuite, cliquez sur l'icône de la loupe située dans la partie supérieure du volet des messages afin d'ouvrir le panneau Rechercher.

Lorsque la fenêtre de recherche apparaît, tapez un mot ou un nom, puis appuyez sur Entrée pour accéder à l'élément recherché.

Remarque : si vous avez déclaré plus d'un compte dans l'application Courrier, vous devez rechercher dans chaque compte séparément.

Gestion de vos relations dans l'application Contacts

NOUVEAUTÉ WINDOWS 8

Lorsque vous avez permis à Windows 8.1 de s'interconnecter avec vos réseaux sociaux en ligne, comme cela a été décrit dans la première section de ce chapitre, vous avez idéalement stocké dans l'application Contacts les informations en ligne relatives à vos amis de Facebook, de Twitter et d'autres réseaux.

Pour voir toutes vos relations dans l'application Contacts, cliquez sur la vignette Contacts dans l'écran d'accueil. L'application s'affiche sur l'écran et répertorie tous vos amis en ligne, comme le montre la Figure 10.10.

L'application Contacts synchronise automatiquement les informations avec vos réseaux sociaux. Par exemple, la suppression ou l'ajout d'un contact Facebook est immédiatement mise à jour dans l'application Contacts.

Cependant, vos amis qui ne partagent pas leur vie en ligne *via* les réseaux sociaux n'apparaîtront pas dans l'application Contacts. Il en sera de même pour vos amis Facebook qui souhaitent conserver des informations confidentielles et qui ne veulent pas les partager avec d'autres programmes.

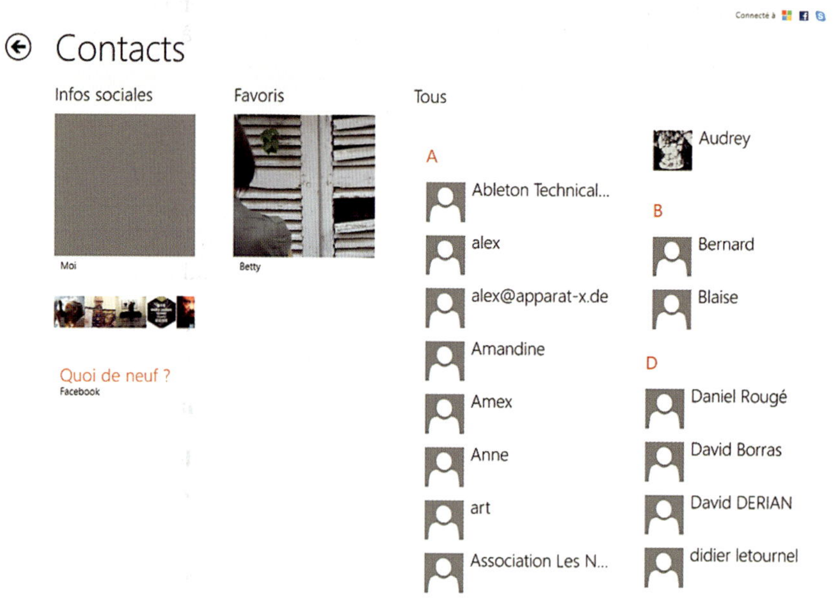

Figure 10.10 : L'application Contacts affiche automatiquement vos amis répertoriés dans vos réseaux sociaux.

Soyez informé des mises à jour de vos amis

Pour vous amuser un peu avec l'application Contacts, cliquez sur la rubrique « Quoi de neuf ? », en bas à gauche de la fenêtre (voir la Figure 10.10). L'application répertorie les dernières mises à jour de vos amis, qu'ils soient publiés sur Facebook, Twitter, LinkedIn ou tout autre réseau social que vous avez ajouté.

La page « Quoi de neuf ? » représente un instantané des informations des médias sociaux ; elle est mise à jour et gelée lors de l'ouverture de l'application. Si vous n'y trouvez pas suffisamment d'informations, ni de nouvelles fraîches, c'est que vous ne suivez pas assez de contacts sur Facebook, Twitter, *etc.*

Vous pouvez également consulter les mises à jour d'une personne en particulier en cliquant sur son nom. Les informations la concernant sont affichées à gauche et ses dernières mises à jour à droite.

Cela signifie que vous devrez modifier manuellement certaines entrées des Contacts. Cette section explique la marche à suivre pour faire face aux constantes évolutions des réseaux sociaux.

Ajout de contacts

Bien que l'application Contacts gère automatiquement les évolutions de votre carnet d'adresses, vous pouvez facilement ajouter des personnes suivant l'ancienne manière, en le faisant à la main !

Pour ajouter une personne à l'application Contacts, ce qui la fera apparaître dans les applications Courrier et Skype, procédez de la manière suivante :

1. **À partir de l'écran d'accueil, cliquez sur la vignette Contacts.**
2. **Faites un clic droit dans une partie vide de l'application pour afficher la barre de menus inférieure. Puis cliquez sur l'icône Nouveau contact en bas à droite de l'écran.**

   Un formulaire Nouveau contact vierge apparaît, comme à la Figure 10.11.

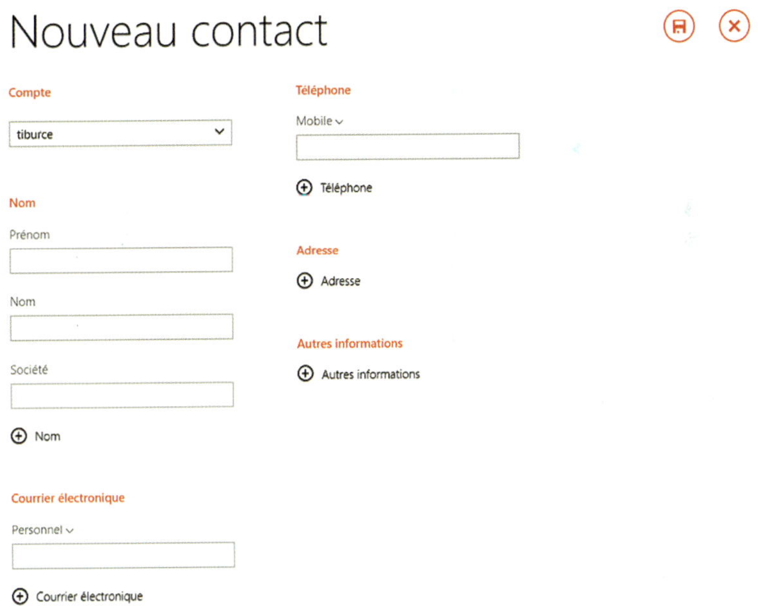

Figure 10.11 : Ajouter un contact non répertorié sur un réseau social.

3. **Remplissez le formulaire Nouveau contact.**

   Les noms des champs (voir la Figure 10.11) tels que Prénom, Nom, Courrier électronique, Adresse, *etc.*, se passent d'explication. Cliquez sur le bouton Autres informations pour ajouter des éléments comme la fonction, le site Web, *etc.*

   Si vous avez déclaré plusieurs comptes de messagerie dans votre application Courrier, le renseignement du champ Compte risque d'être délicat. En effet, vous devez indiquer dans ce champ auquel de vos comptes de messagerie sera affecté ce nouveau contact.

   La réponse s'articule principalement autour de votre téléphone portable. Choisissez votre compte Google (Gmail) si vous utilisez un téléphone Androïd, de sorte que ce nouveau contact apparaisse dans la liste des contacts de votre téléphone Androïd.

   Choisissez le compte Microsoft si vous utilisez un téléphone Microsoft, pour les mêmes raisons que précédemment.

4. **Cliquez sur le bouton Enregistrer.**

L'application Contacts enregistre les nouvelles informations. Si vous repérez une erreur, ou si vous souhaitez y apporter des modifications, consultez la section suivante.

Suppression ou modification de contacts

Il peut arriver que vous ayez perdu de vue un de vos contacts, ou bien que son numéro de téléphone ait changé. Voici comment supprimer ou modifier un contact :

1. **À partir de l'écran d'accueil, cliquez sur la vignette Contacts.**

   L'application Contacts apparaît sur l'écran.

2. **Cliquez sur un contact.**

   La page du contact apparaît en plein écran.

3. **Faites un clic droit sur une zone vide pour activer la barre de menus inférieure.**

   Elle apparaît comme une marge horizontale en bas de l'écran.

4. **Cliquez sur le bouton Supprimer pour supprimer le contact ou sur le bouton Modifier pour mettre à jour les informations, puis cliquez sur Enregistrer.**

L'activation du bouton Supprimer supprime définitivement le contact. Le bouton Supprimer n'est proposé que pour les contacts qui ont été ajoutés *à la main*. S'ils ont été importés à partir de Facebook ou d'un autre site de médias sociaux en ligne, vous devez les supprimer à partir du site d'origine ; avec la commande Retirer de la liste d'amis pour Facebook ou Ne plus suivre pour Twitter.

En cliquant sur Modifier vous accédez à un écran où vous pouvez alors mettre à jour ou supprimer toute information. Cliquez ensuite sur Enregistrer pour valider les modifications.

Le bouton Épingler à l'écran d'accueil ajoute la vignette du contact sur la droite de l'écran d'accueil ; vous avez ainsi ses coordonnées sous la main et vous êtes au courant de ses dernières mises à jour.

TRUC

Pour envoyer rapidement un message à une relation de votre application Contacts, cliquez sur son nom et, lorsque ses informations apparaissent, cliquez sur le bouton Envoyer un message électronique. L'application Courrier démarre avec une fenêtre Nouveau message et le champ d'adresse prérempli ; il ne vous reste plus qu'à spécifier l'objet, saisir votre message et à cliquer sur Envoyer. Cette astuce ne fonctionne que si l'adresse de messagerie du contact est renseignée.

TRUC

Il peut arriver que certains de vos amis apparaissent plusieurs fois dans l'application Contacts. Cela arrive, par exemple, si vous suivez un ami Facebook sur Twitter ou s'il est identifié comme contact dans LinkedIn. Malheureusement, l'application Contacts n'offre pas de moyen de les combiner dans un seul compte, vous devrez faire avec !

Gestion des rendez-vous dans le calendrier

NOUVEAUTÉ WINDOWS 8

Après avoir entré vos comptes de réseaux sociaux tels que Facebook et Google, comme cela est décrit dans la première section de ce chapitre, vous avez déjà, sans le savoir, mis à jour l'application Calendrier avec les rendez-vous saisis par vous et vos amis en ligne.

L'application Calendrier affiche, par exemple, les anniversaires de vos amis Facebook, s'ils ont choisi de partager cette information. Vous pouvez également retrouver les rendez-vous que vous avez définis dans le calendrier de Google ; c'est un avantage très pratique pour les possesseurs de téléphones Androïd.

Pour voir vos rendez-vous, cliquez sur la vignette Calendrier à partir de l'écran d'accueil ; l'application Calendrier apparaît, comme le montre la Figure 10.12.

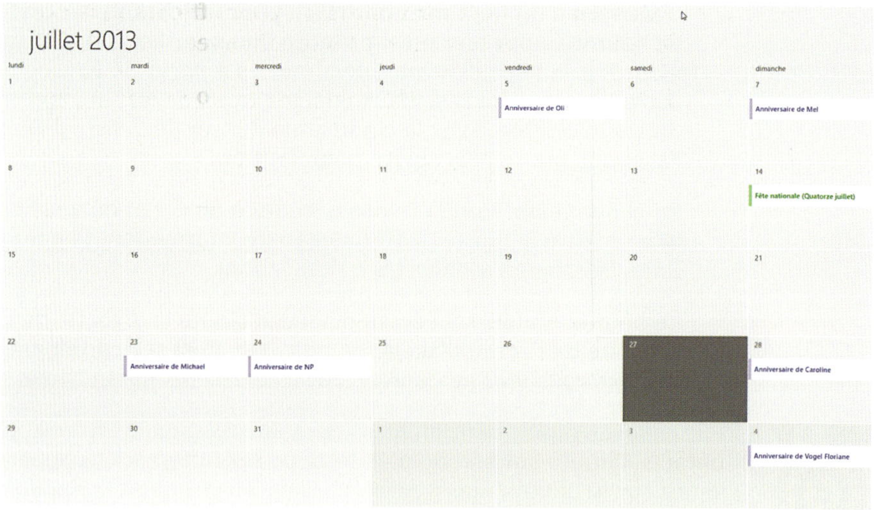

Figure 10.12 : L'application Calendrier.

Très peu de gens consultent tous leurs rendez-vous en ligne ; cependant, vous aurez parfois besoin d'en modifier certains, d'en ajouter de nouveaux ou de supprimer ceux auxquels vous ne pourrez pas participer. Cette section explique comment maintenir vos rendez-vous à jour.

L'application Calendrier s'ouvre pour afficher une vue mensuelle (voir la Figure 10.12). Pour passer à d'autres vues, faites un clic droit dans l'application pour activer la barre de menus inférieure, puis cliquez sur le bouton de votre choix : Jour, Semaine de travail, Semaine ou Mois.

Quel que soit le mode de visualisation, vous pouvez parcourir les rendez-vous en cliquant sur les petites flèches situées près des angles supérieurs de l'écran. Cliquez sur la flèche droite pour avancer dans le temps, cliquez sur la flèche gauche pour revenir en arrière.

L'application Calendrier rassemble toutes les informations relatives aux agendas de vos réseaux sociaux en ligne. Cependant, vous pouvez toujours ajouter ou modifier des rendez manuellement si vous le souhaitez.

Pour ajouter un rendez-vous à l'application Calendrier, procédez de la manière suivante :

1. **À partir de l'écran d'accueil, cliquez sur la vignette Calendrier.**

   Le calendrier apparaît, comme celui présenté précédemment dans la Figure 10.12.

2. **Faites un clic droit sur l'interface pour afficher la barre d'outils inférieure, puis cliquez sur l'icône Nouveau.**

3. **Remplissez le formulaire qui apparaît, comme à la Figure 10.13.**

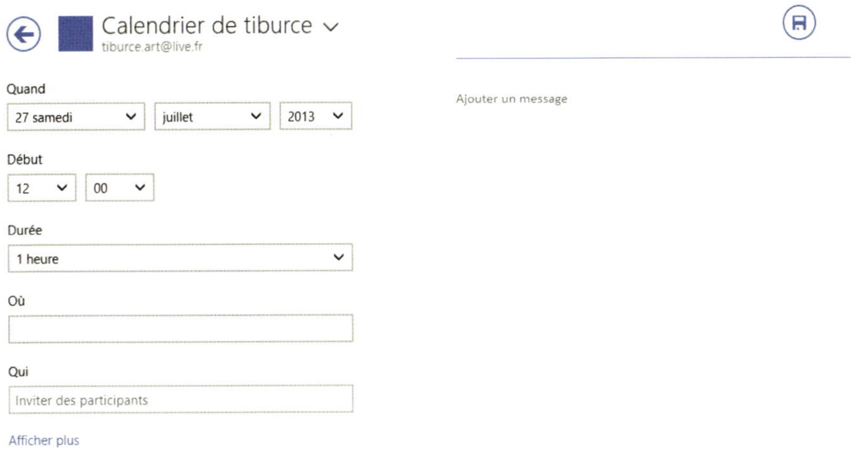

Figure 10.13 : Renseignez la date de rendez-vous, l'heure de début, la durée, **etc**.

Si vous avez déclaré plusieurs comptes de messagerie dans votre application Courrier, le renseignement du champ Calendrier risque d'être délicat. En effet, vous devez indiquer dans ce champ auquel de vos comptes de messagerie sera affecté ce nouveau rendez-vous.

Comme avec l'application Contacts, la réponse s'articule principalement autour de votre téléphone portable. Choisissez votre compte Google (Gmail) si vous utilisez un téléphone Androïd, de sorte que ce nouveau rendez-vous apparaisse dans le calendrier de votre téléphone Androïd. Choisissez Microsoft si vous possédez un téléphone Microsoft.

Les applications développées par Microsoft ne se coordonnent pas bien, voire pas du tout, avec les produits Apple!

4. **Cliquez sur le bouton Enregistrer ce rendez-vous situé dans l'angle supérieur droit de Calendrier.**

L'application Calendrier ajoute le nouveau rendez-vous au Calendrier Windows 8.1, ainsi qu'au compte que vous avez sélectionné à l'Étape 3.

Pour supprimer ou modifier un rendez-vous, ouvrez-le dans le Calendrier, puis cliquez sur le bouton Supprimer le rendez-vous (icône d'une Corbeille) pour le supprimer; si vous voulez le modifier, faites les modifications et cliquez sur le bouton Enregistrer ce rendez-vous pour valider la mise à jour.

Chatter via Skype

Voici une autre évolution de la version 8 de Windows avec la disparition de l'application Messages. En effet, Microsoft ayant récemment racheté Skype, l'application de téléphonie et de messagerie instantanée bien connue, elle remplace désormais MSN Messenger et *de facto* Messages.

Les applications de messagerie instantanée permettent d'échanger en ligne avec tous vos amis. Contrairement au courrier électronique, la messagerie instantanée gère les dialogues en temps réel ; en général, l'écran affiche deux boîtes, une pour la réception et la lecture et l'autre pour l'écriture et l'expédition.

Les applications de messagerie engendrent autant de sentiments d'amour que de sentiments de haine. Certaines personnes apprécient le confort et l'intimité apportés par le contact avec des amis lointains ; d'autres ne supportent pas de se sentir coincées comme dans un ascenseur et contraintes de faire la conversation.

Installer Skype

Si vous utilisiez MSN Messenger, Microsoft vous a probablement invité à télécharger et à installer Skype. Sinon, soit l'installation de Skype a été réalisée automatiquement lors de la mise en service de votre nouvel ordinateur ou de la mise à jour de son système d'exploitation, soit vous devez procéder de la manière suivante :

1. **Affichez l'écran d'accueil, et cliquez sur la vignette Windows Store.**
2. **Dans le champ Rechercher des applications situé dans la partie supérieure droite de l'interface, tapez Skype.**
3. **Dans le menu local qui s'affiche, cliquez sur la vignette Skype, comme à la Figure 10.14.**
4. **Dans la fenêtre de présentation du programme, cliquez sur le bouton Installation.**
5. **Dès que l'installation est achevée, un message vous en avertit, comme le montre la Figure 10.15.**
6. **Basculez vers l'écran d'accueil pour constater que la vignette de Skype y est bien présente.**

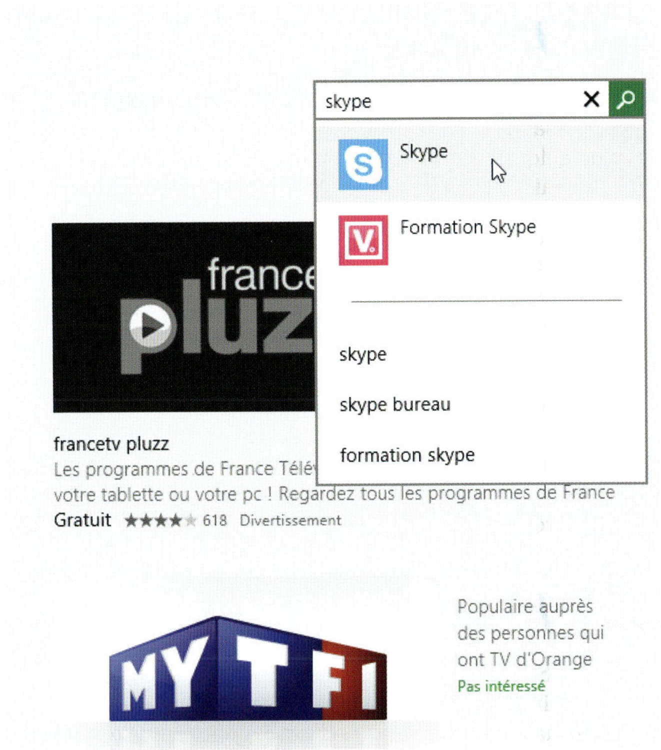

Figure 10.14 : Trouver Skype pour l'installer.

Figure 10.15 : C'est confirmé ! Skype vient d'être installé sur votre ordinateur.

Utiliser Skype

Pour commencer à philosopher avec vos amis en ligne, procédez de la manière suivante :

1. **À partir de l'écran d'accueil, cliquez sur la vignette Skype.**

2. **Si votre ordinateur est équipé d'une webcam et d'un microphone, l'application demande l'autorisation de les utiliser.**

   Pour réaliser des vidéoconférences, il est recommandé de cliquer sur le bouton Autoriser.

3. **Autorisez ou non Skype à s'exécuter en arrière-plan.**

   Cette autorisation affichera sur l'écran de verrouillage des notifications spécifiques à Skype.

L'installation est élémentaire. Trop peut-être et souhaitons qu'un souci majeur soit corrigé lorsque vous lirez ces lignes. En effet, si Skype remplace Messages, il ne lie pas automatiquement votre compte Facebook ! Donc, *quid* de tous vos contacts Facebook que vous espériez contacter *via* Skype ? Vous devez basculer vers le Bureau pour télécharger une version spéciale de Skype. Vous pourrez ainsi la lier à Facebook :

1. **Connectez-vous à l'adresse suivante** `https://support.skype.com/fr/faq/FA12162/comment-obtenir-la-version-bureau-de-skype-pour-windows-8`**, et téléchargez la version Skype pour le Bureau.**

2. **Double-cliquez sur le fichier téléchargé afin d'installer Skype.**

3. **Lancez le programme et suivez les instructions d'installation.**

4. **Pour utiliser Facebook depuis Skype, commencez par importer vos contacts.**

   Skype demande de vous connecter avec vos identifiants Facebook.

5. **Cochez les noms des contacts Facebook à importer dans Skype puis cliquez sur le bouton Ajouter x contacts.**

6. **Une fois l'importation terminée, ouvrez le menu local de l'onglet Contacts de Skype et choisissez Facebook afin de n'afficher que vos amis de ce réseau social.**

7. **Connectez-vous à Skype avec les identifiants de votre compte Facebook.**

   Dès lors, vous pouvez échanger en messagerie instantanée avec vos contacts Facebook sans être obligé d'accéder à votre compte Facebook depuis un navigateur Web.

8. **Choisissez votre contact Facebook dans l'onglet Contacts de Skype.**

9. **Si nécessaire, ouvrez le menu local Via situé en bas et au centre de la fenêtre Skype pour y choisir Facebook.**

Vous ne pouvez converser qu'avec les personnes connectées à Facebook.

10. **Tapez votre message dans la partie inférieure de la fenêtre et cliquez sur Envoyer.**

Bien que l'usage de l'application Skype soit intuitif, voici quelques informations complémentaires :

- Si vous ne voulez pas être dérangé pendant un certain temps, cliquez sur le bouton Statut en bas à gauche de la barre de menus inférieure et choisissez Invisible, comme à la Figure 10.16. Vous n'apparaîtrez plus comme disponible dans les programmes de messagerie de vos amis. Pour réapparaître dans le cercle de vos amis, cliquez sur l'icône Statut et sélectionnez Connecté.

TRUC

- L'application Skype fonctionne mieux si vous attendez la réponse au message que vous venez d'envoyer avant d'expédier le suivant. Si vous envoyez les messages à une cadence trop rapide, la conversation risque d'être décousue ; un peu comme une conférence de presse où tout le monde pose ses questions en même temps.

N'OUBLIEZ PAS

- Au moment où ces lignes ont été écrites, la version Skype de l'écran d'accueil ne prenait en compte que vos anciens contacts MSN ! Pour utiliser Skype à la manière de Messages, mais depuis le Bureau, vous devez télécharger et installer la version dite Bureau de Windows 8.1. C'est à cette seule condition que votre compte Facebook pourra être lié à l'utilisation de Skype.

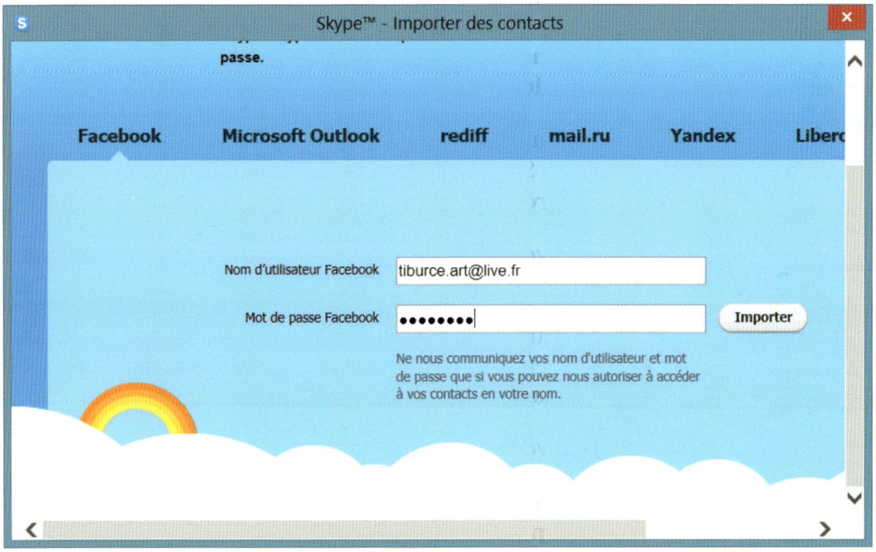

Figure 10.16 : Pour être tranquille.

Chapitre 11

Votre ordinateur, vous et votre sécurité

Dans ce chapitre :

- Windows et ses messages d'avertissement.
- Sécurité et Centre de maintenance.
- Internet et la sécurité.
- Supprimer des modules complémentaires dans notre navigateur.
- Échapper à l'hameçonnage.
- Mettre en place un contrôle parental.

Travailler avec Windows, c'est un peu comme conduire une voiture : vous êtes à peu près en sécurité tant que vous respectez les signaux et les distances de sécurité, que vous ne roulez pas à une vitesse excessive sans vous préoccuper des autres, et que vous ne passez pas votre temps à regarder le paysage sur les côtés.

Mais dans le monde de Windows et de l'Internet, apprendre le code de la route n'est pas si simple que cela, voir et comprendre les signaux n'a rien d'évident, et trouver le volant, les pédales ou le frein à main demande une gymnastique mentale incroyable. Même des choses qui ont l'air tout à fait innocentes, comme un message envoyé par un ami, ou un programme trouvé sur l'Internet, peuvent se révéler être des virus capables d'infecter votre ordinateur et vous poser des tas de problèmes.

Ce chapitre est donc conçu pour vous aider à ne pas vous fourvoyer dans des rues mal famées, à vous protéger vous-même et à minimiser les risques d'accident.

L'écran d'accueil, même s'il est protégé par Windows Defender, n'offre *aucun* outil de sécurité et *aucun* réglage que vous puissiez ajuster. Dans tout ce qui suit, nous allons donc devoir nous installer sur le Bureau de Windows.

Windows et ses messages d'avertissement

Après plus d'une vingtaine d'années de développement, Windows reste toujours assez naïf. Il arrive, lorsque vous exécutez un programme ou que vous essayez de modifier un réglage sur votre PC, ou encore quand vous voulez installer un nouveau matériel, qu'il soit incapable de savoir si c'est *vous* qui faites le travail, ou si c'est un *virus* qui tente de s'infiltrer.

Dans ce cas, Windows ne se pose pas trop de questions existentielles. Au moindre risque réel ou supposé, il obscurcit l'écran et affiche un message de sécurité vous demandant d'accorder (ou de refuser) votre autorisation pour poursuivre (ou non) l'opération.

Lorsque vous voyez apparaître ce genre de fenêtre, vous savez que Windows s'inquiète pour vous, et surtout pour lui. En cas de doute, et si ce n'est pas vous qui avez volontairement lancé cette opération, cliquez sur le bouton qui dit Non, ou encore Ne pas installer, ou quelque chose dans ce genre. En revanche, si vous êtes *vraiment* en train de vouloir par exemple installer un programme ou un nouveau pilote, et que Windows se met à paniquer sans raison valable, cliquez sur Oui, ou Installer, ou tout autre bouton servant à lui envoyer un signal rassurant.

Mais tout cela ne vaut que si la session est ouverte avec un compte Administrateur. Si ce n'est pas le cas, inutile de se poser des questions : vous n'avez *pas* le droit d'installer quoi que ce soit. Vous devez partir à la recherche de l'administrateur du PC et le convaincre de saisir son mot de passe pour pouvoir poursuivre.

Eh oui : un robot de sécurité particulièrement vigilant monte la garde devant la porte de Windows. Cela peut être parfois agaçant, mais ce sont aussi des bâtons supplémentaires qui sont mis dans les jambes des types qui fabriquent les virus !

Sécurité et Centre de maintenance

Prenez un peu de temps pour vérifier l'état de sécurité de votre PC avec le Centre de maintenance du Bureau. Disponible depuis la catégorie Système et sécurité du Panneau de configuration ou depuis l'icône ci-contre de la barre des tâches, ce Centre de maintenance affiche tous les problèmes détectés par les services de sécurité de Windows 8, tout en proposant des boutons qui permettent de réparer simplement la plupart des situations. Le petit drapeau affiché sur la droite de la barre des tâches montre toujours l'état courant du Centre de maintenance. S'il n'y a rien d'alarmant, il reste blanc. En cas de danger, une croix vient le marquer.

La Fenêtre du Centre de maintenance utilise des codes de couleurs pour signaler la gravité des problèmes (voir Figure 11.1).

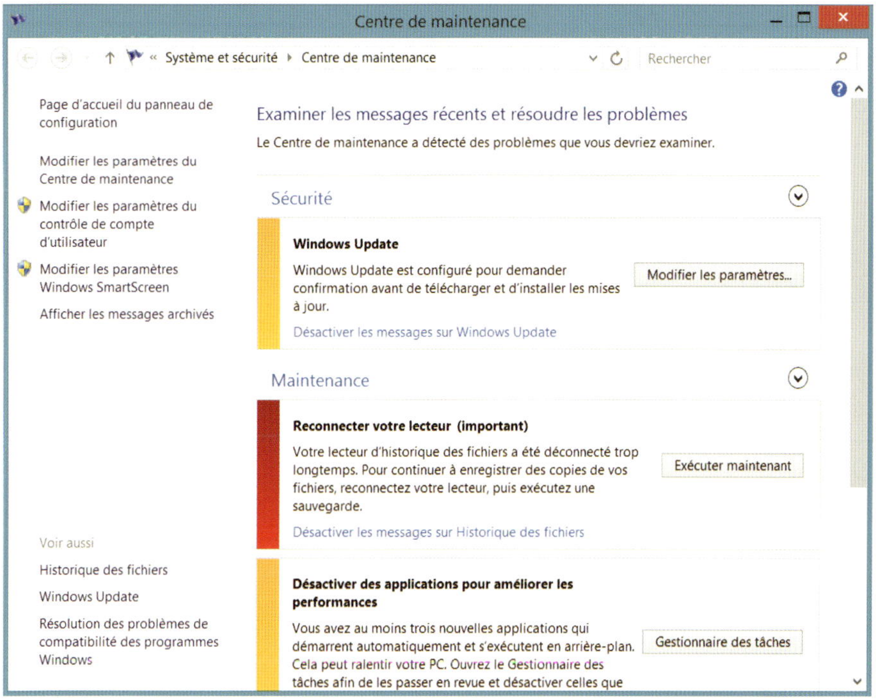

Figure 11.1 : Le Centre de maintenance pilote la première ligne des forces de sécurité chargées de défendre Windows.

Sur l'illustration de la Figure 11.1, par exemple, le bandeau rouge signale quelque chose de critique, et qui doit donc être immédiatement réparé. En l'occurrence, il s'agit de reconnecter le lecteur permettant d'exécuter l'historique des fichiers, c'est-à-dire réaliser une sauvegarde.

Un bandeau jaune signifie que le problème devrait mériter votre attention, mais qu'il n'est pas forcément dramatique. Par exemple, la configuration de Windows Update n'est peut-être pas adaptée à votre connaissance des systèmes d'exploitation.

Normalement, toutes les lignes de défense de la rubrique Sécurité devraient être activées pour que la protection soit maximale (pour autant, le fait d'approuver un PC pour synchroniser un certain nombre d'informations entre plusieurs appareils, est-ce vraiment de la sécurité ?).

Si tous les canons de l'artillerie de Windows ne sont pas chargés et braqués vers l'ennemi, l'icône du Centre de maintenance vous le rappelle en affichant une croix sur le drapeau blanc.

Pour visiter le Centre de maintenance et réparer un problème, suivez ces étapes :

1. **Cliquez sur l'icône du Centre de maintenance située dans la zone des notifications de Windows 8.1, c'est-à-dire sur la droite de la barre des tâches. Dans les options qui s'affichent, cliquez sur la ligne Ouvrir Centre de maintenance.**

   La fenêtre du Centre de maintenance apparaît (reportez-vous à la Figure 11.1). Elle montre les problèmes mineurs ou sérieux qui ont été détectés en les répartissant en deux catégories : Sécurité et Maintenance. Dans un monde parfait, ces deux zones devraient être vides. Mais c'est rarement le cas, et c'est donc à vous de juger de ce que vous voulez « réparer ».

2. **Cliquez sur le bouton qui se trouve à droite d'un bandeau rouge ou jaune pour résoudre un problème de sécurité potentiel.**

   Lorsque vous constatez dans le Centre de maintenance qu'une des défenses de Windows 8.1 est désactivée, vous la remettez en service en cliquant sur ce bouton. Ou bien la question est immédiatement résolue, ou bien Windows va vous proposer de changer tel ou tel réglage pour rétablir la situation.

En suivant les deux étapes précédentes, vous vous assurez que votre ordinateur est aussi sûr que possible.

Éviter les virus avec Windows Defender

Lorsqu'on commence à parler de virus, alors *tout* devient suspect. Les virus voyagent non seulement en s'accrochant à des e-mails, des programmes, des fichiers, des réseaux ou encore des clés USB, mais aussi à des écrans de veille, des thèmes, des barres d'outils et des tas d'autres compléments à Windows.

Pour combattre ce fléau, Windows 8.1 contient une nouvelle version de son bras armé, Windows Defender, qui intègre un antivirus appelé Microsoft Security Essentials, auparavant en téléchargement libre sur le site de Microsoft.

Windows Defender analyse tout ce qui rentre dans votre ordinateur, et ce quelle qu'en soit la source : téléchargements, messages, courriers électroniques, disques, clés USB, réseaux, *etc*. S'il détecte un individu mal intentionné, il affiche un message d'avertissement dans un bandeau, aussi bien dans l'écran d'accueil que sur le Bureau. Il met alors le virus en quarantaine, ce qui l'empêche d'infecter votre ordinateur.

Windows Defender travaille en arrière-plan sans jamais s'arrêter. Mais rien ne dit qu'un petit malin n'arrive pas un jour à tromper sa vigilance. Si votre PC commence à avoir un comportement qui vous semble étrange, demandez à Windows Defender de passer immédiatement l'ordinateur au scanner en suivant ces étapes :

1. **Dans l'écran d'accueil, commencez à taper le mot Defender.**

   Dès que vous saisissez quelque chose, Windows commence à rechercher les applications correspondantes. Très vite, il devrait retrouver Windows Defender et afficher le bouton correspond dans la partie gauche de l'écran. Cliquez sur ce bouton pour charger l'interface du programme.

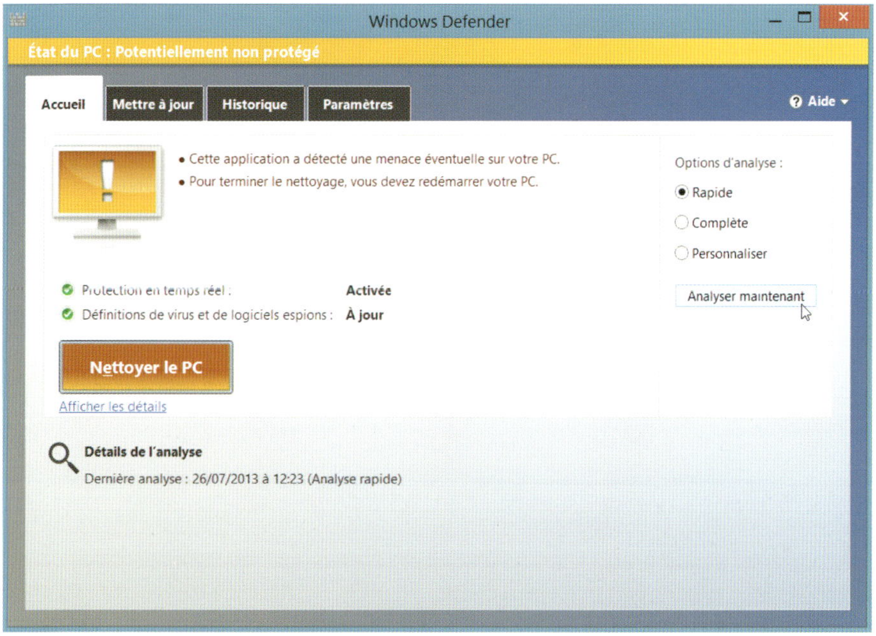

Figure 11.2 : Demandez à Windows Defender d'analyser maintenant votre ordinateur.

TRUC

Une autre technique consiste à ouvrir la barre des charmes depuis le Bureau, et à cliquer sur Rechercher. Dans le champ de saisie qui apparaît, tapez **Defender**, puis cliquez sur l'icône du programme qui apparaît.

2. **Dans la fenêtre de Windows Defender, cliquez sur le bouton Analyser maintenant (voir Figure 11.2).**

   Windows Defender exécute immédiatement une analyse rapide de votre ordinateur.

TRUC

Normalement, Windows Defender n'analyse pas les disques durs externes ou les clés USB. Pour les inclure, cliquez sur l'onglet Paramètres. Dans le volet de gauche, cliquez sur la ligne Paramètres avancés. Dans les listes d'options, à droite, cochez la case Analyser les lecteurs amovibles (voir Figure 11.3). Cliquez sur le bouton Enregistrer les modifications pour confirmer. Les analyses vont bien sûr être plus longues, mais les résultats le valent bien.

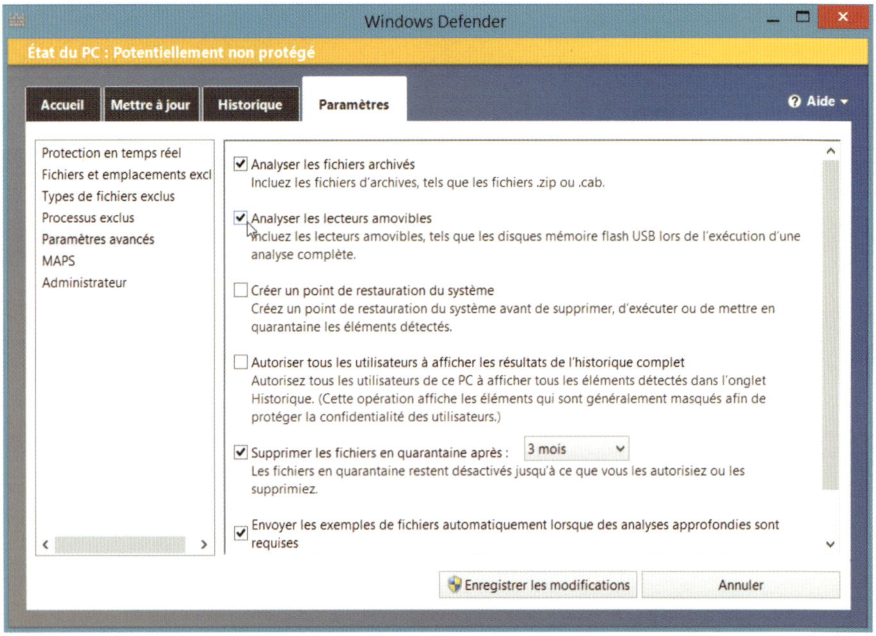

Figure 11.3 : Vous pouvez demander à Windows Defender d'analyser les disques amovibles.

Même si Windows Defender se tient derrière votre épaule pour vous protéger, suivez ces quelques règles pour réduire les risques d'infection :

- Les mises à jour de Windows Defender se font automatiquement *via* Windows Update. C'est pourquoi il est important d'être connecté à l'Internet régulièrement, si ce n'est en permanence, de manière à ce que Windows Defender dispose toujours des renseignements les plus récents possibles.

- Dans vos messages, n'ouvrez les pièces jointes que si vous les attendez. Si vous recevez d'un ami un fichier qui vous semble curieux, n'y touchez pas. Contactez immédiatement cette personne pour savoir si elle vous a *réellement* envoyé quelque chose.
- N'installez pas *deux* programmes antivirus, car ils risquent de se quereller et de ralentir sensiblement votre PC. Si vous voulez tester un nouveau système de défense, commencez par désactiver le premier, voire le désinstaller depuis le Panneau de configuration. Redémarrez l'ordinateur, puis installez l'antivirus que vous voulez essayer. Un nouveau redémarrage sera certainement nécessaire.
- Si vous utilisez un autre programme antivirus, il y a de fortes chances pour que Windows Defender soit désactivé. *A priori*, ce programme antivirus développé par une autre société spécialisée en la matière assure la sécurité de votre ordinateur. Si vous en doutez, ou si vous préférez utiliser Windows Defender, commencez par désactiver la protection antivirus de votre application. Un message du Centre de maintenance s'affichera dans la zone des notifications. Cliquez dessus ! Vous accédez alors à la boîte de dialogue illustrée à la Figure 11.4. Vous constatez que vos deux protections possibles sont désactivées. Cliquez sur Windows Defender puis sur le bouton Activer. Dans la fenêtre Windows Defender qui apparaît, cliquez là aussi sur le bouton Activer. Pour utiliser de nouveau votre logiciel antivirus, réactivez-le. Windows Defender sera automatiquement désactivé.

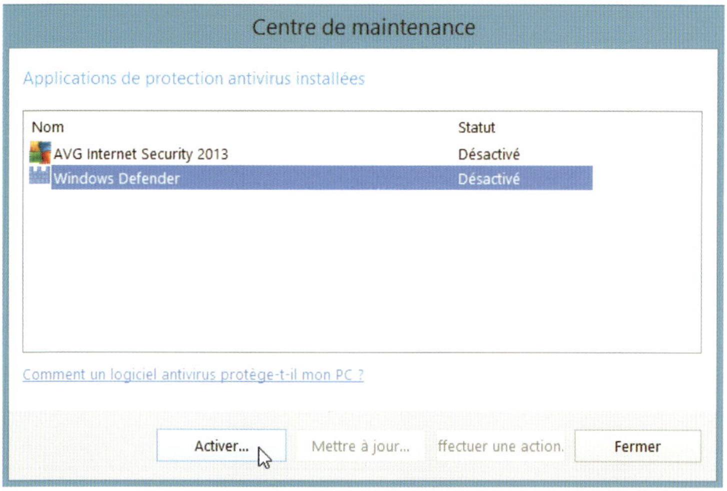

Figure 11.4 : Désactiver un programme antivirus pour réactiver Windows Defender.

Naviguer en sécurité sur l'Internet

En fait, l'Internet n'est *pas* sûr du tout. Il y a des gens qui conçoivent des sites Web spécifiquement pour exploiter des vulnérabilités de Windows ou d'Internet Explorer (celles pour lesquelles Microsoft n'a pas encore eu le temps de publier une mise à jour). Cette section décrit certaines des mesures que vous pouvez prendre pour naviguer avec un maximum de sécurité (tout en sachant que celle-ci ne sera jamais complète).

Éviter les compléments malfaisants

Microsoft a conçu Internet Explorer de manière à permettre à des programmeurs de développer des fonctionnalités supplémentaires. C'est ce qu'il appelle des *modules complémentaires*, ou encore des *add-ons*. En installant un tel programme, qu'il s'agisse d'une barre d'outils, d'un module d'aide au téléchargement, et ainsi de suite, vous pouvez étendre les capacités d'Internet Explorer dans différents domaines.

Malheureusement, il existe toujours des sales types qui en profitent pour créer des modules complémentaires ayant un tout autre objectif : espionner vos activités, bombarder votre écran de publicités ou encore rediriger votre page d'accueil vers un site particulier. Pire encore, certains renégats tentent de s'installer sans vous en demander la permission lorsque vous visitez certains sites.

Windows a plusieurs fusils chargés en permanence pour lutter contre ces fauteurs de troubles. Tout d'abord, Internet Explorer va bloquer tout programme qui essaierait de s'infiltrer insidieusement sans y être autorisé. Il affiche alors un message d'avertissement en bas de sa fenêtre et vous demande si vous voulez ou non accepter l'intrus. Si vous savez de quoi il s'agit, et surtout qu'il n'y a pas de risque particulier, vous pouvez cliquer sur le bouton Installer. Sinon, cliquez sur la croix qui se trouve à droite du bandeau pour renvoyer l'intrus à ses études.

Si vous acceptez la présence du module complémentaire, le programme va être téléchargé et installé. Internet Explorer vous demandera alors si vous voulez l'activer.

Malheureusement, Internet Explorer ne sait pas trier le bon grain de l'ivraie, et donc dire si un téléchargement est bon ou mauvais. C'est donc à vous de prendre la décision finale. Si vous voyez un message d'avertissement et que vous n'avez *rien* demandé à personne, il y a de bonnes chances pour qu'un site essaie de vous pirater. Ne cliquez pas sur le bouton Installer. Cliquez par exemple sur l'icône de votre page d'accueil dans Internet Explorer, ou choisissez l'un de vos favoris, pour remplacer la page courante.

Si un intrus arrive tout de même à passer entre les mailles du filet, tout n'est pas perdu. Le Gestionnaire de modules complémentaires d'Internet Explorer vous permet en effet de le désactiver. Pour voir tous les compléments installés dans Internet Explorer, et supprimer ou désactiver ceux que vous savez être nuisibles, inutiles ou simplement ennuyeux, suivez ces étapes :

1. **Cliquez sur le bouton Outils, à droite de la barre d'onglets d'Internet Explorer, et choisissez dans le menu correspondant l'option Gérer les modules complémentaires.**

   La fenêtre Gérer les modules complémentaires apparaît (voir Figure 11.5).

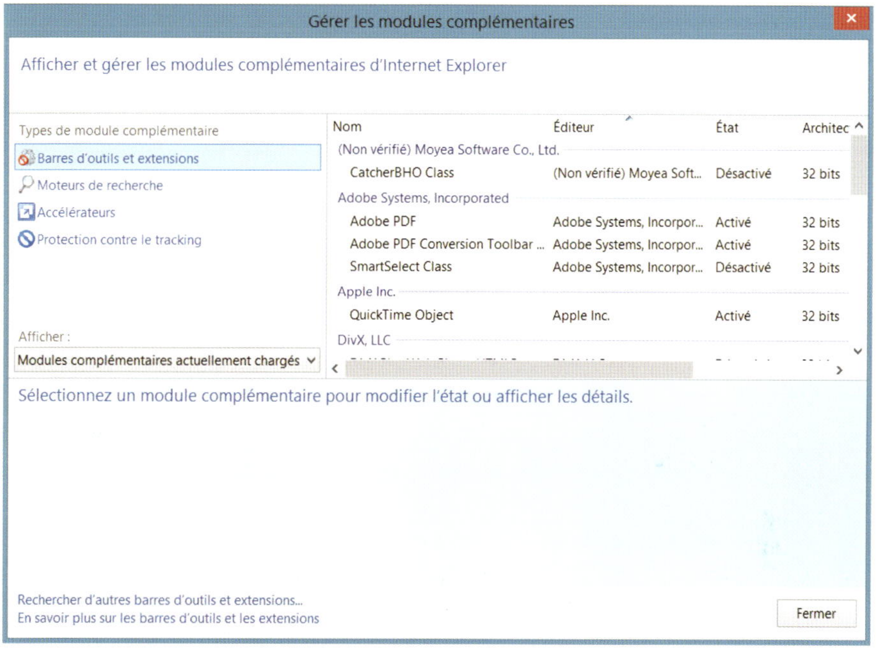

Figure 11.5 : Le Gestionnaire de modules complémentaires d'Internet Explorer vous permet de voir tous les compléments installés et de désactiver ceux qui ne vous plaisent ou ne vous conviennent pas.

2. **Dans la liste Barre d'outils et extensions, cliquez sur le complément qui vous pose des problèmes ou vous ennuie, puis cliquez sur le bouton Désactiver.**

   Vous ne trouvez pas le complément que vous recherchez ? Ouvrez, à gauche de la fenêtre, la liste Afficher afin de basculer entre les options Tous les modules complémentaires, Modules complémentaires actuellement chargés, Exécuter sans autorisation et Contrôles téléchargés.

Lorsque vous avez enfin localisé la barre d'outils ou le programme dont vous ne voulez pas (ou plus), cliquez sur son nom puis sur le bouton Désactiver.

3. **Répétez la procédure pour tout ce que vous voulez désactiver. Cliquez sur le bouton Fermer quand vous avez terminé.**

4. **Par mesure de sécurité, refermez Internet Explorer, puis relancez-le. Vous vous assurez de cette manière que toutes vos modifications seront bien appliquées.**

Ne vous affolez pas. Tous les modules complémentaires ne sont pas juste bons à jeter. Il en existe beaucoup qui peuvent être très utiles pour regarder des vidéos, écouter de la musique, ou encore voir des contenus spéciaux sur un site Web. Il en existe même qui vous renseignent sur la fiabilité et le degré de confiance qu'on l'on peut avoir sur la plupart des sites. En résumé, ne désactivez pas un *add-on* simplement parce que son nom apparaît dans le Gestionnaire de modules complémentaires !

- Dans les très rares cas où désactiver un module complémentaire empêcherait un site Web important de se charger, reprenez les étapes ci-dessus, et cliquez cette fois sur le bouton Activer pour ledit module.
- Y a-t-il un moyen sûr de savoir si un complément est bon ou mauvais ? La réponse est non, hélas. Vous pouvez regarder dans le Gestionnaire de modules complémentaires ce que dit la colonne Éditeur. Vous y trouverez peut-être un indice. L'éditeur est-il connu pour ses grandes qualités et sa fiabilité ? Ou bien vous souvenez-vous avoir installé son programme ? Avant d'en arriver là et de vous tenir la tête dans les mains, réfléchissez bien avant d'accepter d'installer des choses qu'Internet Explorer a tenté de bloquer.
- Assurez-vous que le système de blocage des fenêtres contextuelles (ces fameuses fenêtres dites *pop-ups* qui viennent vous ennuyer quand vous vous y attendez le moins) est bien actif. Pour cela, appuyez sur la touche Alt pour révéler la barre de menus d'Internet Explorer. Ouvrez le menu Outils, puis cliquez sur Bloqueur de fenêtres contextuelles. Si vous voyez s'afficher dans le sous-menu Désactiver le bloqueur de fenêtres contextuelles, c'est qu'il est bien en action. Sinon, cliquez sur la ligne Activer le bloqueur de fenêtres contextuelles, puis sur Oui dans le message qui apparaît.

Éviter d'être hameçonné

Un jour, vous recevez un message qui a l'air de provenir de votre banque, d'eBay, de PayPal ou bien encore du Ministère des Finances. Ce message vous dit qu'il y a un problème avec votre compte, et que vous devez cliquer sur quelque chose, puis entrer votre nom d'utilisateur et votre mot de passe pour que tout rentre dans l'ordre.

Ne faites rien! Même si tout a l'air parfaitement réaliste et que le site Web vers lequel on veut vous renvoyer ressemble comme deux gouttes d'eau à celui de votre banque, d'eBay, de PayPal ou du Ministère des Finances, et ainsi de suite. *On vous ment!* Vous êtes une victime potentielle d'une industrie criminelle appelée *hameçonnage*, ou encore *phishing* en anglais. Les fraudeurs envoient des millions de ces messages, dans l'espoir de tomber sur de bonnes poires qui ne vont pas réfléchir et fournir gentiment nom d'utilisateur et mot de passe pour se retrouver avec un compte en banque largement épuisé.

Bien entendu, si ce message est en anglais, il n'y a même pas à se poser la question. C'est de l'hameçonnage! Détruisez-le immédiatement en poussant de grands cris de joie.

Parfois, il est pratiquement impossible de faire la différence lors de la lecture entre un vrai message et un faux. Pourtant, c'est très simple : ils sont *tous* faux! Vous pouvez consulter vos relevés bancaires par Internet, faire des achats ou bien payer vos impôts. Mais jamais, jamais, un ces organismes ne vous enverra un message avec un lien vous demandant d'entrer un mot de passe ou un nom d'utilisateur. *Jamais.*

Si vous êtes du genre soupçonneux, ouvrez un onglet de votre navigateur et rendez visite au *vrai* site Web en tapant son adresse (et surtout pas en faisant un copier/coller depuis le message suspect!). Il est plus que vraisemblable que vous constaterez très vite qu'il n'y a aucun problème avec votre compte.

Pour vous protéger contre de telles attaques, Windows 8 pose plusieurs garde-fous :

- Dans Internet Explorer, cliquez sur le menu Outils, puis sur le filtre SmartScreen/Activer le filtre SmartScreen.. Dans la fenêtre qui apparaît, activez la ligne qui commence par Activer, comme à la Figure 11.6, puis cliquez sur OK. Ce filtre important *doit* être actif.
- Internet Explorer compare l'adresse d'un site Web avec une liste de noms connus pour être liés à des problèmes d'hameçonnage. S'il trouve ce nom, le filtre SmartScreen devrait vous prévenir et vous empêcher d'entrer. Dans ce cas, refermez la page Web.

Il existe également de bons chasseurs de mauvais sites. Recherchez-les sur le Web. Vous trouverez ainsi WOT (`www.mywot.com`), McAfee SiteAdvisor (`www.mcafee.com/fr`) et d'autres encore.

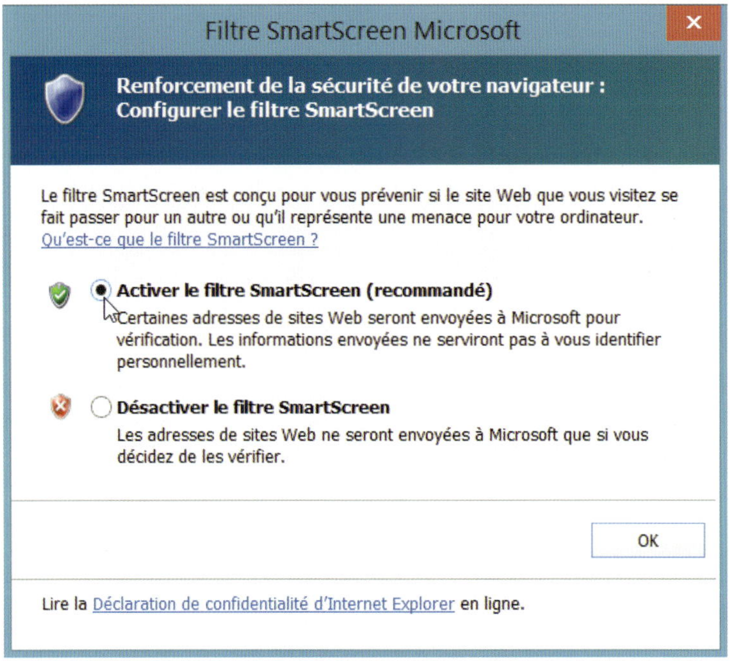

Figure 11.6 : Activer le filtre SmartScreen.

Vous vous demandez sans doute : mais que font la police et les autorités ? Les voleurs sur l'Internet sont notoirement difficiles à repérer et à punir. Ils peuvent être n'importe où sur la planète. La chasse est organisée en permanence, mais la proie est glissante et maligne.

N'OUBLIEZ PAS

Si vous êtes victime d'une « cyber attaque » (ou si vous découvrez par hasard quelque chose qui vous semble grave), vous pouvez en France communiquer les informations dont vous disposez sur un site spécialisé : `internet-signalement.gouv.fr`.

- Si vous avez, hélas, déjà entré votre nom et votre mot de passe dans un site d'hameçonnage, il faut réagir immédiatement. Visitez le *vrai* site et changez votre mot de passe. Contactez l'organisme en cause et demandez leur aide. Faites de même avec votre agence bancaire. C'est le seul moyen de stopper les voleurs avant qu'ils n'aient eu le temps de glisser leurs doigts électroniques dans votre compte. Et c'est très urgent : dès leurs mauvais coups faits, ils disparaissent dans la nature généralement en moins d'une journée.
- La remarque précédente est encore plus vraie si vous avez communiqué des données sur votre carte bancaire ! N'attendez surtout pas d'avoir à négocier avec votre banque pour vous faire rembourser (même si celle-ci doit *légalement* le faire)…

Configurer le contrôle parental

Voilà une fonctionnalité qui peut plaire aux parents, et que les enfants n'apprécieront pas du tout. Le contrôle dit parental offre différentes stratégies pour limiter ce que peuvent faire les autres utilisateurs d'un même PC, notamment quand ils souhaitent surfer sur Internet. Et cela ne s'adresse pas qu'aux enfants, mais potentiellement à tout le monde…

Avant tout, vous devez prendre certaines précautions :

- Il vous faut un compte de type Administrateur (voyez le Chapitre 14 pour plus d'informations à ce sujet). Si tout un chacun peut se servir du même PC, assurez-vous que tous les autres utilisateurs ont un compte de type Standard (vos enfants, la nounou, votre conjoint(e), le reste de la famille, et y compris vous-même, en plus du compte Administrateur).
- Si vos enfants (votre conjoint(e), la nounou, *etc.*) ont leur propre PC, créez sur chaque machine un compte Administrateur à votre usage personnel, et changez tous les autres comptes en Standard.

Pour configurer le contrôle parental, suivez ces étapes :

1. **Cliquez droit sur le bouton Démarrer et, dans le menu contextuel qui apparaît, choisissez Panneau de configuration.**

2. **Dans la catégorie Comptes et protection des utilisateurs, cliquez sur le lien Configurer le contrôle parental pour un utilisateur, comme à la Figure 11.7.**

   La fenêtre Contrôle parental apparaît.

3. **Cliquez sur le nom de l'utilisateur pour lequel vous voulez appliquer certaines restrictions.**

   Windows applique le contrôle parental de manière indépendante pour chacun des utilisateurs concernés. Désolé pour vous si vous avez une grande famille!

   La fenêtre Paramètres utilisateurs va s'afficher (voir Figure 11.8). Vous pouvez y définir comment va s'appliquer le contrôle parental.

4. **Dans la rubrique Contrôle Parental, cliquez sur le bouton radio Activé (ou à l'inverse sur Désactivé pour ne plus appliquer de contrôle parental).**

   Dans le premier cas, vous activez le contrôle parental, ce qui vous permet ensuite de choisir comment celui-ci est appliqué. Dans le second, vous stoppez ce contrôle, que ce soit à titre provisoire ou définitif.

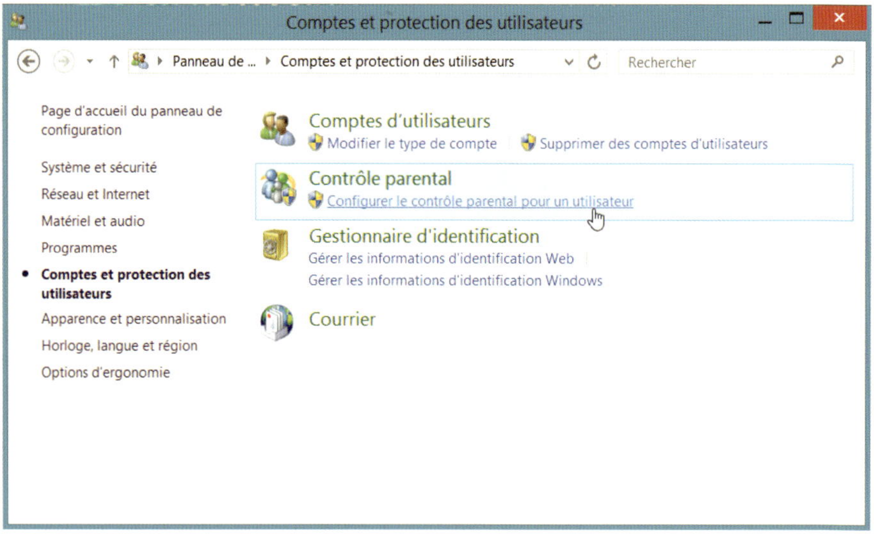

Figure 11.7 : Le contrôle parental commence ici.

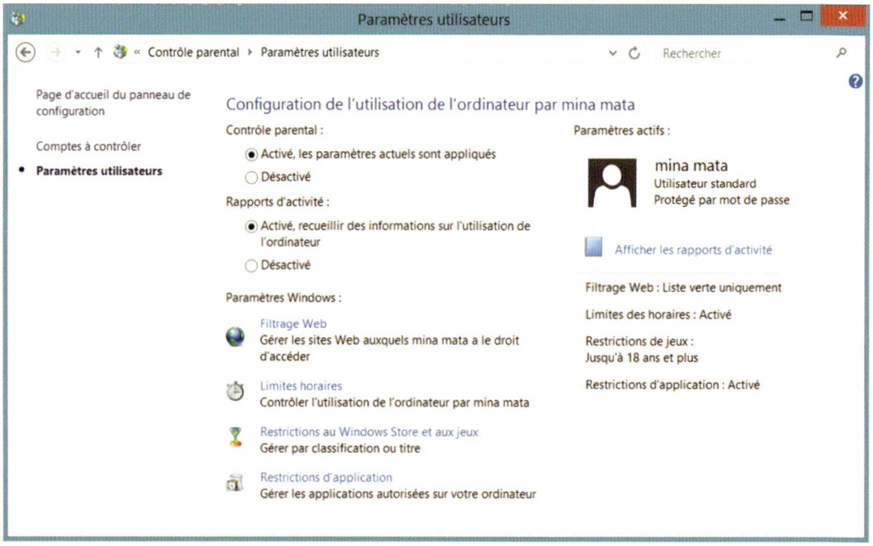

Figure 11.8 : Windows 8.1 vous permet de définir les droits et les restrictions qui s'appliquent au ou à la titulaire d'un compte Standard.

5. Choisissez les catégories que vous voulez contrôler et définissez les limites à appliquer.

Vous disposez de quatre catégories pour dessiner les frontières du contrôle parental :

- **Filtrage Web :** activez ce filtrage, notamment pour les jeunes enfants. Cliquez ensuite sur le lien Définir le niveau de filtrage Web. Dans la fenêtre qui apparaît, choisissez le niveau de protection que vous voulez établir. Si vous connaissez les noms des sites autorisés ou interdits, vous avez la possibilité soit d'établir une liste verte (seuls ces sites seront autorisés), ou inversement une liste noire (sites qui ne pourront pas être chargés).

- **Limites horaires :** dans la fenêtre Limites de temps, cliquez sur l'un des deux liens pour définir la durée d'utilisation permise ou encore les horaires non autorisés. Définissez les plages horaires autorisées ou bloquées dans les menus locaux de chaque jour de la semaine et du week-end, comme le montre la Figure 11.9.

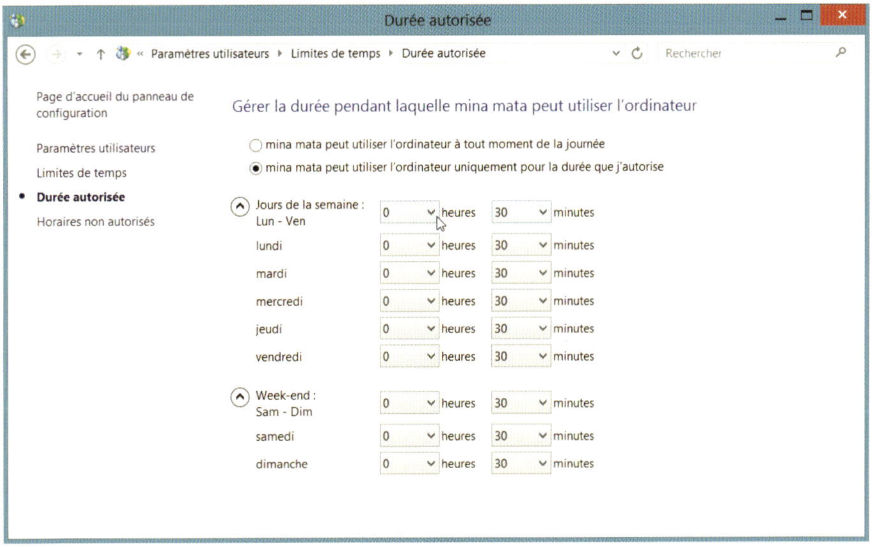

Figure 11.9 : Définissez les plages horaires pendant lesquelles l'utilisateur ou l'utilisatrice pourra ou non accéder à son compte.

- **Restrictions au Windows Store et aux jeux :** vous pouvez ici bannir *tous* les jeux, ou n'autoriser que ceux qui sont reconnus comme inoffensifs, ou encore spécifier manuellement les jeux installés sur l'ordinateur qui seront ou non bloqués.

- **Restrictions d'application :** Windows 8.1 utilise maintenant le même mot, applications, pour tous les programmes du Bureau *et* de l'écran d'accueil. Lorsque vous activez l'option Peut utiliser uniquement les applications que j'autorise, Windows se lance à la recherche de tous les programmes installés, pardon, de toutes les applications installées. Vous pouvez ensuite cocher dans la liste celles dont l'exécution sera autorisée. Par défaut, aucune case n'est cochée, ce qui signifie que *tout* est interdit, aussi bien sur le Bureau que dans l'écran d'accueil.

6. **Quand vous pensez avoir fait les bons choix, refermez la fenêtre des paramètres utilisateurs.**

   Vos définitions sont immédiatement appliquées.

Même si le contrôle parental est techniquement efficace, à trop vouloir interdire on peut aussi obtenir l'effet inverse de ce que l'on voulait faire. N'oubliez pas que nos chères têtes blondes sont bien souvent assez malignes pour contourner les interdictions de leurs parents… Jetez un coup d'œil de temps en temps sur ce que font vos enfants avec votre (ou leur) ordinateur, et discutez avec eux si vous pensez qu'ils prennent un risque ou voient des choses inadaptées à leur âge.

Quatrième partie

Personnaliser et faire évoluer Windows 8.1

Dans cette partie…

Il est intéressant pour un utilisateur de faire évoluer Windows 8.1 au gré de son humeur ou en fonction de l'évolution de son expertise informatique. Dans ce domaine particulier, la quatrième partie de ce livre est indispensable. Vous allez découvrir le Panneau de configuration de Windows 8.1, cet outil qui vous permet de changer pratiquement tout, mis à part votre ordinateur lui-même, bien sûr.

Le Chapitre 13 décrit les réglages à portée des boutons de votre souris, et grâce auxquels vous pourrez maintenir votre ordinateur dans une forme olympique, pour qu'il reste fiable et fonctionne sans à-coups. Si vous partagez votre belle machine avec d'autres personnes, vous y découvrirez aussi comment contrôler leurs comptes d'utilisateurs pour que ce soit *vous* qui décidiez de ce qu'elles peuvent faire ou non.

Enfin, si vous êtes bientôt prêt à acheter ce second (ou troisième, ou quatrième, ou cinquième) ordinateur, un chapitre va vous montrer comment tous les relier pour construire un réseau domestique, grâce auquel tout le monde pourra partager la même connexion Internet, la même imprimante, et les mêmes fichiers.

Chapitre 12

Personnaliser Windows 8.1 avec les Panneaux de configuration

Dans ce chapitre :

- Comprendre les deux Panneaux de configuration de Windows.
- Modifier l'apparence de Windows 8.1.
- Changer de mode vidéo.
- Installer et supprimer des programmes et des applications.
- Régler le maniement de votre souris.
- Configurer automatiquement la date et l'heure de votre ordinateur.

Il y a beaucoup de films de science-fiction dans lesquels on vous montre un plan rapproché d'une sorte de panneau de contrôle dont sort une épaisse fumée, juste avant qu'il ne s'embrase. Si cela se produit dans Windows, courez acheter un second extincteur : Windows 8.1 contient deux panneaux de configuration!

NOUVEAUTÉ WINDOWS 8

Le panneau de configuration de l'écran d'accueil, appelé Paramètres du PC, est plein de gros boutons. Il a considérablement évolué depuis la version 8 où vous ne pouviez y réaliser que des modifications sommaires. Désormais, la majorité des personnalisations les plus importantes peuvent être lancées depuis l'écran Paramètres du PC, car il renverra vers le Panneau de configuration du Bureau dès que le besoin s'en fera ressentir.

La version de Bureau, l'arme lourde appelée tout bêtement *Panneau de configuration*, reprend tous les réglages plus poussés que l'on trouvait dans les versions précédentes de Windows.

Bien qu'ils soient distincts, ces deux panneaux joignent souvent leurs forces. Parfois, un clic dans le Panneau de configuration du Bureau vous renvoie vers l'écran des Paramètres du PC et réciproquement pour que vous terminiez telle ou telle configuration.

Mais quelles que soient les rangées de commutateurs et autres boutons soigneusement rangés devant vous, l'objectif reste le même : vous permettre de personnaliser l'aspect, le comportement et vos rapports avec Windows 8.1. Ce chapitre explique quels réglages vous pourrez avoir à modifier, et desquels vous devriez vous tenir éloigné s'ils sont susceptibles de déclencher un incendie.

Un avertissement préalable : certains paramètres et réglages du Panneau de configuration ne peuvent être changés que par la personne qui possède le tout puissant compte appelé Administrateur (c'est généralement le propriétaire de l'ordinateur). Si Windows 8.1 refuse d'ouvrir le Panneau de configuration, faites appel à cet administrateur.

Trouver le bon réglage

Windows 8.1 comprend des centaines de réglages qui sont répartis entre l'écran Paramètres du PC et le Panneau de configuration du Bureau. Il est peu probable que le seul hasard vous conduise directement au réglage que vous voudriez modifier. Plutôt que de cliquer sans savoir où vous allez sur des tas de menus et de boutons, laissez Windows partir à la chasse à votre place.

Pour trouver le réglage dont vous avez besoin, suivez ces étapes :

1. **Depuis l'écran d'accueil ou le Bureau, ouvrez la barre des charmes et cliquez sur l'icône Rechercher.**

   Vous disposez de trois méthodes pour activer le volet Rechercher :

   - **Souris :** dirigez le pointeur dans le coin haut ou bas droit de votre écran. Lorsque la barre des charmes apparaît, cliquez sur le bouton Rechercher.
   - **Clavier :** appuyez sur la combinaison de touches Windows + Q.
   - **Écran tactile :** effectuez un balayage à partir du côté droit de l'écran, puis tapez sur l'icône Rechercher.

2. **Dans le volet de recherche qui apparaît, cliquez sur le chevron situé sous le verbe Rechercher et, dans le menu local qui apparaît, cliquez sur *Paramètres*.**

   Vous indiquez ainsi à Windows que vous voulez faire une recherche dans ses paramètres, et pas dans vos fichiers ou vos applications.

3. **Dans le champ Rechercher, saisissez un mot qui décrive le paramètre que vous souhaitez retrouver.**

   Lorsque vous tapez la première lettre, chaque paramètre qui contient ce caractère apparaît dans une liste. Si vous ne connaissez pas le nom exact de votre réglage, essayez de vous contenter d'un terme simple, comme **souris**, **affichage**, **utilisateur**, **sécurité**, ou quelque chose dans ce genre (Figure 12.1).

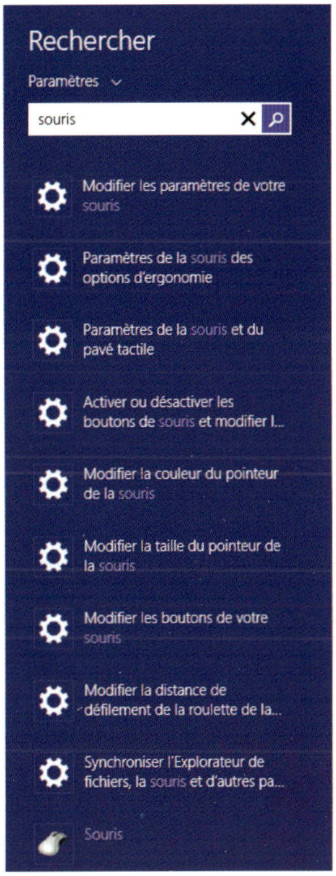

Figure 12.1 : Rechercher le paramétrage de la souris.

   Vous ne voyez rien qui vous convienne ? Cliquez sur le mot objet de votre recherche, puis sur le bouton X afin d'en effacer le contenu. Tapez un autre mot.

4. **Cliquez dans la liste sur le réglage voulu.**

   Windows vous conduit directement à la page qui concerne ce paramètre dans le panneau de configuration approprié.

TRUC

Lorsque vous voulez accéder à tel ou tel réglage, commencez toujours par faire appel au volet Rechercher. Quelques minutes passées ici vous donneront toujours de meilleurs résultats que si vous tentez de parcourir les centaines de paramètres disséminés dans l'écran d'accueil ou le Panneau de configuration de Windows 8.1.

Écran d'accueil et Paramètres du PC

Avec cette évolution qu'est Windows 8.1, l'écran Paramètres du PC de l'écran d'accueil a connu une véritable révolution en intégrant beaucoup plus de paramétrages qu'avec la version 8.

Pour ouvrir l'écran Paramètres du PC, suivez ces étapes :

1. **Depuis l'écran d'accueil ou le Bureau de Windows 8.1, activez le volet Paramètres de la barre des charmes.**

   Vous disposez de trois méthodes pour activer le volet Paramètres :

   - **Souris :** dirigez le pointeur dans le coin haut ou bas droit de votre écran. Lorsque la barre des charmes apparaît, cliquez sur le bouton Paramètres.
   - **Clavier :** appuyez sur la combinaison de touches Windows + I.
   - **Écran tactile :** effectuez un balayage à partir du côté droit de l'écran, puis tapez sur l'icône Paramètres.

2. **Cliquez ou tapez sur le lien Modifier les paramètres du PC.**

   L'écran Paramètres du PC s'affiche (voir Figure 12.2).

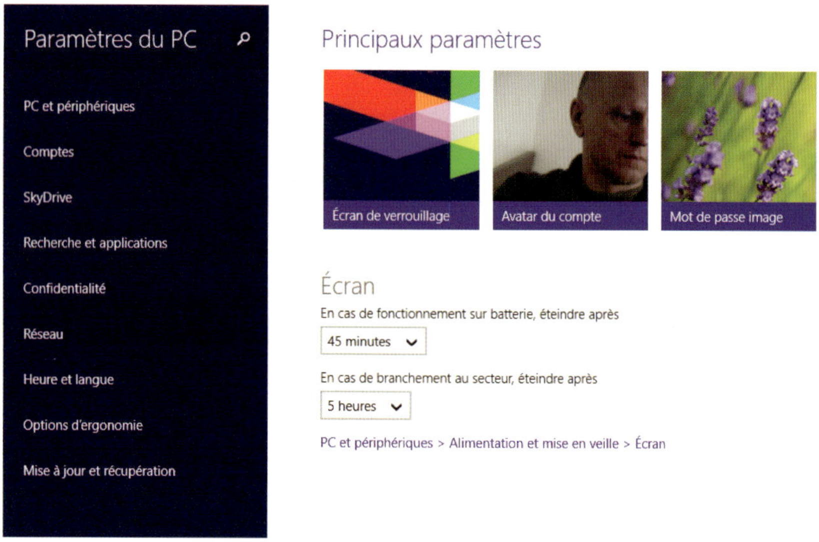

Figure 12.2 : L'écran Paramètres du PC de Windows 8.1 propose beaucoup plus de réglages que l'ancienne version.

Vous avez désormais accès aux principales catégories de réglages qui, le cas échéant, ouvriront le Panneau de configuration du Bureau pour que vous puissiez y réaliser la personnalisation de votre système d'exploitation.

NOUVEAUTÉ WINDOWS 8

Ainsi, dès que vous accédez à l'écran Paramètres du PC, vous disposez de liens directs vers des réglages principaux.

- **Principaux paramètres :** ces réglages permettent de personnaliser l'écran de verrouillage, l'avatar du compte, et le mot de passe image. Vous y définissez directement la durée de temps au terme de laquelle l'écran s'éteindra lorsque vous ne travaillez pas sur votre ordinateur. Si vous possédez un PC portable, vous spécifiez cette durée pour une utilisation de l'ordinateur sur batterie ou sur secteur. Le lien situé sous ces réglages affiche les réglages Alimentation et mise en veille de l'écran PC et périphériques.
- **PC et périphériques :** l'ensemble des paramètres proposés sont illustrés à la Figure 12.3. Ses réglages, que nous découvrirons tout au long de ce chapitre, intéressent aussi bien la résolution d'affichage que l'ajout de périphériques (imprimante par exemple), la configuration de la souris et du clavier, l'écran de verrouillage et de multiples autres choses.
- **Comptes :** affiche les principaux réglages de gestion de vos comptes d'utilisateurs.
- **SkyDrive :** cette catégorie est disponible si vous avez souscrit au nuage informatique de Microsoft. Les paramètres permettent de gérer la totalité des options de SkyDrive et vous proposent même un bouton permettant l'achat d'espace de stockage supplémentaire.
- **Recherche et applications :** gère l'ensemble des options liées aux fonctions de recherche de Windows 8.1. Vous pouvez, par exemple, supprimer votre historique de recherche, et définir le niveau de sécurité de vos recherches. Vous utiliserez cette catégorie de paramètres pour gérer le partage, et notamment spécifier les applications qui pourront y procéder. Vous configurerez également le comportement des notifications de Windows, ainsi que les applications dont vous souhaitez en recevoir ou pas.
- **Confidentialité :** contient les paramètres de confidentialité de Windows liés à Internet. Vous y définirez également les autorisations liées à votre emplacement géographique, à l'utilisation de votre webcam ou de votre microphone, et à celles d'autres périphériques connectés à votre ordinateur.
- **Réseau :** contient tous les réglages nécessaires à la configuration et à la gestion de votre réseau sans fil et/ou câblé. Vous y définissez également les options de vos appareils radio et sans fil, de votre proxy, des groupes résidentiels, et du lieu de travail.

- **Heure et langue :** pour régler la date, l'heure, la région et la langue d'utilisation de votre ordinateur.
- **Options d'ergonomie :** permettent de configurer Windows 8.1 pour des personnes souffrant d'un handicap physique, pour les malvoyants, et les malentendants.
- **Mise à jour et récupération :** donne accès aux options de Windows Update, de l'historique des fichiers, et de récupération de votre système.

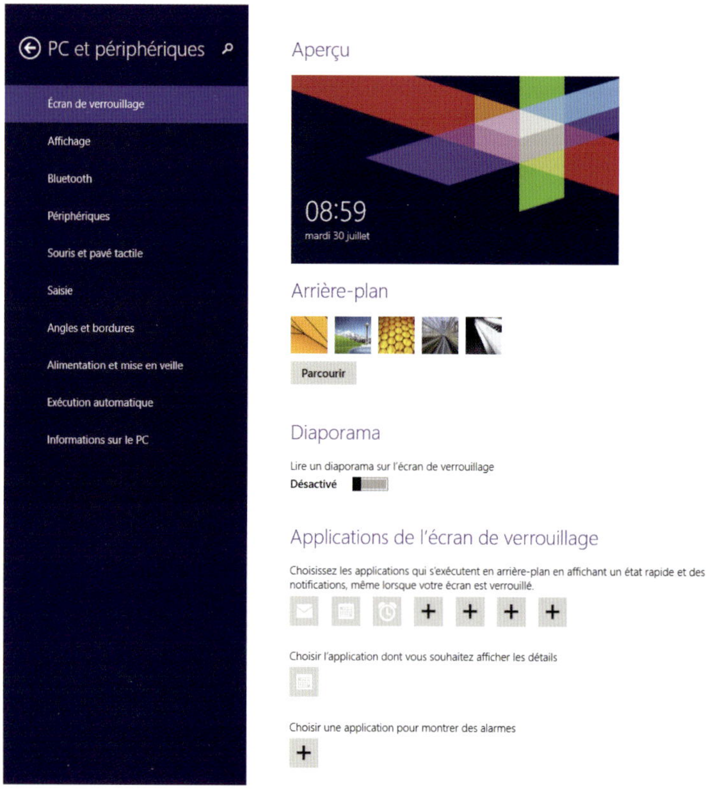

Figure 12.3 : Le paramétrage du PC et des périphériques est beaucoup plus complet sous l'écran d'accueil de Windows 8.1.

NOUVEAUTÉ WINDOWS 8

A priori, vous pourrez effectuer la majorité de vos paramétrages dans l'écran Paramètres du PC de l'écran d'accueil. Malgré cette nouveauté salutaire, certaines circonstances vous obligeront à passer par le très complexe Panneau de configuration de Windows 8.1 que je vous propose de découvrir à la prochaine section.

Le Panneau de configuration du Bureau

Lorsque l'écran Paramètres du PC ne suffit pas, cela signifie qu'il est temps de sortir l'artillerie lourde. Avec le Panneau de configuration du Bureau, vous pourriez bien passer toute une semaine à cliquer sur les icônes et à ajuster des réglages pour pousser Windows 8.1 dans ses derniers retranchements. Une partie de l'attrait de ce Panneau de configuration vient de son amplitude : il propose environ une cinquantaine d'icônes, et certaines de ces icônes activent des menus qui concernent des dizaines de réglages et de tâches.

Ne soyez cependant pas surpris si vous touchez à quelque chose dans le Panneau de configuration du Bureau et que vous vous retrouvez tout à coup dans la version Paramètres du PC de l'écran d'accueil pour finir le travail. Ces deux éléments semblent bien ne pas pouvoir se passer l'un de l'autre.

TRUC

Pour ouvrir le Panneau de configuration du Bureau, faites un clic droit sur le bouton Démarrer du Bureau (vous pouvez aussi utiliser le raccourci Windows + X) et, dans le menu contextuel qui apparaît, cliquez sur Panneau de configuration

Pour vous éviter de vous perdre dans un dédale d'options, le Panneau de configuration est lui aussi divisé en un certain nombre de catégories (voir Figure 12.4).

Figure 12.4 : Le Panneau de configuration du Bureau regroupe des dizaines et des dizaines de réglages en huit catégories principales.

Sous le nom de chaque catégorie, vous trouvez des raccourcis vers les réglages les plus courants. Par exemple, le premier, intitulé Système et sécurité, propose de consulter l'état de votre ordinateur, de faire appel à l'Historique des fichiers pour enregistrer des copies de sauvegarde, ou encore d'accéder à des outils de résolution des problèmes.

Certains contrôles ont du mal à trouver leur place dans une catégorie bien précise, tandis que d'autres servent surtout de raccourcis vers des réglages qui se trouvent ailleurs. Pour en voir davantage, et donc en savoir plus, ouvrez le menu local Afficher par, en haut et à droite de la fenêtre, puis sélectionnez l'une des options Grandes icônes ou Petites icônes. Immédiatement, vous vous retrouvez avec des trillions d'icônes supplémentaires (voir Figure 12.5). Pour revenir à la vue par défaut, choisissez Catégorie dans la liste Afficher par.

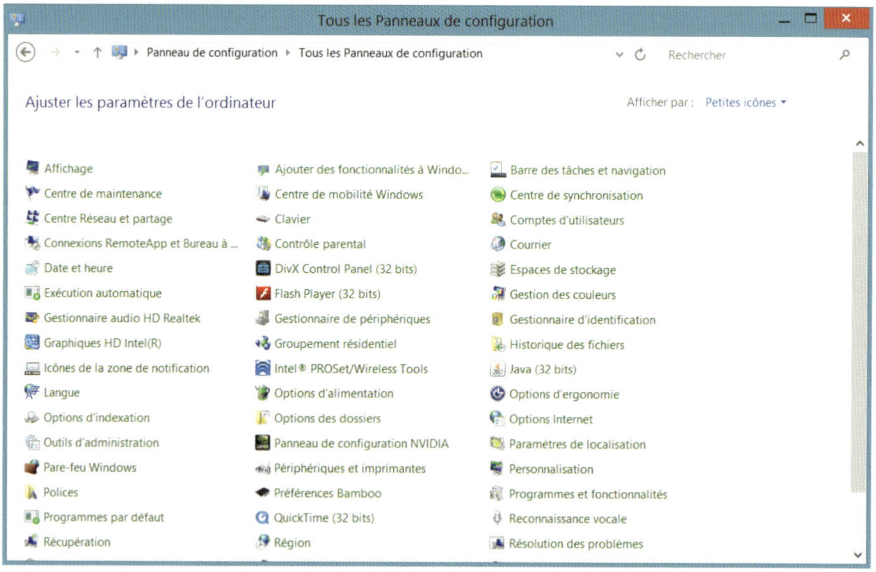

Figure 12.5 : Le mode Petites icônes affiche toutes les icônes du Panneau de configuration, et est certainement conçu pour les utilisateurs expérimentés et dotés d'une excellente vue.

Ne croyez pas que quelque chose s'est égaré au passage si votre Panneau de configuration n'est pas la réplique exacte de ce que vous voyez sur la Figure 12.4. Certains programmes, matériels ou encore modèles d'ordinateurs ajoutent couramment leurs propres icônes à ce panneau. Ces icônes varient également légèrement selon votre version de Windows 8.1 (revoyez à ce sujet le Chapitre 1).

TRUC

Laissez le pointeur de votre souris planer quelques instants au-dessus d'une icône, d'un lien ou d'une catégorie qui ne vous évoque rien, et Windows 8.1

va afficher un message qui vous explique quel rôle il ou elle joue dans la vie (voilà une raison de plus pour convaincre les utilisateurs d'écrans tactiles d'utiliser tout de même une souris lorsqu'ils visitent le Bureau de Windows).

Le Panneau de configuration du Bureau concentre tous les principaux réglages de Windows 8.1 dans une fenêtre très bien organisée, mais ce n'est certainement pas le seul moyen d'accéder à la plupart de ces paramètres. Vous pouvez presque toujours y parvenir en cliquant droit sur l'élément que vous voulez modifier, que ce soit sur votre Bureau lui-même, sur une icône ou encore dans un dossier, puis en choisissant dans le menu contextuel qui s'affiche la commande Propriétés.

La suite de ce chapitre décrit les catégories du Panneau de configuration illustré sur la Figure 12.4, les raisons de les visiter, et les raccourcis qui vous permettent d'accéder plus rapidement aux réglages voulus.

Système et sécurité

Comme une voiture qui aurait pris de l'âge, Windows 8.1 a besoin d'un peu de révision de temps à autre. En fait, une bonne maintenance est capable de le maintenir tellement en forme qu'une bonne partie du Chapitre 13 est consacrée à ce sujet. Vous y découvrirez comment accélérer le fonctionnement de Windows, comment libérer de l'espace sur votre disque dur, comment sauvegarder vos données, et comment créer un cocon de sécurité appelé un point de restauration.

Cette catégorie consacrée à la sécurité abrite toute une brigade de soldats que je vous ai déjà présentés dans le Chapitre 11. Le nouveau programme de sauvegarde de Windows 8.1, Historique des fichiers, sera présenté dans le Chapitre 13.

Comptes et protection des utilisateurs

J'explique dans le Chapitre 14 comment créer des comptes séparés pour chacune des personnes qui utilisent votre PC. Cela leur permet de travailler ou de jouer, tout en limitant les dommages qu'ils ou elles pourraient causer à Windows ou à vos fichiers.

Si vous voulez créer un compte d'utilisateur pour un visiteur, voici une petite astuce qui vous évitera de feuilleter tout de suite les pages de ce livre pour consulter le Chapitre 14 : activez la barre des charmes dans l'écran d'accueil, cliquez sur le bouton Paramètres, puis sur Modifier les paramètres du PC. Dans le volet gauche de l'écran qui apparaît, cliquez sur Comptes puis sur

Autres comptes. Dans le volet de droite, cliquez sur Ajouter un utilisateur. Suivez la procédure d'ajout de compte de Windows 8.1.

Si vous tentez de créer un compte depuis le Panneau de configuration de Windows 8.1, vous serez renvoyé vers l'écran Comptes des Paramètres du PC de l'écran d'accueil.

La catégorie Comptes et protection des utilisateurs contient aussi un lien vers le gestionnaire de contrôle parental, qui vous aide à fixer des limites pour l'accès de vos enfants à votre PC. Toutefois, ce contrôle parental peut s'activer dès la création d'un compte. Ces options de contrôle parental sont décrites dans le Chapitre 11.

Réseau et Internet

Connectez votre PC à une box Internet, et Windows 8.1 se met immédiatement à avaler des tas d'informations en provenance du Web. Connectez-le à un autre PC, et il va tout de suite vouloir les relier pour former un groupement résidentiel, ou un autre type de réseau. Vous n'aviez pas encore de groupe résidentiel ? Voyez le Chapitre 14.

Même si Windows 8.1 fait très bien le travail sans avoir besoin d'assistance, la catégorie Réseau et Internet contient tout de même quelques outils utiles pour résoudre certains problèmes.

Le Chapitre 15 est entièrement centré sur cette affaire de réseaux. Pour ce qui concerne l'Internet, revoyez le Chapitre 9.

Apparence et personnalisation

C'est l'une des catégories les plus populaires. Apparence et personnalisation vous permet de changer le look et le comportement de Windows 8.1 de différentes manières. Vous trouvez ici une demi-douzaine d'icônes :

- **Personnalisation :** inutile de faire appel à des architectes d'intérieur. Avec cette icône, vous avez la possibilité de concevoir vous-même l'apparence de Windows. Placez une nouvelle image ou photographie sur l'arrière-plan de votre Bureau, choisissez un nouvel écran de veille, ou modifiez la couleur de l'entourage des fenêtres. Bon, d'accord. Il est encore plus rapide de cliquer droit sur le fond du Bureau et de choisir l'option Personnaliser dans le menu contextuel.

- **Affichage :** si Personnalisation sert à changer les couleurs de l'affichage, cette catégorie concerne quant à elle l'écran proprement dit de votre ordinateur. Par exemple, elle vous permet d'agrandir les caractères si vos yeux sont rougis de fatigue, d'ajuster la résolution du moniteur, ou encore de faire reconnaître un second écran.

- **Barre des tâches et navigation :** vous pouvez ici ajouter de nouvelles icônes de programmes à votre barre des tâches, le bandeau qui se trouve en bas de votre Bureau. Vous pouvez aussi configurer l'action du bouton Démarrer en affichant les options de l'onglet Navigation. Je traite cette manière simple d'éviter d'en passer par l'écran d'accueil dans le Chapitre 3 (entre nous, vous pouvez aussi cliquer droit sur la barre des tâches et choisir dans le menu l'option Propriétés pour arriver au même résultat).

- **Options d'ergonomie :** conçue pour aider les gens qui ont des besoins particuliers, cette icône contient des réglages destinés à rendre Windows plus praticable par les personnes qui rencontrent des problèmes de vision, d'audition ou encore de mouvement. Du fait que ces options d'ergonomie constituent une catégorie spécifique, j'y reviendrai plus loin dans ce chapitre.

- **Options des dossiers :** cette catégorie est surtout destinée aux utilisateurs expérimentés. Elle vous permet d'adapter l'aspect et le comportement des dossiers. Remarquez que vous pouvez aussi y accéder en ouvrant une fenêtre de dossier, puis en choisissant le menu Affichage et enfin le bouton Options.

- **Polices :** vous pouvez ici visualiser, examiner, masquer ou supprimer les polices de caractères de votre système.

NOTE TECHNIQUE

D'autres icônes peuvent être présentes dans le Panneau de configuration en fonction des périphériques installés sur votre ordinateur. Ainsi, vous pourrez y trouver l'icône de configuration du pilote de votre carte graphique.

Dans les quelques sections qui suivent, nous allons voir comment modifier certains aspects de Windows 8.1, et comment y procéder de la manière la plus rapide possible. Ainsi, ne soyez pas étonné de passer de l'écran Paramètres du PC au Panneau de configuration en fonction du réglage à appliquer.

Changer l'arrière-plan du Bureau

Comme cette modification intéresse le Bureau, vous allez la réaliser dans le Panneau de configuration. Un arrière-plan, ou papier peint si vous préférez, est simplement une image qui recouvre votre Bureau. Pour le modifier, suivez ces étapes :

1. **Cliquez droit sur le fond de votre Bureau, et choisissez la commande Personnaliser dans le menu contextuel qui apparaît.**

2. **Dans la fenêtre Personnalisation, cliquez sur le lien Arrière-plan du Bureau, situé dans la partie inférieure gauche du panneau Personnalisation.**

3. **Choisissez une nouvelle image pour le fond de votre Bureau.**

   Déroulez la liste Emplacement de l'image pour voir toutes les photographies et couleurs offertes par Windows (voir Figure 12.6). Si nécessaire, cliquez sur le bouton Parcourir pour accéder à des dossiers qui ne seraient pas proposés dans la liste. Vous avez bien entendu le droit de choisir vos propres photographies dès l'instant qu'elles sont accessibles.

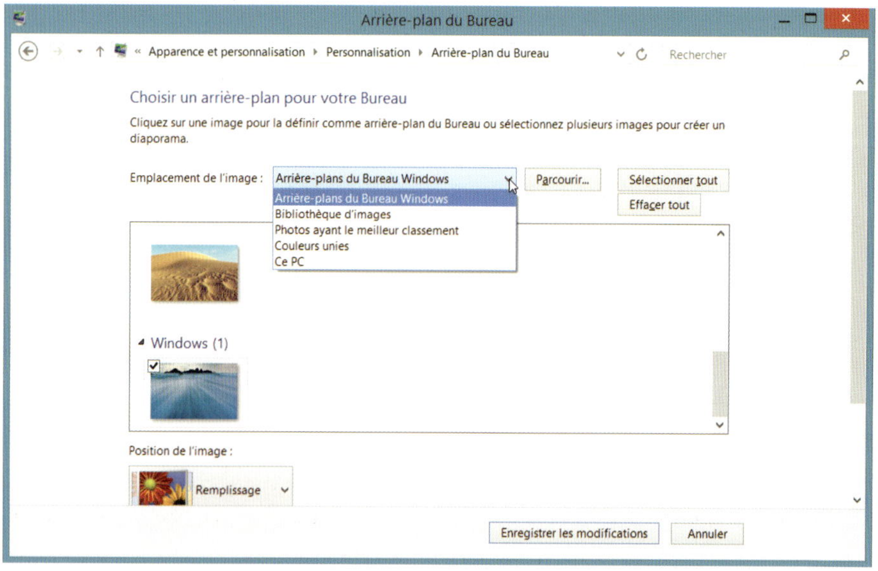

Figure 12.6 : Cliquez sur la liste Emplacement de l'image pour trouver d'autres arrière-plans pour votre Bureau.

Les images d'arrière-plan peuvent être enregistrées dans de nombreux formats : BMP, GIF, JPG, JPEG, DIB ou encore PNG. Cela signifie que vous avez la possibilité d'utiliser pratiquement n'importe quelle photo ou image trouvée sur le Web ou provenant d'un appareil numérique.

Lorsque vous cliquez sur la vignette d'une image, Windows l'affiche instantanément sur le fond du Bureau. Si vous êtes satisfait du résultat, passez directement à l'Étape 5.

4. **Dans le menu local Position de l'image, décidez si vous voulez remplir, ajuster, étirer, mettre en mosaïque, ou encore centrer votre image.**

   Toutes les images ne remplissent pas parfaitement le Bureau. Les petits dessins, par exemple, doivent être étirés pour remplir tout l'espace, ou bien être démultipliés en un certain nombre de rangées sur l'écran de manière à occuper celui-ci. Si le résultat ne vous enthousiasme pas, essayez l'une des options Remplissage ou Ajuster de la liste Position de l'image pour définir l'apparence de votre Bureau, ou bien encore essayez de centrer l'image en acceptant de laisser un bord uni de chaque côté de celle-ci.

   Vous pouvez également varier les images en sélectionnant plusieurs photos. Il suffit pour cela de les cocher dans la zone d'affichage de leurs vignettes. Le fond du Bureau sera alors changé par défaut toutes les trente minutes,

5. **Cliquez sur le bouton Enregistrer les modifications pour valider votre nouvel arrière-plan.**

TRUC

Vous trouvez soudain une magnifique image dont vous aimeriez faire votre arrière-plan alors que vous naviguez sur le Web ? Cliquez droit sur cette image et sélectionnez l'option Choisir comme image d'arrière-plan. Windows va alors copier cette illustration sur votre ordinateur et l'afficher sur le fond de votre Bureau.

Personnaliser l'écran de verrouillage

L'écran de verrouillage s'affiche au démarrage de Windows 8.1, après une période d'inactivité de l'ordinateur, ou lorsque vous le lancez volontairement pour quitter votre poste de travail sans mettre l'ordinateur en veille.

La personnalisation de l'écran de verrouillage a connu une véritable révolution sous Windows 8.1. Voici comment afficher l'écran de verrouillage de vos rêves :

1. **Ouvrez la barre des charmes, puis cliquez sur le bouton Paramètres, et enfin sur le lien Modifier les paramètres du PC.**

   Cette action ouvre l'écran Paramètres du PC.

2. **Cliquez sur la vignette Écran de verrouillage.**

   Si cette vignette n'est pas visible, cliquez sur la catégorie de réglages PC et périphérique, puis sur Écran de verrouillage.

Vous accédez au volet illustré à la Figure 12.7.

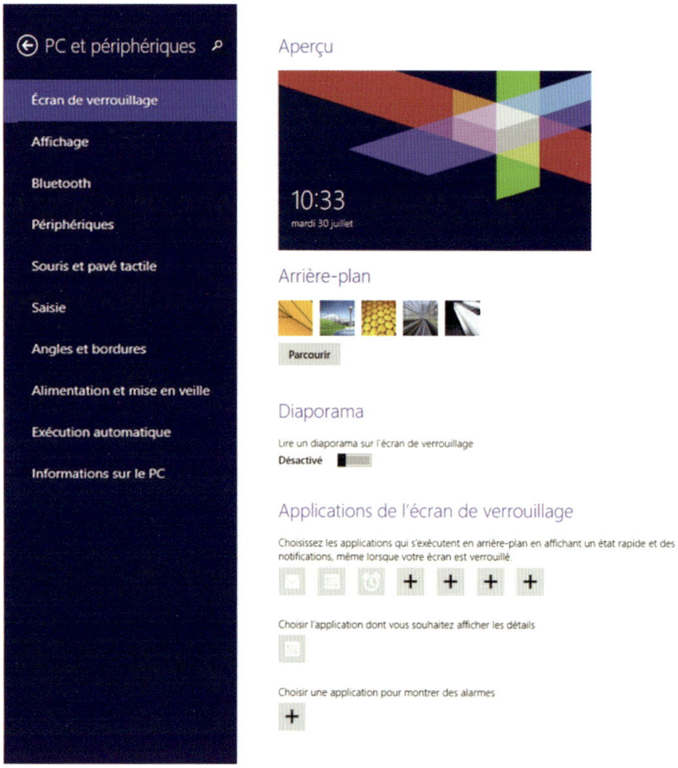

Figure 12.7 : Pour paramétrer l'écran de verrouillage.

3. **Dans la section Arrière-plan, cliquez sur la vignette d'un des cinq arrière-plans prédéfinis proposés par Microsoft.**

   Si aucun ne vous convient, utilisez une de vos photos comme arrière-plan de l'écran de Verrouillage en cliquant sur le bouton Parcourir. Consultez le contenu de vos bibliothèques ou de vos autres disques durs pour localiser l'image à utiliser. Cliquez sur la vignette de la photo qui vous intéresse, puis sur le bouton Choisir une image.

4. **Pour diffuser un diaporama au lieu d'une image fixe, faites glisser le curseur Désactivé vers la droite afin de basculer en mode Activé.**

   De nouvelles options apparaissent, comme le montre la Figure 12.8.

5. **Pour ajouter un dossier au dossier Images utilisé par défaut, cliquez sur le bouton Ajouter un dossier.**

Vous n'êtes pas obligé de conserver le contenu du dossier Images dans votre diaporama. Dans ce cas, cliquez sur le dossier Images de la section Utiliser les images de, puis sur le bouton Supprimer qui apparaît.

Figure 12.8 : Les options de configuration d'un diaporama comme écran de verrouillage.

6. **Pour que le diaporama de l'écran de verrouillage soit lu même quand votre ordinateur portable fonctionne sur batterie, activez l'option Lire un diaporama en cas de fonctionnement sur batterie.**

7. **Pour que le contenu du dossier utilisé pour le diaporama soit lu de manière aléatoire, activez l'option Laisser Windows choisir les images pour mon diaporama.**

8. **Dans le menu local Afficher l'écran de verrouillage au-delà de cette durée d'inactivité, choisissez la durée au-delà de laquelle l'écran apparaîtra quand vous ne travaillez pas sur votre PC.**

9. **Dans la section Applications de l'écran de verrouillage, supprimez et ajoutez des programmes qui afficheront des notifications sur leurs activités.**

Une notification sera, par exemple, le nombre d'e-mails reçus par l'application Courrier.

10. **Pour ajouter une application, cliquez sur un des boutons + .**

11. **Dans le menu local qui apparaît (Figure 12.9), choisissez l'application dont les notifications seront affichées par l'écran de verrouillage.**

Figure 12.9 : Ajouter une application à l'écran de verrouillage.

12. **Pour supprimer une application de l'écran de verrouillage, cliquez sur sa vignette et, dans le menu local qui apparaît, cliquez sur le lien Ne pas afficher d'état rapide ici.**

13. **Si vous le souhaitez, vous pouvez changer l'application par défaut qui affiche ses détails sur l'écran d'accueil. Cliquez sur sa vignette, et choisissez un autre programme dans le menu local qui apparaît.**

14. **(Facultatif) Cliquez sur le bouton + de la section Choisir une application pour montrer des alarmes.**

À l'heure où ces lignes sont écrites, seule la nouvelle application Alarmes de Windows 8.1 est proposée.

Une dernière option permet d'utiliser votre appareil photo depuis l'écran de verrouillage. Cela signifie que vous pourrez utiliser l'application Caméra sans être obligé d'ouvrir votre session Windows 8.1. Cette option est utile aux tablettes fonctionnant sous Windows 8.1 comme Surface de Microsoft.

Choisir un écran de veille

Aux temps préhistoriques de l'informatique, les écrans risquaient de griller lorsqu'un programme restait affiché trop longtemps. Pour éviter ce genre d'inconvénient (le mot est peut-être trop faible ?), les utilisateurs installaient un *économiseur d'écran* de manière à éviter qu'un affichage trop statique ne ruine les photophores de leur moniteur. Ce problème n'existe plus sur les écrans d'aujourd'hui, mais les gens continuent à utiliser ce genre d'application pour des raisons plutôt esthétiques. D'ailleurs, on ne parle même plus d'économiseur d'écran, mais d'*écran de veille*. C'est tout dire !

Si la configuration de la mise en veille peut s'effectuer dans l'écran Alimentation et mise en veille des Paramètres du PC (catégorie PC et périphériques), la configuration de l'écran de veille se déroule dans le Panneau de configuration du Bureau selon la procédure suivante :

1. **Cliquez droit sur le fond du Bureau, et choisissez l'option Personnaliser dans le menu qui s'affiche. Dans la fenêtre Personnalisation, cliquez sur le lien Écran de veille.**

   La boîte de dialogue Paramètres de l'écran de veille apparaît.

2. **Sélectionnez un modèle d'écran de veille dans le menu local Écran de veille.**

   Cliquez ensuite sur le bouton Aperçu pour vous faire une idée du résultat (voir Figure 12.10). N'hésitez pas à tester tous les candidats avant de faire un choix définitif.

Figure 12.10 : Choisir, tester et configurer un écran de veille.

Cliquez également sur le bouton Paramètres. En effet, certains écrans de veille proposent différentes options, vous permettant par exemple de régler la vitesse de défilement des photographies.

3. **Dans le champ Délai, indiquez la durée d'inactivité de l'ordinateur au terme de laquelle l'écran de veille entrera en service.**

4. **Si vous le voulez, vous pouvez également ajouter un peu de sécurité en cochant la case À la reprise, demander l'ouverture de session.**

   Cela peut vous éviter de voir votre ordinateur « squatté » pendant les quelques minutes où vous êtes parti faire une pause café. Dans ce cas, Windows demandera votre mot de passe lorsque vous bougerez la souris ou appuierez sur une touche du clavier.

5. **Quand vous avez terminé vos réglages, cliquez sur le bouton OK.**

   Windows sauvegarde vos définitions.

TRUC

Si vous voulez *vraiment* augmenter la durée de vie de votre écran et consommer moins d'électricité, laissez de côté les écrans de veille. Il vaut bien mieux pour cela endormir votre PC : appuyez sur la combinaison de touches Windows + I, cliquez sur l'icône Marche/Arrêt, et choisissez dans le menu l'option Mettre en veille.

Changer le thème de Windows

Les *thèmes* sont simplement des collections de réglages qui définissent l'apparence de votre Bureau. Vous pouvez par exemple enregistrer dans un thème la configuration de votre écran de veille et l'arrière-plan du Bureau. Vous n'avez plus ensuite qu'à passer d'un thème à un autre pour changer le costume de votre PC.

Pour essayer l'un des thèmes prédéfinis de Windows, cliquez droit sur votre Bureau et, dans le menu contextuel qui apparaît, choisissez Personnaliser. Vous allez alors pouvoir choisir l'un des modèles proposés par Windows ou enregistrer le vôtre (voir Figure 12.11). Cliquez sur une vignette de thème, et Windows teste instantanément celui-ci.

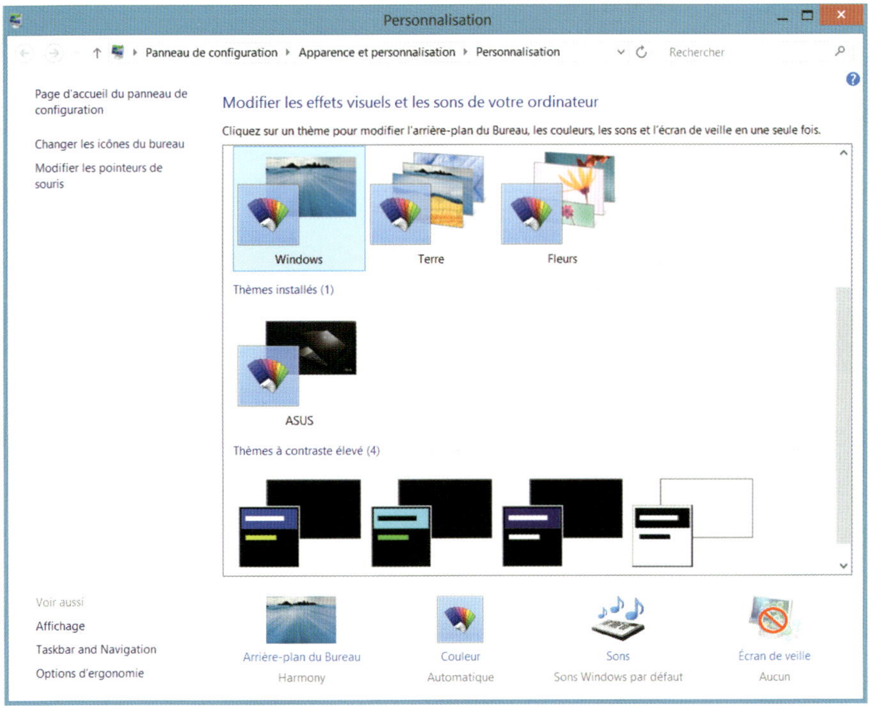

Figure 12.11 : Choisissez un thème prédéfini pour changer l'aspect de Windows et les sons qu'il utilise.

Les thèmes sont classés en trois catégories :

- **Mes thèmes :** ce sont ceux que vous avez créés.
- **Thèmes Windows par défaut :** vous trouvez ici les thèmes choisis pour vous par Microsoft.
- **Thèmes à contraste élevé :** ils sont destinés en principe à des personnes qui rencontrent des problèmes visuels pour bien distinguer les éléments affichés, mais peuvent aussi servir à donner un look un peu rétro à Windows.

Une troisième catégorie, Thèmes installés, peut être présente dans la fenêtre Personnalisation. Elle contient en général des thèmes qui ont été ajoutés par le constructeur de votre PC pour faire sa publicité.

Vous pouvez tout à fait librement vous servir des liens qui apparaissent en bas de la fenêtre Personnalisation pour ajuster l'arrière-plan du Bureau, les couleurs, les sons associés au système et aux programmes, ainsi que l'écran de veille. Quand vous êtes satisfait de vos choix, sauvegardez vos réglages en cliquant sur le lien Enregistrer le thème. Donnez-lui un nom à votre convenance.

Changer la résolution de l'écran

La *résolution de l'écran* fait partie de ces multiples paramètres que l'on configure une bonne fois pour toutes, et que l'on oublie ensuite. Cette résolution détermine la quantité d'informations graphiques que Windows est capable d'afficher sur votre écran. Si vous l'augmentez, il sera capable d'afficher plus de *pixels*. Si vous la diminuez, tout deviendra plus grand, mais vous verrez moins de choses.

Pour trouver la résolution la plus confortable pour vos yeux, ou bien si un programme ou un jeu vous suggère de changer cette résolution ou de *mode vidéo*, suivez ces étapes :

1. **Cliquez droit sur une partie vide de votre Bureau, et choisissez l'option Résolution d'écran dans le menu qui s'affiche.**

   La fenêtre Résolution d'écran apparaît (voir Figure 12.12).

2. **Ouvrez le menu local Résolution, puis faites glisser le curseur vers le haut ou vers le bas.**

   Observez la petite fenêtre d'aperçu qui est affichée en haut de la fenêtre. Plus vous montez le curseur, et plus elle s'agrandit. Cela signifie que Windows pourra afficher davantage d'informations, mais aussi que ces informations seront plus petites sur l'écran. Et inversement si vous faites descendre le curseur…

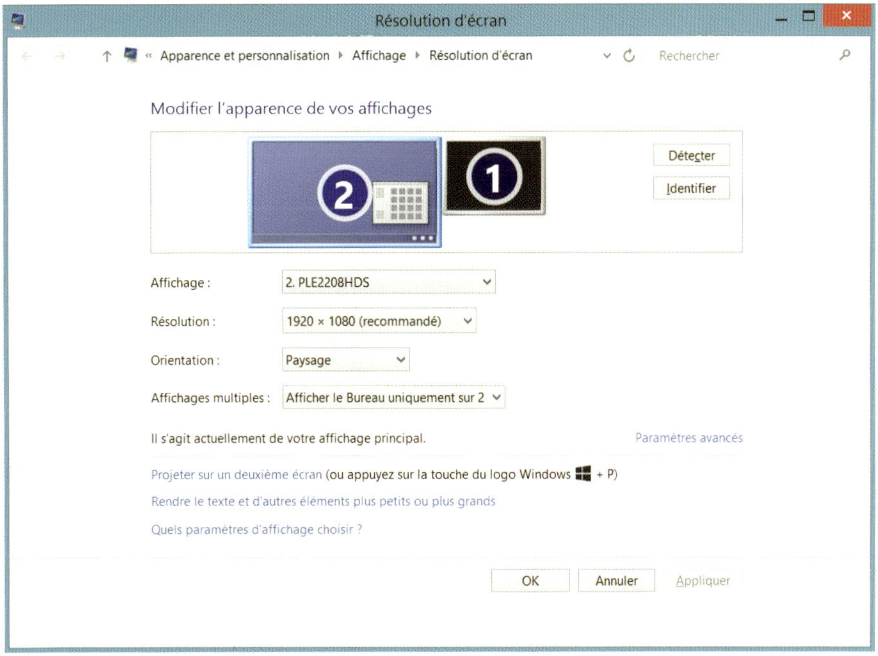

Figure 12.12 : Plus la résolution est élevée, et plus Windows pourra afficher d'informations.

Il n'y pas ici de choix qui serait bon ou mauvais, mais il est tout de même conseillé d'appliquer la résolution recommandée par Windows (et n'oubliez pas aussi que vous aurez besoin de pas mal de pixels si vous voulez regarder des vidéos dans de bonnes conditions).

NOTE TECHNIQUE

Windows 8.1 vous permet d'accrocher une application sur un bord de votre Bureau à la condition que la résolution d'écran soit de 1366 x 768 ou plus (l'accrochage des applications est décrit dans le Chapitre 3).

3. **Vérifiez ce que donne votre affichage en cliquant sur le bouton Appliquer. Si cela vous convient, cliquez ensuite sur le bouton Conserver les modifications (ou sinon sur Rétablir).**

TRUC

Si vous changez la résolution, Windows vous donne quinze secondes pour confirmer votre choix en cliquant sur le bouton Conserver les modifications. Admettons qu'un problème quelconque vous empêche justement de voir ce bouton. Au bout d'un certain temps, Windows constate que vous ne validez pas ce mode, et il revient à la résolution précédente, celle dans laquelle votre écran était parfaitement lisible.

4. **Quand vous êtes satisfait du résultat, cliquez sur le bouton OK.**

Une fois votre résolution d'affichage ajustée à vos besoins et vos désirs, vous n'aurez probablement plus jamais à y revenir, à moins que vous ne changiez plus tard d'écran. Une autre raison de revenir à cette fenêtre, c'est l'ajout d'un second moniteur à votre PC. Voyez ce qu'en dit l'encadré qui suit.

Doubler l'espace de travail avec un second écran

Vous voilà à la tête non plus d'un, mais de deux écrans. Vous avez peut-être récupéré le second sur un PC moribond, ou c'est un cadeau qu'on vous a fait, ou toute autre bonne raison. Branchez-le sur votre PC, placez-le à côté du premier écran, et voilà votre Bureau Windows doublé. Windows 8.1 va en effet étendre par défaut votre espace de travail sur les deux moniteurs. De quoi par exemple consulter une encyclopédie en ligne d'un côté, tout en rédigeant votre article de l'autre.

Pour réussir cette épreuve de gymnastique, votre ordinateur a besoin d'une carte graphique avec deux *ports*. Et ces ports doivent avoir un format compatible avec les *connecteurs* de vos écrans. Cela ne pose aucun problème sur la plupart des appareils modernes (ordinateurs, portables, tablettes et écrans). Par exemple, de nombreuses tablettes et PC portables disposent d'un port HDMI qui permet de connecter un écran supplémentaire.

Une fois le branchement réalisé, cliquez droit sur le fond de votre Bureau et choisissez dans le menu l'option Résolution d'écran. La fenêtre correspondante va apparaître, mais vous devriez cette fois y voir un deuxième dessin d'écran. Le premier contient un gros chiffre 1, et le second un gros chiffre 2. Si vous ne voyez pas cela, cliquez sur le bouton Détecter. Et si ce n'est pas suffisant, vérifiez vos branchements ainsi que l'allumage du deuxième écran.

Cliquez sur l'une de ces vignettes et faites-la glisser de manière à ce que la disposition de ces écrans virtuels corresponde bien à l'emplacement physique sur votre Bureau de vos écrans réels. Cliquez ensuite sur OK. De cette manière, Windows pourra étendre l'affichage du Bureau dans la bonne direction.

Pour configurer votre second moniteur depuis l'écran d'accueil, ouvrez la barre des charmes (ou appuyez sur la combinaison de touches Windows + P). Choisissez alors l'icône Deuxième écran uniquement. Vous disposez alors de quatre modes de fonctionnement : Écran du PC uniquement (le second moniteur est ignoré), Dupliquer (les deux écrans affichent la *même* chose), Étendre (le Bureau est agrandi pour occuper les deux écrans) et Deuxième écran uniquement (l'écran de base du PC s'éteint).

Matériel et audio

La catégorie Matériel et audio de Windows 8.1 affiche quelques visages familiers (voir Figure 12.13). L'icône Affichage, par exemple, se retrouve également dans la catégorie Apparence et personnalisation, décrite dans la section précédente.

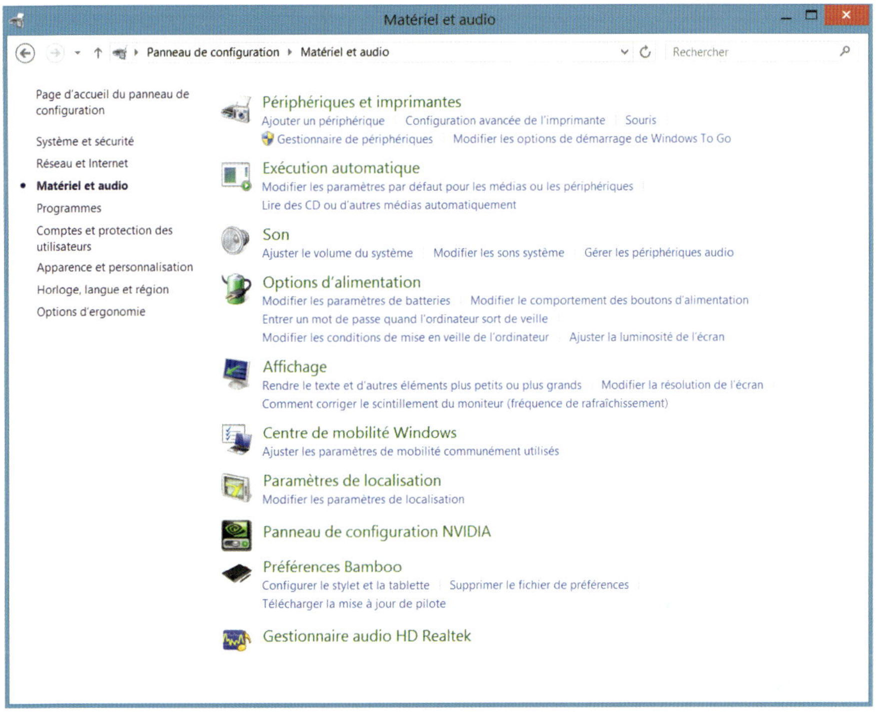

Figure 12.13 : La catégorie Matériel et audio vous permet de contrôler les aspects physiques de votre PC, comme l'affichage, les sons et les divers périphériques.

Cette partie contrôle les éléments de votre PC que vous pouvez toucher physiquement ou brancher. Il est possible ici d'ajuster les réglages de votre affichage, de votre souris, de vos haut-parleurs, de votre clavier, de vos imprimantes, de votre scanner, de votre appareil photo numérique, de votre contrôleur de jeu ou encore de votre tablette graphique, *etc.*

Pour autant, il n'y a pas de motif valable pour passer son temps ici, d'autant que la plupart de ces paramètres se retrouvent ailleurs, par exemple en cliquant droit sur une icône et en choisissant dans le menu la commande Propriétés.

Que vous arriviez à ces pages après avoir ouvert le Panneau de configuration ou *via* un raccourci, les sections qui suivent décrivent les raisons les plus populaires de les visiter.

Ajuster le volume et les sons

La rubrique Son vous permet d'ajuster le volume audio de votre PC, ce qui peut-être bien pratique si vous essayez de jouer discrètement sur votre tablette Windows pendant une réunion particulièrement ennuyeuse.

Les tablettes sous Windows 8.1 possèdent généralement un dispositif de réglage du volume sonore sur leur bord gauche (ou droit). Le bouton du haut augmente le volume, et celui du bas le diminue. Réglez le son comme il faut un peu avant de commencer à jouer à Angry Birds dans la salle de conférence…

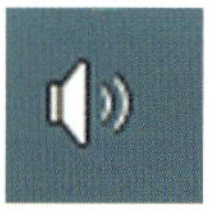

Pour régler le volume audio depuis votre Bureau, cliquez sur la petite icône de haut-parleur, à droite de la barre des tâches, puis faites glisser le curseur pour augmenter ou réduire le son (voir Figure 12.14). Si vous ne voyez pas cette icône, cliquez droit sur l'horloge, choisissez Propriétés, puis l'option Activé sur la ligne Volume. Cliquez sur OK. Votre haut-parleur est réactivé.

Figure 12.14 : Cliquez sur l'icône de haut-parleur, puis faites glisser le curseur pour ajuster le volume sonore.

Pour rendre votre PC muet, cliquez sur l'icône du haut-parleur qui se trouve en bas du contrôle de volume (reportez-vous à la Figure 12.14). Un nouveau clic sur cette icône, et l'ordinateur retrouve sa voix.

Cliquez sur le lien Mélangeur, en bas du contrôle de volume, et vous pourrez alors configurer plus finement le niveau sonore pour différentes applications. Vous pouvez tranquillement faire exploser des mines dans votre jeu favori, pendant que votre programme de messagerie vous avertira en douceur de l'arrivée d'un nouveau courrier (malheureusement, les sons pour l'écran d'accueil ne peuvent pas être configurés ici).

Pour ajuster rapidement le niveau sonore depuis l'écran d'accueil, faites apparaître la barre des charmes en effleurant l'écran depuis son bord droit. Tapez alors sur l'icône Paramètres, puis sur l'icône Son. Une glissière s'affiche alors. Faites glisser le curseur vers le haut ou vers le bas pour ajuster le volume. Descendez tout en bas pour rendre l'ordinateur muet.

Installer ou configurer des haut-parleurs

La plupart des PC sont fournis avec seulement deux haut-parleurs. D'autres en ont quatre, et d'autres encore, destinés au jeu ou au *home cinema*, peuvent en posséder jusqu'à huit. Pour prendre en compte toutes ces configurations possibles, Windows 8.1 inclut un outil de configuration et de test de haut-parleurs.

Si vous installez de nouvelles enceintes, ou si vous n'êtes pas certain que votre installation actuelle est parfaitement configurée, suivez ces étapes :

1. **Depuis le Bureau, cliquez droit sur l'icône du haut-parleur, à droite de la barre des tâches. Dans le menu qui s'affiche, choisissez l'option Périphériques de lecture.**

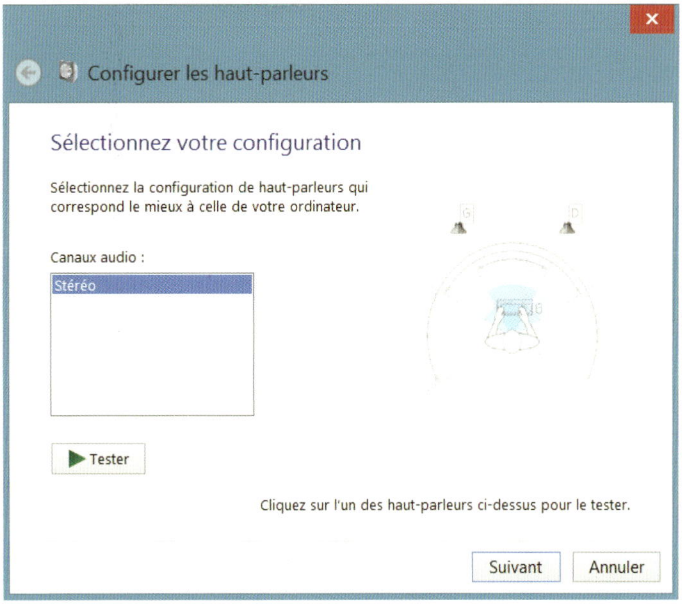

Figure 12.15 : Configurez vos haut-parleurs.

2. **Dans la boîte de dialogue Son, cliquez sur l'icône qui correspond à votre matériel, puis sur le bouton Configurer.**

La boîte de dialogue Configurer les haut-parleurs apparaît (voir Figure 12.15).

3. **Cliquez sur le bouton Tester. Ajustez si nécessaire les réglages de vos haut-parleurs, puis cliquez sur le bouton Suivant.**

   Windows 8.1 va vous demander de choisir le nombre de haut-parleurs à utiliser et de valider leur position. Chacun va jouer un son tour à tour pour que vous puissiez bien vous rendre compte du résultat.

4. **Cliquez sur Terminer pour clore la configuration. Recommencez la même procédure pour vos autres dispositifs audio. Cliquez sur OK quand vous avez fini.**

Tant que vous y êtes, vous devriez aussi tester le réglage de volume de votre micro en cliquant sur l'onglet Enregistrement de la boîte de dialogue Son. Parcourez également les réglages des autres gadgets audio que vous auriez pu vous offrir.

Si vos haut-parleurs et votre micro n'apparaissent pas dans cette boîte de dialogue, c'est que Windows 8.1 ne les a pas reconnus, et donc qu'il ne sait pas qu'ils sont branchés sur votre PC. Cela signifie généralement que vous devez installer un nouveau *pilote*, un travail ennuyeux que je traite dans le Chapitre 13.

Ajouter un gadget Bluetooth

La technologie Bluetooth vous permet de connecter des appareils sans fil à votre ordinateur, ce qui peut vous aider à faire un peu de ménage sur votre Bureau. Avec une tablette, il est possible d'ajouter ainsi une souris et un clavier sans s'accaparer un de vos ports USB.

Les liaisons Bluetooth peuvent aussi permettre une communication sans fil entre votre téléphone portable et votre ordinateur ou votre tablette, du moins si votre matériel et votre fournisseur d'accès vous y autorisent.

Pour ajouter un dispositif Bluetooth à votre système, suivez ces étapes :

1. **Assurez-vous tout d'abord que votre appareil Bluetooth est bien allumé et opérationnel.**

   Parfois, il vous suffit d'actionner un commutateur. Dans d'autres cas, il faut appuyer sur un bouton jusqu'à ce que sa petite lumière commence à clignoter.

2. **Dans l'écran d'accueil, activez la barre des charmes, cliquez sur l'icône Paramètres, puis sur le bouton Modifier les paramètres du PC.**

Vous disposez de trois méthodes pour activer le volet Paramètres :

- **Souris :** dirigez le pointeur dans le coin haut ou bas droit de votre écran. Lorsque la barre des charmes apparaît, cliquez sur le bouton Paramètres.
- **Clavier :** appuyez sur la combinaison de touches Windows + I.
- **Écran tactile :** effectuez un balayage à partir du côté droit de l'écran, puis tapez sur l'icône Paramètres.

3. **Cliquez dans le volet de gauche sur le bouton Périphériques.**

   Le volet des périphériques s'affiche sur la droite de l'écran. Vous y retrouvez tous les dispositifs connectés à votre système. L'ordinateur va rapidement commencer à rechercher un nouvel appareil Bluetooth se trouvant à proximité.

   Si rien ne se passe, repartez de l'Étape 1 et vérifiez que votre gadget Bluetooth est bien allumé (attendez tout de même une trentaine de secondes avant de recommencer).

4. **Lorsque le nom de votre dispositif apparaît dans la liste des périphériques, choisissez son nom en cliquant dessus ou en tapotant.**

5. **Si nécessaire, saisissez le code associé à votre matériel puis demandez à jumeler le tout.**

   C'est là que la situation se complique. Pour des raisons de sécurité, vous devez prouver que vous êtes bien assis devant votre *propre* ordinateur, et que vous n'êtes pas un vulgaire malfrat qui tenterait de le pirater. Malheureusement, les appareils emploient des techniques plus ou moins différentes pour vous demander de prouver votre innocence.

   Parfois, vous devez entrer une chaîne secrète de chiffres (un *passcode*) aussi bien sur votre dispositif Bluetooth que sur votre ordinateur. En général, ce code se dissimule quelque part dans le manuel de votre appareil. Mais vous devez faire vite avant que l'autre bout de la chaîne se lasse et arrête d'attendre.

   Dans certains cas, par exemple avec une souris Bluetooth, vous devez appuyer à ce moment sur un petit bouton. Les téléphones portables peuvent aussi vous demander d'appuyer ou de cliquer sur quelque chose lorsque les codes sont identiques des deux côtés.

   En cas de doute, tapez **0000** au clavier. C'est souvent le code universel et par défaut offert aux possesseurs frustrés de matériel Bluetooth qui tentent de connecter leurs gadgets.

Une fois l'ordinateur et le dispositif Bluetooth correctement appariés, le nom et l'icône de celui-ci vont apparaître dans la liste des périphériques de l'écran Paramètres du PC.

Pour ajouter un appareil Bluetooth depuis le Bureau de Windows 8.1, cliquez dans la barre des tâches sur l'icône correspondante. Demandez alors à ajouter un dispositif Bluetooth, puis passez à l'Étape 3 de la liste ci-dessus. Si vous ne voyez pas cette icône, cliquez sur le bouton Afficher les icônes cachées (la flèche verticale qui se trouve un peu avant l'horloge). Vous devriez pouvoir trouver votre bonheur dans la fenêtre qui s'affiche (sinon, c'est certainement que votre ordinateur n'est pas équipé pour le Bluetooth).

Ajouter une console de jeu Xbox 360

NOUVEAUTÉ WINDOWS 8

Le Panneau de configuration vous permet d'ajouter ou de paramétrer la plupart des accessoires susceptibles d'être connectés à votre système, mais la console Xbox 360 constitue une exception. Il faut en effet délivrer votre autorisation Xbox pour qu'elle soit acceptée par votre ordinateur.

Pour que Windows 8.1 et votre console Xbox acceptent de communiquer, saisissez votre manette de jeu, placez-vous devant votre téléviseur, et suivez ces étapes :

1. **Allumez votre Xbox 360, et connectez-vous avec le même compte que celui que vous utilisez pour accéder à Windows 8.1.**

   Si vous avez utilisé des comptes Microsoft différents sur l'ordinateur et sur la Xbox, rien n'est perdu. Déconnectez-vous, puis créez un *autre* compte utilisateur sous Windows 8.1 en utilisant le nom et le mot de passe actifs sur votre Xbox 360. Après tout, c'est *aussi* un compte Microsoft !

   Connectez-vous sous Windows 8.1 avec ce compte chaque fois que vous voudrez utiliser l'une de vos applications Xbox Windows 8.1.

2. **Sur votre Xbox 360, accédez aux paramètres système, puis aux paramètres de la console, et enfin au « compagnon » Xbox.**

3. **Vous devriez voir deux commutateurs disponible/indisponible. Placez-vous en mode disponible.**

4. **Ouvrez l'une de vos applications Windows 8.1 Xbox et demandez à vous connecter.**

   Après quelques instants, la connexion devrait être établie et affichée sur l'écran de votre téléviseur. C'est fait !

Ajouter une imprimante

Les constructeurs d'imprimantes étant incapables de se mettre d'accord sur une procédure d'installation standard, deux voies s'offrent éventuellement à vous :

- Certains fabricants vous demandent simplement de brancher l'imprimante en reliant un câble à un port USB de votre ordinateur. Windows 8.1 détecte alors automatiquement le nouveau matériel, le reconnaît et l'installe. Il ne vous reste plus qu'à mettre de l'encre ou du toner, insérer du papier dans le bac prévu à cet effet, et c'est tout.
- D'autres fabricants utilisent une approche moins souple. Ils vous demandent d'installer leur logiciel *avant* de connecter l'imprimante. Et celle-ci risque de ne pas fonctionner correctement si vous ne respectez pas cet ordre d'installation.

Il n'y a hélas qu'une seule façon de savoir comment vous y prendre : consulter le manuel de l'imprimante (dans le meilleur des cas, vous trouverez dans le carton de celle-ci un joli document plein de couleurs qui décrit toute la procédure à suivre).

Si votre imprimante n'est pas livrée avec un ou deux CD-ROM, insérez vos cartouches, mettez du papier dans le bas, et suivez ces étapes :

1. **Windows 8.1 étant actif et bien éveillé, branchez l'imprimante sur votre PC et allumez-la.**

   Windows 8.1, avec un peu de chance, va afficher rapidement un message vous informant que votre imprimante a été installée avec succès. Mais ne vous en contentez pas et effectuez quelques tests.

2. **Ouvrez le Panneau de configuration du Bureau.**

   Vous disposez de trois méthodes pour activer le Panneau de configuration :

   - **Souris :** dirigez le pointeur dans le coin en bas et à gauche de votre écran. Dans le menu qui apparaît, cliquez sur la ligne Panneau de configuration.
   - **Clavier :** depuis le Bureau, appuyez sur la combinaison de touches Windows + I, sélectionnez la ligne Panneau de configuration et appuyez sur Entrée.

   - **Écran tactile :** depuis le Bureau, effectuez un balayage à partir du côté droit de l'écran, puis tapez sur l'icône Paramètres, et enfin sur Panneau de configuration.

3. **Dans la catégorie Matériel et audio, cliquez sur le lien Périphériques et imprimantes.**

   Le Panneau de configuration va afficher les périphériques présents, dont les imprimantes. Avec un peu de chance, vous allez y retrouver la vôtre. Quand vous avez localisé son icône, cliquez droit sur celle-ci puis choisissez dans le menu l'option Propriétés de l'imprimante. Dans la boîte de dialogue qui apparaît, cliquez sur le bouton Imprimer une page de test. Si tout se déroule comme vous l'espériez, vous avez terminé. Félicitations.

   La page de test ne s'est pas imprimée correctement ? Vérifiez que tous les éléments de l'emballage ont bien été retirés de l'imprimante, et qu'elle est bien alimentée en encre ou en toner. Si cela ne suffit pas, il est bien possible que le matériel soit défectueux. Il ne vous reste plus qu'à retourner à la boutique où vous l'avez acheté, ou à contacter le service après-vente adéquat.

4. **Si l'imprimante n'est pas localisée par Windows 8.1, cliquez sur le bouton Ajouter une imprimante.**

   Le système d'exploitation relance une analyse des imprimantes avec ou sans fil. Au bout de quelques minutes, il affiche la liste des imprimantes disponibles dont le pilote d'impression n'a pas été installé sur votre PC. Sélectionnez l'imprimante à installer et cliquez sur Suivant puis conformez-vous aux instructions qui s'affichent.

Windows 8.1 possède par défaut une imprimante appelée Microsoft XPS Document Printer. Comme ce n'est pas *réellement* une imprimante, vous pouvez l'ignorer sans problème.

Et voilà. Pour la plupart des utilisateurs, tout cela est suffisant et l'imprimante fonctionne très vite parfaitement. Dans le cas contraire, reportez-vous au Chapitre 8 pour plus d'explications sur les problèmes d'impression.

Si plusieurs imprimantes sont attachées ou connectées à votre ordinateur, cliquez droit sur l'icône de celle dont vous vous servez le plus souvent, et choisissez l'option Définir comme imprimante par défaut dans le menu contextuel. Windows 8.1 s'en servira alors automatiquement, sauf spécification contraire de votre part.

- Pour supprimer une imprimante dont vous ne vous servez plus, cliquez droit sur l'icône qui la représente dans le Panneau de configuration, et choisissez dans le menu l'option Supprimer le périphérique. Son nom n'apparaîtra plus lorsque vous lancerez une impression à partir d'une application. Si Windows 8.1 vous propose de désinstaller aussi les pilotes et tout le logiciel associé, cliquez sur Oui (à moins que vous pensiez avoir à réinstaller ce matériel dans l'avenir).

- Vous pouvez modifier les paramètres d'impression dans la plupart des programmes. Ouvrez le menu Fichier, ou son équivalent, et sélectionnez-y la commande Imprimer, ou Configuration de l'impression, ou quelque chose du même style. La fenêtre qui s'affiche vous permet de définir une taille de papier, de configurer graphismes et polices de caractères, et plein d'autres choses encore, par exemple l'impression recto verso.

TRUC

- Pour partager rapidement une imprimante sur un réseau, créez un groupement résidentiel (voyez à ce sujet le Chapitre 14). Avec un peu de chance, votre imprimante devrait être facilement accessible à tous les utilisateurs du réseau.
- Si le logiciel associé à votre imprimante vous semble confus, essayez de cliquer sur un bouton Aide ou son équivalent dans la boîte de dialogue correspondante. Chaque imprimante a ses propres options et paramètres, et Windows 8.1 ne peut pas tout savoir sur votre modèle particulier.

Horloge, langue et région

Microsoft a conçu cette rubrique essentiellement pour les utilisateurs itinérants, ceux qui voyagent loin et traversent les fuseaux horaires. Sinon, cette information n'apparaît le plus souvent qu'une seule fois, lors de la première mise en route de l'ordinateur. Windows 8.1 se souvient de la date et de l'heure, même quand votre PC est éteint.

Les possesseurs de machines portables, comme ceux qui doivent travailler dans différentes langues, apprécieront cependant de pouvoir adapter facilement tout cela à leurs besoins.

NOUVEAUTÉ WINDOWS 8

Vous pouvez facilement régler la date, l'heure, et la région depuis l'écran d'accueil :

1. **Ouvrez la barre des charmes, et cliquez sur Paramètres puis sur Modifier les paramètres du PC.**
2. **Dans l'écran éponyme qui apparaît, cliquez sur la catégorie Heure et langue.**

   Vous accédez aux réglages illustrés à la Figure 12.16.
3. **Pour que Windows 8.1 règle automatiquement l'heure, activez cette option.**
4. **Pour modifier le fuseau horaire, ouvrez ce menu local et choisissez-le dans l'immense liste proposée.**

5. **Cliquez sur Modifier les formats de date et d'heure pour changer leur format.**

   Vous accédez à un nouvel écran comme le montre la Figure 12.17.

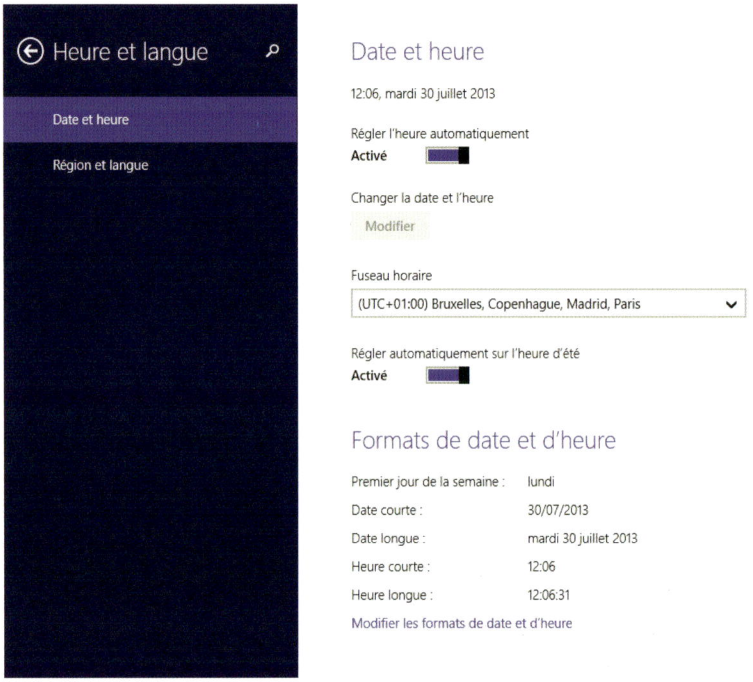

Figure 12.16 : Régler la date, l'heure, et la région.

6. **Utilisez les différents menus locaux pour déterminer le format de la date et de l'heure.**

   Une fois le réglage effectué, cliquez sur la flèche située dans l'angle supérieur gauche.

7. **Dans le volet gauche, cliquez sur Région et langue.**

8. **Dans le menu local, choisissez le pays d'utilisation de votre PC afin de profiter de contenus locaux.**

9. **Pour utiliser plusieurs langues dans vos applications, cliquez sur le bouton Ajouter une langue, et sélectionnez-la dans le panneau des langues qui apparaît.**

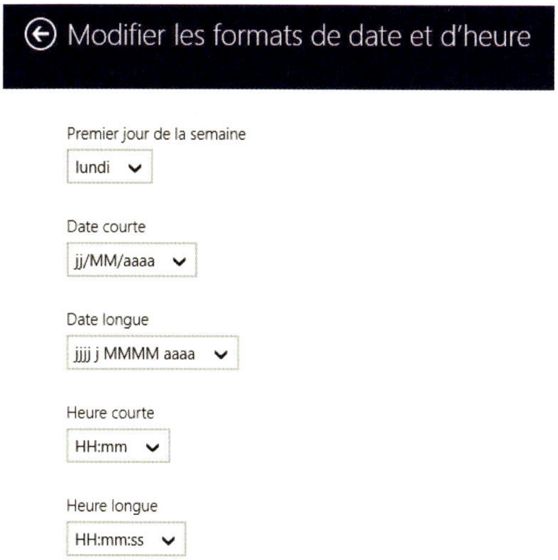

Figure 12.17 : Modifier le format d'affichage de la date et de l'heure.

- **Date et heure :** rien que d'évident ici. Vous pouvez d'ailleurs obtenir le même résultat en cliquant droit sur l'horloge qui est affichée à droite de la barre des tâches, puis en choisissant dans le menu l'option Ajuster la date/l'heure.

- **Langue :** si vous êtes bilingue, ou multilingue, visitez cette rubrique lorsque vous travaillez sur des documents où vous devez saisir des caractères dans différentes langues.

- **Région :** vous voyagez aux États-Unis ? Cliquez sur l'icône de cette catégorie, puis, sous l'onglet Formats, choisissez dans la liste Format l'option Anglais (États-Unis). Windows va alors appliquer les symboles monétaires et le format de date pour ce pays. Tant que la boîte de dialogue Région est ouverte, activez aussi l'onglet Localisation. Ouvrez la liste Localisation d'origine, et choisissez là aussi États-Unis (ou tout autre pays dans lequel vous vous trouvez).

Ajouter ou supprimer des programmes

Qu'il s'agisse de vérifier l'inscription d'un nouveau programme, ou de supprimer une ancienne application, la catégorie Programmes du Panneau de configuration devrait gérer le travail en douceur. L'une de ses rubriques,

Programmes et fonctionnalités, affiche la liste des applications actuellement installées (voir Figure 12.18).

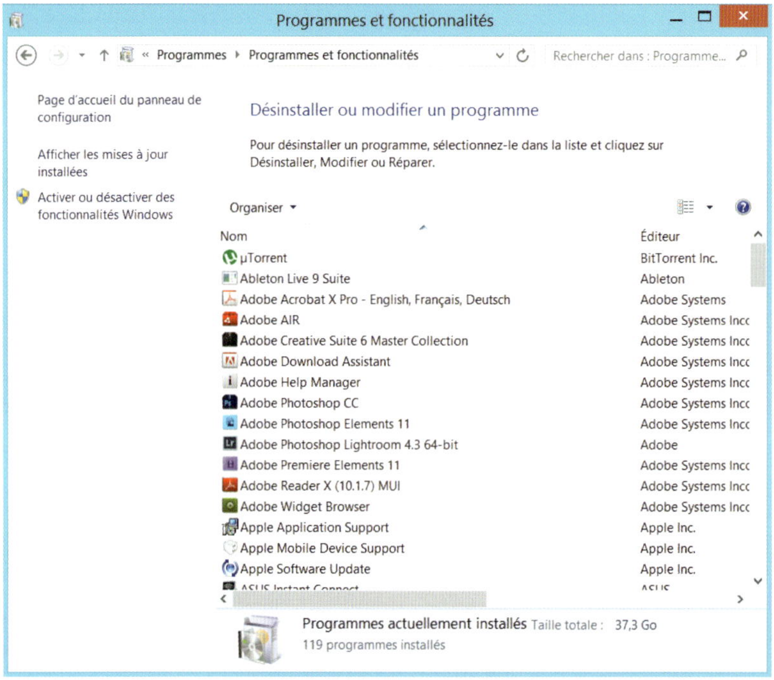

Figure 12.18 : La fenêtre Désinstaller ou modifier un programme vous permet de gérer les applications présentes sur votre système.

Cette section explique comment supprimer un programme, ou en modifier certaines caractéristiques, et comment en installer de nouveaux.

Supprimer des applications et des programmes

Supprimer une application de votre ordinateur ne réclame pas beaucoup d'efforts. Cliquez droit sur une vignette dans l'écran d'accueil. Dans la barre qui apparaît en bas de l'écran, cliquez sur l'icône Désinstaller. C'est tout.

Pour retirer une application de Bureau indésirable, ou pour modifier sa configuration, vous pouvez afficher l'écran Applications de l'écran d'accueil et faire un clic droit sur n'importe quel programme installé sur votre ordinateur. Dans la barre d'outils qui apparaît en bas de l'écran, cliquez sur le bouton Désinstaller. Vous basculez dans le Panneau de configuration. Par conséquent, inutile de perdre du temps à passer préalablement par l'écran d'accueil. Pour désinstaller un programme du Bureau, conformez-vous aux étapes suivantes :

1. **Faites un clic droit sur le bouton Démarrer du Bureau. Dans le menu contextuel qui apparaît, choisissez Panneau de configuration.**

2. **Lorsque le Panneau de configuration apparaît, choisissez Désinstaller un programme dans la catégorie Programmes.**

   La fenêtre Désinstaller ou modifier un programme apparaît (reportez-vous à la Figure 12.18). Vous y trouvez toutes les applications installées, ainsi que leur éditeur, leur taille, la date d'installation et leur numéro de version, du moins si ces informations sont disponibles.

   TRUC : Si vous voulez libérer de l'espace sur votre disque dur, cliquez sur l'en-tête d'une des colonnes Installé le ou Taille pour trouver les programmes les plus anciens ou les plus volumineux. Désinstallez ensuite les applications déjà presque rejetées dans les oubliettes de votre ordinateur.

3. **Cliquez sur la ligne du programme dont vous ne voulez plus, puis sur l'un des boutons Désinstaller, Modifier ou Réparer.**

   Les icônes affichées au-dessus des noms des programmes affichent toujours un bouton Désinstaller, mais certaines applications ajoutent également un bouton intitulé Modifier ou Réparer. Voyons cela d'un peu plus près :

   - **Désinstaller :** supprime totalement (si tout va bien) le programme de votre PC. Notez que certains programmes affichent à la place Désinstaller/Modifier.
   - **Modifier :** vous permet de modifier certaines fonctionnalités du programme, ou encore d'en supprimer certaines parties.
   - **Réparer :** si un programme est endommagé, cette option lui demande de s'autocontrôler et de remplacer les fichiers endommagés par une version plus récente. Vous pourrez alors avoir besoin du CD ou du DVD d'origine selon les demandes émises par le programme.

4. **Lorsque Windows vous demande si vous êtes certain de ce que vous faites, cliquez sur Oui.**

   Selon le bouton sur lequel vous avez cliqué, Windows 8.1 va éliminer l'application de votre PC, ou bien relancer son programme d'installation pour qu'il opère la mise à jour ou la procédure de réparation adaptée.

   Une fois un programme désinstallé, sa disparition est définitive (vous pourrez toujours le réinstaller si vous avez gardé les fichiers ou le CD d'origine). Contrairement aux autres éléments que vous supprimez, un programme désinstallé ne laisse aucune trace dans la Corbeille.

Lorsque vous voulez désinstaller un programme, passez toujours par le Panneau de configuration. Ne vous contentez pas d'effacer les fichiers ou les dossiers de l'application. Cela risquerait fort de ne pas résoudre le problème et vous pourriez bien voir s'afficher des messages d'erreur plus ou moins incompréhensibles.

Installer de nouveaux programmes

De nos jours, la plupart des programmes s'installent automatiquement dès que vous insérez leur CD-ROM (ou leur DVD) dans votre lecteur, ou que vous faites un double-clic sur leur fichier une fois le téléchargement terminé.

Si vous n'êtes pas sûr qu'un programme s'est installé correctement, accédez à l'écran d'accueil et regardez si sa vignette s'y trouve bien (généralement sur le côté droit de l'écran). Si vous voyez cette vignette, cela signifie (ou doit signifier) que l'installation s'est déroulée normalement.

Dans le cas contraire, voici quelques conseils qui pourraient bien vous aider :

- Pour installer des programmes, vous devez être connecté avec un compte au niveau Administrateur (ce qui est normalement et automatiquement le cas de l'acheteur de l'ordinateur). Cela permet d'éviter que les enfants, des amis indésirables ou toute autre personne avec un compte limité ou invité, puissent infecter votre ordinateur avec un programme malveillant. Les comptes d'utilisateurs sont expliqués au Chapitre 14.
- Les programmes récupérés sur l'Internet sont normalement stockés dans le dossier Téléchargements de Windows 8.1 (ouvrez le Bureau depuis l'écran d'accueil, puis cliquez sur l'icône de l'Explorateur Windows dans la barre des tâches). Faites alors un double-clic sur le nom du programme que vous venez de télécharger pour l'installer.
- Nombre de programmes font preuve de gourmandise en vous proposant lors de leur installation de créer un nouveau raccourci sur le Bureau, dans l'écran d'accueil *et* dans la barre d'accès rapide. Dites Oui à tout. Vous pourrez ainsi lancer le programme depuis votre Bureau si vous n'appréciez pas l'écran d'accueil, et réciproquement. Et si vous changez d'avis, aucun problème : cliquez droit sur l'icône du programme, et choisissez selon le cas Supprimer ou encore Détacher ce programme de la barre des tâches pour vous débarrasser de cette icône.

TRUC

✓ Une bonne idée, c'est de toujours créer un point de restauration avant d'installer un nouveau programme (voyez à ce sujet le Chapitre 13). Si celui-ci commence à vous jouer des tours, servez-vous de l'utilitaire de restauration du système pour revenir à un état stable de Windows et retrouver celui-ci dans l'état où il se trouvait avant cette installation.

Modifier Windows 8.1 pour l'adapter à votre handicap

Pratiquement personne ne rencontre de problèmes particuliers avec Windows 8.1, mais rien ne dit que vous ne puissiez pas vous trouver face à certaines difficultés. C'est pourquoi le Panneau de configuration propose toute une série d'options afin d'améliorer son ergonomie.

TRUC

Si votre vue n'est plus ce qu'elle était autrefois, le fait de pouvoir agrandir la taille des caractères affichés à l'écran vous paraîtra certainement appréciable.

NOUVEAUTÉ WINDOWS 8

Il est désormais possible d'ajuster les options d'ergonomie depuis l'écran d'accueil, en exécutant la procédure suivante :

1. **Affichez l'écran Paramètres du PC via le lien Modifier les paramètres du PC du bouton Paramètres de la barre des charmes.**

2. **Dans le volet de gauche, cliquez sur la catégorie Options d'ergonomie.**

   Vous accédez aux sous-catégories et options de la Figure 12.19.

   Ces options sont trop nombreuses pour les détailler. En voici une approche globale :

   - **Narrateur :** en activant cette option, tout le contenu, actions, et comportements sont décrits par une voix. Le narrateur est idéal pour les malvoyants. Vous pouvez choisir la voix, la tonalité et la vitesse de la diction. Vous pouvez définir les catégories de sons émis, et les indications vocales des mouvements du curseur (pointeur de la souris).

   - **Loupe :** si vous avez des problèmes de vue, la loupe agrandit l'affichage sur l'écran pour que vous puissiez mieux repérer la position de la souris.

   - **Contraste élevé :** élimine la plupart des couleurs à l'écran de manière à ce que les personnes ayant des difficultés de vision puissent mieux distinguer les fenêtres et la position du pointeur de la souris.

- **Clavier :** permet de définir le comportement du clavier en fonction de votre aptitude à l'utiliser malgré votre handicap. Vous pouvez activer le clavier visuel afin de taper à l'aide de votre souris.

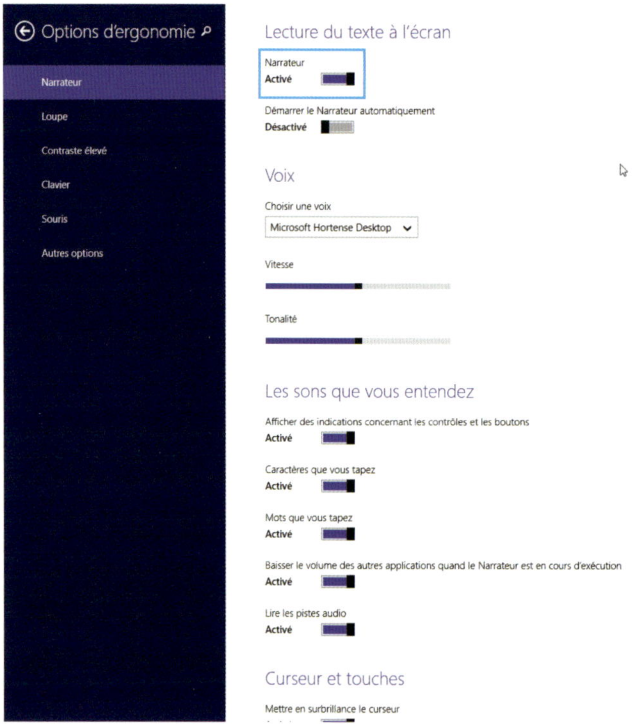

Figure 12.19 : Les options d'ergonomie sont accessibles depuis l'écran Paramètres du PC.

- **Souris :** permet de choisir la taille de la souris et son niveau de contraste. Vous pouvez également activer une option qui permet de déplacer le pointeur de la souris avec les touches du clavier.

- **Autres options :** donne accès à des paramétrages spécifiques comme la durée d'affichage des notifications, l'épaisseur du curseur (point d'insertion des zones de saisie de texte), et l'affichage ou non de l'arrière-plan de Windows.

Vous pouvez accéder à ces paramètres depuis le Panneau de configuration. Il suffit pour cela de suivre ces étapes :

1. **Ouvrez le Panneau de configuration du Bureau :**

   Vous disposez de trois méthodes pour activer le Panneau de configuration :

- **Souris :** dirigez le pointeur dans le coin en bas et à gauche de votre écran. Dans le menu qui apparaît, cliquez sur la ligne Panneau de configuration.
- **Écran tactile :** depuis le Bureau, effectuez un balayage à partir du côté droit de l'écran, puis tapez sur l'icône Paramètres, et enfin sur Panneau de configuration.

2. **Dans le Panneau de configuration, cliquez deux fois de suite sur le lien Options d'ergonomie.**

   La fenêtre correspondante s'affiche (voir Figure 12.20). La voix de Windows s'active aussi pour vous expliquer comment choisir et configurer ces outils.

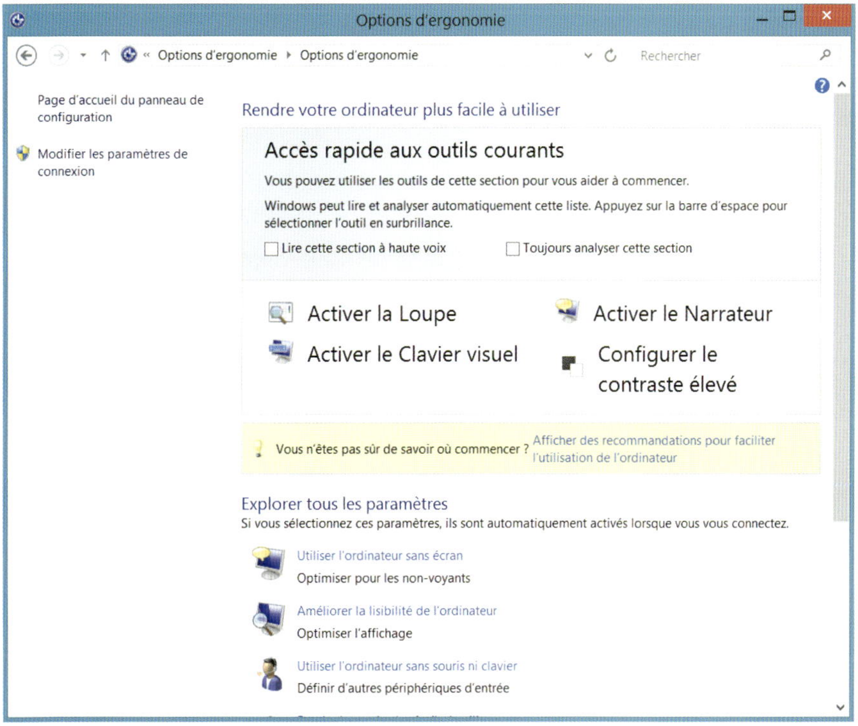

Figure 12.20 : La fenêtre Options d'ergonomie propose de multiples aides pour les utilisateurs victimes de certains handicaps.

3. **Cliquez sur le lien Afficher des recommandations pour faciliter l'utilisation de l'ordinateur.**

De cette manière, Windows va afficher un questionnaire qui vous permettra de juger des adaptations dont vous avez besoin (ou qui permettra à une personne qui vous aide de le faire pour vous). Après quoi, Windows ajustera automatiquement ses réglages pour s'adapter à vos problèmes.

Si cela ne vous convient pas, passez à l'Étape 4.

4. **Effectuez manuellement les modifications voulues.**

   La fenêtre Options d'ergonomie propose divers commutateurs pour vous aider à mieux contrôler votre clavier, votre souris, vos sons ou encore votre affichage.

   Choisissez les options voulues pour activer immédiatement les fonctionnalités correspondantes. Refermez la fenêtre Options d'ergonomie pour annuler ces aides. Sinon, passez à l'Étape 5.

5. **Choisissez un réglage spécifique dans la section Explorer tous les paramètres.**

   Ici, Windows 8.1 vous permet d'opérer des réglages plus fins de manière à configurer certains réglages, notamment pour :

   - Optimiser l'affichage pour les non ou malvoyants.
   - Utiliser l'ordinateur sans souris et sans clavier.
   - Ajuster la sensibilité de la souris et du clavier pour compenser des difficultés de mouvement.
   - Remplacer les sons par d'autres types d'alertes.
   - Rendre certaines tâches plus faciles à accomplir.

   Certaines associations peuvent proposer une assistance pour aider les personnes handicapées à opérer ces réglages afin qu'elles puissent utiliser leur ordinateur dans les meilleures conditions possibles.

Chapitre 13

Un Windows plus sûr et plus efficace

Dans ce chapitre :

- Créer votre propre point de restauration.
- Sauvegarder votre ordinateur avec l'Historique des fichiers.
- Libérer de la place sur votre disque dur.
- Rendre votre ordinateur plus rapide.
- Rechercher et installer un nouveau pilote.

Si vous avec *déjà* des problèmes avec Windows 8.1, c'est au *Chapitre* 18 que vous devez vous rendre. Mais sachez que cette version de Windows offre des outils de maintenance et de réparation plus nombreux et plus efficaces que jamais. Toutefois, si votre PC semble fonctionner raisonnablement bien, et que ce « raisonnablement » ne vous paraît pas suffisant, restez avec moi. Ce chapitre vous explique comment continuer dans cette voie le plus longtemps possible.

Vous allez trouver ici une sorte de « checklist », chaque section décrivant une tâche assez simple, et surtout nécessaire, pour que Windows (et vous avec) soit en pleine forme. Vous découvrirez par exemple ici comment activer la sauvegarde automatique des fichiers avec le programme de Windows 8.1 appelé *Historique des fichiers*.

Si quelqu'un vous dit que votre ordinateur a un mauvais pilote, ne le prenez pas comme une insulte personnelle. Un *pilote* est un petit programme qui aide Windows à dialoguer avec divers matériels internes et externes connectés à votre ordinateur. Ce chapitre vous explique aussi comment vous débarrasser d'un mauvais pilote pour mettre le bon derrière le volant.

Créer un point de restauration

Windows 8.1 prend ses distances avec les points de restauration des versions précédentes. Il propose à la place de nouveaux outils (actualiser et réinstaller totalement Windows). Nous y reviendrons au Chapitre 18. Mais les fans des points de restauration ne sont pas oubliés, et il est toujours possible de faire appel à ceux-ci pour remettre votre PC dans un état antérieur où il se sentait en meilleure santé.

Pour créer un point de restauration, suivez ces étapes :

1. **Affichez la barre des charmes en appuyant sur Win + C, et cliquez sur Rechercher.**

   Pour afficher directement le champ Rechercher de la barre des charmes, appuyez sur Win + Q.

2. **Dans le champ de saisie qui apparaît, tapez restauration.**

   Une liste de fonctions correspondant à la restauration apparaît, comme le montre la Figure 13.1.

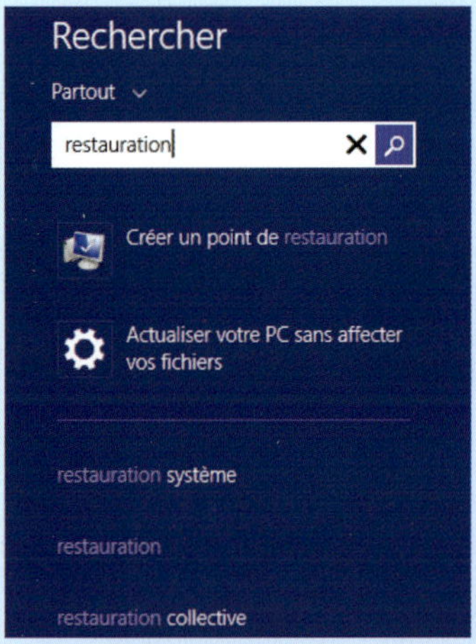

Figure 13.1 : Les rubriques liées au mot **restauration** saisi dans le champ Rechercher de Windows 8.1.

3. **Cliquez sur Créer un point de restauration.**

   La fenêtre Propriétés système s'affiche sur le Bureau en ouvrant son onglet Protection du système. Vous y trouvez une liste d'options concernant la restauration du système.

4. **Cliquez sur le bouton Créer situé dans la partie inférieure droite de la boîte de dialogue (pour qu'il soit accessible, il faut que la protection d'un ou plusieurs disques soit activée dans la zone Paramètres de protection – sélectionnez si nécessaire un lecteur et cliquez sur le bouton Configurer). Entrez un nom pour votre nouveau point de restauration puis cliquez sur Créer.**

   Windows fait le travail demandé, puis vous informe que le point de restauration a été créé. Cliquez sur Fermer. Vous pouvez refermer la boîte de dialogue Propriétés système.

En créant vos propres points de restauration les bons jours, vous saurez immédiatement lesquels utiliser lorsque le temps se couvre. Je vous expliquerai dans le Chapitre 18 comment ressusciter votre ordinateur à partir d'un point de restauration.

En plus de tout ce qui est décrit dans ce chapitre, assurez-vous que ses outils Windows Update (pour les mises à jour) et Windows Defender (pour se débarrasser des intrus malveillants) sont bien activés en mode de pilotage automatique. Si nécessaire, reportez-vous au Chapitre 11. Ces programmes font un gros travail pour aider votre ordinateur à fonctionner en toute sécurité.

Windows 8.1 et ses outils de maintenance

Windows 8.1 contient toute une boîte à outils pour améliorer son fonctionnement. Certains s'exécutent automatiquement, ce qui limite votre intervention à vérifier qu'ils sont bien activés. D'autres vous aident à prévenir des désastres potentiels en sauvegardant les fichiers de votre PC.

Pour accéder à cette boîte à outils de survie, cliquez du bouton droit de la souris sur le bouton Démarre du Bureau. Dans le menu contextuel qui apparaît, choisissez Panneau de configuration. Cliquez sur la catégorie Système et sécurité.

Voici les outils qui vous seront particulièrement utiles :

- **Historique des fichiers :** c'est le nouveau programme de sauvegarde de Windows 8.1. Il tisse un filet de sécurité autour des fichiers enregistrés dans vos quatre bibliothèques, ce qui vous permet d'en retrouver des copies en bon état si par malheur les choses tournaient mal. Vous n'avez donc aucune excuse si vous ne l'activez pas. Tous les disques durs peuvent mourir un jour, et vous y avez enregistré des tas et des tas de souvenirs.
- **Système :** les types du support technique adorent cette catégorie. Vous y trouvez votre version de Windows, le type de composants que contient votre PC, la description de votre ordinateur ou encore une note indiquant ce que pense Windows de ses performances.
- **Windows Update :** cet outil permet à Microsoft d'installer automatiquement des mises à jour de sécurité (et d'autres aussi) sur votre PC, ce qui est en général une bonne chose. C'est pourquoi je vous conseille d'activer ce mode automatique, si ce n'est pas encore fait.
- **Options d'alimentation :** vous n'êtes pas certain de savoir si votre PC est en veille, s'il hiberne ou s'il est tout simplement éteint ? Le Chapitre 3 vous explique les différences entre ces états, et ce chapitre vous montre comment ajuster le degré de léthargie que subit de votre ordinateur quand vous appuyez sur le bouton d'arrêt (ou lorsque vous refermez le couvercle de votre ordinateur portable).

- **Outils d'administration :** cette catégorie *a priori* rébarbative contient une pépite. Il s'agit d'un programme de nettoyage qui permet d'éliminer plein de déchets sur votre disque dur afin de libérer de la place.

Ces différentes tâches sont décrites plus en détail dans les sections qui suivent.

Sauvegarder votre ordinateur avec l'Historique des fichiers

Malheureusement, votre disque dur peut mourir un jour, entraînant avec lui dans la tombe tout ce qu'il contient : des années de photographies numériques, vos musiques, vos lettres, vos données financières, les vieux documents que vous aviez numérisés, et plus largement tout ce que vous aviez pu créer et enregistrer sur votre PC.

C'est pourquoi vous devez régulièrement sauvegarder vos fichiers. Si votre disque dur arrête de respirer (disons plutôt, de tourner), ces copies de sauvegarde vous sauveront du désastre.

Windows 8.1 propose une nouvelle solution de sauvegarde appelée *Historique des fichiers*. Une fois que vous l'avez activée, cet historique sauvegarde automatiquement le contenu de vos bibliothèques, une fois par heure. Ce programme est facile à activer, facile à configurer, s'exécute automatiquement, et sauvegarde tout ce dont vous pourrez avoir besoin un jour.

Mais avant que l'Historique des fichiers ne devienne opérationnel, vous avez besoin de deux choses :

- **Un disque dur externe :** pour pouvoir réaliser automatiquement ces sauvegardes, il vous faut un disque dur externe, transportable, et donc tout simplement un disque dur dans sa coquille. Cette coquille est branchée à l'aide d'un cordon sur un port USB de votre ordinateur. Windows 8.1 reconnaît alors immédiatement le disque dur. Il vous suffit de le laisser connecté pour que les sauvegardes s'effectuent automatiquement.
- **Un lecteur flash** (ces petits objets bon marché appelés également clés USB) peut aussi être utilisé avec l'Historique des fichiers. Mais, comme leur capacité de mémoire est généralement très limitée par rapport à celle d'un disque dur externe, il est probable que ce genre de solution ne vous permettra pas de sauvegarder tous vos fichiers.

- **Activer l'Historique des fichiers :** cet outil est livré gratuitement avec toutes les versions de Windows. Mais il ne fera rien tant que vous ne lui aurez pas donné l'ordre de démarrer.

Pour que Windows 8.1 puisse automatiquement sauvegarder votre travail toutes les heures, suivez ces étapes :

1. **Branchez votre disque dur sur un port USB de votre ordinateur.**

2. **Un message de notification devrait apparaître dans la partie supérieure droite de votre écran. Cliquez ou tapotez dessus pour choisir ce que doit faire Windows des lecteurs amovibles.**

   Ce message s'affiche normalement chaque fois que vous connectez un nouveau dispositif de stockage, comme un disque dur externe ou une clé USB. Vous devriez le voir aussi bien sur votre Bureau que dans l'écran d'accueil.

   Vous ne voyez pas ce message ? Ou bien vous voulez choisir vous-même la configuration de l'Historique des fichiers ? Dans les deux cas, passez à l'Étape 4.

3. **Sélectionnez l'option Configurer ce lecteur pour la sauvegarde Historique des fichiers. La fenêtre Historique des fichiers du Panneau de configuration apparaît. Cliquez sur le bouton Activer.**

   TRUC

   Il se peut qu'un autre message vous demande si vous aimeriez recommander ce lecteur aux autres membres de votre groupement résidentiel. Si la capacité du disque est suffisante pour satisfaire aux besoins de tout le monde, cliquez sur Oui. Et si vous désirez le garder pour vos seules sauvegardes personnelles, choisissez Non.

   L'Historique des fichiers va commencer à sauvegarder des copies de vos bibliothèques. Comme c'est la première fois, l'opération peut prendre de quelques minutes à quelques heures en fonction du nombre et de la taille de vos fichiers.

   Si vous ne voyez apparaître aucun message lorsque vous branchez votre disque externe, rien n'est perdu. Passez à l'Étape 4.

4. **Ouvrez le Panneau de configuration.**

   Vous disposez de trois méthodes pour activer le Panneau de configuration :

   - **Souris :** dirigez le pointeur dans le coin en bas et à gauche de votre écran. Dans le menu qui apparaît, cliquez sur la ligne Panneau de configuration.

- **Clavier :** depuis le Bureau, appuyez sur la combinaison de touches Windows + I, sélectionnez la ligne Panneau de configuration et appuyez sur Entrée.

- **Écran tactile :** depuis le Bureau, effectuez un balayage à partir du côté droit de l'écran, puis tapez sur l'icône Paramètres, et enfin sur Panneau de configuration.

5. **Sélectionnez la catégorie Système et sécurité, puis cliquez sur le lien Historique des fichiers.**

   La fenêtre Historique des fichiers s'affiche. Le programme va s'efforcer de déterminer quelle unité de disque il peut utiliser pour vos sauvegardes. S'il fait le bon choix, passez à l'Étape 7. Sinon, continuez à l'Étape 6.

6. **Si vous avez besoin de changer de disque, cliquez sur le lien Sélectionner un lecteur situé dans le volet gauche de la fenêtre, comme le montre la Figure 13.2.**

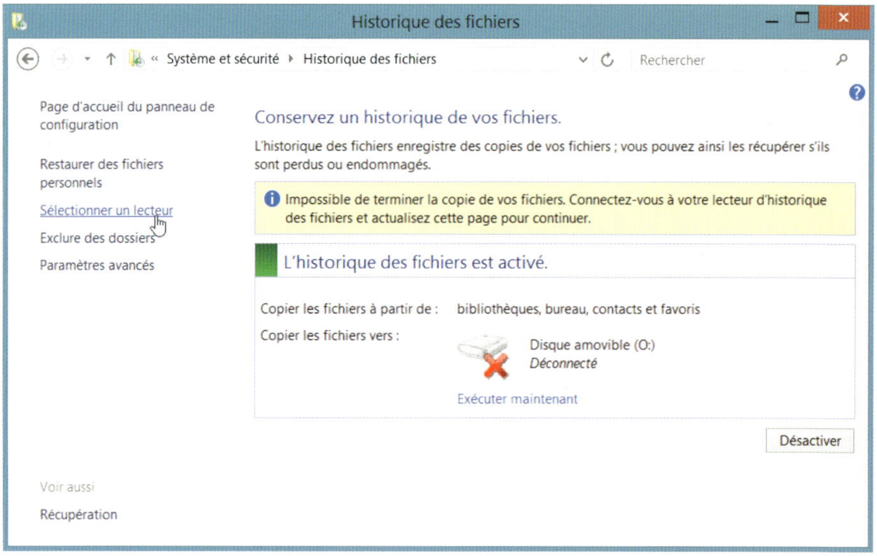

Figure 13.2 : Sélectionner un lecteur pour y effectuer la sauvegarde de votre système.

7. **Sélectionnez le lecteur à utiliser, et cliquez sur OK.**

   Cette action lance le démarrage de l'Historique des fichiers (voir Figure 13.3).

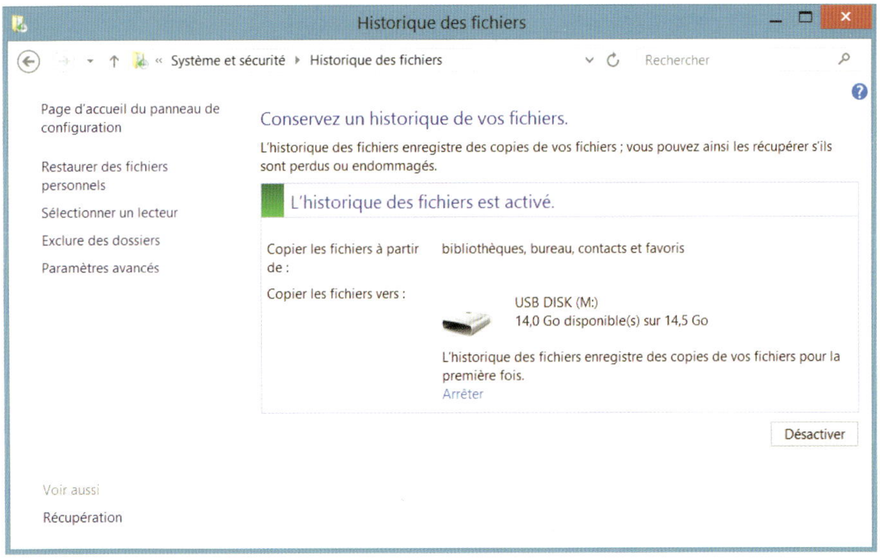

Figure 13.3 : Création automatique de la sauvegarde dès que vous avez choisi le lecteur de destination.

L'Historique des fichiers peut également être géré dans l'écran Mises à jour et récupération des Paramètres du PC accessible depuis l'écran d'accueil, comme le montre la Figure 13.4.

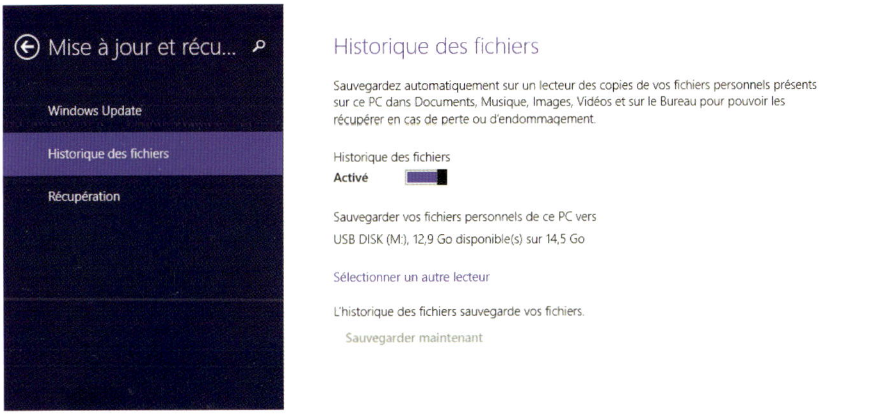

Figure 13.4 : Activez, désactivez et configurez l'Historique des fichiers dans cet écran de Windows 8.1.

L'Historique des fichiers fait un travail remarquable pour vous faciliter l'existence, de manière totalement automatique. Pour autant, quelques connaissances un peu plus poussées à son sujet vous seront utiles :

- Si vous essayez de sauvegarder une unité de disque en réseau sur un autre PC, Windows vous demandera d'entrer le nom et le mot de passe d'un compte Administrateur sur l'autre machine.
- L'Historique des fichiers sauvegarde tout ce qui se trouve dans vos bibliothèques (Documents, Musique, Images et Vidéos) ainsi que le contenu du dossier Public. Ce qui paraît naturel, puisque c'est là que vous stockez normalement vos fichiers. Pour ajouter de nouveaux dossiers ou pour éliminer certaines bibliothèques (vos vidéos sont par exemple déjà conservées ailleurs), cliquez sur le lien Exclure des dossiers situé dans le volet gauche de la fenêtre Historique des fichiers.
- Normalement, Windows 8.1 effectue une sauvegarde toutes les heures. Pour modifier ce réglage, cliquez, toujours sur la gauche de la fenêtre, sur le lien Paramètres avancés. Choisissez la fréquence voulue dans le menu local Enregistrer les copies de fichiers puis cliquez sur le bouton Enregistrer les modifications (vous pouvez aller de toutes les dix minutes à une fois par jour).
- Lorsque vous activez l'Historique des fichiers, Windows lance immédiatement la procédure de sauvegarde, même si rien n'est encore programmé. Cela vient du fait que Windows 8.1 est toujours extrêmement vigilant et qu'il ne veut pas risquer de vous faire perdre quoi que ce soit. Après tout, votre disque dur va peut-être vous lâcher dans moins de dix minutes…
- Le Chapitre 18 explique comment restaurer des fichiers qui ont été sauvegardés avec l'Historique. Mais vous pourriez peut-être aller y jeter un coup d'œil tout de suite. Non seulement l'Historique des fichiers travaille dans l'urgence, mais il vous permet en plus de comparer l'état actuel des fichiers avec les versions enregistrées quelque temps auparavant. Cela vous permet de rappeler à la vie de meilleures versions dans le cas où vous auriez récupéré les pires.
- Windows 8.1 place vos sauvegardes dans un dossier appelé FileHistory du disque que vous avez choisi. Ne déplacez pas ce dossier, ou sinon Windows 8.1 risque de ne plus pouvoir le retrouver le jour où vous aurez besoin d'effectuer une restauration.

Trouver des informations techniques sur votre ordinateur

Vous pouvez trouver des informations sur votre système informatiquc aussi bien depuis l'écran d'accueil que depuis le Bureau. Voici comment procéder dans l'une et l'autre de ces interfaces de Windows 8.1.

Dans l'écran d'accueil :

1. **Cliquez sur l'icône Paramètres de la barre des charmes, puis sur le lien Modifier les paramètres du PC.**

   Affichez la barre des charmes en appuyant sur Win + C.

2. **Dans le volet gauche de l'écran qui apparaît, cliquez sur PC et périphériques.**

3. **Dans l'écran PC et périphériques, cliquez sur la dernière rubrique du volet gauche intitulée Informations sur le PC.**

   Consultez les informations qui apparaissent dans le volet droit comme le montre la Figure 13.5.

Figure 13.5 : L'écran d'accueil permet de connaître le contenu de votre ordinateur.

Pour obtenir des informations plus détaillées, passez par le Panneau de configuration du Bureau.

Rappelons que vous disposez de trois méthodes pour activer le Panneau de configuration :

- **Souris :** dirigez le pointeur dans le coin en bas et à gauche de votre écran. Dans le menu qui apparaît, cliquez sur la ligne Panneau de configuration.
- **Clavier :** depuis le Bureau, appuyez sur la combinaison de touches Windows + I, sélectionnez la ligne Panneau de configuration et appuyez sur Entrée.
- **Écran tactile :** depuis le Bureau, effectuez un balayage à partir du côté droit de l'écran, puis tapez sur l'icône Paramètres, et enfin sur Panneau de configuration.

Ensuite, cliquez sur Sécurité et système, puis sur Système. La fenêtre Système affiche un certain nombre d'informations techniques sur les entrailles de votre système (voir Figure 13.6) :

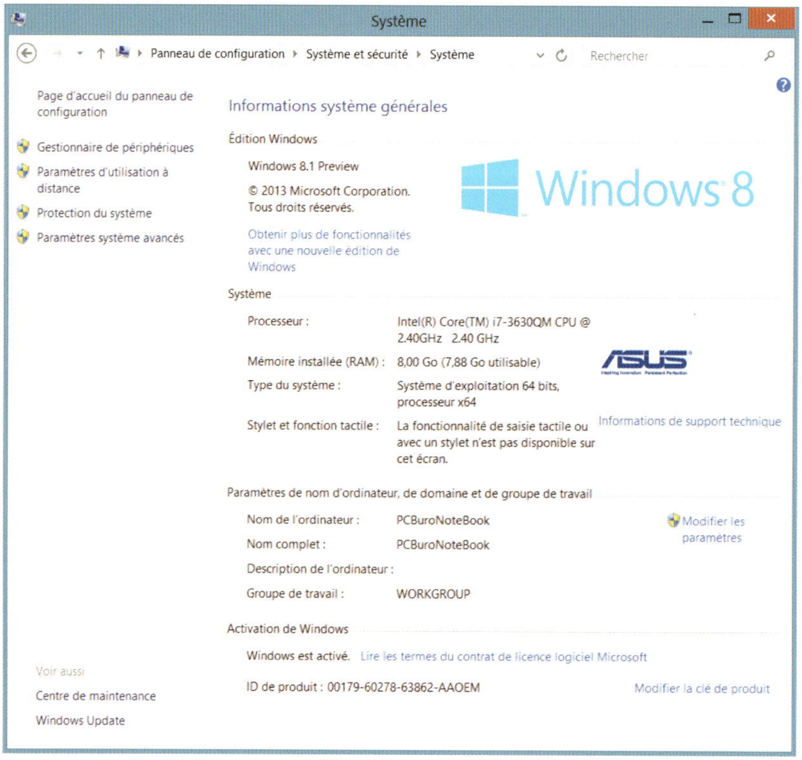

Figure 13.6 : Cliquez sur l'icône Système pour afficher des informations techniques sur votre PC.

- **Édition Windows :** Windows 8.1 existe en plusieurs versions. Cette section permet de savoir laquelle tourne sur votre ordinateur.

- **Système :** Windows évalue la puissance de votre PC sur une échelle allant de 1 (tragique) à 9,9 (extraordinaire). Le type du processeur, ou son cerveau si vous voulez, ainsi que la quantité de mémoire vive installée dans l'ordinateur sont également indiqués ici.
- **Paramètres de nom d'ordinateur, de domaine et de groupe de travail :** cette section identifie le nom de votre ordinateur ainsi que son *groupe de travail*, un terme utilisé lorsque plusieurs machines sont reliées en réseau (les réseaux sont traités dans le Chapitre 15).
- **Activation de Windows :** pour empêcher les gens d'acheter une seule copie de Windows pour l'installer sur plusieurs ordinateurs, Microsoft exige que Windows 8.1 soit *activé*, un processus qui enchaîne le système d'exploitation à une et une seule machine.

Le volet gauche de la fenêtre propose des tâches plus avancées qui pourront peut-être vous servir un jour de grande panique, lorsque quelque chose semble mal tourner sur votre PC et que vous cherchez l'issue de secours. Voyons brièvement cela :

- **Gestionnaire de périphériques :** cette option liste tout ce que contient votre ordinateur, mais avec une présentation franchement inamicale. Si vous voyez un point d'exclamation devant le nom d'un matériel, cela signifie qu'il y a un problème avec lui. Double-cliquez dessus pour voir les explications que donne Windows à ce sujet. Parfois, un bouton proposant une aide à la résolution du problème apparaît. Cliquez bien sûr dessus pour que Windows tente de régler lui-même la situation.
- **Paramètres d'utilisation à distance :** rarement utilisé, cet outil complexe permet à des techniciens de prendre le contrôle de votre PC *via* l'Internet. Assurez-vous que c'est vraiment un technicien et qu'il est compétent. Vous pourrez alors le laisser faire pour résoudre vos difficultés.
- **Protection du système :** cette option vous permet de créer des points de restauration (reportez-vous à l'encadré qui se trouve au début de ce chapitre). Vous pouvez également utiliser ce lien pour restaurer votre PC dans un état antérieur, disons à un jour où il était en bien meilleure forme.
- **Paramètres système avancés :** seuls les technogourous aiment passer du temps ici. Tous les autres utilisateurs peuvent s'en passer.

La plupart des réglages et paramètres qui se trouvent dans la fenêtre Système sont plutôt compliqués. Ne vous cassez pas trop la tête avec eux, à moins de savoir exactement ce que vous faites, ou que quelqu'un d'une assistance technique vous dise de changer tel ou tel paramètre.

Libérer de l'espace sur votre disque dur

Windows 8.1 lui-même occupe un certain espace sur votre disque dur, même s'il est plus mince que certaines versions précédentes. Si vos programmes commencent à se plaindre d'un manque de place, essayez ce qui suit :

1. **Ouvrez le Panneau de configuration du Bureau.**

   Vous disposez de trois méthodes pour activer le Panneau de configuration :

   - **Souris :** faites un clic droit sur le bouton Démarrer et, dans le menu contextuel qui apparaît, choisissez Panneau de configuration.
   - **Clavier :** depuis le Bureau, appuyez sur la combinaison de touches Windows + I, activez l'option Panneau de configuration et appuyez sur Entrée.
   - **Écran tactile :** depuis le Bureau, effectuez un balayage à partir du côté droit de l'écran, puis tapez sur l'icône Paramètres, et enfin sur Panneau de configuration.

2. **Cliquez sur la catégorie Système et sécurité, puis sur Outils d'administration située en bas de la fenêtre.**

3. **Dans la liste des outils mis à votre disposition, double-cliquez sur Nettoyage de disque.**
4. **Dans la boîte de dialogue qui apparaît, sélectionnez le lecteur, c'est-à-dire le disque dur à nettoyer, et cliquez sur OK.**

   Windows 8.1 analyse le lecteur puis affiche la boîte de dialogue Nettoyage de disque où il liste tout ce qui peut être supprimé du disque dur et ainsi y libérer de l'espace, comme le montre la Figure 13.7

5. **Cochez toutes les cases des éléments à supprimer, puis cliquez sur OK.**

   Lorsque vous cochez une case, la section Description vous explique ce qui va être supprimé. Quand vous cliquez sur OK, Windows vous demande si vous êtes *totalement* sûr de vouloir continuer.

   TRUC — Cliquez aussi sur le bouton Nettoyer les fichiers système. Il supprime les détritus générés par votre PC, pas par vous.

6. **Cliquez sur le bouton Supprimer les fichiers.**

   Windows va commencer par vider votre corbeille, détruire les résidus de sites Web visités antérieurement, et ainsi de suite.

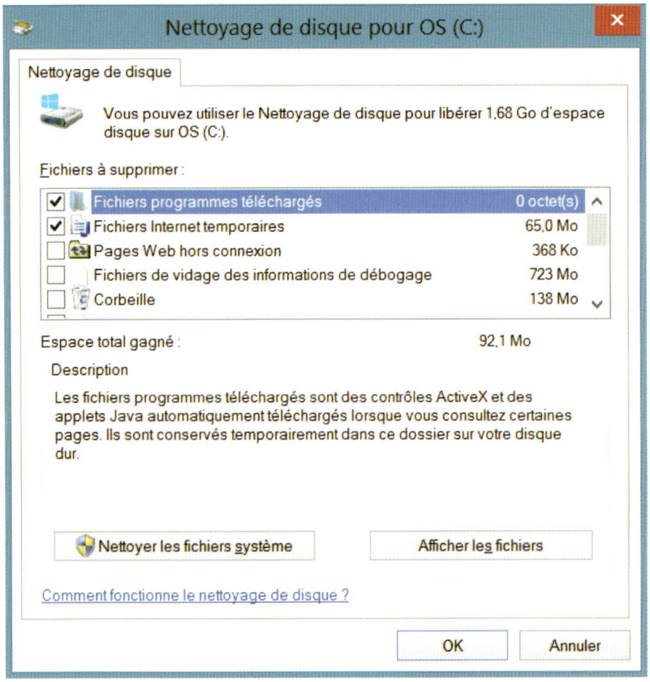

Figure 13.7 : Les divers éléments pouvant être supprimés d'un disque dur.

Un bouton d'arrêt plein de pouvoirs

Au lieu d'appuyer sur le bouton d'arrêt de votre PC, vous devriez éteindre Windows 8.1 en cliquant sur son *propre* bouton Marche/Arrêt (voyez aussi à ce sujet le Chapitre 2). Avec cette méthode, vous disposez de trois options : Mettre en veille, Arrêter et Redémarrer.

Mettre en veille, le mode le plus populaire, place votre ordinateur dans un état semi-comateux, peu consommateur en énergie, dont il peut se réveiller très rapidement.

Mais le bouton Marche/Arrêt de Windows n'est pas accessible immédiatement. Pour gagner du temps, dites à votre ordinateur ce qu'il doit faire lorsque vous l'éteignez : se mettre en veille, ou s'arrêter ?

La même question se pose aux utilisateurs de portables : l'ordinateur doit-il se mettre en veille ou s'arrêter quand le couvercle est refermé ?

Pour répondre à cette question, suivez ces étapes :

1. **Ouvrez le Panneau de configuration du Bureau. Choisissez ensuite la catégorie Système et sécurité.**

   Vous disposez de trois méthodes pour activer le Panneau de configuration :

   - **Souris :** faites un clic droit sur le bouton Démarrer du Bureau et, dans le menu contextuel qui s'affiche, choisissez Panneau de configuration.
   - **Clavier :** depuis le Bureau, appuyez sur la combinaison de touches Windows + I, activez l'option Panneau de configuration et appuyez sur Entrée.
   - **Écran tactile :** depuis le Bureau, effectuez un balayage à partir du côté droit de l'écran, puis tapez sur l'icône Paramètres, et enfin sur Panneau de configuration.

2. **Cliquez sur l'icône Options d'alimentation.**

   La fenêtre des options d'alimentation s'affiche. Par défaut, c'est le mode Utilisation normale (recommandé) qui est activé.

3. **Dans le volet de gauche, cliquez sur le lien Choisir l'action des boutons d'alimentation.**

   La fenêtre illustrée sur la Figure 13.8 apparaît.

4. **Sélectionnez les modifications que vous voulez apporter aux réglages par défaut.**

   En utilisant les menus locaux présents dans cette fenêtre, vous avez la possibilité de demander au bouton Marche/Arrêt de votre PC de ne rien faire, de se mettre en veille, ou bien en veille prolongée, ou bien encore d'arrêter la machine. En cas de doute, choisissez Veille.

   Les portables et les tablettes disposent de plus d'options que les PC de bureau. Vous pouvez ainsi personnaliser leur comportement selon que vous êtes branché sur le secteur ou que vous travaillez uniquement avec la batterie. Cela vous permet d'être à pleine puissance dans le premier cas, et d'économiser l'énergie dans le second.

   Avec un portable, le volet de gauche de la fenêtre Options d'alimentation propose un lien similaire, intitulé Choisir l'action qui suit la fermeture du capot.

   Pour plus de sécurité, sélectionnez le bouton radio Exiger un mot de passe (recommandé). Cela forcera toute personne qui « réveillerait » votre ordinateur à saisir votre mot de passe pour accéder à Windows, et donc à vos informations.

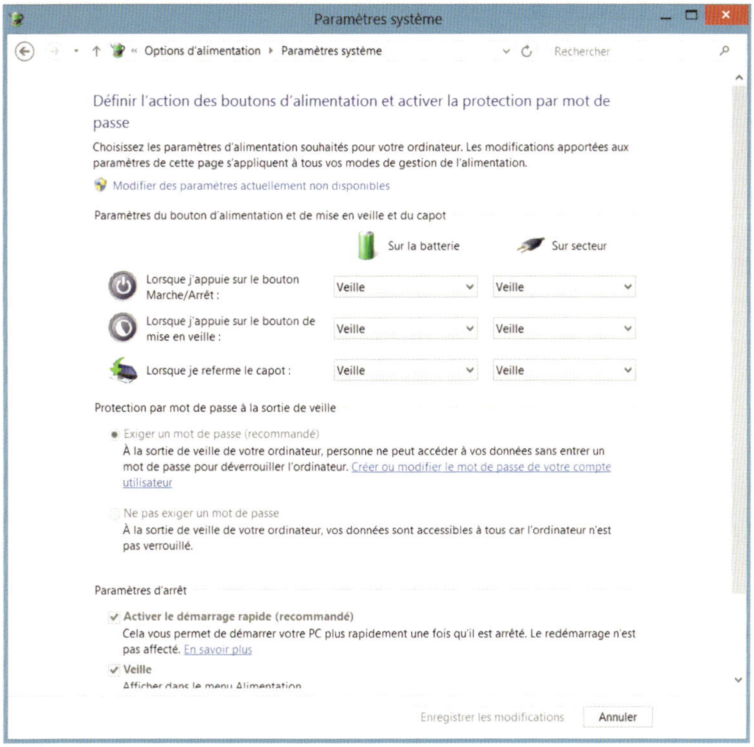

Figure 13.8 : Choisissez la réaction de votre ordinateur quand vous appuyez sur le bouton d'arrêt.

Configurer des périphériques qui ne marchent pas (une histoire de pilotes)

Windows est livré avec un arsenal de *pilotes*, qui sont des programmes lui permettant de communiquer avec les gadgets branchés sur votre PC. Normalement, Windows 8.1 reconnaît automatiquement vos nouveaux matériels, et tout fonctionne pour le mieux dans le meilleur des mondes. Parfois, Windows 8.1 va voir sur l'Internet s'il trouve des instructions lui permettant de terminer automatiquement le travail.

Mais il peut aussi arriver que ce beau conte de fées ne se déroule pas comme espéré. Vous branchez quelque chose qui est trop nouveau pour que Windows 8.1 le connaisse, ou quelque chose de trop ancien pour qu'il s'en souvienne. À moins qu'un appareil connecté à votre PC ne commence à perdre la tête, et qu'un message bizarre vous demande d'installer un nouveau pilote (ou *driver* si la chose ne connaît pas le français).

Dans de tels cas, il va vous falloir trouver et installer vous-même un pilote Windows 8.1 adapté à ce matériel. Les meilleurs pilotes sont fournis avec un programme d'installation qui enregistre automatiquement le logiciel au bon endroit, ce qui doit suffire à résoudre le problème. Mais les pires pilotes vous laissent vous débrouiller par vos propres moyens.

Si Windows 8.1 ne reconnaît pas automatiquement, et donc n'installe pas, le pilote qui convient à votre nouveau matériel (même si vous redémarrez votre PC), suivez ces étapes :

1. **Visitez le site Web du constructeur et téléchargez la dernière version en date du pilote pour Windows 8.1.**

   Le nom du site Web du fabricant est généralement écrit quelque part sur l'emballage ou dans la documentation. Sinon, vous pouvez effectuer une recherche sur Google ou Bing en tapant son nom. Vous avez alors une bonne chance de tomber sur quelque chose comme `www.lefabricantdemonmatériel.fr`, ou `.com`, ou encore `.com/fr`.

   Recherchez dans les menus du site Web les liens Support, Téléchargements, voir *Downloads* (c'est pareil, mais en anglais). Vous devez alors entrer généralement le nom de votre modèle, voire son numéro de série, votre système d'exploitation (en l'occurrence Windows 8.1), ou d'autres informations encore avant de pouvoir accéder au pilote. Certains sites Web vous demandent même de créer un compte justifiant que vous avez bien acheté un produit de leur marque.

   Vous ne trouvez aucun pilote dédié à Windows 8.1 ? Essayez alors de télécharger une version pour Windows 7 ou même Vista. Bien souvent, le résultat est le même.

2. **Une fois le programme téléchargé, lancez son installation.**

   Il suffit dans certains cas de valider le message affiché par votre navigateur Web, et dans d'autres de double-cliquer sur le nom du fichier. Si c'est ce qui se produit, vous êtes pratiquement sauvé. Sinon, passez à l'Étape 3.

   Si l'icône du fichier que vous venez de télécharger montre comme une petite fermeture Éclair, cliquez droit dessus et choisissez dans le menu qui s'affiche l'option Extraire tout afin de *décompresser* son contenu dans un nouveau dossier. Windows 8.1 donne à ce dossier le même nom que le fichier, ce qui permet de le retrouver plus facilement.

3. **Faites un clic droit sur le bouton Démarrer du Bureau et, dans le menu contextuel qui apparaît, Gestionnaire de périphériques.**

La fenêtre correspondante apparaît. Elle affiche la liste de tous les dispositifs qui se trouvent dans votre ordinateur ou qui lui sont attachés. Celui qui vous pose problème devrait se signaler par la présence sur sa gauche d'une icône figurant un point d'exclamation sur fond jaune.

4. **Cliquez sur la ligne correspondant au matéricl suspect. Ouvrez ensuite le menu Action, en haut de la fenêtre, et choisissez-y l'option Ajouter un matériel d'ancienne génération.**

   Cette commande lance l'assistant Ajout de matériel qui vous guide pas à pas dans la procédure d'installation de votre matériel en installant si nécessaire votre nouveau pilote. Mais reconnaissons que cette technique a parfois de quoi dérouter même des utilisateurs expérimentés…

Pour éviter ce genre de problème, le mieux est de toujours avoir des pilotes à jour. Même ceux que vous trouvez sur le disque fourni dans l'emballage d'un nouveau matériel sont bien souvent déjà périmés (mais toujours utilisables). Visitez le site Web du constructeur, et téléchargez la dernière version en date des pilotes. Il y a de bonnes chances pour qu'elle règle certains problèmes que d'autres utilisateurs ont pu rencontrer par le passé.

Vous avez des problèmes avec un nouveau pilote ? Revenez au Gestionnaire de périphériques, double-cliquez sur la ligne du matériel incriminé, puis activez l'onglet Pilote dans la boîte de dialogue qui apparaît. Respirez un grand coup, puis cliquez sur le bouton Version précédente. Windows 8.1 élimine le pilote que vous veniez d'installer pour réactiver la version antérieure. Ce qui ne règle pas forcément votre problème…

ATTENTION

Vous venez de découvrir Windows 8.1. Les constructeurs de matériels aussi… Microsoft aime sortir de nouvelles versions de Windows. Ils aiment mettre sur le marché de nouveaux appareils. Et pour mieux vous pousser à changer d'imprimante ou autre périphérique, ils laissent de côté la mise à jour de leurs pilotes qui étaient destinés à d'anciennes versions de Windows. Pas de chance pour vous. Désolé…

Chapitre 14

Partager un ordinateur avec plusieurs utilisateurs

Dans ce chapitre :

- Comprendre les comptes d'utilisateurs.
- Ajouter, supprimer et modifier un compte d'utilisateur.
- Se connecter sur l'écran d'accueil.
- Changer d'utilisateur.
- Partager des fichiers entre plusieurs comptes.
- Comprendre les mots de passe.

Windows permet à plusieurs personnes de partager un ordinateur, un portable ou une tablette sans que personne ne puisse jeter un coup d'œil sur les fichiers des autres.

Le secret ? Windows associe à chaque personne un *compte d'utilisateur* personnel qui l'isole efficacement des autres. Lorsque quelqu'un clique sur son nom et saisit son mot de passe, l'ordinateur lui donne accès à ce qui lui appartient, et uniquement à cela. Il affiche en particulier l'écran d'accueil et le bureau de *cette* personne, ses propres réglages, ses programmes et ses fichiers. Il lui interdit de regarder dans les dossiers possédés par d'autres utilisateurs.

Ce chapitre vous explique comment configurer des comptes d'utilisateurs séparés pour chacun des membres de votre famille, y compris le « propriétaire » de l'ordinateur, ou pour tout autre visiteur occasionnel, susceptible d'accéder à votre système.

Mais vous découvrirez également comment briser certains de ces murs, de manière à pouvoir partager des informations entre les comptes pour que chacun puisse par exemple admirer les photos de vacances ou de fêtes, tout en gardant secrètes vos lettres d'amour.

Comprendre les comptes d'utilisateurs

Windows 8.1 préfère, sans tout de même l'exiger, que vous définissiez un compte d'utilisateur pour chaque personne qui utilise votre PC. Un tel compte fonctionne un peu comme une invitation personnalisée à une soirée : chacun porte un badge à son nom, ce qui aide Windows à savoir qui est assis devant le clavier. Il existe en fait trois types de comptes d'utilisateurs : Administrateur, Standard et Invité. Pour commencer à jouer avec le PC, l'utilisateur doit cliquer sur son propre nom dans l'écran de démarrage.

TRUC

Pour accéder aux autres comptes, vous serez probablement obligé de cliquer sur la flèche située dans l'angle supérieur gauche de la fenêtre d'ouverture de session de Windows 8.1.

Windows 8.1 autorise chaque type de compte à effectuer, ou non, tel ou tel type de tâche. Prenons une image. Si l'ordinateur était un hôtel, le compte Administrateur serait celui du gérant, le type qui doit avoir la clé de toutes les chambres. Un client aurait un compte Standard, lui donnant accès à sa chambre et aux parties communes. Un compte Invité serait dévolu à un simple visiteur devant repartir le soir même. Pour utiliser un langage un peu plus « informatique », tous ces types de comptes ont des caractéristiques bien précises :

- **Administrateur :** l'administrateur contrôle tout l'ordinateur. Il peut décider qui a le droit de jouer avec le PC, et de ce que chaque autre utilisateur peut ou ne peut pas faire. Dans le cas d'un ordinateur sous Windows 8.1, c'est généralement son propriétaire qui détient ce compte seigneurial. L'administrateur crée des comptes pour chacun des autres membres de la famille ou de l'équipe, et il décide des autorisations qu'il délivre ou qu'il refuse.
- **Standard :** les titulaires d'un compte Standard ont accès à la majeure partie de l'ordinateur, mais ils ne peuvent pas lui apporter des changements importants. Ils n'ont par exemple pas le droit d'installer de nouveaux programmes. Mais ils sont autorisés à lancer ceux qui existent, à la condition toutefois que l'administrateur les ait installés pour tout le monde.

- **Invité :** les invités sont autorisés à jouer avec l'ordinateur, mais celui-ci ne les reconnaît pas par leur nom. Ce genre de compte ressemble assez au type Standard, mais sans aucune confidentialité. Si tout un chacun peut se connecter en tant qu'invité, le Bureau conservera l'aspect qui lui a donné le dernier utilisateur. C'est très bien pour naviguer sur le Web, mais pas plus.

Voici quelques règles classiques à appliquer lorsqu'un même ordinateur doit être partagé entre plusieurs personnes :

- Dans une famille, les parents ont en général un compte Administrateur, les enfants ont chacun leur compte Standard, et la nounou doit se contenter d'un compte Invité.
- Dans un appartement partagé par plusieurs personnes, le propriétaire du PC se réserve le compte Administrateur, et les colocataires possèdent un compte Standard ou Invité (selon leur degré de proximité, ou encore selon qu'ils ont ou non rangé et nettoyé la cuisine la semaine dernière).

Pour que personne d'autre que vous n'ait la possibilité d'accéder à votre propre compte, vous devez le protéger par un mot de passe (nous y reviendrons plus loin dans ce chapitre).

Parfois, quelqu'un se connecte avec son compte, mais l'ordinateur finit par se mettre en veille si aucune action du clavier ou de la souris n'est enregistrée pendant un certain temps. Lorsque le PC se réveille, seuls le nom du compte et l'image associée apparaissent sur l'écran.

Les comptes d'invités peuvent accéder à l'Internet, mais uniquement si vous disposez d'une connexion rapide, de type ADSL ou câble.

Modifier un compte utilisateur ou ajouter un nouveau compte

En tant que citoyens de seconde zone, les comptes Standard ont moins de droits. Ils peuvent par exemple exécuter des programmes et changer l'image qui leur est associée, ou encore modifier leur mot de passe. Mais le pouvoir *réel* est détenu par l'administrateur. Lui seul peut créer ou supprimer n'importe quel autre compte, supprimant ainsi de l'ordinateur le nom, les fichiers et les paramètres du condamné. C'est pourquoi il ne faut jamais se fâcher avec l'administrateur d'un ordinateur !

Attribuez-vous aussi un compte Standard

Si un morceau de programme malveillant arrive à se glisser dans votre ordinateur, et que vous êtes connecté en tant qu'administrateur, cette chose diabolique peut causer beaucoup de ravages. C'est très dangereux, car un compte Administrateur peut supprimer ou endommager à peu près tout et n'importe quoi. C'est pourquoi Microsoft suggère de créer *deux* comptes pour vous-même : un compte Administrateur *et* un compte Standard. Au quotidien, servez-vous du second, et n'ouvrez une session avec le premier que pour réaliser des tâches de maintenance.

De cette manière, Windows vous traitera exactement comme n'importe quel autre utilisateur standard. Lorsque l'ordinateur est sur le point de faire quelque chose de potentiellement nuisible, ou simplement trop poussé, Windows 8.1 vous demande de saisir le nom et le mot de passe du compte d'administrateur. Entrez ces informations, et Windows vous laissera passer la porte. Mais vous savez alors que quelque chose est sans doute suspect, ou du moins risque de modifier des paramètres importants de l'ordinateur.

Il est certain qu'avoir un second compte est une astreinte. Mais après tout, c'est comme sortir sa clé pour ouvrir la porte de son domicile. Vous verrouillez votre habitation pour votre sécurité. Avec Windows, c'est pareil.

Si vous êtes administrateur, créez un compte Standard pour chaque personne qui aura le droit d'accéder à votre ordinateur. Ce type de compte donne suffisamment de contrôle pour qu'elles puissent travailler ou jouer, tout en évitant qu'un petit malin ne détruise accidentellement des fichiers importants, ou ne perturbe le bon fonctionnement de Windows.

Ajouter un compte d'utilisateur

Les administrateurs ont le pouvoir d'ajouter de nouveaux comptes à partir de l'option Paramètres du PC de l'écran d'accueil.

NOUVEAUTÉ WINDOWS 8

Cette opération peut désormais être réalisée depuis l'écran d'accueil *via* la fonction Modifier les paramètres du PC. Voici comment procéder :

1. **Ouvrez la barre des charmes, puis cliquez sur Paramètres, et enfin sur Modifier les paramètres du PC.**

   Vous pouvez pour cela placer le pointeur de votre souris dans le coin supérieur droit de l'écran d'accueil, effleurer l'écran depuis le bord droit de celui-ci en allant vers l'intérieur, ou encore faire appel à la combinaison de touches Windows + C.

2. **Dans le volet gauche de l'écran Paramètres du PC, cliquez sur Comptes.**

   L'écran de votre compte d'utilisateur apparaît (voir Figure 14.1). Vous pouvez ici modifier vos propres paramètres.

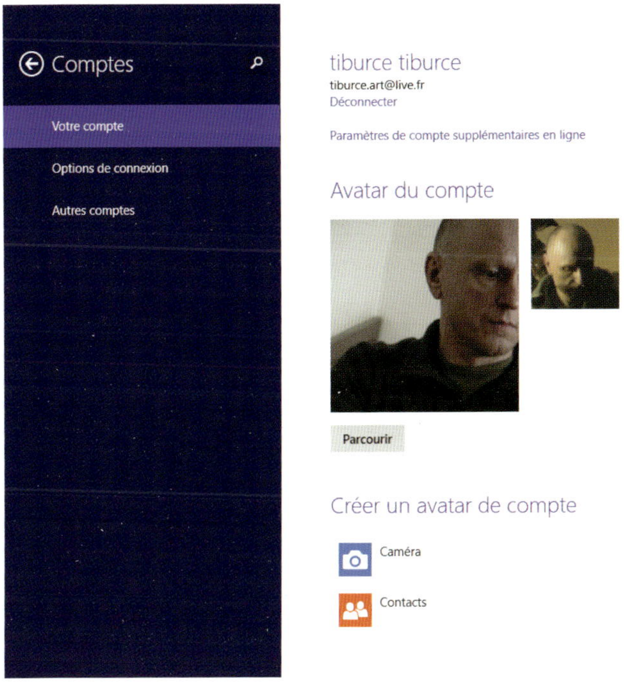

Figure 14.1 : Accéder aux options des comptes de Windows 8.1.

3. **Pour créer un nouveau compte, cliquez sur la rubrique Autres comptes.**

4. **Dans le nouveau volet qui s'affiche, cliquez sur le bouton + Ajouter un utilisateur, comme à la Figure 14.2.**

5. **Choisissez ensuite le type de compte à définir dans la fenêtre qui apparaît.**

   Par défaut, Microsoft considère que le nouvel utilisateur va se connecter avec un compte Microsoft, c'est-à-dire un compte de messagerie (adresse e-mail) qui sera validé comme tel par Microsoft. Toutefois, si vous ne souhaitez pas que la personne dispose de tous les avantages offerts par ce type de compte, cliquez sur le lien Se connecter sans compte Microsoft (non recommandé) situé en bas de la fenêtre de création du compte. Deux choix s'offrent alors à vous, comme le montre la Figure 14.3 :

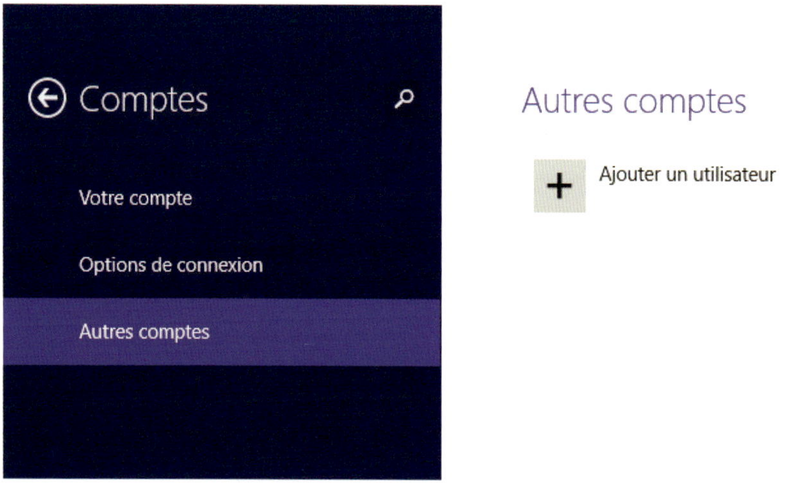

Figure 14.2 : Ajouter un nouveau compte, avec un nouvel utilisateur.

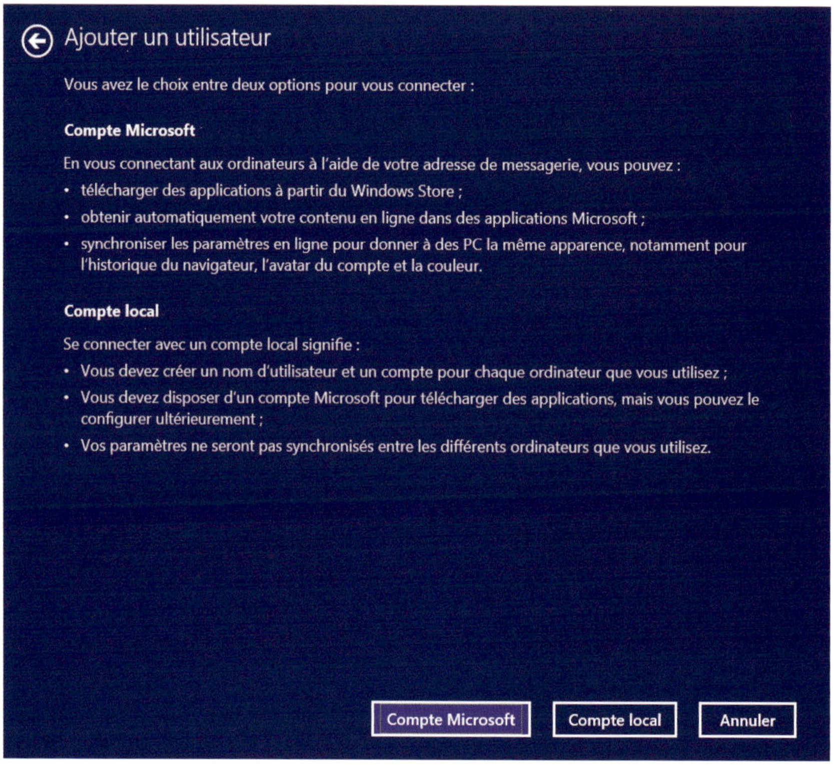

Figure 14.3 : Les deux choix qui apparaissent lorsque vous cliquez sur Se connecter sans compte Microsoft.

- **Compte local :** sélectionnez cette option pour les membres de votre famille, ou bien les gens que les comptes Microsoft et leurs « privilèges » n'intéressent pas. Elle permet à la personne d'utiliser l'ordinateur avec un compte générique. Pour définir un compte local, cliquez sur le lien Se connecter sans compte Microsoft, puis passez à l'Étape 5.

- **Compte Microsoft :** sélectionnez cette option si quelqu'un l'a *explicitement demandé*. Comme je l'ai expliqué au Chapitre 2, un compte Microsoft est une adresse de messagerie qui vous relie à Microsoft, à ses ordinateurs et à son service commercial. L'utilisateur peut alors acheter des applications avec sa carte bancaire, gérer ses fichiers sur le « nuage » Internet avec SkyDrive, ou encore accéder à d'autres gadgets maison. Pour créer un compte Microsoft, passez à l'étape suivante.

6. **Pour créer un compte d'utilisateur version Microsoft, soit vous cliquez sur le bouton Compte Microsoft, soit vous saisissez une adresse de messagerie dès le premier écran de configuration d'un nouveau compte.**

   Comme le suppose le lien Créer une adresse e-mail, vous pouvez profiter de l'occasion pour créer une nouvelle adresse de messagerie Outlook ou Live.

   N'oubliez pas que n'importe quel compte de messagerie pourra être utilisé, que vous l'ayez créé sur Gmail, Yahoo!, Free et j'en passe. Le seul intérêt d'utiliser un compte de messagerie Microsoft est lorsque vous en avez créé un pour votre Xbox ou votre Windows Phone afin que tout ce petit monde communique plus facilement.

7. **Remplissez le formulaire en indiquant votre mot de passe, vos noms et prénom, votre pays de résidence, et votre code postal.**

8. **Cliquez sur Suivant.**

9. **Ajoutez des informations de sécurité, et cliquez sur Suivant.**

10. **Cochez ou non les cases permettant de recevoir des publicités et des offres promotionnelles, et cliquez sur Suivant.**

11. **Indiquez s'il s'agit du compte d'un enfant devant être soumis au contrôle parental, et cliquez sur Terminer.**

    Le nouveau compte va devenir accessible depuis l'écran de démarrage.

    Lorsque la personne veut utiliser l'ordinateur, elle choisit le compte qui correspond à son adresse de messagerie et elle saisit le mot de passe version Microsoft associé à cette adresse. Windows ira vérifier sur l'Internet que tout va pour le mieux dans le meilleur des mondes, et c'est parti. Vous avez terminé votre travail d'administrateur. Sinon…

12. **Cliquez sur les mots Se connecter sans compte Microsoft.**

    Inquiet de vous voir préférer un compte local plutôt qu'un merveilleux compte Microsoft, Windows affiche une page de confirmation avec trois boutons : Compte Microsoft, Compte local et Annuler. Non, franchement, là, vous devez faire erreur ?

13. **Persévérez et cliquez sur le bouton Compte local.**

    Eh oui ! Vous voulez *vraiment* utiliser un compte local. Après tout, et comme Microsoft ne s'avoue pas vaincue, vous aurez toujours la possibilité de convertir plus tard ce malheureux compte local en un superbe compte Microsoft !

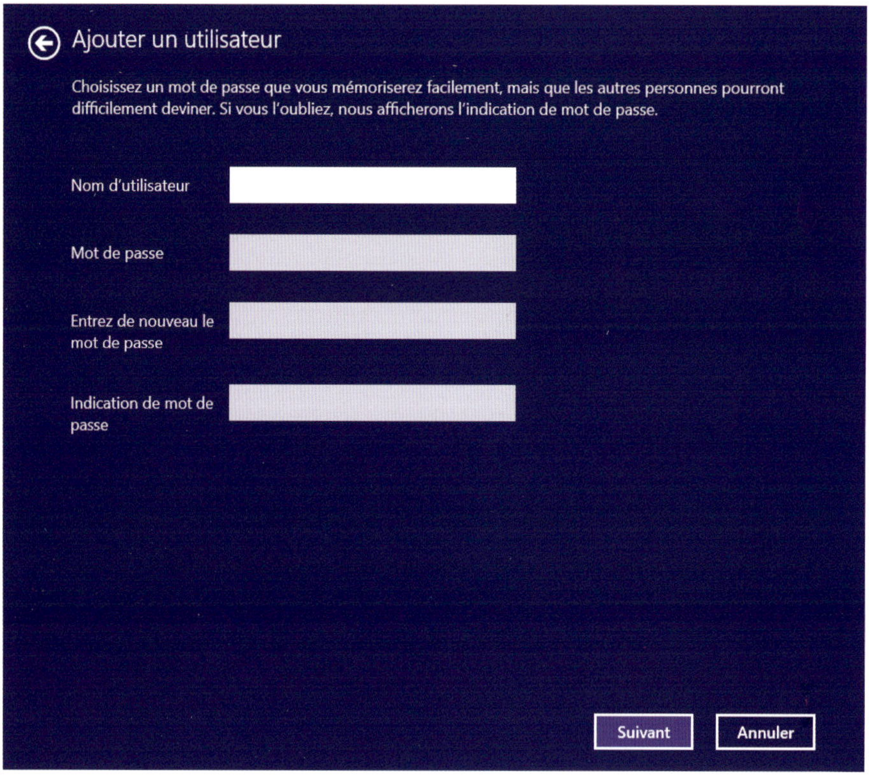

Figure 14.4 : La création d'un compte local est plus rapide.

Un nouvel écran apparaît. Il vous demande d'entrer un nom d'utilisateur (autrement dit, le nom du compte), un mot de passe que vous devrez confirmer une seconde fois, ainsi qu'une indication personnelle qui pourra servir si la personne oublie son mot de passe (Figure 14.4).

14. **Remplissez correctement les champs.**

    Pour le nom du compte, utilisez par exemple le prénom de la personne, son diminutif ou un surnom. Choisissez quelque chose de facile à mémoriser pour le mot de passe et l'indication. Le nouvel utilisateur pourra changer tout cela une fois qu'il sera connecté à son compte.

15. **Cliquez sur le bouton Suivant.**

    Indiquez s'il s'agit du compte d'un enfant devant être soumis au contrôle parental.

16. **Cliquez sur le bouton Terminer.**

    Il ne vous reste plus, bien sûr, qu'à communiquer à la personne son nom d'utilisateur et son mot de passe. Ce nom apparaîtra maintenant dans l'écran de démarrage pour qu'elle puisse commencer à utiliser l'ordinateur.

TRUC

Contrairement aux anciennes versions de Windows, Windows 8.1 crée des comptes de type Standard pour tous les nouveaux utilisateurs. Vous pouvez, si vous le souhaitez, les transformer par la suite en compte Administrateur (voir la prochaine section). Mais c'est très vivement déconseillé…

Modifier un compte utilisateur existant

La fenêtre Paramètres du PC de l'écran d'accueil (et son mini Panneau de configuration) vous permet de créer un nouveau compte pour un membre de votre famille ou pour un ami. C'est ce que nous avons vu dans la section précédente. Il vous sert aussi à personnaliser votre propre compte, à changer votre mot de passe ou encore à basculer entre compte Microsoft et compte local.

En revanche, pour modifier un autre compte d'utilisateur, suivez ces étapes :

1. **Basculez vers le Bureau, puis ouvrez le Panneau de configuration.**

   Vous disposez de trois méthodes pour activer le Panneau de configuration :

   - **Souris :** faites un clic droit sur le bouton Démarrer et, dans le menu contextuel qui apparaît, cliquez sur Panneau de configuration.

   - **Clavier :** depuis le Bureau, appuyez sur la combinaison de touches Windows + I, sélectionnez l'option Panneau de configuration et appuyez sur Entrée.

- **Écran tactile :** depuis le Bureau, effectuez un balayage à partir du côté droit de l'écran, puis tapez sur l'icône Paramètres, et enfin sur Panneau de configuration.

2. **Dans le Panneau de configuration, ouvrez la catégorie Comptes et protection des utilisateurs.**

3. **Cliquez sur le lien Comptes d'utilisateurs, puis sur Gérer un autre compte.**

   La fenêtre Gérer les comptes apparaît (voir Figure 14.5). Elle affiche tous les comptes actuellement définis sur votre ordinateur.

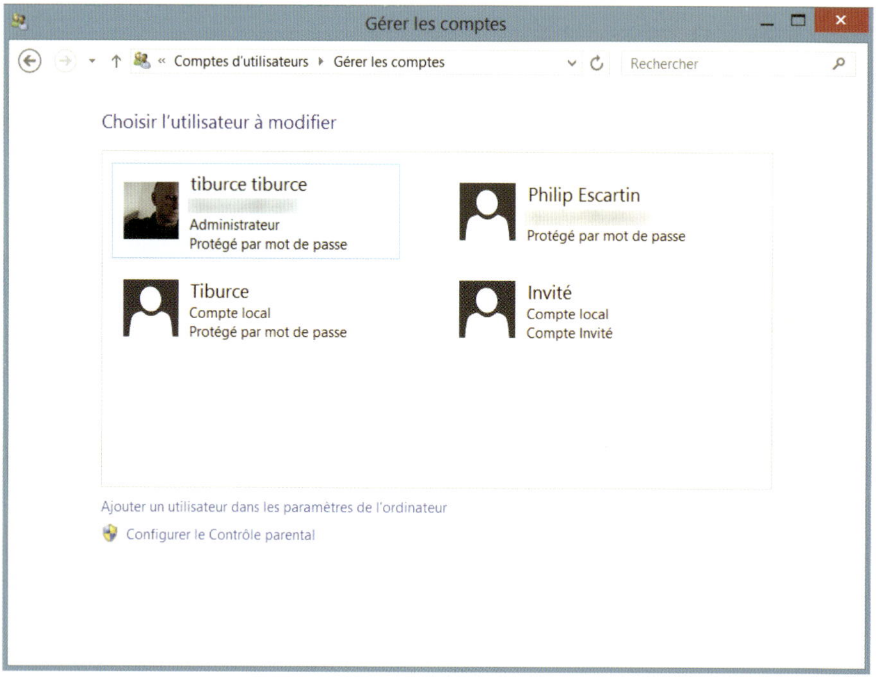

Figure 14.5 : La fenêtre Gérer les comptes vous permet de modifier les caractéristiques des autres comptes enregistrés sur l'ordinateur.

Tant que vous y êtes, vous pouvez profiter de l'occasion pour activer le compte appelé Invité. Cliquez sur ce nom, puis sur le bouton Activer dans la fenêtre qui suit. Un compte Invité est un moyen simple et sûr de permettre à d'autres personnes d'accéder à votre PC, sans qu'ils puissent toucher à vos fichiers ou faire quoi que ce soit qui risquerait de nuire à votre système.

4. **Cliquez sur le nom du compte que vous voulez modifier.**

Windows 8.1 affiche une page montrant l'image associée au compte et proposant une série de choix :

- **Configurer le Contrôle parental :** c'est un peu comme un œuf de Pâques offert aux parents. Le contrôle parental vous permet de définir les plages horaires pendant lesquelles l'utilisateur du compte a le droit d'accéder à l'ordinateur, ainsi que de limiter les applications et les jeux dont il peut se servir. Le contrôle parental est traité dans le Chapitre 11.
- **Modifier le type de compte :** comprenez ici faire la promotion d'un compte Standard au rang envié d'Administrateur, ou inversement de dégrader un compte Administrateur au rang subalterne de Standard.
- **Supprimer le compte :** ne choisissez pas cette option à la légère, car supprimer un compte détruit également les fichiers qui lui sont associés. Si vous maintenez tout de même ce choix, cliquez dans la fenêtre qui suit sur le bouton Conserver les fichiers. Cela enregistrera les fichiers de la personne dont vous effacez le compte dans un dossier placé sur votre Bureau afin qu'ils puissent être récupérés par la suite.

Bien qu'il soit possible de supprimer un compte depuis l'écran Comptes des Paramètres du PC (écran d'accueil), l'opération vous sera très souvent refusée pour cause d'utilisation de certaines données du compte. Dans ce cas, vous devez passer par le Panneau de configuration pour supprimer des comptes.

- **Gérer un autre compte :** vos modifications sont sauvegardées, et vous pouvez continuer à modifier les réglages d'un autre compte.

5. **Quand vous avez terminé, refermez la fenêtre en cliquant sur la croix rouge qui se trouve à droite de sa barre de titre.**

   Toute modification opérée sur un compte d'utilisateur est immédiatement appliquée.

Passer rapidement d'un utilisateur à un autre

Windows 8.1 permet à toute une famille, une troupe de colocataires ou aux employés d'une petite société de partager le même ordinateur. Celui-ci mémorise tous les fichiers et programmes de chaque utilisateur disposant d'un compte. Maman peut jouer aux échecs avant de rendre le clavier à sa grande fille qui va aller tchatcher avec ses copines. Quand Maman revient, une heure ou deux plus tard, sa partie d'échecs en est exactement là où elle l'avait laissée, ce qui lui a laissé le temps de réfléchir à une attaque surprise.

Passer d'un utilisateur à un autre est facile et rapide. Lorsque quelqu'un d'autre veut accéder à son compte, par exemple pour consulter ses messages, suivez ces étapes :

1. **Revenez si nécessaire à l'écran d'accueil.**

   Pour cela, appuyez sur la touche Windows de votre clavier, ou bien cliquez sur le bouton Démarrer du Bureau.

   Une autre technique consiste à cliquer sur l'icône Accueil de la barre des charmes.

2. **Cliquez sur l'image de votre compte d'utilisateur, en haut et à droite de l'écran.**

   Un menu s'affiche (voir Figure 14.6).

Figure 14.6 : Le menu liste les noms de tous les comptes d'utilisateurs autorisés à utiliser l'ordinateur.

3. **Choisissez le nom de l'utilisateur dont vous voulez activer le compte.**

   Windows vous laisse connecté, mais il affiche immédiatement l'écran d'ouverture de session de l'autre personne pour qu'elle puisse saisir son mot de passe.

Lorsque l'autre utilisateur n'a plus besoin de l'ordinateur, il lui suffit de reprendre les étapes ci-dessus. Cette fois, la personne va choisir dans le menu l'option Se déconnecter. Windows referme alors sa session, ce qui vous permet de reprendre la vôtre, en tapant bien entendu votre mot de passe pour retrouver votre propre écran d'accueil ou votre Bureau.

TRUC

Gardez présentes à l'esprit les remarques suivantes pour bien gérer l'utilisation du PC par de multiples utilisateurs :

- Lorsque le nombre de comptes est assez important, vous pouvez ne plus vous souvenir de celui que vous utilisez. Dans ce cas, revenez à l'écran d'accueil. Le nom actuel et l'image associée sont affichés en haut et à droite de l'écran. De plus, l'écran d'ouverture de Windows affiche le mot Connecté sous le nom de chaque utilisateur pour lequel une session est ouverte.

- Ne redémarrez pas le PC si quelqu'un d'autre est encore connecté, car cette personne perdrait tout le travail qui n'a pas encore été sauvegardé. Windows 8.1 vous demandera de toute manière une confirmation, ce qui vous laisse une chance de demander à l'autre personne de reprendre sa session et d'enregistrer ses documents.
- Si un compte d'utilisateur Standard essaie de modifier un réglage du système ou d'installer un logiciel, une fenêtre va s'ouvrir pour demander l'autorisation de l'Administrateur. Si vous acceptez cette action, entrez dans cette fenêtre votre mot de passe. Windows 8.1 effectue alors l'action demandée, exactement comme si vous l'aviez déclenchée depuis votre propre compte.

Partager des fichiers entre comptes

Normalement, le système de comptes d'utilisateurs dresse un mur entre les fichiers de chacun, ce qui évite que Noé n'aille voir ce que fait Nathan, et réciproquement. Mais comment faire si Noé rédige par exemple un rapport conjointement avec Nathan ? Bien sûr, chacun pourrait transmettre à l'autre une copie de son travail *via* sa messagerie, ou encore copier ces fichiers sur une clé USB qui serait échangée à chaque étape du travail.

Mais il y a plus simple en faisant appel aux bibliothèques de Windows. Placez une copie du ou des fichiers voulus dans un dossier *public* d'une de vos bibliothèques. Ce dossier public est visible dans la bibliothèque de *tout le monde*. Chacun peut donc y accéder, modifier son contenu et même le supprimer. Et cela vaut également pour toute personne qui se connecterait avec le compte Invité.

Plus largement, un dossier public est accessible depuis les autres ordinateurs connectés au PC *via* un groupement résidentiel (une façon simple de créer un réseau, qui sera décrite dans le Chapitre 15).

Voici comment trouver un dossier public et y enregistrer les fichiers qui peuvent être partagés avec les autres utilisateurs :

1. **Depuis le Bureau, ouvrez l'Explorateur de fichiers.**

   Si vous êtes dans l'écran d'accueil, cliquez d'abord sur la vignette du Bureau afin d'activer celui-ci.

Le volet de gauche de l'Explorateur de fichiers affiche notamment vos quatre bibliothèques : Documents, Images, Musique et Vidéos.

2. **Cliquez sur le nom de la bibliothèque où vous voulez partager vos fichiers.**

   Ouvrez par exemple ainsi la bibliothèque Musique. Vous pouvez y voir deux sous-dossiers appelés Musique et Musique publique.

   N'OUBLIEZ PAS

   Toutes vos bibliothèques contiennent de manière permanente le contenu du dossier public, ainsi que celui de votre dossier personnel (comme Documents, Musique, *etc.*).

   La beauté d'un dossier public réside dans le fait qu'il est visible dans les bibliothèques de tout le monde. Si Chloé place une chanson dans son dossier Musique publique, elle apparaîtra automatiquement dans le même dossier chez Virginie, Noé et Nathan.

3. **Copiez les fichiers et/ou les dossiers que vous voulez partager avec les autres utilisateurs dans le dossier public approprié.**

   Vous pouvez sélectionner les éléments dans le volet de droite, et les faire glisser directement sur l'icône du dossier public dans le volet de gauche. Dès que la copie est terminée, tout un chacun peut en profiter, mais aussi en faire ce qu'il veut, y compris renommer ou supprimer les fichiers. C'est d'ailleurs pourquoi il est généralement préférable de *copier* les fichiers dans un dossier public plutôt que de les y *déplacer*.

Voici quelques conseils supplémentaires sur l'utilisation des dossiers publics :

- Pour voir exactement ce que vous partagez, examinez vos propres bibliothèques dans l'Explorateur de fichiers. Par exemple, pour afficher les contenus audio que vous partagez, cliquez sur le mot Musique dans le volet de navigation, puis cliquez sur Musique publique. N'oubliez jamais que les autres utilisateurs peuvent faire ce qu'ils veulent avec ce qui s'y trouve.
- Si vous remarquez dans un dossier public quelque chose que vous ne voulez plus partager, déplacez-le en sens inverse vers votre propre dossier personnel. Par exemple, faites glisser *cet* album des Beatles du dossier Musique publique vers le dossier Musique. Plus de partage !
- Si votre PC est relié à un réseau (voyez à ce sujet le Chapitre 15), vous pouvez créer un *groupement résidentiel*, ce qui est une façon simple de partager des fichiers à la maison ou dans une petite entreprise. Une fois ce groupement activé, tous les utilisateurs des PC du réseau pourront accéder au contenu des bibliothèques qui ont été partagées. C'est un procédé simple et pratique pour partager photos, musiques et vidéos.

Changer l'image d'un compte d'utilisateur

Voici quelque chose d'important : vous *voulez* remplacer cette horrible silhouette que Windows affecte par défaut à votre compte d'utilisateur. Trouvez quelque chose qui vous ressemble plus en choisissant une image sur votre disque dur (ou un autre support), ou encore en vous prenant en photo avec la caméra de votre ordinateur.

Pour modifier l'image associée à un compte d'utilisateur, revenez à l'écran d'accueil et cliquez sur la vignette de votre compte, en haut et à droite de cet écran. Dans le menu qui s'affiche, choisissez l'option Modifier l'avatar du compte. Windows présente alors l'écran qui est illustré sur la Figure 14.7.

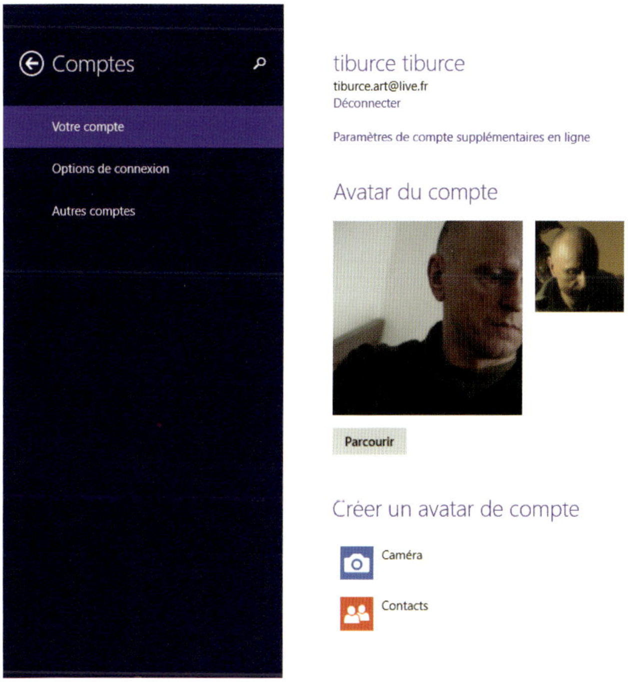

Figure 14.7 : Windows 8.1 permet à chaque utilisateur de choisir son propre avatar.

La page Avatar du compte propose deux options :

- **Parcourir :** pour choisir une image qui est déjà enregistrée sur votre ordinateur, cliquez sur le bouton Parcourir. Un écran Fichiers apparaît. Il montre les images que vous avez déjà utilisées pour des comptes. Pour voir le contenu de votre bibliothèque d'images, cliquez sur le titre Fichiers, puis sélectionnez Images dans le menu qui s'affiche. Cliquez sur la vignette voulue, puis sur le bouton Choisir cette image. Vous pouvez alors refermer la page Paramètres du PC pour revenir à l'écran d'accueil et constater que votre nouvel *avatar* est bien là.

- **Créer un avatar de compte :** cette option n'est disponible que si une webcam est attachée à votre ordinateur (ce qui est le cas avec les portables comme avec les tablettes). Elle vous permet si possible de choisir entre l'application de gestion de la caméra de Windows, ou un autre programme adapté que vous auriez vous-même installé.

TRUC

Voici quelques conseils supplémentaires pour bien choisir votre avatar :

- Une fois votre photo choisie, elle est attachée à votre compte Microsoft et à tout ce à quoi vous vous connectez avec ce compte : votre téléphone Microsoft, par exemple, les sites Web de Microsoft, ou encore tout ordinateur sous Windows 8.1 auquel vous accédez *via* ce compte.
- Vous pouvez parfaitement repérer une image intéressante sur l'Internet et la télécharger vers votre dossier Images pour l'utiliser comme avatar (dans votre navigateur, cliquez droit sur l'image voulue et choisissez dans le menu contextuel l'option Enregistrer sous).
- Ne vous souciez pas de savoir si l'image est trop petite ou trop grande. Windows 8.1 ajuste automatiquement sa taille pour qu'elle remplisse l'espace dévolu à la vignette de l'avatar.
- Seuls les titulaires d'un compte de type Administrateur ou Standard peuvent changer leur avatar. Les invités n'auront droit qu'à une anonyme silhouette grise…

Mots de passe et sécurité

Avoir un compte d'utilisateur n'a aucun intérêt et aucun sens si vous ne lui associez pas un mot de passe. Sinon, n'importe qui peut cliquer sur votre nom dans l'écran de verrouillage et aller voir tout ce que contiennent vos fichiers (et même les détruire!).

Les administrateurs, en particulier, *doivent* avoir des mots de passe. Sinon, cela revient à autoriser tout un chacun à faire ce qu'il veut avec le PC.

Pour créer ou modifier un mot de passe, suivez ces étapes :

1. **Ouvrez la barre des charmes, cliquez sur le bouton Paramètres, puis sur la ligne Modifier les paramètres du PC.**

   Vous pouvez aussi pointer avec la souris le coin haut ou bas sur le bord droit de l'écran, effleurer celui vers le centre, ou encore utiliser la combinaison de touches Windows + C.

2. **Dans le volet de gauche, cliquez sur Options de connexion.**

Les options de votre compte d'utilisateur apparaissent, comme le montre la Figure 14.8.

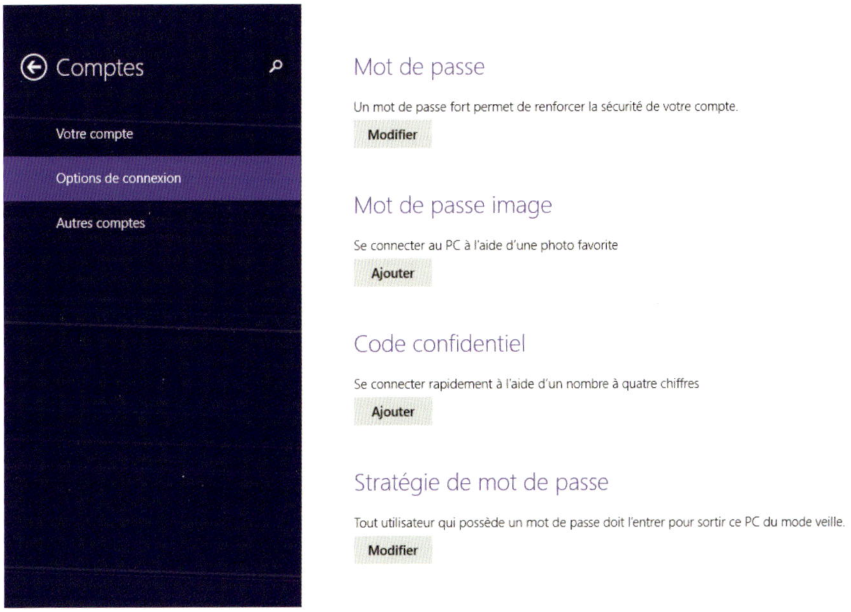

Figure 14.8 : Pour modifier les options de votre compte, dont son mot de passe.

3. **Dans la section Mot de passe, cliquez sur le bouton Modifier.**
4. **Tapez votre mot de passe actuel, et cliquez sur Terminer.**

   En effet, Windows 8.1 doit être certain que c'est bien vous qui demandait le changement de mot de passe.

5. **Dans le nouvel écran qui apparaît, saisissez votre ancien mot de passe.**
6. **Ensuite, tapez votre nouveau mot de passe dans le champ Nouveau mot de passe, et confirmez-le dans le champ Entrez de nouveau le mot de passe.**

   Saisir deux fois un mot de passe permet d'éliminer le risque d'erreur.

   Si vous modifiez un mot de passe existant, vous devez d'abord saisir l'ancienne version dans un premier champ avant de définir le nouveau (c'est fait pour éviter qu'un individu mal intentionné n'arrive pas à changer votre mot de passe pendant que vous êtes parti faire une pause).

7. Saisissez également une indication personnelle qui vous aidera à retrouver votre mot de passe si vous en arriviez à l'oublier.

Cette indication ne doit bien sûr avoir de sens que pour vous. Ne mettez pas, par exemple « Ma couleur de cheveux ». Trop facile. Si vous êtes au travail, vous pourriez par choisir « Le réalisateur de mon film préféré », ou encore « Le plat favori de mon fils ». Si vous êtes à la maison, trouvez quelque chose que vous seul (et pas vos enfants) savez. Et n'hésitez pas à changer régulièrement de mot de passe.

Pour plus d'informations sur les mots de passe, reportez-vous au Chapitre 2.

Bien que l'indication que vous avez choisie devrait vous aider à vous souvenir de votre mot de passe, il n'est pas non plus inutile de créer en plus un disque de réinitialisation de celui-ci. Voyez l'encadré qui suit.

Créer un disque de réinitialisation du mot de passe

Un disque de réinitialisation du mot de passe est une sorte de clé qui vous permet d'ouvrir à nouveau votre compte *local* dans le cas où vous auriez oublié votre mot de passe.

Vous ne pouvez *pas* créer un disque de réinitialisation du mot de passe avec un compte Microsoft.

Suivez ces étapes :

1. **Dans la barre des charmes, cliquez sur Rechercher.**
2. **Dans le champ Rechercher, commencez à taper *disque de réinitialisation*. Dès que le bouton Créer un disque de réinitialisation du mot de passe apparaît à gauche de l'écran, cliquez dessus.**

Un assistant vous guide dans la création de ce « disque » sur une clé USB ou une carte mémoire.

Le jour où vous oubliez votre mot de passe, insérez votre disque de réinitialisation. Windows 8.1 va vous demander de choisir un nouveau mot de passe, et la vie va reprendre son cours. N'oubliez pas de ranger votre disque de réinitialisation dans un endroit *vraiment* sûr, car toute personne qui le trouverait pourrait accéder à votre compte.

Vous pouvez changer autant de fois que vous le voulez de mot de passe. Le disque de réinitialisation sera toujours là pour vous donner une clé grâce à laquelle vous arriverez à déverrouiller votre compte.

Chapitre 15

Mettre des ordinateurs en réseau

Dans ce chapitre :

- Comprendre les parties d'un réseau.
- Choisir entre réseau filaire et réseau sans fil.
- Configurer un petit réseau.
- Se connecter sans fil.
- Créer un groupement résidentiel pour partager des fichiers.
- Partager une connexion Internet, des fichiers et des imprimantes en réseau.

Acheter un PC supplémentaire peut engendrer de nouveaux problèmes : comment faire en sorte que plusieurs ordinateurs partagent une même connexion Internet et la même imprimante ? Et comment partager des fichiers entre plusieurs machines ?

La solution porte un nom : *réseau*. Lorsque vous connectez deux PC ou plus, Windows les présente les uns aux autres, leur permettant automatiquement d'échanger des informations, de partager une connexion Internet ou encore de se servir de la même imprimante pour éditer des documents.

De nos jours, la plupart des ordinateurs sont capables de dialoguer sans avoir à jongler avec des quantités de câbles. Ces connexions *sans fil* permettent aux ordinateurs de papoter par le biais d'ondes radio plutôt qu'en passant par des fils.

Ce chapitre explique comment relier tous les ordinateurs de la maison (ou du bureau) de manière à ce qu'ils puissent partager des choses. Mais attention ! Vous trouverez aussi ici des explications un peu techniques. Ne vous y risquez pas trop, à moins de disposer d'un compte d'administrateur, et de ne pas craindre un peu de prise de tête avant de constater au final que cela marche…

Comprendre les réseaux et leurs composants

Un *réseau* est un ensemble formé de deux ordinateurs au moins qui sont connectés pour partager des fichiers. Mais les réseaux concernent un champ qui peut aller du « agréablement simple » au « terriblement complexe ». Pour autant, tous les réseaux partagent plusieurs points communs :

- **Un routeur :** cette petite boîte est comme un agent qui règle la circulation des données entre les ordinateurs et en contrôle le flux. La plupart des routeurs (les *box* des fournisseurs d'accès Internet si vous préférez) supportent à la fois les connexions filaires et sans fil.
- **Un adaptateur réseau :** chaque ordinateur a besoin de son propre *adaptateur réseau*, un truc électronique qui l'aide à communiquer avec les autres. Vous trouvez d'une part les adaptateurs filaires, qui assurent donc la connexion par l'intermédiaire d'un câble. Et il y a les adaptateurs sans fil (typiquement, le fameux Wi-Fi) qui transforment les données en signaux radio qui sont transférés entre ordinateur et routeur.
- **Câbles réseau :** les ordinateurs qui sont connectés en Wi-Fi n'ont pas besoin de câbles. Ceux-ci sont indispensables aux autres pour qu'ils soient branchés sur le routeur (ou la box, comme vous voulez).

Lors que vous connectez un modem sur un routeur, celui-ci distribue immédiatement le signal Internet à chaque ordinateur du réseau.

La distinction entre modem (l'appareil qui reçoit les signaux) et routeur (celui qui les diffuse) ne se pose pas avec les *box* des fournisseurs d'accès Internet qui intègrent les deux.

La plupart des réseaux domestiques ressemblent à une espèce de toile d'araignée avec des fils qui relient le routeur aux ordinateurs (voir Figure 15.1). D'autres PC, tablettes, smartphones et divers gadgets n'ont quant à eux même pas besoin de câbles pour participer au réseau.

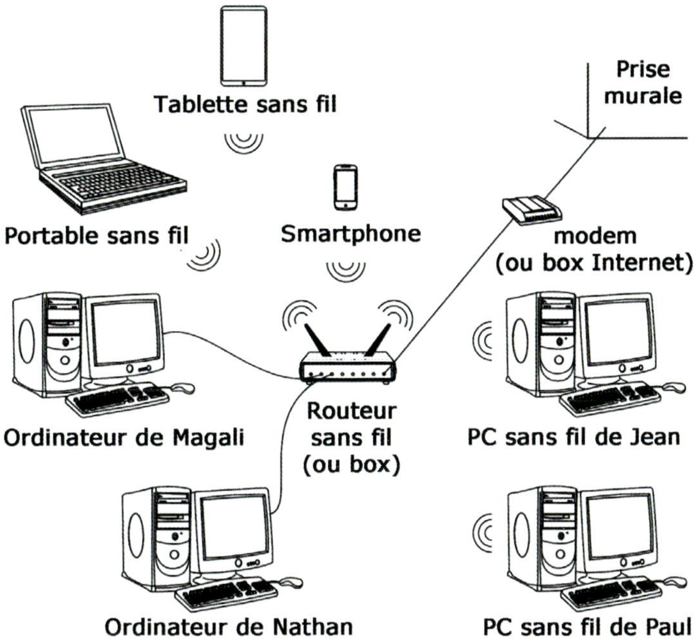

Figure 15.1 : Un réseau ressemble à une toile d'araignée, tous les ordinateurs et autres composants communiquant avec un routeur central grâce à des câbles ou bien sans fil.

Le routeur (ou la box) répartit efficacement les données entre tous les ordinateurs et autres gadgets qui lui sont connectés, de manière à ce que la connexion Internet puisse être partagée par tous.

Windows permet aussi à plusieurs ordinateurs de partager la même imprimante. Si deux personnes tentent d'imprimer un document ou une photo en même temps, il met une tâche en attente, puis reprend ce travail une fois l'imprimante libérée de son autre tâche.

N'OUBLIEZ PAS

Un routeur sans fil délivre un signal Internet à *tous* les matériels Wi-Fi connectés dans son environnement, pas seulement aux ordinateurs sous Windows. Cela inclut donc les smartphones, les tablettes, les ordinateurs portables, les iPad d'Apple, et même certains systèmes de *home cinema* et de loisirs (télévisions, lecteurs Blu-ray, consoles, *etc.*). Sans oublier tout le voisinage…

Réseau sans fil ou réseau filaire ?

Vous pouvez facilement relier par un câble des ordinateurs qui sont posés sur le même bureau ou qui se trouvent dans la même pièce. Au-delà, ces câbles deviennent encombrants. La plupart des ordinateurs actuels (notamment les portables sous leurs différentes formes, de même que les tablettes et les téléphones portables) possèdent un adaptateur sans fil (Wi-Fi si vous préférez) qui leur permet de communiquer par ondes radio.

Mais plus vous vous éloignez du signal (ou plus il y a de murs qui s'interposent), et plus celui-ci faiblit. Et plus il faiblit, plus la connexion ralentit et devient mauvaise. Deux ou trois murs intermédiaires peuvent suffire à empêcher des ordinateurs de se parler. De plus, les réseaux sans fil sont généralement plus compliqués à configurer que les réseaux filaires.

De surcroît, les solutions filaires sont aussi plus rapides, plus efficaces, plus sûres et en définitive moins onéreuses. Mais si votre épouse ne veut pas voir des câbles passer le long des murs, le Wi-Fi peut être votre meilleure option. Et pour un maximum d'efficacité, combinez les deux : filaire dans votre bureau, sans fil dans le reste de la maison…

D'autre part, les boîtiers CPL constituent une autre façon de concevoir un réseau filaire, car ils utilisent non pas des câbles apparents, mais votre propre installation électrique : vous branchez vos boîtiers CPL (pour Courant Porteur en Ligne) sur des prises, et le tour est joué. De plus en plus répandue, cette solution peut donner de très bons résultats (par exemple pour relier la box à votre téléviseur), mais elle est aussi nettement plus chère et dépend totalement de la qualité de votre installation électrique. Le seul moyen de savoir si elle peut vous convenir, c'est d'essayer… Il vaut mieux alors se faire prêter un jeu de boîtiers CPL pour effectuer des tests avant de se lancer dans un achat !

Configurer un petit réseau

Si vous devez mettre en réseau un tas d'ordinateurs, vous avez probablement besoin d'un autre livre que celui-ci. En général, les réseaux sont assez faciles à configurer, mais partager leurs ressources est un travail qui peut devenir rapidement très complexe, surtout si les ordinateurs contiennent des données sensibles. En revanche, si vous avez juste besoin de connecter entre eux quelques machines, que ce soit chez vous ou au bureau, la procédure est beaucoup plus simple.

Dans cette section, nous allons donc voir ce dont vous avez besoin, comment réaliser votre installation, et comment configurer votre réseau dans Windows 8.1.

Les composants du réseau

Pour constituer votre réseau, vous avez pour l'essentiel besoin de trois éléments :

- **Un routeur :** c'est lui qui joue le rôle du magicien. De nos jours, les routeurs que l'on trouve sur le marché comprennent un modem, c'est-à-dire le composant qui se charge de tout ce qui concerne la connexion Internet elle-même, un émetteur/récepteur sans fil (seule la norme dite 802.11a/b/g/n est à considérer sans se poser de question) et un certain nombre de prises pour y brancher toutes sortes d'appareils (ordinateur, téléphone, téléviseur, et ainsi de suite). Pour la plupart d'entre nous, ce routeur va se présenter sous la forme d'une « box » ADSL fournie par votre prestataire Internet et qui comprend tout ce dont vous avez besoin (y compris une prise gigogne, dite filtre ADSL, qui vient s'insérer sur l'arrivée de votre ligne de téléphone).
- **Des adaptateurs réseau (facultatif) :** les ordinateurs contiennent systématiquement un adaptateur filaire (ou *Ethernet*), et Wi-Fi pour ce qui concerne les portables. Si vous avez un ordinateur dépourvu du Wi-Fi, vous trouverez facilement de quoi pallier cela en achetant un petit adaptateur venant se brancher sur un port USB.
- **Des câbles réseau (facultatif) :** vous n'avez pas ou ne voulez plus du Wi-Fi ? Achetez des câbles *Ethernet*, qui ressemblent à des cordons de téléphone mais avec une prise (dite RJ45) un peu plus grosse. Il vous faut dans ce cas un câble par machine. Prenez-les d'une longueur suffisante et de bonne qualité.

Configurer une connexion sans fil

Si vous avez opté pour le routeur sans fil de votre fournisseur d'accès Internet (une *chose*box), tout devrait y être configuré à l'avance, et vous n'avez normalement à vous préoccuper de rien. Si : de bien noter le numéro de téléphone de l'assistance du prestataire, et de faire preuve d'une bonne dose de patience le jour où vous en aurez besoin…

Vous avez évidemment pris un abonnement ADSL avec téléphone inclus. Mais comme justement, votre problème, c'est que votre box refuse d'accéder à l'Internet, le téléphone qui va avec ne répond plus… Et pas question évidemment de pouvoir accéder au site Web du prestataire. Avoir un téléphone portable à portée de main est donc indispensable.

Sinon, et dans le cas où vous posséderiez un routeur acheté dans le commerce, vous aurez besoin de deux informations essentielles :

- **Un nom réseau (SSID) :** c'est un nom court qui permet d'identifier chaque ordinateur ou appareil mis en réseau. Dans le cas d'une box, il est automatiquement attribué par celle-ci. Sinon, choisissez quelque chose de court et de simple à retenir, l'important étant que chaque appareil ait un identifiant unique.
- **Une clé de sécurité :** pour préserver la sécurité de vos données, tout routeur devrait posséder une clé, ce qui permet d'encrypter les informations pour qu'une personne mal intentionnée ne puisse pas (en théorie) les décoder. Il existe à l'heure trois formats pour ces clés : WEP (c'est mieux que rien), WPA (c'est bien mieux que WEP) et WPA2 (c'est encore meilleur). Avec une box, cette clé de sécurité est prédéfinie et réputée unique, et vous la trouvez écrite sur une étiquette collée sur le boîtier.

Notez par écrit les informations qui vous sont fournies (le nom SSID et la clé de sécurité). Vous en aurez certainement besoin le jour où vous aurez un problème. D'autre part, la clé de sécurité est indispensable pour connecter un nouvel appareil Wi-Fi à votre réseau sans fil.

Configurer Windows 8.1 pour le connecter à un réseau

En principe, tout est très simple dans le cas d'une box et d'un réseau filaire : vous branchez un côté de votre câble Ethernet dans le port réseau de votre ordinateur, vous branchez l'autre extrémité dans un des ports de votre box (n'importe lequel fera l'affaire, sauf si l'un de ces ports est spécifiquement dédié à la télévision), vous allumez la box et vous attendez qu'elle soit opérationnelle, vous allumez votre ordinateur, vous ouvrez votre session Windows 8.1 et c'est tout. L'Internet est à vous ! Et si vous avez d'autres systèmes filaires à ajouter, c'est pareil.

Configurer une connexion sans fil est autre histoire. Une fois votre box (ou votre routeur) opérationnelle, vous devez expliquer à Windows 8.1 comment s'y connecter. Voyons rapidement comment procéder (revoyez le Chapitre 9 pour plus de détails) :

1. **Dans l'écran d'accueil ou le Bureau, ouvrez la barre d'icônes puis cliquez sur Paramètres.**

   Vous disposez de trois méthodes pour activer le volet Paramètres :

   - **Souris :** dirigez le pointeur dans le coin haut ou bas droit de votre écran. Lorsque la barre d'icônes apparaît, cliquez sur le bouton Paramètres.

- **Clavier :** appuyez sur la combinaison de touches Windows + I.
- **Écran tactile :** effectuez un balayage à partir du côté droit de l'écran, puis tapez sur l'icône Paramètres.

2. **Cliquez sur l'icône du réseau située dans la partie inférieure du volet des paramètres.**

   La forme de l'icône varie en fonction de votre environnement et de votre mode de connexion :

   - **Disponible (sans fil) :** votre réseau sans fil est reconnu et actif. Passez à l'Étape 3.
   - **Non disponible (sans fil) :** vous n'êtes pas à portée, ou pas reconnu par le routeur ou la box. Rapprochez l'ordinateur de celle-ci, et vérifiez aussi qu'elle est bien allumée et opérationnelle.
   - **Disponible (filaire) :** le câble est bien branché entre l'ordinateur et la box, et tous deux semblent être au mieux de leur forme.
   - **Non disponible (filaire) :** le câble n'est pas branché correctement, ou bien l'ordinateur n'a pas encore été détecté par la box (pensez à vérifier aussi que celle-ci est bien active).

   Dans le dernier cas (réseau filaire non disponible), et si votre câble est bien branché des deux côtés, essayez ceci : éteignez tout (ordinateur et box), puis rallumez d'abord la box et attendez que tous ses voyants soient au vert (ou une autre couleur, selon sa provenance), allumez ensuite l'ordinateur. Avec un peu de chance, tout devrait être rétabli.

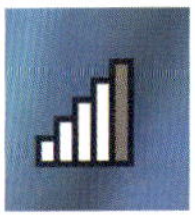

3. **Dans le cas d'une connexion sans fil disponible, cliquez sur son icône.**

   Windows va respirer l'air tout autour de lui, puis lister tous les réseaux sans fil disponibles. Si tout va bien, c'est le vôtre qui apparaît en premier, et tout est pour le mieux dans le meilleur des mondes. Remarquez que son nom est son identifiant SSID, comme nous l'avons vu plus haut.

4. **Cliquez sur le nom de votre routeur ou de votre box. Vous devriez voir s'afficher des informations vous disant que la connexion est bien établie, et que tout cela s'est fait automatiquement. Sinon, choisissez le nom du « bon » réseau sans fil, puis cliquez sur le bouton Connecter.**

   Si vous cochez la case Connexion automatique avant de cliquer sur le bouton Connecter, Windows va, la prochaine fois comme il le dit, se connecter automatiquement à ce réseau sans fil, ce qui devrait vous éviter toute nouvelle manipulation.

5. **Entrez le code de sécurité associé à la box ou au routeur.**

Voyez le cas échéant l'étiquette collée à votre box, ou ressortez le papier sur lequel vous avez noté ce code. Il se peut aussi que le système ait prévu un appariement automatique en appuyant sur un bouton de la box.

6. **Une fois la connexion établie, indiquez que votre réseau est privé et si vous voulez partager vos fichiers avec ses autres utilisateurs.**

   Vous ne pouvez en arriver à cette étape que si tout s'est bien déroulé avant.

7. **Validez les autres options de manière à pouvoir partager fichiers et imprimantes sur le réseau.**

Vous devrez, le cas échéant, recommencer la procédure de saisie du code de sécurité et les étapes suivantes lorsque vous ajouterez de nouveaux gadgets Wi-Fi à votre réseau.

TRUC

Si vous rencontrez toujours des problèmes, essayez ce qui suit :

- Les téléphones fixes sans fil et les fours à micro-ondes sont connus pour interférer avec les réseaux Wi-Fi. Placez votre téléphone sans fil dans une autre pièce, et ne faites pas cuire un plat cuisiné pendant que vous naviguez sur le Web.

- Si vous travaillez sur le Bureau de Windows, la barre des tâches affiche également, près de l'horloge, une icône qui vous montre l'état de votre réseau. Vous pouvez vous en servir pour vous connecter à votre réseau sans fil, exactement comme dans le volet Paramètres de l'écran d'accueil.

Configurer ou connecter un groupement résidentiel

Créer un réseau entre vos ordinateurs et autres gadgets appropriés leur permet de partager facilement diverses ressources : connexion Internet, imprimantes et même vos fichiers. Mais comment faire pour partager *certains* fichiers tout en gardant aux autres leur caractère privé ?

La solution proposée par Windows est ce que Microsoft appelle un *groupement résidentiel* (ou groupe résidentiel, c'est pareil). C'est un mode de fonctionnement en réseau simple, dans lequel sont partagés les fichiers dont tout le monde peut profiter sans grands risques : musiques, vidéos, photos et aussi l'imprimante de la famille. Activez ce groupement résidentiel, et Windows commencera immédiatement à rendre ces éléments disponibles.

Sachez cependant que les groupements résidentiels ne concernent que les ordinateurs sous Windows 7, 8 et 8.1. Vista comme XP en sont exclus !

Voyons donc comment, votre réseau étant bien en place, configurer un groupement résidentiel sous Windows 8.1, et comment un ordinateur sous Windows 8.1 peut rejoindre un groupement résidentiel déjà actif :

1. **Dans l'écran d'accueil ou le Bureau, affichez la barre des charmes, puis cliquez sur le bouton Paramètres.**

   Rappelons que vous disposez de trois méthodes pour en arriver là :

   - **Souris :** dirigez le pointeur dans le coin haut ou bas droit de votre écran. Lorsque la barre d'icônes apparaît, cliquez sur le bouton Paramètres.
   - **Clavier :** appuyez sur la combinaison de touches Windows + I.
   - **Écran tactile :** effectuez un balayage à partir du côté droit de l'écran, puis tapez sur l'icône Paramètres.

2. **Cliquez en bas du volet sur la ligne Modifier les paramètres du PC.**

3. **Dans l'écran Paramètres du PC, ouvrez la catégorie Réseau, puis cliquez sur Groupement résidentiel.**

   Si vous voyez un bouton Créer, cliquez dessus pour activer votre nouveau groupement résidentiel.

   Si vous voyez un bouton Rejoindre, le groupement a déjà été créé sur votre réseau. L'ordinateur qui sert de base au groupement émet un mot de passe que vous devez récupérer pour participer à la fête. Saisissez-le, puis cliquez sur le bouton Rejoindre.

   Vous ne connaissez pas ce mot de passe ? Sous Windows 7, 8 ou 8.1, ouvrez n'importe quel dossier dans l'Explorateur Windows (bien entendu, sur le PC qui est à l'origine du groupe). Dans le volet de gauche, cliquez droit sur la ligne du groupement résidentiel et choisissez l'option Afficher le mot de passe du Groupement résidentiel (Windows 7 préfère Afficher le mot de passe du groupe résidentiel), comme le montre la Figure 15.2. Notez bien ce mot de passe, et entrez-le tel quel sur l'ordinateur qui souhaite participer au groupement.

   Dans tous les cas, Windows va ensuite vous demander ce que vous souhaitez partager.

4. **Sélectionnez les éléments à partager.**

   La plupart des gens veulent bien partager leurs musiques, leurs photos, leurs vidéos et des appareils externes comme des imprimantes. Par contre, la bibliothèque Documents contient souvent des données plus privées. Elle est donc généralement désactivée. Vous pouvez également partager des dispositifs multimédias adaptés, comme un téléviseur, un lecteur Blu-ray ou encore une console de jeu.

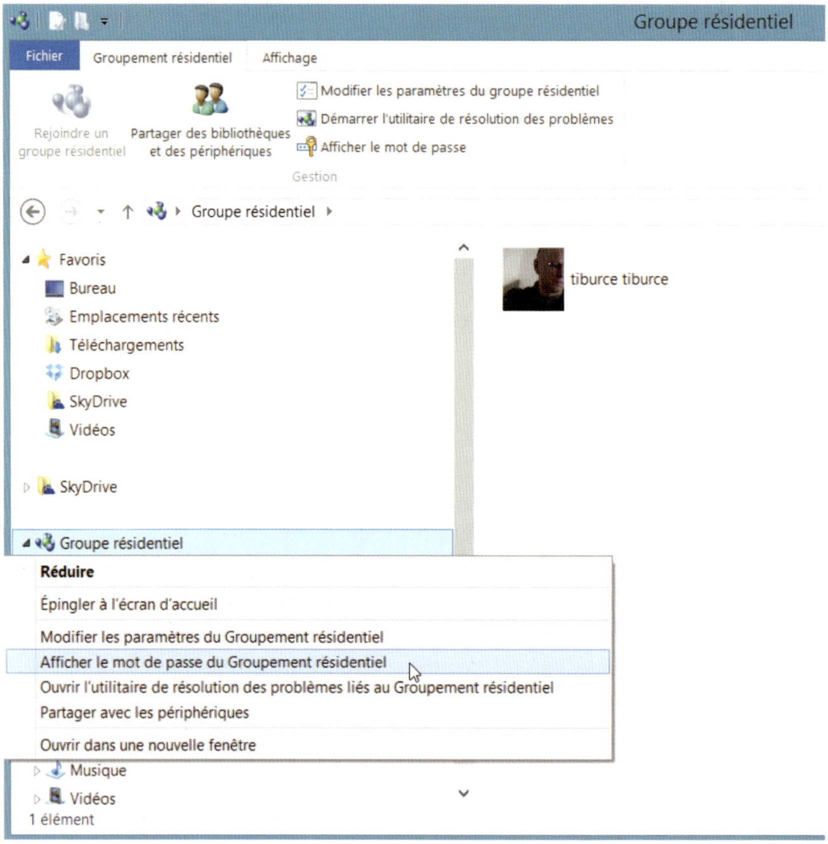

Figure 15.2 : Pour retrouver le mot de passe de connexion au groupe résidentiel.

N'OUBLIEZ PAS

Partager un dossier permet aux autres utilisateurs d'accéder à tout son contenu, par exemple pour regarder des photographies ou visionner un film. Méfiez-vous par contre des bêtises qu'ils pourraient faire, par exemple en supprimant des fichiers.

Si vous venez de rejoindre un groupement résidentiel, vous avez terminé.

5. **Si vous avez cliqué sur le bouton Créer, notez soigneusement le mot de passe qui est affiché en bas de l'écran.**

Vous devrez saisir le même mot de passe sur tous les ordinateurs que vous voulez ajouter à votre groupement résidentiel.

Une fois toutes ces étapes franchies, vous avez créé ou rejoint un groupement résidentiel qui est accessible par tout ordinateur de votre réseau qui utilise Windows 8.1 ou Windows 7. Vous avez aussi choisi ce que vous voulez partager avec les autres membres. Nous verrons dans la prochaine section comment accéder aux éléments ainsi mis en commun.

- Lorsque vous créez ou rejoignez un groupement résidentiel, vous choisissez les bibliothèques que vous voulez partager, mais ce uniquement avec votre *propre* compte. Si une autre personne se sert du même PC que vous, et qu'elle veut aussi partager ses bibliothèques, elle doit faire ceci : ouvrir un dossier quelconque, cliquer droit dans le volet de navigation sur la ligne Groupe résidentiel, et choisir dans le menu contextuel l'option Modifier les paramètres du groupe résidentiel. Dans la fenêtre qui s'affiche, elle aura à cliquer sur le lien Modifier ce que vous partagez avec le groupe résidentiel, puis choisir les éléments voulus et confirmer.
- Vous avez changé d'idée sur ce que vous vouliez partager dans le groupement résidentiel ? Reportez-vous au paragraphe précédent pour redéfinir vos choix.
- Vous avez oublié le mot de passe associé au groupement ? Ouvrez un dossier quelconque, cliquez droit dans le volet de navigation sur la ligne Groupe résidentiel, et choisissez dans le menu contextuel l'option Afficher le mot de passe du Groupement résidentiel.
- N'oubliez pas qu'un dossier partagé est potentiellement en danger. En fait, vos bibliothèques contiennent par défaut deux sous dossiers : l'un bien à vous (par exemple, Images) et l'autre totalement public (par exemple, Images publiques). Le second est par essence en accès totalement libre, y compris pour modifier ou effacer les fichiers qu'il contient. Si vous y avez enregistré quelque chose, c'est que vous savez ce que vous faites ! Pour les dossiers personnels, c'est plus délicat. Pour préciser vos intentions, ouvrez une fenêtre de dossier. Dans la section Bibliothèques du volet de navigation, faites par exemple un double-clic sur Images. Cliquez droit sur la ligne Images, puis choisissez dans le menu contextuel l'action à appliquer à l'aide de l'option Partager avec : affichage seul, affichage et modifications, choix d'un autre utilisateur du PC ou d'une personne spécifique, ou encore cesser totalement le partage. Pour plus d'informations sur les dossiers publics, reportez-vous au Chapitre 14.

Accéder à ce que les autres ont partagé

Pour voir les bibliothèques partagées par les autres utilisateurs de votre PC et de votre réseau, vous devez ouvrir votre Bureau en cliquant sur la vignette correspondante de l'écran d'accueil. Lorsque le Bureau apparaît, cliquez sur l'icône de l'Explorateur Windows, vers la gauche de la barre des tâches.

Dans la fenêtre de l'Explorateur Windows, cliquez dans le volet de navigation, à gauche, sur la ligne Groupe résidentiel. La partie principale de la fenêtre, à droite, va montrer les noms et les icônes de chacun des comptes ayant choisi de partager des fichiers dans le groupement résidentiel (voir Figure 15.3).

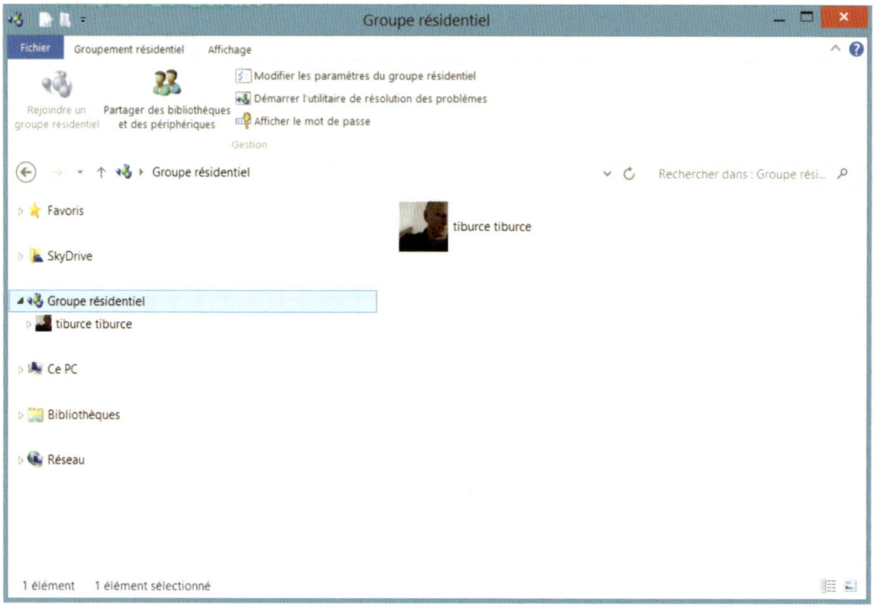

Figure 15.3 : Cliquez sur Groupe résidentiel, et vous saurez qui en fait partie.

Vous pouvez également voir qui est connecté avec votre réseau, que ce soit par câble ou sans fil, en cliquant sur la ligne Réseau, en bas du volet de navigation.

Pour naviguer dans les bibliothèques partagées par quelqu'un d'autre dans le groupement résidentiel, double-cliquez sur son nom dans le volet de droite de l'Explorateur Windows. Ces bibliothèques apparaissent instantanément. Elles sont à votre disposition, comme si c'étaient les vôtres.

Vous pouvez non seulement naviguer, mais aussi effectuer d'autres actions :

- **Ouvrir :** pour ouvrir un fichier présent dans une bibliothèque partagée, double-cliquez tout simplement sur son icône. Le programme qui lui est associé va se lancer. Si vous voyez un message d'erreur, c'est peut-être que le format de ce fichier n'est pas reconnu par vos propres applications. La solution ? Acheter ou télécharger un programme adapté, ou bien encore demander à la personne concernée de sauvegarder son fichier dans un format reconnu par votre ordinateur.
- **Copier :** pour recopier un fichier, faites-le glisser vers une de vos bibliothèques. Pour cela, cliquez sur son icône puis, le bouton gauche de la souris restant enfoncé, déplacez cette icône vers le nom d'une de vos bibliothèques (ou vers un autre dossier de votre disque dur). Quand vous arrivez au bon endroit, relâchez le bouton de la souris. Windows va effectuer la copie. Une autre méthode consiste à cliquer droit sur l'icône source et à choisir dans le menu contextuel l'option Copier. Activez ensuite le dossier de destination, cliquez droit sur le fond de la fenêtre et choisissez Coller dans le menu (les raccourcis Ctrl + C pour la copie et Ctrl + V pour le collage donnent le même résultat).
- **Supprimer et modifier :** comme cela a été noté un peu plus haut, vous pourrez (ou pas) effectuer ces actions plus violentes selon que le ou la propriétaire des bibliothèques a ou non autorisé ce genre d'opération. En tout état de cause, et sauf erreur involontaire de votre part, changer ou effacer l'œuvre de quelqu'un d'autre est *mal*, et pourrait vous valoir d'être rejeté du groupement résidentiel.

Les groupements résidentiels ne sont malheureusement disponibles que sur des PC sous Windows 8.1 et Windows 7. Les utilisateurs qui seraient restés à Vista ou à XP n'ont comme autre solution que de copier les fichiers qu'ils veulent communiquer dans leur dossier Public ou Documents partagés.

Partager une imprimante dans un réseau

Si vous avez créé un groupement résidentiel, le partage d'une imprimante est extrêmement facile. Vous la branchez sur un port USB d'un des ordinateurs de votre réseau, et Windows 8.1 devrait la reconnaître automatiquement dès que vous l'allumez.

Du coup, Windows 8.1 annonce la bonne nouvelle à tous les autres PC de votre réseau. En peu de temps, le nom et l'icône de l'imprimante devraient apparaître sur tous les ordinateurs et dans leurs menus d'impression.

Il est vrai que c'est ce qui se passe quand tout va bien… Pour vous en assurer, voici comment savoir si l'imprimante est bien reconnue par les autres PC de votre réseau :

1. **Cliquez droit sur le bouton Démarrer du Bureau, et choisissez l'option Panneau de configuration dans le menu contextuel qui s'affiche.**

2. **Dans la catégorie Matériel et audio du Panneau de configuration, cliquez sur Périphériques et imprimantes.**

   L'imprimante réseau devrait apparaître dans la liste des matériels disponibles, comme à la Figure 15.4.

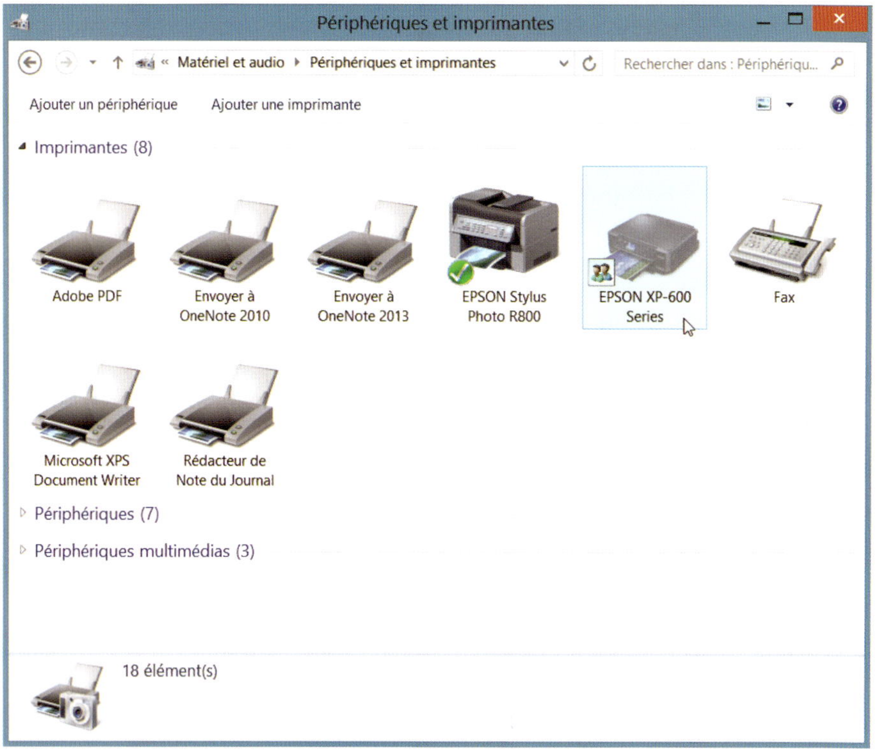

Figure 15.4 : Une imprimante Wi-Fi partagée sur le réseau.

Cinquième partie

Musique, photos et vidéos

"Si je n'ai pas pris de poids, comment se fait-il que cette photo numérique a 3 Mo de plus que la même prise il y a six mois ?"

Dans cette partie…

Jusqu'ici, nous ne nous sommes occupés que de choses certes plus ou moins ennuyeuses, mais tout de même essentielles pour que votre ordinateur fonctionne aussi parfaitement que possible. Dans cette partie, nous allons voir comment transformer votre PC en un outil de loisirs pour :

- Montrer vos photos à votre famille et vos amis.
- Créer des CD de musique pour les écouter dans votre voiture (ou ailleurs).
- Lire des films et des vidéos sur votre ordinateur ou votre tablette.
- Organiser vos photos en albums.

Que ce soit pour votre plaisir ou pour partager joies et souvenirs, c'est maintenant l'heure de la récréation !

Chapitre 16

Écouter et copier de la musique

Dans ce chapitre :

- Écouter de la musique, lire de la vidéo et des CD.
- Créer, enregistrer et éditer des listes de diffusion.
- Copier des CD sur votre disque dur et créer des CD de musique.

Windows 8.1 est bien une hydre à deux têtes, et c'est pourquoi il contient deux lecteurs multimédias : l'un accessible depuis une des vignettes de l'écran d'accueil, et l'autre, l'ancêtre, appelé Lecteur Windows Media, réfugié sur le Bureau.

Comme la plupart des éléments qui se trouvent dans le monde minimaliste de l'écran d'accueil, le premier de ces lecteurs ne propose que le strict minimum pour jouer et mettre en pause les morceaux, et passer d'une musique à une autre.

L'autre, le Lecteur Windows Media est virtuellement identique à celui de Windows 7 et Windows 8, mais à une grande exception près : il ne joue plus les DVD. Pour cela, vous devrez acheter un complément à ce lecteur… ou bien en télécharger un autre (l'excellent VLC est gratuit et d'origine française, ce qui ne gâche rien – voyez le site `www.videolan.org`).

Ce chapitre vous explique comment jouer de la musique avec ces deux lecteurs, et vous montre comment en tirer le meilleur parti.

Écouter de la musique depuis l'écran d'accueil

L'application Musique de l'écran d'accueil a connu une grande évolution depuis la version 8. En effet, elle ne ressemble plus à une vitrine commerciale, pas plus qu'elle ne ressemble à un lecteur audio, comme le prouve la Figure 16.1. Vous constatez également qu'elle porte non pas le nom de Musique mais de Xbox Music .

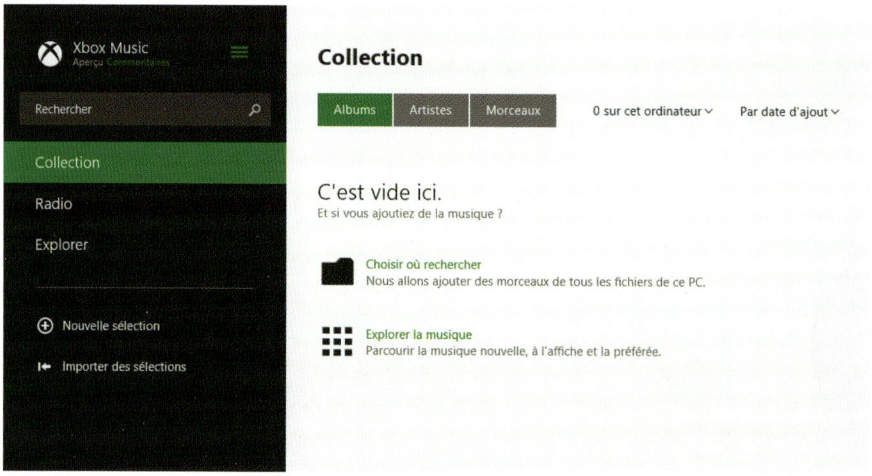

Figure 16.1 : L'application Musique accessible depuis l'écran d'accueil a subi un lifting spectaculaire sous la version 8.1 de Windows.

Ajouter dans Musique les morceaux stockés sur votre ordinateur

En ouvrant l'application Musique pour la première fois, vous constatez qu'aucun titre n'est disponible. *De facto*, vous ne pouvez pas écouter la musique, en général les fichiers MP3, stockés sur votre ordinateur. Voici comment les répertorier dans Xbox Musique :

1. **Dans l'interface de l'application Musique (ou Xbox Musique si vous préférez), cliquez sur l'icône du dossier portant la mention « Choisir ou rechercher ».**

L'application présente alors les dossiers dans lesquels elle va lancer sa recherche, comme le montre la Figure 16.2. Vous pouvez les conserver ou bien indiquer d'autres dossiers de votre ordinateur.

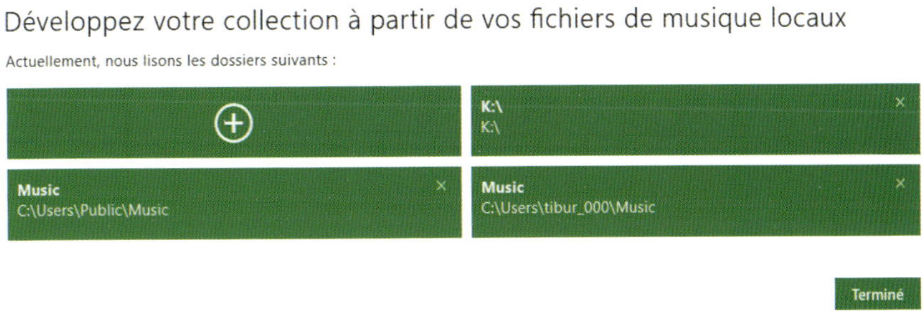

Figure 16.2 : Les dossiers où l'application Musique recherche par défaut vos musiques.

2. **Pour supprimer un dossier sélectionné par défaut, cliquez sur le bouton X situé dans l'angle supérieur droit de sa vignette.**

3. **Pour ajouter un dossier, cliquez sur le bouton +.**

   Vous basculez vers l'écran Bibliothèque.

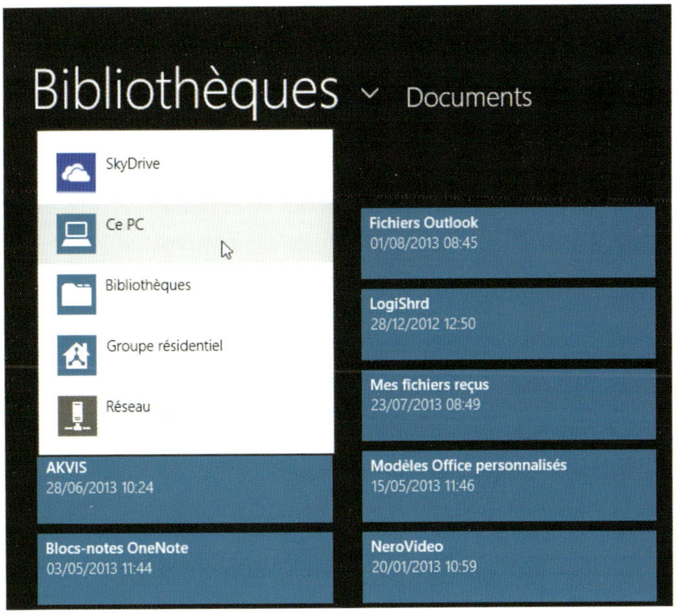

Figure 16.3 : Pour localiser un autre dossier contenant de la musique.

4. **Pour trouver un dossier ne figurant pas dans ceux proposés par Bibliothèques, cliquez sur le chevron situé à droite de son nom. Dans le menu local qui apparaît, optez pour Ce PC, comme à la Figure 16.3.**

5. **Parcourez les différents disques durs connectés à votre ordinateur, et choisissez un dossier où vous stockez votre musique.**

   TRUC

   Vous pouvez parfaitement sélectionner le disque dur lui-même. Ainsi, tous les dossiers qu'il contient seront analysés par l'application Musique.

6. **Cliquez sur le bouton Ajouter ce dossier à Musique situé dans l'angle inférieur droit de l'écran.**

7. **Sélectionnez le cas échéant d'autres dossiers, puis cliquez sur le bouton OK.**

   N'OUBLIEZ PAS

   Les dossiers ou disques sélectionnés sont mémorisés par l'application. De ce fait, les morceaux que vous leur ajouterez seront automatiquement répertoriés par Xbox Musique.

8. **Revenu dans l'application Musique, cliquez sur le bouton Terminé.**

   Les pochettes de vos albums (si vous aviez stocké leur version JPEG) sont également importées, ce qui facilite l'identification de vos albums, comme le montre la Figure 16.4.

Figure 16.4 : Tous les albums et morceaux d'un disque dur sont répertoriés dans l'application Musique.

TRUC

Les morceaux ne sont pas dupliqués dans Musique mais simplement répertoriés. Par conséquent, pour y accéder et les écouter, le disque dur contenant ces titres de musique doit être branché à votre ordinateur, et bien entendu allumé.

Voici ce que permet l'application Musique une fois vos morceaux et albums répertoriés :

- Classez différemment le contenu de Musique en cliquant sur les boutons Albums, Artistes, et Morceaux. Cela facilite la recherche d'une chanson spécifique, d'un album particulier, ou de toutes les œuvres d'un artiste spécifique.
- Vous pouvez ensuite classer ces éléments en ouvrant le menu local Par date d'ajout. En fonction du mode d'affichage choisi (Albums, Artistes, et Morceaux), vous avez le choix entre : Par date d'ajout, De a à z, Par genre, Par année de sortie, et Par artiste.
- Un autre menu local permet de choisir le support de stockage à afficher : Sur cet ordinateur, Toute la musique, ou Sur le nuage.

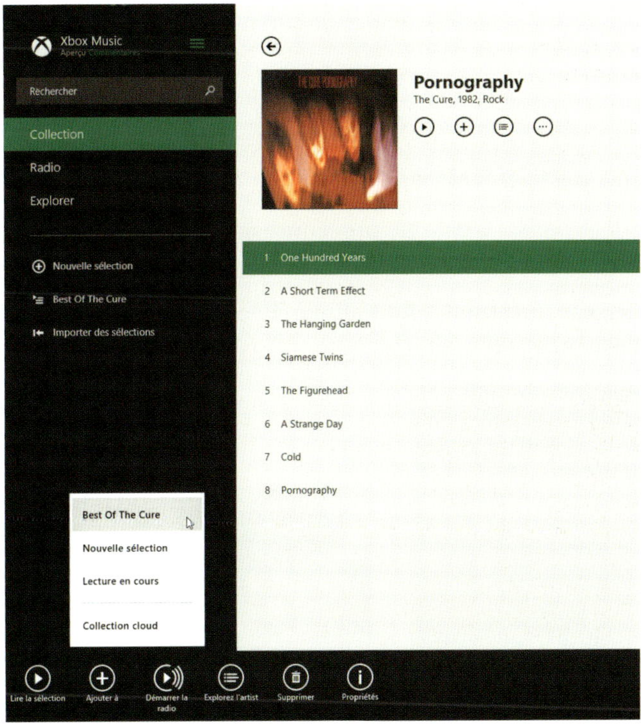

Figure 16.5 : Créez des sélections, c'est-à-dire des compilations de morceaux.

- Créer des sélections, c'est-à-dire des listes de lecture, sortes de compilations contenant vos morceaux préférés. Pour cela, cliquez sur le bouton Nouvelle sélection. Dans le menu local qui apparaît, tapez le nom de la sélection comme Best Of The Cure, et cliquez sur Enregistrer. Ensuite, cliquez sur la vignette d'un album contenant un ou plusieurs titres à ajouter à votre sélection. Faites un clic droit sur les chansons à ajouter à votre sélection, et cliquez sur le bouton

Ajouter à qui apparaît dans la barre d'outils située en bas de l'écran. Dans le menu local qui s'affiche, cliquez sur le nom de votre sélection comme à la Figure 16.5. Cliquez sur la sélection pour en afficher le contenu.

- La fonction Importer des collections permet d'importer dans Musique des listes de lecture créées avec iTunes ou qui sont présentes dans vos bibliothèques.

- Dans le champ Rechercher, tapez l'objet de votre recherche comme une chanson, un album, ou un artiste. Cliquez ensuite sur l'icône de la loupe. Dans l'écran des résultats qui apparaît, ouvrez le menu local Toute la musique pour choisir l'emplacement de la recherche. Optez pour ma musique pour limiter la recherche à vos morceaux répertoriés dans l'application. Sinon, Musique affiche également les éléments qu'il a trouvés sur le Web.

Lire vos musiques

La lecture des chansons est une procédure assez linéaire et intuitive comme le démontrent les quelques étapes suivantes :

1. **Cliquez sur la vignette d'un album à écouter ou contenant des chansons à écouter.**

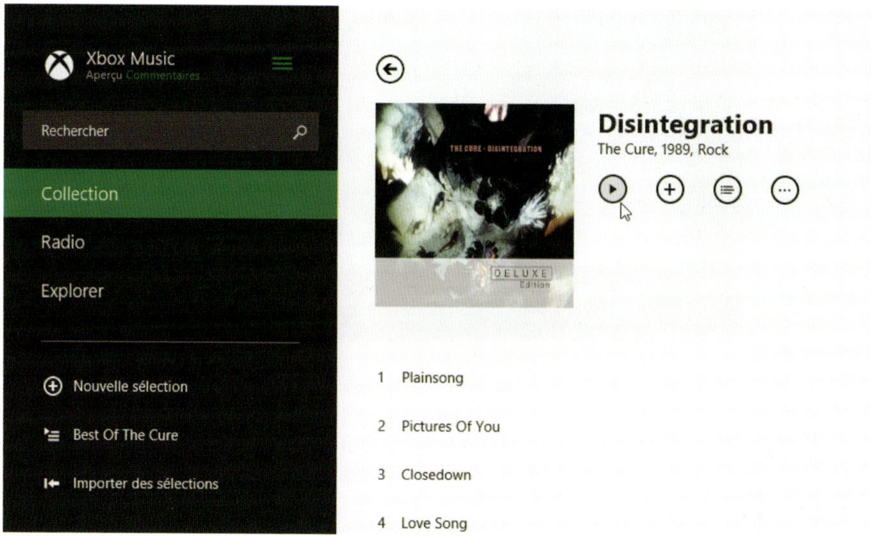

Figure 16.6 : Lire l'intégralité d'un album.

2. **Dans la partie supérieure du volet droit, cliquez sur le bouton de lecture pour lancer la lecture de l'album, comme à la Figure 16.6.**

   Les trois autres boutons permettent respectivement d'ajouter l'album au Cloud, à une nouvelle sélection, ou à une sélection existante.

3. **Pour lire un titre particulier, cliquez sur son nom, puis sur le bouton Lecture qui apparaît sur sa droite.**

   Le bouton + permet d'ajouter le morceau à une sélection, au Cloud, ou à une nouvelle sélection.

4. **Dans la partie inférieure de l'écran, utilisez la barre de transport pour :**

   - Atteindre un endroit spécifique d'un morceau en faisant glisser le curseur vers la droite ou la gauche.
   - Cliquez sur le bouton Précédent pour passer au morceau précédent.
   - Cliquez sur le bouton Suivant pour passer au titre suivant.
   - Cliquez sur le bouton Pause pour interrompre la lecture. Il se transforme en bouton Lecture. Cliquez dessus pour reprendre la lecture de la chanson.
   - Cliquez sur l'icône du haut-parleur pour régler le volume. Cliquez sur l'icône du haut-parleur situé en haut de cette glissière pour couper le son.

Vous pouvez également écouter la radio en cliquant sur Radio, et vous pouvez effectuer des recherches et des achats sur Internet *via* le bouton Explorer.

L'application Musique continue à diffuser votre ou vos morceaux, même si vous changez de programme ou que vous activez le Bureau. Pour faire une pause ou changer de piste, vous devez revenir à l'écran d'accueil et cliquer sur la vignette Musique. Cliquez droit pour afficher la barre de contrôle et choisissez l'action voulue.

Retour vers le futur : le Lecteur Windows Media

Microsoft espère que l'application Musique et la boutique en ligne Xbox Music lui seront financièrement bénéfiques. C'est pourquoi vous êtes fortement incité à passer par cette application. Ouvrez par exemple un fichier MP3 depuis votre Bureau, et vous êtes immédiatement renvoyé à l'application Musique (même s'il n'est pas bien difficile de choisir un autre programme par défaut, comme nous allons le voir par la suite).

Pour compliquer le tout, le Bureau ne propose aucune icône pour lancer le Lecteur Windows Media.

Mais vous pouvez réparer facilement cet « oubli ». Pour cela, suivez ces étapes :

1. **Cliquez sur la flèche dirigée vers le bas de l'écran d'accueil, pour ouvrir l'écran Applications.**

2. **Dans la liste des applications classée par ordre alphabétique, localisez l'icône du Lecteur Windows Media.**

3. **Cliquez droit sur cette icône et, dans la barre d'outils qui apparaît, choisissez l'option Épingler à la barre des tâches.**

   Cela va placer un raccourci vers le Lecteur Windows Media dans la barre des tâches de votre Bureau.

   Avec un écran tactile, faites glisser brièvement l'icône Lecteur Windows Media vers le bas, puis relâchez. Dans le menu qui s'affiche, choisissez le bouton Épingler à barre des tâches.

4. **Ouvrez le Panneau de configuration du Bureau.**

   Puisque vous êtes toujours dans la page Applications, faites un clic droit sur le bouton Démarrer et, dans le menu contextuel qui apparaît, choisissez Panneau de configuration.

5. **Dans la fenêtre du Panneau de configuration qui s'ouvre sur le Bureau, cliquez sur la catégorie Programmes. Choisissez ensuite Programmes par défaut, puis Configurer les programmes par défaut.**

6. **Dans la liste de gauche qui s'affiche au bout de quelques secondes, cliquez sur la ligne Lecteur Windows Media, puis sur le bandeau Définir ce programme comme programme par défaut (voir Figure 16.7).**

   Cette sélection impose à Windows de lire tous vos fichiers audio par le Lecteur Windows Media, reléguant ainsi l'application Musique au placard.

7. **Cliquez sur OK pour terminer.**

Dès lors, c'est le Lecteur Windows Media qui se lancera quand vous ferez un double-clic sur un fichier de musique depuis le Bureau. Vous pouvez également charger ce lecteur en cliquant sur l'icône que vous avez épinglée dans la barre des tâches.

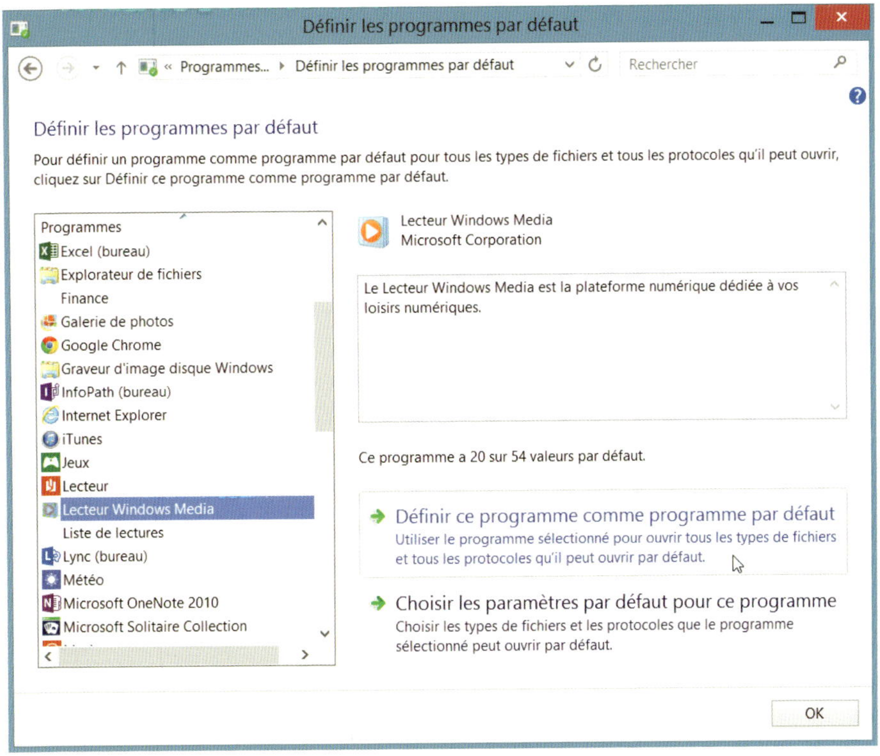

Figure 16.7 : Choisissez le Lecteur Windows Media comme programme par défaut pour ouvrir vos musiques depuis le Bureau.

Cette manipulation ne désactive pas l'application Musique, qui est toujours disponible, mais maintenant uniquement depuis l'écran d'accueil.

NOTE TECHNIQUE

Le Lecteur Windows Media est capable d'ouvrir une bonne cinquantaine de formats de fichiers musicaux et vidéo. Pour définir ceux qui lui sont associés, cliquez lors de l'Étape 6 ci-dessus sur Choisir les paramètres par défaut pour ce programme. Dans la fenêtre Définir les associations de programme qui apparaît, vous pouvez sélectionner avec précision les fichiers qui seront ouverts par défaut dans le Lecteur Windows Media en cochant les cases correspondantes. Cliquez ensuite sur Enregistrer.

Lecteur Windows Media, premier lancement

La première fois que vous lancez le Lecteur Windows Media, vous voyez apparaître une fenêtre d'accueil vous souhaitant la bienvenue et vous demandant de choisir les paramètres initiaux du programme. Deux options s'offrent à vous, comme le montre la Figure 16.8 :

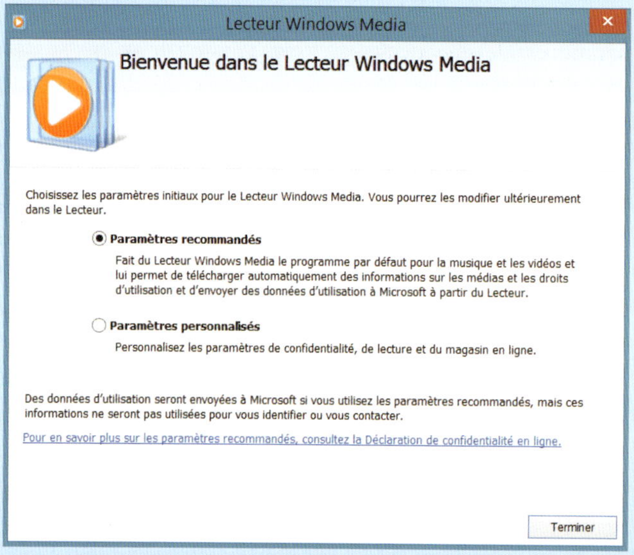

Figure 16.8 : Les deux options proposées au premier démarrage du Lecteur Windows Media.

- **Paramètres recommandés :** pour les impatients. Cette option reprend les réglages par défaut prévus par Microsoft, en le prenant comme lecteur par défaut pour la plupart des formats audio et vidéo, à l'exception notable des fichiers MP3 (quoiqu'ils restent lisibles directement dans l'application Musique de l'écran d'accueil). Le Lecteur Windows Media va également s'adresser à l'Internet pour récupérer les informations qui peuvent être disponibles sur vos fichiers (par exemple le titre des morceaux, l'artiste, la pochette du disque, *etc.*). Par ricochet, Microsoft va aussi savoir ce que vous écoutez… Contentez-vous des paramètres recommandés si êtes pressé. Vous pourrez toujours modifier ces réglages une autre fois.
- **Paramètres personnalisés :** si vous aimez toucher aux boutons *et* si vous êtes soucieux des questions de confidentialité, choisissez cette option pour personnaliser le comportement du Lecteur Windows Media. Une série de fenêtres va vous permettre de choisir les types de musiques et de vidéos que le lecteur pourra jouer, et de contrôler jusqu'à quel point vos pratiques musicales et filmographiques pourront être espionnées par Microsoft. Si vous avez quelques minutes de libres devant vous, vous pouvez choisir cette option et affronter ces (horribles) écrans d'options.

Si vous voulez par la suite personnaliser les réglages du Lecteur Windows Media, cliquez dans sa fenêtre sur le bouton Organiser, puis choisissez la commande Options.

Le Lecteur Windows Media et sa bibliothèque

Vous pouvez lancer le Lecteur Windows Media en cliquant sur son icône dans la barre des tâches, en bas de votre écran. Vous ne voyez pas cette icône ? La section qui suit vous explique comment la placer là.

Lorsque le Lecteur Windows Media s'ouvre, le programme trie automatiquement les fichiers multimédias qu'il trouve sur votre ordinateur : musiques, photos, vidéos et émissions TV enregistrées. Il catalogue alors tout dans sa *propre* bibliothèque.

Si vous remarquez que certains fichiers de votre PC n'apparaissent pas dans cette bibliothèque, alors que vous aimeriez pouvoir en profiter dans le Lecteur Windows Media, vous pouvez lui expliquer où ils se trouvent en suivant ces étapes :

1. **Dans la fenêtre du Lecteur Windows Media, cliquez sur le bouton Organiser. Dans le menu qui s'affiche, choisissez alors l'option Gérer les bibliothèques.**

   Le sous-menu correspondant liste les quatre types de médias que le lecteur peut gérer : Musique, Vidéos, Images et TV enregistrée.

2. **Choisissez le nom de la bibliothèque que vous voulez compléter.**

   Une fenêtre apparaît. Elle montre les dossiers qui sont actuellement catalogués dans la bibliothèque correspondante (voir Figure 16.9). Par exemple, la catégorie Musique gère par défaut les emplacements : Musique et Musique publique.

   Vous n'êtes absolument pas limité à votre disque dur. Un disque externe, une clé USB ou un emplacement partagé en réseau sont parfaitement acceptés et reconnus.

3. **Cliquez sur le bouton Ajouter et sélectionnez le dossier ou le disque qui contient vos fichiers. Quand c'est fait, cliquez sur le bouton Inclure le dossier, puis sur OK.**

   Vous pouvez sélectionner un disque dur que vous consacrez au stockage de vos musiques et qui, *de facto*, contient des dossiers et des sous-dossiers remplis de chansons.

   Dès que vous avez demandé à inclure un nouveau dossier, ou un nouveau disque, le Lecteur Windows Media commence immédiatement à analyser son contenu en ajoutant par exemple les musiques qu'il y trouve à sa bibliothèque.

Si vous voulez compléter votre tableau de chasse, reprenez l'Étape 3 autant de fois qu'il est nécessaire pour que votre bibliothèque contienne tous les fichiers multimédias qui vous intéressent.

La procédure inverse est évidemment possible. Reprenez les deux premières étapes ci-dessus. Mais au lieu de cliquer sur Ajouter, sélectionnez cette fois l'emplacement que vous voulez retirer, puis cliquez sur le bouton Supprimer (revoyez la Figure 16.9).

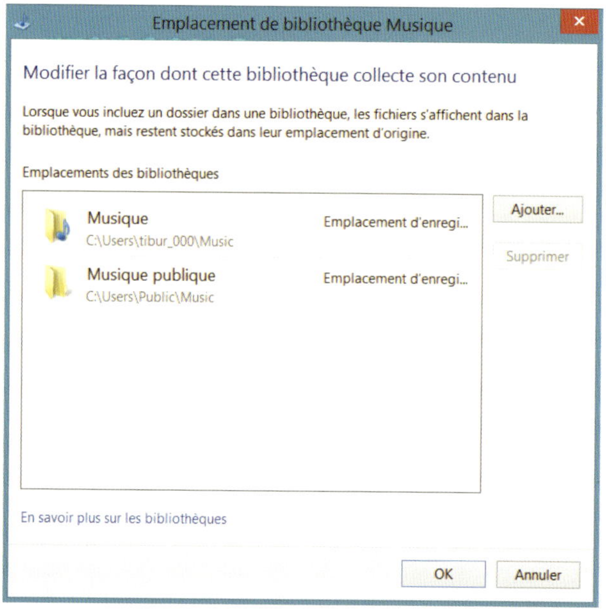

Figure 16.9 : Cliquez sur le bouton Ajouter et naviguez vers le dossier que vous voulez ajouter à la bibliothèque.

Lorsque vous lancez le Lecteur Windows Media, le programme montre les fichiers multimédias qu'il a collectés et rangés dans sa bibliothèque (voir Figure 16.10).

Mais, sans que vous vous en rendiez compte, son travail d'archiviste continue en permanence :

- **Suivi des bibliothèques :** le Lecteur Windows Media surveille en permanence vos bibliothèques Musique, Images et Vidéos, de même que les autres dossiers que vous avez ajoutés. Chaque fois que vous modifiez le contenu d'une de *vos* bibliothèques, il actualise la *sienne*. Bien sûr, vous pouvez changer la manière dont il se comporte en reprenant les étapes précédentes.

- **Suivi des dossiers publics :** le Lecteur Windows Media catalogue automatiquement tout ce qui est placé dans un dossier déclaré public, que le contenu y soit modifié par un autre utilisateur de votre PC, un membre de votre groupe résidentiel, ou par n'importe qui d'autre auquel vous êtes connecté en réseau.
- **Ajout des éléments diffusés :** chaque fois que vous jouez un fichier musical sur votre PC, ou depuis l'Internet, le Lecteur Windows Media ajoute un lien vers ce fichier ou vers son emplacement Internet de manière à ce que vous puissiez le retrouver facilement plus tard. Cependant, et à moins que vous n'en décidiez autrement, il n'ajoute pas les éléments qui ont été joués par d'autres personnes, ou lus depuis un lecteur externe connecté sur un port USB ou encore depuis une carte mémoire.
- **Musique récupérée depuis un CD :** si vous insérez un CD dans le lecteur de votre ordinateur, Windows 8.1 vous propose d'en extraire le contenu (les pros disent *ripper*). Cela revient à lire le contenu du CD et à en créer une copie numérique sur votre PC (nous y reviendrons un peu plus loin dans ce chapitre). Un CD ainsi extrait apparaîtra automatiquement dans la bibliothèque du Lecteur Windows Media (par contre, il n'est pas capable de faire la même chose pour des films sur DVD, qu'il refuse d'ailleurs de lire).
- **Téléchargement de musiques et de films dans des boutiques en ligne :** Windows en général, et donc le Lecteur Windows Media en particulier, *aime* que vous téléchargiez des musiques, des films ou encore des séries TV sur des sites payants, et celui de Microsoft en particulier (ce qui met de côté bien évidemment iTunes). Lorsque vous achetez par exemple un album musical sur l'Internet, le Lecteur Windows Media l'enregistre immédiatement dans sa bibliothèque.

Pour rechercher les fichiers dont vous avez envie ou besoin sur votre système ou votre réseau, répétez à volonté les étapes décrites dans cette section. Le Lecteur Windows Media va ignorer les éléments qu'il connaît déjà pour se concentrer sur ce qu'il y a de nouveau.

Le Lecteur Windows Media dans sa version 12 ne dispose pas d'un éditeur permettant de modifier les informations internes, ou *tags*, contenues dans les fichiers multimédias. Il se contente de les récupérer et si nécessaire de les ajuster à partir d'une base de données en ligne.

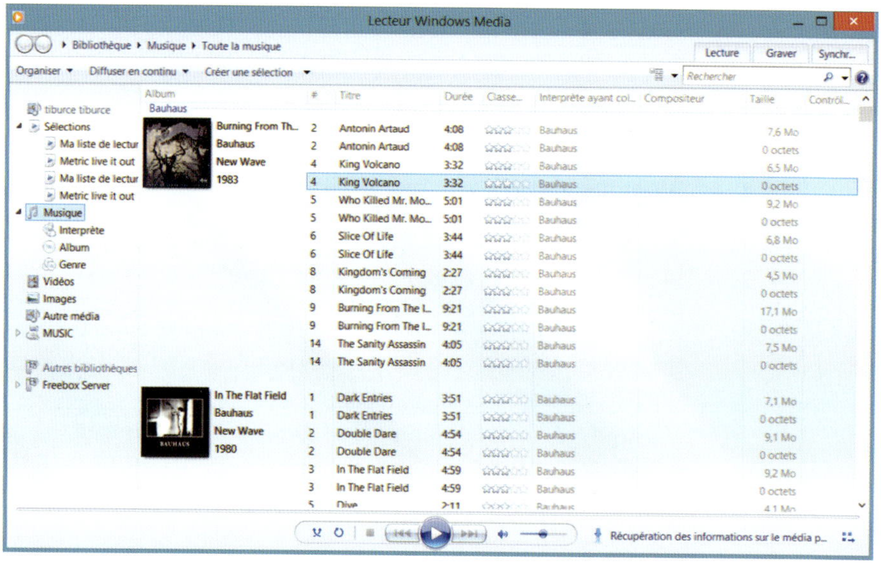

Figure 16.10 : Cliquez sur un élément dans le volet de gauche pour voir son contenu à droite.

Naviguer dans les bibliothèques du Lecteur Windows Media

La bibliothèque du Lecteur Windows Media est ce qui se cache derrière la scène du théâtre musical ou de la salle de cinéma. C'est là que vous organisez vos fichiers, que vous créez des sélections (ou *playlists*), que vous copiez ou gravez des CD, et que vous choisissez ce que vous voulez écouter ou regarder.

Lorsque vous le lancez, il affiche par défaut la bibliothèque Musique, ce qui est assez logique. Mais, en réalité, le Lecteur Windows Media gère plusieurs bibliothèques, conçues pour cataloguer non seulement vos musiques, mais aussi vos images, vos vidéos ou encore les émissions de télévision que vous avez enregistrées.

Tous les éléments jouables sont disponibles dans le volet de navigation qui est affiché sur le côté gauche de la fenêtre du programme (voir Figure 16.11). Vous y voyez en haut votre nom d'utilisateur, puis les catégories qui représentent les bibliothèques du lecteur, ou encore d'autres bibliothèques ainsi que, par exemple, le ou les serveurs multimédias installés sur votre système. Vous pouvez y retrouver notamment les collections de fichiers multimédias créées et partagées par d'autres utilisateurs de votre PC ou par les membres de votre groupement résidentiel ou de votre réseau.

C'est quoi, les tags ?

Tous les fichiers de musique contiennent une certaine quantité de données que l'on appelle des *tags* (des balises, ou des marqueurs si vous voulez) qui fournissent des informations sur le titre, l'artiste, l'album, le genre, l'emplacement d'une image de la couverture dudit album, *etc.* Vous pouvez ensuite demander au Lecteur Windows Media d'organiser, afficher et classer vos morceaux musicaux selon ces tags plutôt qu'en fonction des noms des fichiers. Pratiquement tous les lecteurs de musique numérique, y compris les iPod, fonctionnent sur le même principe.

En fait, ces tags (ou balises) sont si importants que le Lecteur Windows Media recherche en permanence ces informations, et les stocke automatiquement dans sa bibliothèque lorsqu'il les trouve. Certaines personnes se soucient peu de ces informations, tandis que d'autres s'y réfèrent méticuleusement. Si ces données sont déjà remplies et que cela vous suffit, vous pouvez demander au Lecteur Windows Media d'arrêter de les rechercher. Pour cela, cliquez sur le bouton Organiser, choisissez ensuite la commande Options, activez l'onglet Bibliothèque, puis décochez la case associée à l'intitulé Récupérer des informations supplémentaires sur Internet. Sinon, laissez cette option en l'état de manière à ce que le lecteur essaie automatiquement de récupérer ces informations.

Si le Lecteur Windows Media se trompe, il vous reste toujours la possibilité de corriger manuellement son erreur. Cliquez droit sur le nom d'un album ou d'un des titres qu'il contient, puis choisissez la commande Rechercher les informations sur l'album. Une fenêtre va afficher ce que le programme trouve comme données plus ou moins exactes sur l'album (du moins de son point de vue). Cliquez alors sur le lien Modifier. Une nouvelle fenêtre apparaît. Vous pouvez y remplir vous-même le nom de l'album, celui de l'artiste, le genre musical, les noms des pistes et d'autres renseignements encore. Quand c'est fait, cliquez sur le bouton Terminé, puis une nouvelle fois sur le bouton Terminer (tout en appréciant la subtilité de la variante).

Le Lecteur Windows Media organise vos fichiers en plusieurs catégories :

- **Sélections :** vous aimez écouter des chansons, des titres ou des albums dans un certain ordre ? Cliquez sur le bouton Créer une sélection, au-dessus de la liste des titres choisis, pour enregistrer une sélection qui viendra s'insérer dans cette catégorie. Les sélections sont abordées plus loin dans ce chapitre.

  N'OUBLIEZ PAS

  Vous avez appris à créer des sélections dans l'application Musique un peu plus haut dans ce chapitre.

- **Musique :** c'est là que vous retrouvez tous vos fichiers musicaux. Le Lecteur Windows Media reconnaît la plupart des formats musicaux courants : MP3, WMA, WAV, et même les fichiers 3GP utilisés par certains téléphones portables (il est aussi capable de relire certains fichiers AAC non protégés contre la copie, comme ceux qui sont disponibles sur iTunes, mais il ne sait pas traiter des formats sans pertes de données ou non compressés, comme les FLAC, APE ou OGG).

- **Vidéos :** vous devriez trouver ici les vidéos que vous avez enregistrées à l'aide d'une caméra (externe ou intégrée à votre ordinateur) ou d'une webcam, ou bien encore que vous avez téléchargées sur l'Internet. Cette bibliothèque reconnaît les formats AVI, MPG, ASF, DivX, quelques fichiers MOV, et plusieurs autres formats moins répandus.
- **Images :** le Lecteur Windows Media est capable d'afficher vos images individuellement ou en présentant un diaporama simple. Cependant, votre propre bibliothèque Images est un bien meilleur point d'entrée (par exemple, pour redresser des photographies couchées, ce que ne sait pas faire le Lecteur Windows Media).
- **TV enregistrée :** si votre PC est équipé pour recevoir la télévision et enregistrer des émissions, c'est ici que vous les retrouverez. Sachez cependant que le propre programme d'enregistrement et de diffusion de Windows, Media Center, n'est disponible que sous la forme d'une extension.
- **Autres médias :** si vous voyez cette catégorie, c'est que le Lecteur Windows Media a trouvé des éléments qu'il ne reconnaît pas. Il est plus que probable que vous ne pourrez pas faire grand-chose avec eux.
- **Autres bibliothèques :** vous pouvez trouver ici les fichiers partagés par les autres membres de votre groupement résidentiel (voyez à ce sujet le Chapitre 15), ou encore des *serveurs* multimédias capables de diffuser des contenus sur votre réseau.

Lorsque vous cliquez sur une catégorie, le Lecteur Windows Media vous permet de visualiser son contenu de plusieurs manières. Vous pouvez par exemple trier vos fichiers selon le nom de l'artiste en cliquant dans le volet de navigation sur la ligne Interprète.

Vous pouvez également choisir de classer vos musiques selon le nom des albums, ou encore par genre musical. Le volet principal affiche alors comme des piles de couvertures de disques, un peu comme si vous classiez vos CD sur le parquet de votre salon.

TRUC

Pour lire quelque chose dans le Lecteur Windows Media, faites un double-clic dessus, ou bien cliquez droit et choisissez Lire dans le menu contextuel qui s'affiche (ou bien Lire tout pour écouter un album en entier).

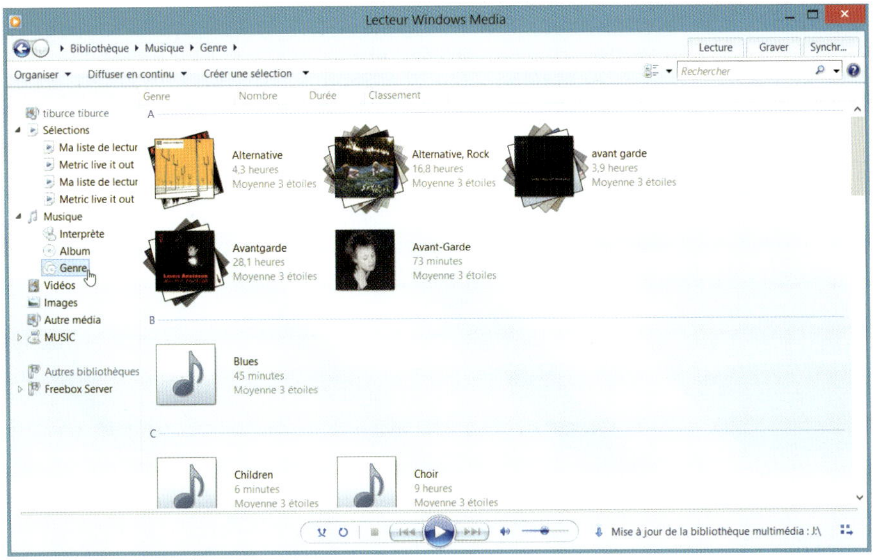

Figure 16.11 : Cliquez sur le type de média qui vous intéresse dans le volet de navigation du Lecteur Windows Media.

Musique !

Le Lecteur Windows Media peut jouer plusieurs types de fichiers musicaux, en particulier aux formats MP3 et WMA, mais ils ont tous un point commun, celui d'être placés dans une liste de lecture lorsque vous les lancez les uns après les autres.

Vous pouvez commencer à écouter de la musique dans le Lecteur Windows Media de différentes manières, même s'il n'est pas déjà en cours d'exécution :

- Cliquez sur l'icône de l'Explorateur de fichiers sur votre barre des tâches. Ensuite, localisez le dossier voulu, cliquez droit sur le nom d'un album ou d'un fichier de musique, et choisissez l'option Lecture. Le lecteur va apparaître et commencer à jouer la musique choisie.
- Dans votre propre bibliothèque Musique, cliquez droit sur les éléments que vous voulez écouter, et choisissez dans le menu l'option Ajouter à la liste du Lecteur Windows Media. Les fichiers sont ajoutés à la liste de lecture, et ils seront joués lorsque les titres déjà présents seront finis.

- Double-cliquez sur le nom d'un fichier contenant de la musique, qu'il se trouve dans un dossier ou sur votre Bureau, et le Lecteur Windows Media commence à le jouer immédiatement.

Oui, Microsoft vous espionne

Tout comme le gouvernement, ou bien la banque ou l'hypermarché dont vous avez accepté la carte d'achats, le Lecteur Windows Media vous espionne. La déclaration de confidentialité du programme peut se résumer ainsi : le Lecteur Windows Media informe Microsoft de tout ce que vous écoutez ou visualisez. Vous pouvez trouver cela très intrusif, mais, d'un autre côté, si Microsoft ne sait pas ce que vous jouez, le lecteur ne pourra pas retrouver des informations sur l'artiste, l'album, les chansons ou encore la couverture du disque.

Si cela ne vous choque pas et ne vous gêne pas, laissez les choses en l'état. Sinon, choisissez le niveau de surveillance que vous êtes prêt à tolérer. Pour cela, cliquez sur le bouton Organiser, en haut et à gauche de la fenêtre, puis choisissez dans le menu la commande Options. Dans la boîte de dialogue qui apparaît, activez l'onglet Confidentialité. Décochez alors les cases des options qui ne vous conviennent pas, en particulier :

- **Afficher les informations sur les médias provenant d'Internet :** si cette option est sélectionnée, le Lecteur Windows Media va dire à Microsoft quel disque vous écoutez et retrouver des informations sur celui-ci afin de les afficher dans sa fenêtre (artiste, album, titres des chansons, image de couverture, *etc.*).
- **Mettre à jour les fichiers de musique à l'aide d'informations provenant d'Internet :** Microsoft examine vos fichiers, et, s'il en reconnaît un dont les données ne sont pas à jour, il les enregistre dans ce fichier (ce sont les *tags* décrits plus haut).
- **Envoyer un identificateur de lecteur unique aux fournisseurs de contenus :** cette option permet à d'autres sociétés que Microsoft de vous pister pendant que vous utilisez le Lecteur Windows Media. Pour éviter d'encombrer inutilement leurs bases de données, laissez cette case vierge.
- **Cookies :** comme bien d'autres programmes et sites Web, le Lecteur Windows Media enregistre vos activités dans de petits fichiers que l'on appelle des *cookies*. Ce n'est pas forcément quelque chose de mauvais, car cela permet au lecteur de mieux connaître vos préférences.
- **Historique :** le Lecteur Windows Media mémorise les fichiers que vous avez joués récemment dans un *historique*. Pour que les autres membres de votre groupement résidentiel ou de votre réseau (votre patron, par exemple ?) ne puissent pas savoir ce que vous faites de votre temps, décochez les quatre cases de cette section, et cliquez également sur les boutons intitulés Effacer l'historique et Effacer les caches.

Pour faire la même chose dans la bibliothèque du Lecteur Windows Media, cliquez droit sur le nom d'une chanson et choisissez dans le menu l'option Lecture. La lecture commence, et le titre apparaît dans la liste d'écoute.

Mais il existe encore d'autres méthodes :

- Pour jouer un album complet, cliquez droit sur son nom, puis sur Lecture dans le menu qui s'affiche.
- Pour écouter à la suite les uns des autres plusieurs morceaux ou albums, cliquez droit sur le premier et choisissez Lecture dans le menu contextuel qui apparaît. Passez au suivant, cliquez droit, puis cliquez sur l'option Ajouter à, et enfin sur Liste de lecture. Le programme « empile » les morceaux au fur et à mesure que vous les sélectionnez, et les affiche dans le volet Lecture qui apparaît sur le côté droit de l'interface, comme à la Figure 16.12.
- Pour revenir à un élément que vous avez écouté récemment, cliquez droit sur l'icône du Lecteur Windows Media dans la barre des tâches. Cliquez ensuite sur le nom voulu dans la liste qui s'affiche (sous l'intitulé Fréquent).
- Votre bibliothèque musicale ne vous satisfait pas ? Vous pouvez dans ce cas copier vos CD favoris sur votre disque dur. C'est ce que l'on appelle une extraction, ou encore *ripping*. Nous y reviendrons plus loin dans ce chapitre.

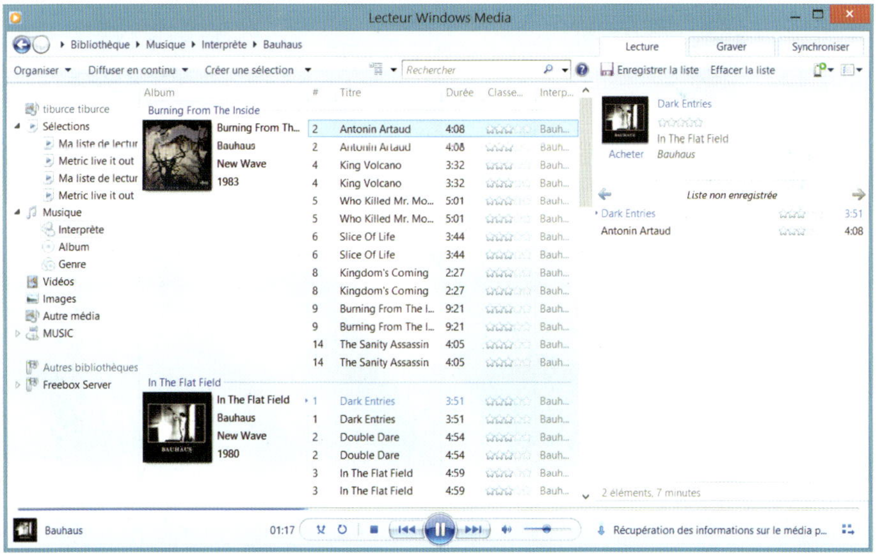

Figure 16.12 : Création spontanée d'une liste de lecture temporaire que vous pourrez toutefois sauvegarder.

Contrôler votre lecture

Nous venons de voir les différentes manières de jouer de la musique à partir de la bibliothèque du Lecteur Windows Media. Mais la fenêtre de celui-ci est peut-être un peu envahissante. C'est pourquoi Microsoft en propose une version plus allégée.

Pour cela, cliquez sur le bouton Basculer en mode Lecture en cours, en bas et à droite de la fenêtre du programme. Vous voyez alors le lecteur changer d'apparence (voir Figure 16.13).

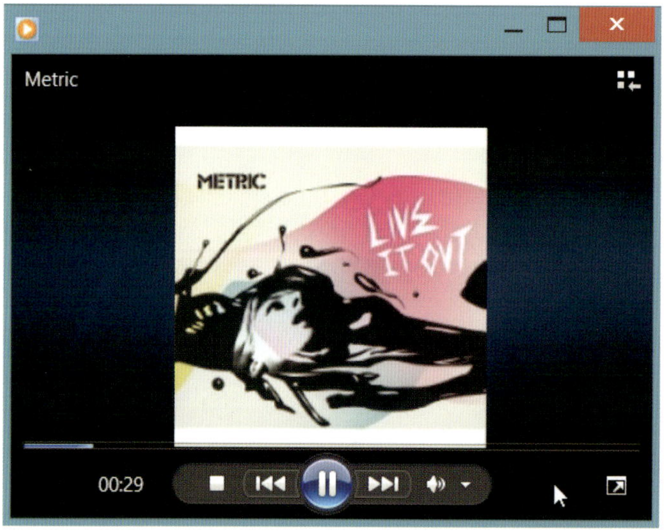

Figure 16.13 : Les boutons de cette fenêtre sont semblables à ceux d'un lecteur de CD ou d'un magnétophone.

Cet affichage assez minimaliste vous montre ce qui est en cours de lecture, avec en accompagnement une image de la pochette de disque. Les boutons de contrôle vous permettent d'ajuster le volume, de changer de piste (ou de vidéo), ou encore de permuter entre lecture et pause.

Le Lecteur Windows Media offre les mêmes contrôles de base quel que soit le type du fichier en cours de lecture : musique, vidéo, CD ou encore diaporama. En cas de besoin, laissez le pointeur de la souris survoler quelques instants un bouton, et Windows affichera un petit texte d'explication.

Ces boutons fonctionnent comme ceux de n'importe quel « vrai » lecteur de CD ou de DVD, à ceci près qu'il y en a un peu plus, et qu'un clic droit affiche un menu contextuel qui propose toute une série de tâches supplémentaires :

- **Afficher la liste :** ouvre sur le bord droit de la fenêtre un volet qui affiche le contenu de la liste de lecture, ce qui est pratique pour passer directement à un autre morceau. L'option devient alors Masquer la liste.
- **Plein écran :** le lecteur occupe tout l'écran. L'option devient alors Quitter le mode Plein écran.
- **Lecture aléatoire :** joue les titres au hasard.
- **Répéter :** rejoue en boucle le morceau.
- **Visualisations :** choisissez entre afficher la pochette de l'album, la remplacer par divers effets visuels, ou encore vous passer de visualisation.
- **Améliorations :** permet d'ouvrir un égaliseur, de changer la vitesse de lecture, d'améliorer le rendu sonore, *etc.*
- **Paroles, légendes et sous-titres :** affiche ces éléments, s'ils sont bien sûr disponibles. Bien pratique pour une soirée karaoké !
- **Acheter plus de musique :** pour ceux qui veulent acheter de la musique en ligne.
- **Lecture en cours toujours visible :** place la fenêtre du lecteur au-dessus de toutes les autres sur le Bureau.
- **Options supplémentaires :** affiche la boîte de dialogue Options. Vous pouvez y modifier les paramètres du Lecteur Windows Media pour spécifier par exemple la manière d'extraire le contenu des CD, ou bien de stocker le contenu de la bibliothèque, et bien d'autres tâches encore.
- **Aide sur la lecture :** affiche la partie de l'aide de Windows qui concerne le Lecteur Windows Media.

Les contrôles de la fenêtre de lecture s'effacent de l'écran si vous n'avez pas déplacé votre souris pendant un certain temps. Pour les afficher à nouveau, faites simplement bouger le pointeur de la souris au-dessus de la fenêtre du lecteur.

Pour revenir à l'interface « bibliothèque » du Lecteur Windows Media, cliquez sur le bouton Basculer vers la bibliothèque, en haut et à droite de la fenêtre.

Lorsque vous minimisez le Lecteur Windows Media dans la barre des tâches du Bureau, vous pouvez déplacer le pointeur de la souris au-dessus de son icône. Une petite fenêtre va s'afficher. Elle vous permet de mettre en pause ou de reprendre la lecture, ainsi que de passer d'un morceau à un autre.

Lire des CD

Dès que vous insérez un CD dans le lecteur de votre ordinateur, le Lecteur Windows Media le reconnaît et commence à le lire (à moins que votre PC ne soit configuré pour que ce soit une autre application qui s'exécute).

En général, le lecteur est capable d'identifier automatiquement l'artiste, le titre de l'album ainsi que son contenu. Et, bien souvent, il est même capable d'afficher une image de la pochette du disque.

Avec les contrôles décrits plus haut, vous pouvez passer de piste en piste, ajuster le volume et effectuer d'autres réglages.

Si, pour une raison inconnue, le Lecteur Windows Media ne commence pas la lecture de votre CD, jetez un coup d'œil sur le volet de navigation, à gauche de la fenêtre. Normalement, votre bibliothèque devrait afficher une icône de disque et montrer le nom de votre CD (ou indiquer quelque chose comme Inconnu). Cliquez sur cette ligne, puis sur le bouton de lecture, en bas de la fenêtre.

TRUC

Si le téléphone sonne, vous pouvez appuyer sur la touche F7 pour couper le son (puis pour le rétablir), ou bien sur la combinaison de touches Ctrl + P pour basculer entre lecture et pause.

Vous voulez copier le contenu du CD sur votre disque dur ? Patientez encore un peu. Nous allons y revenir bientôt.

Lire des DVD

NOUVEAUTÉ WINDOWS 8

Mais passons maintenant aux mauvaises nouvelles. Le Lecteur Windows Media de Windows ne joue *plus* les DVD vidéo. C'est un choc, puisque c'était encore possible sous Windows 7 (sauf pour les versions les plus basiques). Que s'est-il passé ?

Selon les gens de chez Microsoft, les DVD appartiennent au passé et ne sont plus nécessaires. Ils en veulent pour preuve le fait que les tablettes et les ordinateurs portables ultra minces n'ont même pas de lecteur de DVD. Et ils ajoutent que la plupart des gens regardent sur leur ordinateur des vidéos qu'ils récupèrent sur l'Internet. Ou qu'ils lisent leurs DVD sur leur poste de télévision. Bien.

NOTE TECHNIQUE

Une autre raison, bien plus pragmatique, c'est que Microsoft ne veut plus payer les licences des sociétés qui possèdent les droits sur les décodeurs MPEG-2 et Dolby Digital, indispensables pour la lecture des DVD.

Pour autant, Il existe d'autres alternatives pour regarder un DVD sous Windows 8.1 :

- **Vous pouvez payer plus pour vous procurer un pack Windows Media Center ou acheter une version plus élaborée de Windows 8.1.** Ce programme supplémentaire, Media Center, est capable non seulement de lire vos DVD, mais aussi vos chaînes de télévision si vous disposez d'un tuner adapté (et même d'enregistrer vos émissions favorites).
- **Vous pouvez également acheter un logiciel multimédia spécialisé.** La plupart des constructeurs intègrent une version d'évaluation d'un tel logiciel dans leurs ordinateurs. Vous avez ensuite la possibilité de payer pour disposer d'une licence complète.
- **Vous pouvez télécharger un logiciel gratuit qui donnera à peu près le même résultat.** L'un des meilleurs, d'origine française mais mondialement connu, est VLC (`www.videolan.org`). Il sait à peu près tout relire, y compris le format Blu-ray, et a bien d'autres cordes à son arc.
- **Le constructeur de votre ordinateur a peut-être installé son propre lecteur de DVD (ou multimédia).** C'est le cas sur de nombreux ordinateurs portables.

Lire des vidéos et des programmes TV

Jouer des vidéos, c'est la même chose que pour des musiques. Vous cliquez sur la ligne Vidéos dans le volet de navigation du Lecteur Windows Media, vous repérez l'élément que vous voulez visualiser dans la partie principale de la fenêtre et vous double-cliquez dessus. Il ne vous reste plus qu'à regarder (voir Figure 16.14).

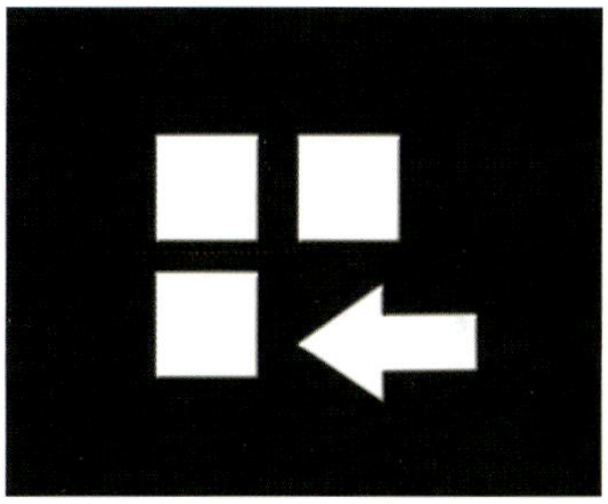

Figure 16.14 : Déplacez le pointeur de la souris sur la fenêtre pour faire apparaître les contrôles.

Le Lecteur Windows Media vous permet de regarder des vidéos de diverses tailles. Pour plus de confort, appuyez par exemple sur Alt + Entrée pendant la diffusion pour passer d'une taille d'écran à une autre. Servez-vous de la même combinaison pour revenir à votre fenêtre initiale.

- Pour que la vidéo se conforme au mieux à la taille de votre fenêtre, cliquez droit dessus pendant sa diffusion. Dans le menu qui s'affiche, choisissez Vidéo, puis l'option Ajuster la vidéo au lecteur lors du redimensionnement.

- Vous pouvez également passer en mode Plein écran en cliquant sur le bouton qui est affiché en bas et à droite de la fenêtre du Lecteur Windows Media.
- Si vous choisissez de regarder une vidéo provenant de l'Internet, la vitesse de votre connexion détermine la qualité du résultat. Avec une bonne connexion ADSL, la visualisation de vidéos HD ne pose généralement pas de problème. Sinon, l'image risque de « geler » ou de grésiller en cours de diffusion.
- La bibliothèque TV enregistrée liste les émissions que vous avez enregistrées… avec Media Center, qui n'est fourni qu'avec la version Pro de Windows 8.1 ou après paiement en monnaie sonnante et trébuchante. Et si vous avez ce complément, autant s'en servir pour regarder vos *shows* télévisés !

Quant aux radios Internet, le Lecteur Windows Media ne s'en soucie pas. Vous pouvez toujours entrer l'adresse d'un serveur en ouvrant le menu Fichier et en choisissant la commande Ouvrir une URL. Mais encore faut-il que la station diffuse ses programmes au format MP3 ou WMA. Il existe certainement plus simple en faisant directement confiance à votre navigateur habituel.

Créer, enregistrer et éditer des listes de lecture

Une *liste de lecture*, autrement dit une sélection, ou encore une *playlist*, est simplement une liste de titres musicaux (et/ou vidéos) que vous voulez rejouer dans un certain ordre. La beauté de ces listes vient de ce que vous pouvez faire avec elles. Enregistrez une sélection de vos chansons préférées, par exemple, et celles-ci seront toujours à portée de clic.

N'OUBLIEZ PAS

Si vous avez lu les sections consacrées à l'application Musique plus haut dans ce chapitre, vous savez ce que sont les sélections, donc les listes de lecture.

Vous pouvez créer ainsi des listes de lecture pour les longues soirées d'hiver, pour les dîners entre amis, pour un anniversaire, et ainsi de suite.

Pour créer une liste de lecture, suivez ces étapes :

1. **Ouvrez le Lecteur Windows Media puis le volet des listes de lecture.**

   TRUC

   Vous ne voyez pas le volet des listes de lecture sur le bord droit de la fenêtre du Lecteur Windows Media ? Cliquez sur l'onglet Lecture. Ou bien encore, si vous êtes en cours de diffusion en mode Lecture, cliquez droit sur la fenêtre et choisissez dans le menu l'option Afficher la liste.

2. **Cliquez droit sur un album ou un titre que vous voulez placer dans votre sélection. Dans le menu qui s'affiche, choisissez Ajouter à, puis Liste de lecture.**

   Vous pouvez tout aussi bien cliquer sur des éléments, puis les faire glisser sur le volet de la liste de lecture, à droite de la fenêtre (voir Figure 16.15).

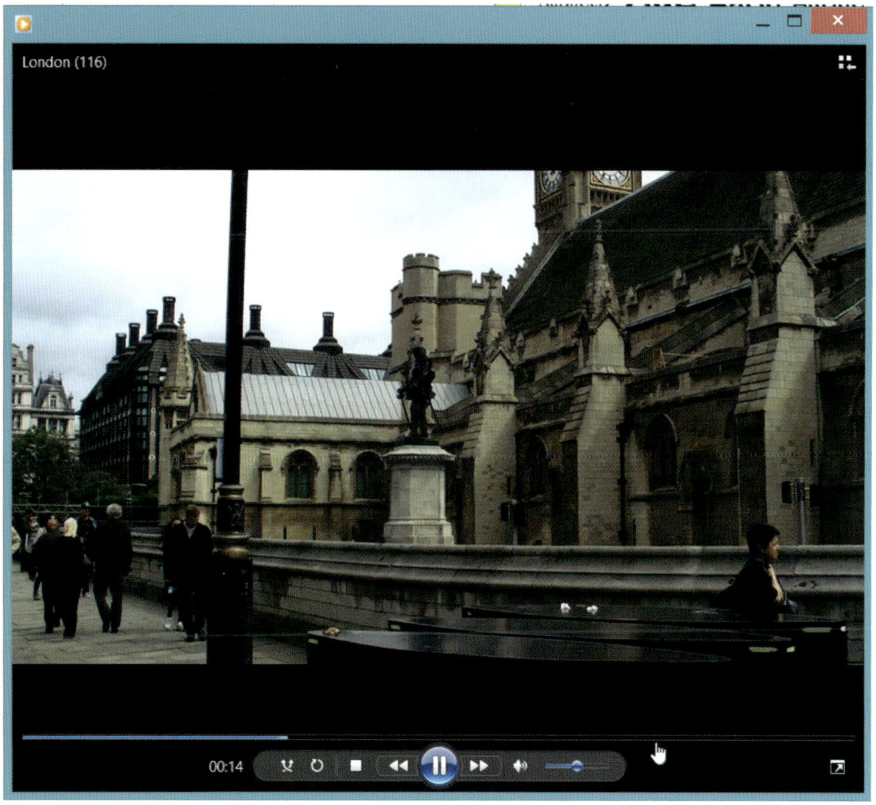

Figure 16.15 : Faites votre choix dans le volet central, puis faites glisser votre sélection sur le volet de droite.

Le Lecteur Windows Media commence immédiatement à jouer votre sélection. Celle-ci apparaît dans le volet de droite dans l'ordre selon lequel vous avez choisi les titres.

3. **Affinez votre sélection en modifiant l'ordre de la liste, ou encore en supprimant des éléments en trop, ou bien en ajoutant d'autres titres comme lors de l'Étape 2.**

   Un morceau a été ajouté par erreur ? Cliquez droit sur sa ligne, puis choisissez dans le menu contextuel l'option Supprimer de la liste. Vous pouvez aussi reclasser le contenu de votre liste en faisant glisser des éléments vers le haut ou vers le bas.

   Le bas de la liste de lecture montre le nombre de morceaux, ainsi que leur durée totale de diffusion.

4. **Lorsque votre liste de lecture vous convient, cliquez sur le bouton Enregistrer la liste situé dans la partie supérieure gauche de l'onglet Lecture.**

5. **Remplacez les mots Sélection sans titre qui sont sélectionnés par le titre de votre choix, et validez-le en appuyant sur Entrée pour terminer.**

   Votre liste va maintenant apparaître dans la rubrique Sélections du volet de navigation. Il vous suffit de double-cliquer sur son nom pour démarrer la lecture.

Lorsque votre sélection musicale est enregistrée, vous pouvez par exemple graver votre musique sur un CD. Voyez pour cela l'astuce suivante.

En fait, rien n'est plus simple à faire. Si votre sélection tient en moins de 80 minutes, vous pouvez la transformer en un disque que vous pourrez écouter dans votre voiture (ou ailleurs). Insérez un CD vierge dans votre graveur, puis cliquez sur l'onglet Graver. Cliquez dans le volet de droite sur le lien qui vous propose d'importer votre nouvelle sélection (si elle est trop longue, le Lecteur Windows Media la répartira automatiquement sur plusieurs disques). Il ne vous reste plus qu'à cliquer sur le bouton de gravure.

Pour éditer une liste de lecture déjà enregistrée, double-cliquez sur son nom dans la rubrique Sélections du volet de navigation. Vous pouvez alors ajouter des éléments, en supprimer, ou réorganiser la *playlist*. Quand vous avez terminé, cliquez sur le bouton Enregistrer la liste.

Extraire des CD sur votre PC

Le Lecteur Windows Media sait copier le contenu de vos CD sur votre PC sous la forme de fichiers MP3 (le principal standard de la musique numérique. Mais vous devrez lui préciser que vous *voulez* des fichiers MP3, et non WMA, un format Microsoft qui n'est (évidemment pas) reconnu sur les matériels Apple et de nombreux autres.

TRUC

Pour passer du WMA, que le Lecteur Windows Media retient par défaut, au plus universel MP3, cliquez sur le bouton Organiser, en haut et à gauche de la fenêtre, puis sur Options. Activez l'onglet Extraire de la musique. Dans la section des paramètres d'extraction, choisissez MP3 dans la liste Format, comme à la Figure 16.16. Vous pouvez ensuite choisir la qualité sonore à l'aide de la glissière qui se trouve vers le bas de la boîte de dialogue. Vous pouvez aller de 128 Kbits/s (le moins bon) jusqu'à 320 Kbits/s (le meilleur, si votre lecteur supporte un tel débit).

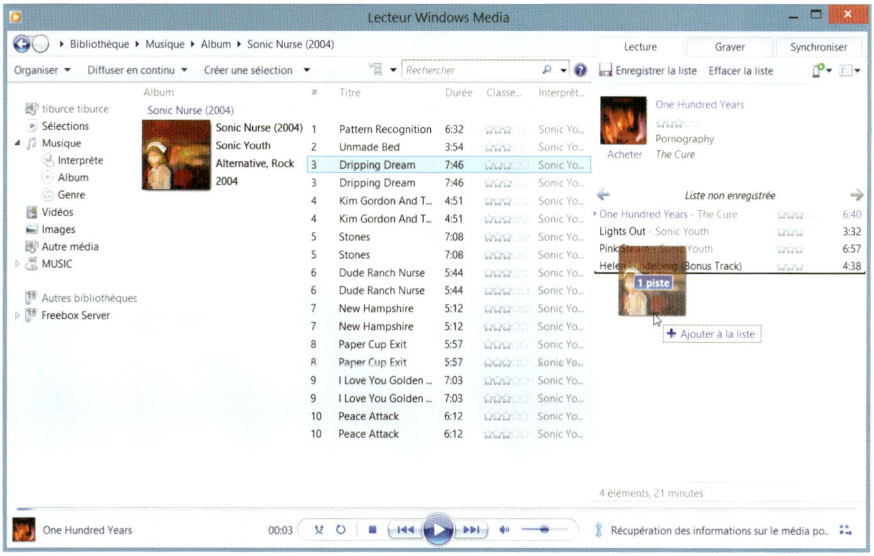

Figure 16.16 : Pour convertir des musiques des CD audio au format portable MP3.

Pour copier un CD sur votre disque dur, suivez ces étapes :

1. **Ouvrez le Lecteur Windows Media et insérez un CD de musique dans votre lecteur.**

   Le Lecteur Windows Media va interroger le disque et essayer de retrouver sur l'Internet les informations qui lui sont associées :

nom de l'artiste, album et titres des morceaux. S'il ne réussit pas automatiquement, passez à l'Étape 2. Sinon, passez à l'Étape 3.

2. **Si nécessaire, cliquez droit sur la première piste et choisissez dans le menu l'option Rechercher des informations sur l'album.**

   Tapez le nom de l'album dans le champ de recherche, puis cliquez sur le bouton Rechercher. Si votre album apparaît dans la liste des références trouvées, cliquez sur le bandeau correspondant, puis sur le bouton Suivant et enfin sur Terminer.

   Dans le pire des cas, il vous restera toujours la possibilité de cliquer droit sur le nom de chaque piste, puis de choisir l'option Modifier et d'entrer manuellement le titre du morceau.

3. **Quand vous êtes prêt, cliquez sur le bouton Extraire le CD.**

   TRUC

   Si la fenêtre du Lecteur Windows Media n'est pas assez large, il se peut que ce bouton n'apparaisse pas. Cliquez sur les chevrons qui suivent le bouton Créer une sélection pour le révéler.

Voyons quelques remarques et astuces complémentaires pour bien réussir vos extractions :

- Normalement, tous les titres sont extraits des CD. Pour faire un choix plus resserré, cliquez sur la case qui se trouve devant les pistes que vous ne voulez pas retenir pour la décocher. Si vous vous en apercevez seulement une fois la chanson extraite, ce n'est pas bien grave. Ouvrez la bibliothèque Musique du Lecteur Windows Media, localisez le titre en trop, cliquez droit dessus et choisissez l'option Supprimer.
- TRUC Certains éditeurs ajoutent à leurs CD une protection contre la copie. Dans ce cas, maintenez enfoncée la touche de majuscule pendant quelques secondes, avant et après insertion du disque dans le lecteur de votre PC. Cela suffit parfois à empêcher le logiciel de protection contre la copie de se réveiller. Mais parfois seulement…
- Le Lecteur Windows Media enregistre automatiquement les pistes que vous extrayez vers votre bibliothèque Ma musique dans des dossiers portant le nom des albums d'où elles proviennent. Vous pouvez les y retrouver en ouvrant l'Explorateur de fichiers en plus de la bibliothèque du Lecteur Windows Media.

Graver des disques musicaux

Pour créer un CD de musique avec vos morceaux préférés, commencez par créer une liste de lecture contenant ce qui vous intéresse. Procédez ensuite comme expliqué plus haut, dans la section « Créer, enregistrer et éditer des listes de lecture ».

Mais supposons maintenant que vous vouliez reproduire un de vos CD, par exemple pour en avoir un exemplaire en permanence dans votre voiture ? Vous n'allez pas prendre de risques avec votre original. Pas plus que vous n'allez attendre que vos enfants transforment leurs CD en frisbees…

Malheureusement, ni le Lecteur Windows Media, ni Windows 8.1 lui-même, ne vous proposent ce genre d'option. Vous devez donc vous débrouiller tout seul (ou trouver une application capable de le faire de manière plus automatisée).

Pour créer une copie d'un CD musical parfaitement fidèle à l'original, suivez ces étapes :

1. **Procédez à l'extraction de son contenu sur votre disque dur (comme nous venons de le voir dans la précédente section).**

   Avant cela, commencez par choisir la meilleure qualité d'extraction possible. Pour cela, cliquez sur le bouton Organiser, puis sur Options. Activez l'onglet Extraire de la musique dans la boîte de dialogue Options. Dans les paramètres d'extraction, sélectionnez le format WAV (sans perte). Cliquez sur OK pour confirmer.

2. **Insérez un CD vierge dans le graveur de votre PC.**

3. **Dans le volet de navigation, ouvrez la rubrique Album de la catégorie Musique. Localisez le nom du CD que vous venez d'extraire.**

4. **Cliquez droit sur l'album. Dans le menu contextuel, choisissez Ajouter à, puis Liste de gravure.**

   Si cette liste n'était pas vide, servez-vous du bouton Effacer la liste sous l'onglet Graver du Lecteur Windows Media. Reprenez alors l'Étape 1.

5. **Cliquez sur le bouton Démarrer la gravure situé dans la partie supérieure gauche de l'onglet Graver.**

Si vous ne prenez pas la qualité WAV (sans perte) pour extraire votre musique, le Lecteur Windows Media compacte vos pistes lorsqu'il les enregistre sur le disque dur. Cela fait perdre plus ou moins en qualité. En gravant ces fichiers sur un nouveau CD, vous obtenez donc quelque chose de moins bon que l'original. C'est pourquoi le format WAV est le meilleur pour réaliser ce type d'opération.

N'OUBLIEZ PAS

Utilisez le format WAV *uniquement* pour copier des CD. Quand c'est fait, effacez les fichiers extraits de votre disque dur. Pourquoi ? Pas pour échapper à la police, mais tout simplement parce que ces fichiers sont *beaucoup* plus volumineux. Si vous souhaitez en conserver un double sur votre ordinateur, il vaut mieux recommencer l'extraction en sélectionnant cette fois le MP3 avec un débit de bonne qualité. Votre disque dur vous dira merci !

Le bon et le mauvais lecteur…

Microsoft ne vous dira rien là-dessus, mais le Lecteur Windows Media n'est absolument pas le seul programme Windows vous permettant d'écouter de la musique ou de regarder des films. Par exemple, de nombreuses personnes se servent d'iTunes, car cela leur permet de gérer facilement ce qu'ils veulent charger sur leur iPad, leur iPod ou leur iPhone pour leurs loisirs iTinérants. D'autre part, le Lecteur Windows Media n'est pas capable de relire tous les fichiers audio et vidéo, par exemple ceux qui sont enregistrés dans le format RealAudio ou RealVideo (`www.real.com`).

De plus, de nombreux utilisateurs préfèrent se servir d'applications moins « propriétaires » comme Winamp, pour écouter de la musique ou des radios Internet, ainsi que pour regarder leurs films et vidéos.

En fait, il y a tellement de formats multimédias en compétition qu'il est souvent utile d'installer plusieurs lecteurs ! Bien entendu, cela peut être déroutant, car chaque programme se bat avec les autres pour être le premier sur la liste, celui qui se lancera par défaut.

Mais Windows vous laisse tout de même une grande latitude de choix en vous permettant depuis le Panneau de configuration de sélectionner quels programmes vous voulez associer à quels types de fichiers. Revoyez à ce sujet la section « Retour vers le futur : le Lecteur Windows Media », vers le début de ce chapitre.

Chapitre 17

Gérer ses photos et ses films

Dans ce chapitre :

- Copier des photos depuis un appareil numérique.
- Prendre des photos avec la caméra de votre ordinateur.
- Visualiser des vidéos.
- Visualiser des photos.
- Sauvegarder vos photos sur CD.

De nos jours, bon nombre d'appareils photo numériques sont de vrais petits ordinateurs, et il est naturel que Windows 8.1 les traite comme de nouveaux amis. Branchez un appareil photo numérique sur votre PC, allumez-le, et Windows va saluer le nouveau venu en lui proposant de copier son contenu sur votre disque dur.

Ce chapitre vous explique donc comment transférer vos photos de l'appareil numérique vers l'ordinateur, les montrer à votre famille et vos amis, les envoyer par e-mail et les stocker là où vous pourrez facilement les retrouver plus tard.

Mais avant tout, voici un bon conseil. Avant de commencer à créer un album pour enregistrer vos photos de famille sur votre ordinateur, prenez le temps d'activer et de configurer correctement l'Historique des fichiers, l'outil de sauvegarde automatique de Windows décrit dans le Chapitre 13. Les ordinateurs peuvent passer, mais vos souvenirs sont irremplaçables.

Copier des photos dans votre ordinateur

La plupart des appareils photo numériques sont fournis avec un logiciel servant à transférer le contenu de la carte mémoire de l'appareil vers votre ordinateur. Mais vous n'avez en fait même pas besoin d'installer ce genre de programme : Windows 8.1 est là !

Le principe générique de l'importation des images d'un appareil photo numérique

Windows 8.1 est capable d'extraire le contenu de pratiquement n'importe quelle marque et n'importe quel modèle d'appareil photo numérique. Il offre pour cela davantage de contrôles que ses prédécesseurs, en vous permettant notamment de regrouper vos sessions photographiques en différents dossiers, chacun étant nommé selon l'événement concerné.

Pour importer dans votre ordinateur des images stockées sur votre appareil photo numérique (disons, APN pour simplifier), suivez ces étapes :

1. **Banchez le câble fourni avec votre appareil photo sur votre ordinateur.**

   La plupart des APN sont livrés avec deux câbles : un pour le relier à votre poste de télévision, et un autre pour le connecter à votre ordinateur. Vous avez bien sûr besoin ici du second.

   Insérez le connecteur le plus petit du côté de votre appareil photo, et le plus gros (il est rectangulaire et assez plat) dans un port USB de l'ordinateur ou de la tablette.

2. **Allumez votre appareil photo et attendez que Windows 8.1 identifie sa présence.**

   En haut et à droite de votre écran d'accueil, vous devriez voir un bandeau vous annonçant que la relation est établie, comme sur la Figure 17.1. Votre appareil peut ou non être directement reconnu. Si la chance vous sourit, son nom va apparaître dans le bandeau et vous pourrez choisir ce que vous voulez faire. Sinon, seule la carte mémoire de votre appareil sera détectée, et vous risquez alors de vous retrouver dans une fenêtre de l'Explorateur de fichiers sur votre Bureau.

Figure 17.1 : La carte mémoire d'un appareil photo numérique a été identifiée par Windows 8.1.

TRUC

Si le bandeau disparaît avant que vous n'ayez eu le temps d'agir, rien n'est perdu. Éteignez votre appareil photo. Attendez quelques secondes, puis rallumez-le. Le bandeau réapparaît.

TRUC

Si Windows 8.1 ne reconnaît pas votre APN, commencez par vérifier qu'il est bien en mode Lecture (celui qui vous permet de regarder les photos sur l'écran LCD de l'appareil). Si cela ne suffit pas, débranchez le câble USB de l'ordinateur. Attendez une dizaine de secondes, puis rebranchez-le. Vous n'avez toujours pas de chance ? Voyez un peu plus loin l'encadré « Windows 8.1 ne veut pas importer mes photos correctement ».

3. **Choisissez comment importer vos photos.**

   Le bandeau qui s'affiche quand vous connectez votre appareil vous propose trois actions par défaut (voir Figure 17.2). Cliquez ou tapez sur celle que vous voulez appliquer.

   Windows 8.1 va se souvenir de votre choix, et il le répétera automatiquement la prochaine fois que vous connecterez votre appareil photo à votre ordinateur.

Figure 17.2 : Lorsque vous branchez un appareil photo numérique, Windows vous permet d'importer avec ses propres utilitaires ou les logiciels d'édition d'images installés sur votre ordinateur.

NOUVEAUTÉ WINDOWS 8

Contrairement à Windows 8, l'application Photos de Windows 8.1 ne permet plus d'importer les photos d'un appareil photo numérique. Elle se contente de donner accès à votre dossier Images.

Importer vos photos avec la Galerie de photos Windows

Pour importer et organiser vos photos sans recourir à un logiciel tierce partie comme Nero, Adobe Photoshop Elements, Photoshop, Lightroom, et bien d'autres programmes, choisissez Galerie de photos dans la boîte de dialogue qui apparaît lorsque vous cliquez sur le bandeau de détection de la carte mémoire de votre appareil.

Si vous n'avez pas eu le temps de cliquer sur ce bandeau pour effectuer ce choix, affichez l'écran d'accueil, puis cliquez sur la flèche dirigée vers le bas située dans la partie inférieure gauche de l'interface. Dans l'écran Applications qui apparaît, cliquez sur l'icône Photo Gallery, comme à la Figure 17.3.

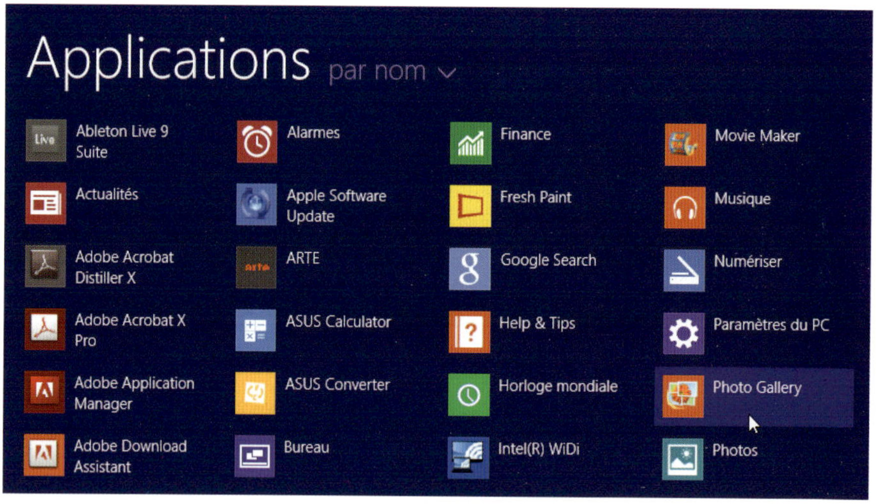

Figure 17.3 : Pour utiliser la Galerie de photos de Windows 8.1.

Ensuite, conformez-vous aux étapes suivantes :

1. **Cliquez sur le bouton Importer du programme Galerie de photos.**

   La boîte de dialogue Importer des photos et des vidéos apparaît.

2. **Sélectionnez la carte mémoire (ou l'appareil photo numérique) dont vous souhaitez importer les images, et cliquez sur le bouton Importer.**

   Vous passez à l'étape suivante d'importation qui permet de définir la manière dont les images seront importées.

3. **Pour préciser les paramètres de cette importation, cliquez sur le lien Options d'importation.**

4. **Dans la boîte de dialogue éponyme qui apparaît, vous pouvez définir les paramètres suivants (Figure 17.4) :**

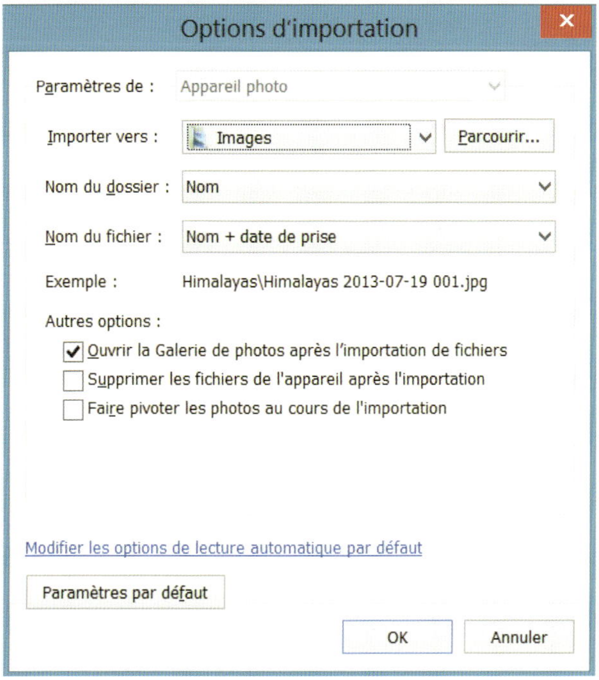

Figure 17.4 : Définir les options d'importation de vos photos.

- **Importer vers :** dans ce menu local, choisissez un dossier d'importation. Par défaut, Windows 8.1 sélectionne logiquement le dossier de la bibliothèque Images. Vous avez le choix entre Documents et Vidéos. Pour importer vos photos dans un autre dossier, cliquez sur le bouton Parcourir. Dans la boîte de dialogue qui apparaît, parcourez vos différents disques durs et dossiers pour localiser celui dans lequel vous allez transférer vos photos. Sélectionnez-le et cliquez sur le bouton OK. Vous pouvez également créer un dossier pour la circonstance en cliquant sur le bouton Créer un nouveau dossier.

- **Nom du dossier :** dans ce menu local, choisissez le format du nom du dossier que va créer Windows 8.1 pour y importer vos photos. Vous seul savez comment organiser logiquement vos importations. À titre personnel je choisis Nom + Date de prise de vue. Un aperçu du nom du dossier apparaît sous ce menu local.

- **Autres options :** il est conseillé de cocher l'option Ouvrir la Galerie de photos après l'importation de fichiers afin de contrôler le bon déroulement de l'opération. En revanche, ne cochez pas la case Supprimer les fichiers de l'appareil après l'importation. En effet, vous risquez de perdre tous vos clichés si jamais l'importation s'est mal déroulée. En gardant les fichiers dans l'appareil, vous aurez la possibilité de récupérer les photos en cas d'échec de la procédure d'importation. Enfin, l'option Faire pivoter les photos au cours de l'importation permet d'afficher verticalement les images prises en mode portrait.

TRUC

Si vous souhaitez modifier le comportement de Windows 8.1 à l'insertion d'une carte mémoire ou de la connexion d'un appareil photo numérique au port USB de votre ordinateur, cliquez sur le lien Modifier les options de lecture automatique par défaut. Dans le menu local Carte mémoire (ou Lecteur amovible), choisissez ce que Windows 8.1 doit faire à l'insertion de ces périphériques d'image. Par exemple, vous pouvez spécifier qu'à l'insertion d'une carte mémoire, Windows 8.1 ouvre l'Explorateur de fichiers à la place de la Galerie de photos.

5. **Une fois les réglages effectués, cliquez sur le bouton OK.**

6. **Revenu dans la boîte de dialogue Importer des photos et des vidéos, cliquez sur le bouton Suivant.**

   Vous accédez à l'étape de la sélection des images à copier sur votre disque dur (Figure 17.5).

7. **Décochez les vignettes des images que vous ne voulez pas importer.**

TRUC

   Si vous ne souhaitez importer que quelques photos, commencez par décocher la case Sélectionner tout. Ne cochez que les images à importer.

8. **Cliquez sur la mention Entrez un nom, et donnez un nom au dossier de stockage de vos images. Validez-le en appuyant sur la touche Entrée de votre clavier.**

9. **Si nécessaire, cliquez dans Ajouter des mots-clés afin de saisir des mots qui faciliteront la recherche de vos photos. Séparez chaque mot-clé par un point-virgule.**

10. **Lancez le transfert des photos par un clic sur le bouton Importer.**

   Comme le montre la Figure 17.6, une barre de progression permet de suivre la procédure d'importation.

Figure 17.5 : Sélectionner les photos, nommer le dossier, et ajouter des mots-clés.

Figure 17.6 : Importation en cours.

Une fois l'importation terminée, le volet de navigation (à gauche) contient l'ensemble des dossiers contenant des images.

11. **Cliquez sur le dossier nommé à l'Étape 8 pour afficher son contenu.**

Vous y voyez les photos sélectionnées sur la carte mémoire de l'appareil photo numérique.

Copier les photos avec l'Explorateur de fichiers

Vous pouvez aussi décider de copier manuellement les fichiers de l'appareil photo vers le ou les dossiers que vous voulez. Dans ce cas, choisissez l'option Ouvrir le dossier et afficher les fichiers (Explorateur de fichiers) de la boîte de dialogue qui apparaît lorsque vous cliquez sur le bandeau d'insertion.

TRUC

Si vous n'avez pas eu le temps de cliquer sur ce bandeau, ouvrez tout simplement l'Explorateur de fichiers comme vous le feriez pour copier et coller des fichiers quelconques.

Dans le volet de navigation, cliquez sur l'icône de votre carte mémoire ou de votre appareil photo numérique. Il arrive que l'icône de l'appareil photo numérique soit identifiée sous le nom de Disque amovible. Ensuite, double-cliquez sur les différents dossiers de ce périphérique d'images jusqu'à l'affichage de son contenu dans le volet droit de l'Explorateur de fichiers, comme le montre la Figure 17.7.

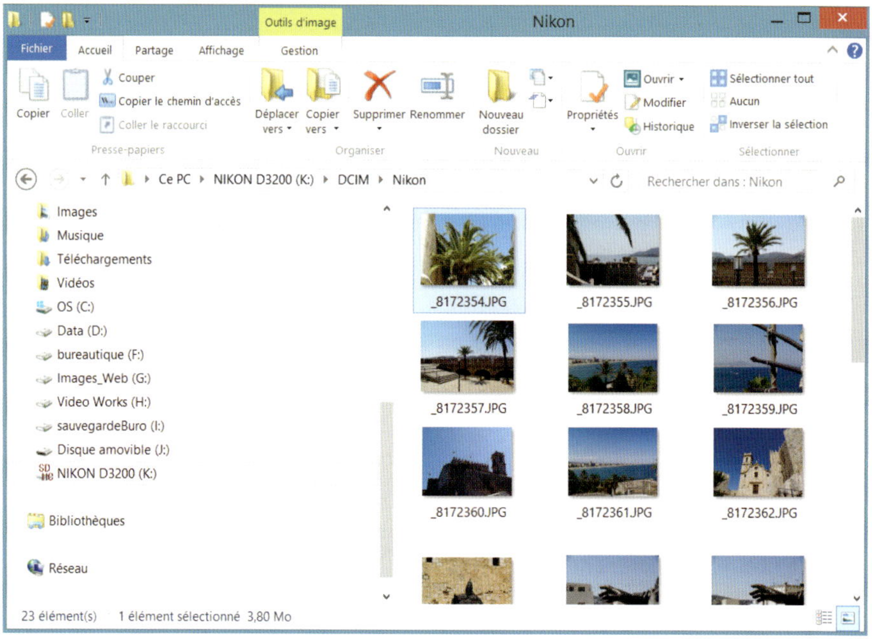

Figure 17.7 : Le contenu d'une carte mémoire d'un appareil photo numérique.

Sélectionnez alors les photos à importer. Pour tout sélectionner rapidement, exécutez le raccourci clavier Ctrl + A. Pour sélectionner plusieurs images qui se suivent, cliquez sur la première d'entre elles. Ensuite, maintenez la touche Maj enfoncée, et cliquez sur la dernière. Pour ajouter à la sélection d'autres photos de ce même dossier, maintenez la touche Ctrl enfoncée, et cliquez sur leur vignette.

Une fois votre sélection effectuée, cliquez sur le bouton Copier vers de l'onglet Gestion de l'Explorateur de fichiers. Choisissez-y un des dossiers proposés par Windows 8.1. Si aucun ne correspond à l'emplacement où vous désirez importer vos photos, cliquez sur l'option Choisir un emplacement. Dans la boîte de dialogue Copier les éléments qui apparaissent, parcourez vos disques durs et dossiers pour localiser l'emplacement de votre importation. Vous pouvez également créer un dossier par un clic sur le bouton Créer un nouveau dossier. Une fois le dossier choisi, cliquez sur le bouton Copier.

Il est déconseillé de *déplacer* les photos et vidéos de la carte mémoire de l'appareil photo vers votre ordinateur. En effet, l'APN a son propre système de gestion de son contenu, et vous risqueriez de le perturber. Pour effacer des images dans un appareil photo numérique, servez-vous toujours de sa propre fonction de suppression.

La procédure d'importation des fichiers vidéo se déroule exactement de la même manière que celle des photos. Par conséquent, contentez-vous de répéter les différentes étapes des précédentes sections. Toutefois, contrairement aux photos, l'écran d'accueil met à votre disposition une application Vidéos qui permet de répertorier vos films personnels. Il suffit de les copier dans votre Bibliothèque Vidéo. Ensuite, basculez vers l'écran d'accueil, et cliquez sur la vignette Vidéos. Vos films apparaissent dans l'application. Pour en ouvrir d'autres, faites un clic droit sur l'écran, puis cliquez sur le bouton Ouvrir de la barre d'outils qui apparaît en bas de l'écran. Parcourez le contenu de votre PC pour sélectionner la vidéo à lire. Ce film sera lu depuis l'application Vidéos, mais n'y sera pas répertorié. Seuls les fichiers vidéo copiés dans le dossier Vidéos seront pris en compte par l'application Vidéos de Windows 8.1.

Prendre des photos avec l'application Caméra

La plupart des tablettes, des ordinateurs portables et certains PC de Bureau sont équipés d'une caméra, aussi appelée *webcam*. Ces petits objectifs sont incapables de prendre une vue rapprochée en haute résolution d'un oiseau rare sur une branche d'arbre, mais ils répondent parfaitement au rôle qui leur est dévolu : obtenir rapidement une photo pour l'envoyer par e-mail, ou encore la poster sur Facebook et autre réseau social.

Windows 8.1 n'importe pas mes photos correctement !

Bien que Windows 8.1 reconnaisse nombre d'appareils photo numériques dès que vous les branchez sur l'ordinateur, il peut arriver que les deux ne se lient pas tout de suite d'amitié. Dans ce cas, Windows risque de ne pas afficher le menu d'importation des images, à moins qu'un autre programme ne se lance à la place. Dans cette situation, essayez de débrancher l'appareil. Attendez une dizaine de secondes avant de le reconnecter et de le rallumer.

Si cela ne suffit pas, essayez ceci :

1. **Cliquez droit sur le bouton Démarrer situé dans l'angle inférieur gauche de l'écran du Bureau et, dans le menu contextuel qui apparaît, choisissez l'option Panneau de configuration.**
2. **Cliquez sur la catégorie Programmes, puis sur Modifier les paramètres par défaut pour les médias et les périphériques.**
3. **Faites défiler la fenêtre jusqu'en bas pour localiser la section Périphériques.**
4. **Dans cette section, cliquez sur le nom du modèle de votre appareil photo. Dans la liste correspondante, sélectionnez l'action que Windows devra déclencher lorsque vous brancherez l'appareil.**

Vous pouvez également tenter une autre manœuvre, si votre appareil photo l'accepte, en connectant celui-ci en mode PictBridge au lieu d'USB.

Et si Windows 8.1 refuse toujours de reconnaître votre matériel, c'est vraisemblablement qu'il a besoin d'un traducteur pour comprendre la langue de votre appareil. Pour savoir si c'est possible, vous devrez regarder dans son mode d'emploi, et sans doute installer un logiciel spécifique fourni avec l'APN. Si vous n'avez plus ce logiciel, il est en général possible de le télécharger sur le site Web du constructeur.

Pour prendre une photo avec l'application Caméra, suivez ces étapes :

1. **Dans l'écran d'accueil, cliquez sur la vignette Caméra.**
2. **Si l'application vous demande l'autorisation d'utiliser la caméra et le micro de votre PC, acceptez.**

   Par mesure de sécurité, Windows peut demander la permission d'activer votre caméra, afin d'éviter à des applications malveillantes de vous espionner sans que vous vous en rendiez compte.

Presque tout de suite après, votre caméra va se mettre en action et montrer sur votre écran ce qu'elle voit : vous.

3. **Ajustez si vous les souhaitez les paramètres de prise de vue.**

Selon votre type de caméra, plusieurs boutons peuvent apparaître dans la barre d'outils, en bas de l'écran (voir Figure 17.8) :

Figure 17.8 : Choisissez vos options, puis cliquez sur l'écran pour prendre une photo ou lancer une vidéo.

- **Changer de caméra :** permet de commuter entre caméra sur la face avant et sur la face arrière si votre appareil est muni des deux.

- **Options de caméra :** en cliquant sur cette icône, vous affichez un panneau de configuration de la prise de vue (comme sur la Figure 17.6). Vous pouvez par exemple y choisir la résolution de l'image, son contraste et sa luminosité, *etc.*

- **Minuteur :** en cliquant sur cette icône, vous demandez à prendre un cliché, trois secondes *après* avoir cliqué sur l'écran. Elle devient alors blanche, ce qui vous indique que l'option est activée.

- **Mode vidéo :** cette icône permet de passer du mode Photo au mode Vidéo, et inversement. Si elle s'affiche en blanc, alors vous êtes en mode Vidéo. Si son fond reste noir, vous êtes en mode Photo. Pendant un enregistrement vidéo, un petit compteur s'affiche en bas et à droite de l'écran pour vous indiquer la durée actuelle de la vidéo.

4. **Cliquez n'importe où sur l'écran pour prendre une photo, ou bien pour démarrer ou stopper un enregistrement vidéo.**

   Pour voir la photo (ou la vidéo) que vous venez de prendre, cliquez sur la flèche qui apparaît sur le bord gauche de l'écran. Vous pouvez cliquer droit pour supprimer ou rogner l'image. Pour revenir à l'application Caméra, cliquez sur la flèche qui s'affiche sur le bord droit de l'écran.

TRUC

L'application Caméra sauvegarde vos photos et vidéos dans un dossier appelé Pellicule de votre bibliothèque Images.

Voir des photos depuis l'écran d'accueil

NOUVEAUTÉ WINDOWS 8

La bête à deux têtes qu'est Windows 8.1 a évidemment deux manières de visualiser vos photos numériques : une depuis l'écran d'accueil, avec l'application Photos, et une autre depuis le Bureau, avec le programme Visionneuse de photos Windows.

L'application de l'écran d'accueil est tout à fait suffisante dès lors que vous voulez simplement montrer des photos à des visiteurs. Elle est aussi capable de lire des images à partir de réseaux sociaux comme Facebook ou Flickr, ce qui permet de visualiser *toutes* vos photos.

En revanche, cette application manque nettement d'options. Elle n'est pas capable de faire pivoter une image, de l'imprimer ou de la rogner. Elle ne donne pas non plus d'indications sur la date de prise de vue ou sur le matériel utilisé.

Mais si vous voulez simplement afficher des photos sans autre forme de procès, suivez ces étapes :

1. **Depuis l'écran d'accueil, cliquez sur la vignette Photos.**

   L'écran Photos affiche des vignettes identifiant les dossiers de votre bibliothèque Images (voir Figure 17.9) :

2. **Cliquez sur une des vignettes pour en afficher le contenu.**

3. **Quand vous voulez effectuer une certaine action sur une ou plusieurs photos, cliquez droit pour afficher la barre d'icônes de l'application illustrée à la Figure 17.10.**

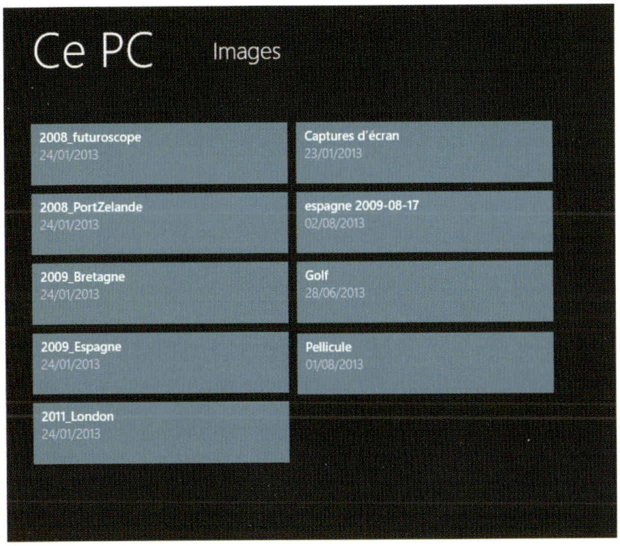

Figure 17.9 : L'application Photos de votre écran d'accueil vous montre le contenu de votre bibliothèque Images.

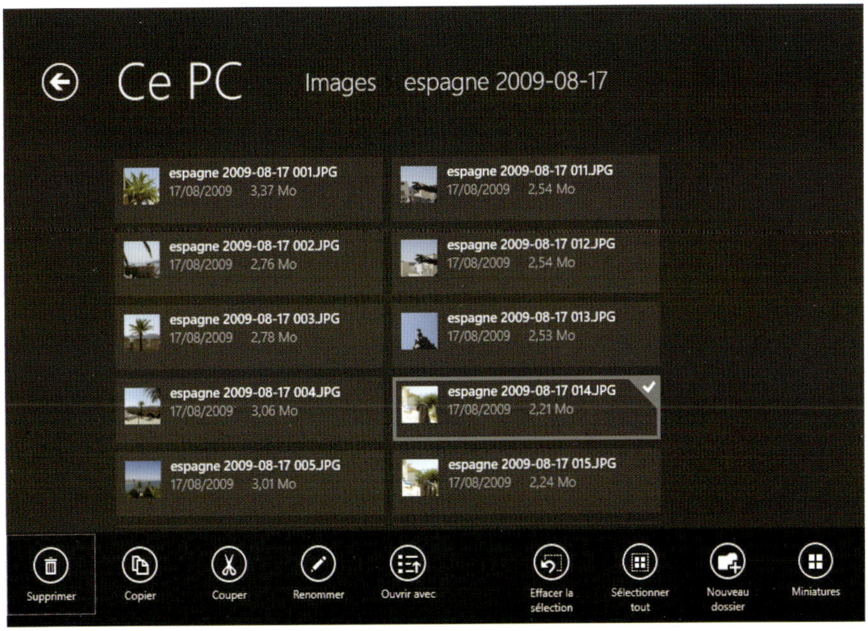

Figure 17.10 : Cliquer droit sur une vignette affiche une barre d'outils permettant d'exécuter certaines actions sur les images.

Sur un système tactile, effleurez en partant du bas de l'écran pour afficher la barre d'icônes de l'application.

Pour revenir à la liste des dossiers, cliquez sur la flèche qui apparaît dans le coin supérieur gauche de l'écran (si vous ne la voyez pas, cliquez ou tapez sur la photo).

Pour effacer une photo, cliquez droit dessus afin de la sélectionner, puis ouvrez la barre d'icônes et cliquez sur Supprimer.

Pour copier une photo dans un autre dossier, cliquez sur l'icône Copier. Choisissez un autre dossier de votre bibliothèque Images. Faites un clic droit sur l'interface et, dans la barre d'outils qui apparaît en bas de l'écran, cliquez sur le bouton Coller.

Le bouton Couper fonctionne comme le bouton Coller à cette différence près que l'image est déplacée du dossier actuel vers le dossier de destination.

Cliquez sur ce bouton pour changer le nom du fichier dans la boîte de dialogue qui apparaît. Validez le nouveau nom par un clic sur le bouton Renommer.

Le bouton Ouvrir avec donne accès à une liste de programmes capables d'ouvrir votre fichier pour le consulter ou le modifier.

Effacer la sélection permet de décocher toutes les vignettes sélectionnées.

Sélectionner tout coche toutes les vignettes des images du dossier.

Pour ajouter un sous-dossier à votre dossier pour mieux classer vos images, cliquez sur le bouton Nouveau dossier.

Pour afficher des vignettes de plus grande taille, cliquez sur le bouton Miniature. Il se transforme alors en bouton Détails.

Vous pouvez sélectionner ou désélectionner plusieurs photos en cliquant droit dessus.

4. **Cliquez sur une photo pour l'afficher en mode Plein écran.**

   Lorsqu'une photo occupe tout l'écran, des flèches apparaissent sur ses bords gauche et droit. Elles vous permettent de passer d'une photo à l'autre en cliquant ou tapant.

   Lorsqu'une photo est affichée en mode Plein écran, la barre d'icônes révèle d'autres options. Vous pouvez ainsi choisir Définir comme afin d'utiliser la photo courante comme fond pour l'écran de verrouillage, la vignette de l'application ou encore le fond de l'application elle-même.

Vous êtes pressé de faire voir *cette* photo à vos amis ? Envoyez-leur par e-mail. Revoyez le Chapitre 10 pour plus d'explications à ce sujet. Mais il y a aussi la version courte : affichez la barre d'icônes en pointant l'angle supérieur droit de l'écran (ou en effleurant celui-ci vers le centre), puis cliquez sur l'icône Partager, et enfin sur Courrier.

Pour revenir à la présentation générale des photos de votre dossier courant, cliquez sur la flèche affichée en haut et à gauche de l'écran (cliquez ou tapez d'abord sur la photo).

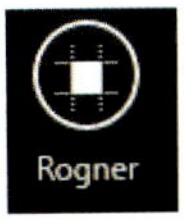

5. **Pour recadrer une image, cliquez sur l'icône Rogner. Faites glisser les poignées d'angle du cadre de rognage pour délimiter la partie de l'image qui sera conservée. Vous pouvez repositionner ce cadre en plaçant le pointeur de la souris à l'intérieur et en faisant glisser la photo de manière à afficher la portion à conserver dans ce cadre de recadrage.**

6. **Validez le rognage par un clic sur le bouton Appliquer.**

   Dès cet instant, l'application Photos affiche deux nouvelles commandes. La première, Enregistrer une copie, permet de conserver la photo d'origine intacte. La seconde, Mettre à jour l'original, va remplacer la photo d'origine par cette version recadrée.

   Si le recadrage ne vous convient pas, cliquez sur le bouton Annuler.

   Lorsqu'une photo est affichée en plein écran, vous pouvez cliquer sur le bouton Modifier. Vous accédez à une série de boutons qui permettent d'améliorer l'aspect de votre image ou d'appliquer des effets spéciaux, comme le montre la Figure 17.11.

7. **Pour voir un diaporama présentant le contenu du dossier courant, cliquez droit sur le fond de l'écran de l'application (pas sur une photo, car cela revient à la sélectionner ou la désélectionner), puis choisissez l'option Diaporama dans la barre d'icônes.**

   Ce diaporama est dépourvu de toute option, ce qui en limite fortement l'intérêt.

8. **Pour quitter le diaporama, cliquez sur une photo ou appuyez sur la touche Echap.**

Pour sortir de l'application Photos, revenez tout simplement à l'écran d'accueil en appuyant sur la touche Windows.

Figure 17.11 : Améliorez vos photos et appliquez des effets spéciaux.

Afficher des photos depuis le Bureau

Les outils disponibles à partir du Bureau offrent davantage de contrôle que l'application Photos de l'écran d'accueil. En revanche, ils ne permettent en contrepartie que d'afficher les images qui sont stockées sur votre propre ordinateur (ou plus largement celles qui sont accessibles sur votre réseau ou votre groupement résidentiel). Pour afficher des photos enregistrées ailleurs, par exemple sur Facebook ou Flickr, vous devrez vous connecter sur ces sites.

Cette section vous explique comment afficher les photos stockées dans votre bibliothèque Images, les faire tourner si elles ne sont pas dans le bon sens, les présenter dans un diaporama, les copier sur un autre support, les joindre à des messages, ou encore les imprimer si vous n'êtes pas fatigué de payer vos cartouches d'encre un prix exorbitant.

Commencez par activer votre Bureau en cliquant sur sa vignette dans l'écran d'accueil. Ouvrez un dossier contenant des photos, et faites un double-clic sur une d'entre elles. Problème : c'est l'application Photos de l'écran d'accueil qui apparaît par défaut! Pour que ce soit la Visionneuse de photos Windows qui s'active à sa place, suivez ces étapes :

1. **Ouvrez le Panneau de configuration.**

   Pour cela, cliquez droit dans le coin inférieur gauche de l'écran, et choisissez l'option Panneau de configuration dans le menu qui s'affiche.

2. **Dans le Panneau de configuration, ouvrez la catégorie Programmes. Cliquez ensuite sur Programmes par défaut, puis sur Configurer les programmes par défaut.**

   La fenêtre Définir les programmes par défaut apparaît.

3. **Dans la liste de gauche, localisez la ligne Visionneuse de photos Windows (elle se trouve certainement vers la fin). Cliquez dessus, puis sur la ligne Définir ce programme comme programme par défaut (Figure 17.12). Il ne vous reste plus qu'à cliquer sur OK.**

   De cette manière, vous demandez à ce que *toutes* vos photos soient ouvertes avec le programme Visionneuse photos Windows.

TRUC

Pour revenir en arrière, suivez à nouveau les étapes ci-dessus, mais en sélectionnant cette fois Photos (ou une autre application que vous aurez installée au préalable).

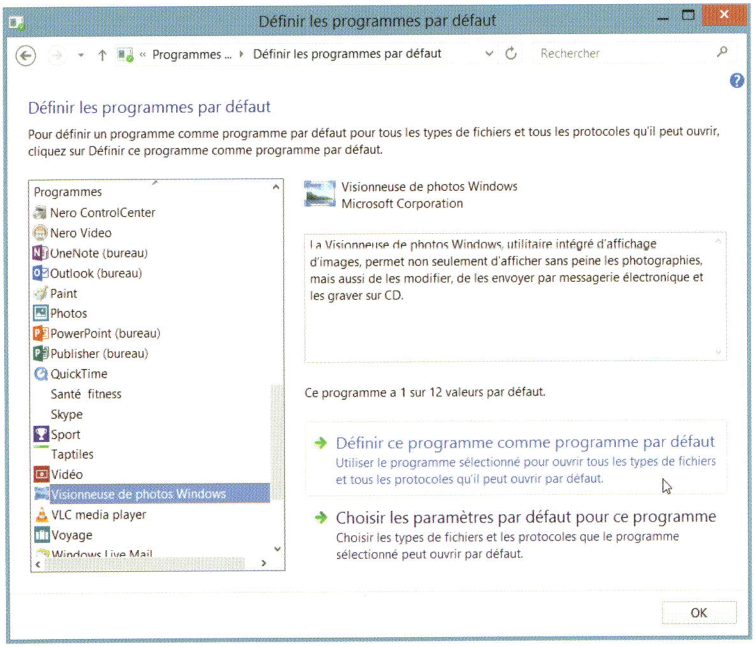

Figure 17.12 : Définir la Visionneuse de photos Windows comme application d'affichage des images par défaut.

Figure 17.13 : Faites un double-clic sur une image pour l'afficher dans la Visionneuse de photos Windows.

Maintenant, un double-clic sur un fichier de photos activera la visionneuse Windows. L'application Photos est toujours là quand vous vous trouvez dans l'écran d'accueil, mais c'est cette visionneuse qui va prendre le dessus quand le Bureau est actif, comme à la Figure 17.13.

Naviguer dans vos photos avec la bibliothèque Images

La bibliothèque Images, que vous trouvez dans le volet de navigation de l'Explorateur Windows, à gauche de la fenêtre, est le meilleur emplacement possible pour stocker vos photos numériques. Lorsque Windows 8.1 importe des photos à partir de votre appareil numérique, c'est là qu'il les place, dans des dossiers portant par défaut la valeur de la date courante (au moment de l'importation, bien sûr).

Récupérer les photos de votre appareil avec un lecteur de cartes mémoire

Il est assez facile de récupérer les photos de votre APN avec Windows 8.1. Mais si vous avez par hasard perdu ou égaré votre câble USB, c'est peut-être votre seule option. De plus, la lecture directe d'une carte mémoire est beaucoup plus rapide. Ou bien votre ordinateur possède déjà un lecteur adapté, ce qui est le cas en général avec les matériels récents, et la procédure n'a rien de compliqué. Ou bien ce n'est pas le cas, et vous devrez si vous le souhaitez faire l'acquisition d'un lecteur multiformat, c'est-à-dire d'un petit boîtier bon marché (les prix débutent à quelques euros) qui vient se connecter sur un port USB du PC.

Pour effectuer le transfert, retirez la carte mémoire de votre appareil photo numérique et insérez-la délicatement (dans le bon sens !) dans votre lecteur interne ou externe. Windows 8.1 va remarquer que vous venez d'insérer quelque chose, et il va traiter la carte comme s'il s'agissait d'un disque externe, ou d'un appareil photo entier, en proposant alors une méthode pour importer les images et les vidéos.

Vous pouvez aussi faire appel à l'Explorateur de fichiers depuis le Bureau, puis de faire un double-clic dans le volet de navigation sur l'icône associée à votre carte. Partant de là, vous n'avez plus qu'à visualiser les photos, à sélectionner celles que vous voulez sauvegarder, puis à les copier vers votre bibliothèque Images.

Cette méthode est simple, rapide et fiable. De surcroît, elle vous permet aussi d'épargner la batterie de votre appareil photo, puisque celui-ci reste éteint. Si vous devez vous procurer un lecteur de cartes mémoire externe, assurez-vous qu'il est capable de relire le plus de formats possible (pour le cas où vous trouveriez des nouveaux gadgets électroniques avec des dispositifs d'enregistrement variés).

Pour afficher le contenu d'un des dossiers de la bibliothèque Images, cliquez sur celle-ci, puis double-cliquez sur le dossier voulu. Vos photos apparaissent à droite (voir Figure 17.14).

Le ruban associé à l'onglet Affichage vous permet de choisir la présentation de vos photos. Laissez le pointeur de la souris planer quelques instants au-dessus des options qu'il propose. Le contenu de la fenêtre change, par exemple pour proposer de très grandes icônes, des icônes moyennes, des détails, *etc.*

TRUC

Si vous ne voyez pas le ruban, cliquez droit sur la barre d'onglets et choisissez dans le menu qui s'affiche l'option Réduire le ruban.

Le menu local Trier par du ruban propose de multiples choix pour organiser vos photos, quel qu'en soit leur nombre, selon leur nom, leur date, leur type, des mots-clés (les balises, déjà évoquées), et ainsi de suite.

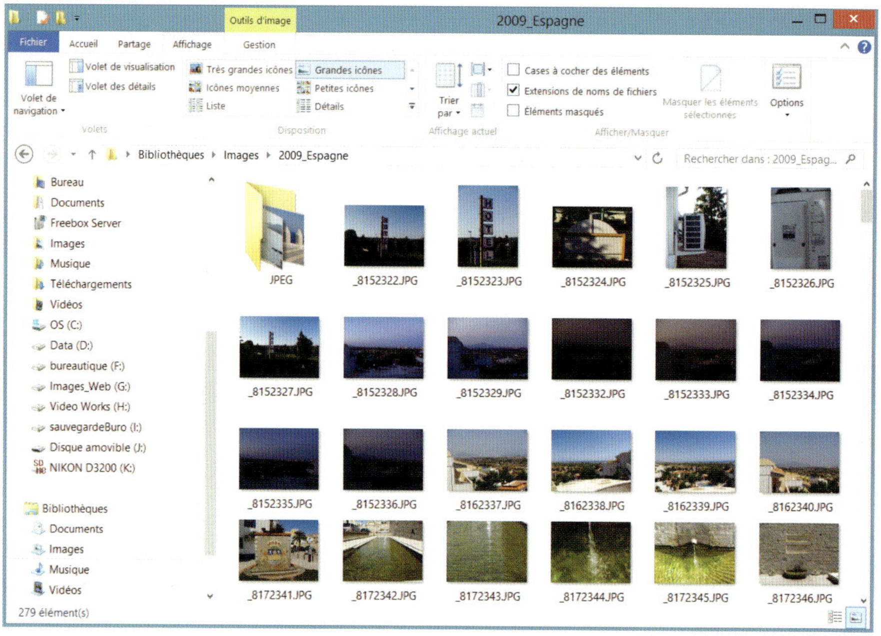

Figure 17.14 : La bibliothèque Images vous permet de trier vos photos selon différents critères.

Cliquez droit sur une photo, et choisissez dans le menu contextuel la commande Aperçu pour afficher l'image en grand dans la Visionneuse de photos Windows. Pour revenir à votre bibliothèque, refermez la visionneuse en cliquant sur la croix rouge qui se trouve à droite de la barre de titre.

Les options de la liste Trier vous permettent de classer vos photos de diverses manières, dont notamment :

- **Prise de vue :** cette option est pratique (notamment si un seul dossier contient de nombreuses images) pour classer les photos selon une « ligne de temps », en les affichant dans l'ordre où vous les avez prises.
- **Mots-clés :** si vous avez ajouté des *balises* (autrement dit, des mots-clés descriptifs) lors de l'importation des photos depuis votre appareil numérique, vous pourrez retrouver plus facilement celles qui sont associées à tel ou tel lieu ou événement, ou bien encore localiser celles qui ne seraient pas au bon endroit.
- **Dimensions :** cette option classe les images en fonction de leur poids, ce qui permet de savoir lesquelles occupent le plus d'espace sur le disque dur (l'intérêt est en particulier de repérer les vidéos prises avec votre appareil photo numérique, car elles sont généralement nettement plus volumineuses).

TRUC

Utiliser les options de tri vous aide à ranger vos photos comme il faut. Pensez aussi à d'autres méthodes d'organisation :

- Une photo est particulièrement ratée ou floue? Autant s'en débarrasser. Cliquez droit dessus et choisissez dans le menu contextuel l'option Supprimer. Seules resteront les bonnes photos…

  TRUC

  Une autre technique consiste à sélectionner la vignette de la photo, puis à cliquer sur le bouton Supprimer de l'onglet Accueil.

- Vous avez entré des balises lors de l'importation? Servez-vous-en! Tapez un de ces mots-clés dans le champ de recherche de la bibliothèque Images (il se trouve en haut et à droite), et Windows 8.1 va presque instantanément afficher les photos qui sont associées à cette balise.

- Vous voulez afficher une de vos magnifiques photos sur votre Bureau? Cliquez droit dessus et sélectionnez dans le menu l'option Choisir comme arrière-plan du Bureau. Immédiatement, la photo apparaît sur votre fond d'écran.

  TRUC

  Vous obtiendrez un résultat identique en cliquant sur le bouton Choisir comme image d'arrière-plan de l'onglet Gestion.

- Laissez le pointeur de la souris planer au-dessus d'une photo pour voir s'afficher diverses informations, comme sa date de prise de vue, son format, ses dimensions ou encore sa taille.

Faire tourner les images

Autrefois, regarder une image prise en basculant l'appareil photo était très simple : il vous suffisait de tourner le papier dans le bon sens… Ce n'est plus le cas avec nos écrans d'ordinateurs d'aujourd'hui (quoique ce soit plus facile avec une tablette).

Pour remettre droite une photo, rien de plus simple : cliquez droit dessus. Dans le menu contextuel qui s'affiche, choisissez selon le cas l'une des options Faire pivoter à droite ou Faire pivoter à gauche. Et voilà bébé remis sur pieds !

Afficher un diaporama

Windows 8.1 permet d'afficher facilement des séquences d'images, autrement dit des diaporamas. Rien de très amusant dans ce qu'il vous propose, mais du moins disposez-vous d'un outil intégré pour montrer sans effort vos plus belles photos de vacances à vos amis agglutinés autour de l'écran. Pour lancer un diaporama, vous pouvez :

- Cliquer sur l'onglet Gestion dans votre bibliothèque d'images, puis sur l'icône Diaporama dans le ruban.
- Quand vous regardez une image dans la Visionneuse de photos Windows, cliquez sur le gros bouton rond affiché en bas et au milieu de la fenêtre.

Windows va immédiatement obscurcir le fond de l'écran, afficher la première photo, puis passer aux suivantes toutes les quatre secondes.

TRUC

Voici quelques conseils pour réussir vos projections :

- Avant de lancer un diaporama, vérifiez l'orientation de toutes les photos présentes dans votre dossier. Sélectionnez toutes les photos qui semblent être tombées à droite, cliquez droit et choisissez l'option Faire pivoter à gauche. Recommencez pour celles qui doivent être redressées dans l'autre direction.
- Le diaporama ne montre que les photos qui se trouvent dans le dossier courant, ainsi que dans ses sous-dossiers éventuels.
- Vous pouvez aussi sélectionner un certain nombre de photos dans un dossier (par exemple en cliquant dessus tout en maintenant enfoncée la touche Ctrl). Seules ces photos apparaîtront quand vous activerez le diaporama.
- Il est encore possible d'agrémenter la présentation en lançant un accompagnement musical avec le Lecteur Windows Media avant de démarrer le diaporama (voyez à ce sujet le Chapitre 16). Ou bien, si vous avez acheté un disque de chants polyphoniques lors de vos vacances en Corse, pourquoi ne pas l'insérer dans votre lecteur de CD pour mettre tout le monde dans l'ambiance ?

Copier des photos numériques sur un CD ou un DVD

Vos photos devraient automatiquement être sauvegardées par Windows si vous avez activé l'Historique des fichiers (voyez à ce sujet le Chapitre 13). Mais vous avez peut-être aussi envie d'en copier certaines sur un CD ou sur un DVD pour les conserver sur un autre support, ou bien pour les partager.

Si ce n'est fait, achetez donc une boîte de CD ou de DVD, puis suivez ces étapes :

1. **Ouvrez votre bibliothèque Images depuis le Bureau, sélectionnez les photos que vous voudriez graver, puis activez l'onglet Partage, et cliquez enfin dans le ruban sur le bouton Graver sur disque.**

   Vous pouvez sélectionner des séries de photos et de dossiers en cliquant dessus tout en maintenant enfoncée la touche Ctrl. Pour *tout* sélectionner, appuyez sur la combinaison de touches Ctrl + A. Quand vous cliquez sur le bouton Graver sur disque, Windows vous demande d'insérer un support vierge dans le graveur.

2. **Insérez un disque vierge dans votre graveur et refermez son tiroir.**

   Si vous avez beaucoup de fichiers à graver, un DVD sera évidemment préférable, puisqu'il représente l'équivalent d'environ sept CD. Mais n'oubliez pas que ce support est aussi plus cher. Autant éviter le gaspillage !

3. **Décidez comment vous voulez utiliser le disque :**

   Windows vous propose deux options :

   • **Comme un lecteur flash USB :** sélectionnez cette option si vous avez l'intention de relire ce disque sur d'autres ordinateurs. Windows le traitera alors comme une sorte de dossier, vous laissant la possibilité d'y graver d'autres photos plus tard. C'est un bon choix si vous n'avez pas de quoi remplir le support pour l'instant.

   • **Avec un lecteur de CD/DVD :** prenez cette option pour créer des disques susceptibles d'être lus sur une platine de salon. Une fois la gravure terminée, il ne sera plus possible d'ajouter quoi que ce soit sur le CD ou le DVD.

4. **Entrez un titre court pour le disque, puis cliquez sur le bouton Suivant.**

   Ce titre doit être court, mais parlant. Lorsque vous cliquez sur Suivant, Windows 8.1 commence à graver les photos sélectionnées sur le disque.

5. **Cliquez si nécessaire à nouveau sur le bouton de gravure.**

   Si, lors de l'Étape 3, vous avez choisi l'option Avec un lecteur de CD/DVD, vous devrez cliquer sur le bouton Graver sur disque pour lancer l'opération.

   Si vous n'avez sélectionné aucune photo lors de l'Étape 1, Windows 8.1 va ouvrir une fenêtre vide montrant le contenu du disque que vous avez inséré, autrement dit : rien. Vous pouvez alors faire glisser les photos voulues sur cette fenêtre.

Vous n'avez pas assez de place sur un seul CD ou DVD pour gérer toutes vos photos ? Malheureusement, Windows 8.1 n'est pas assez intelligent pour vous demander d'insérer d'autres disques. En fait, il se plaint de manquer de place et ne grave rien du tout. Essayez alors de réduire votre sélection pour que la taille totale des fichiers ne dépasse pas l'espace libre sur le CD ou le DVD.

Sachez organiser vos photos

Il est tentant de créer un dossier appelé par exemple *Nouvelles photos* dans votre bibliothèque Images, et d'y placer les photos que vous importez. Mais quand vous rechercherez plus tard tel ou tel cliché, vous risquez fort d'y passer une partie de la soirée. L'outil d'importation de Windows 8.1 fait un travail correct pour nommer chaque session de prise de vue en fonction de sa date et d'un titre. Pour mieux organiser vos photos, et donc vous aider à les retrouver, suivez ces quelques conseils :

- Lors de l'importation, définissez quelques mots-clés (ou balises) simples, par exemple *Maison*, *Voyage*, *Vacances*, *Famille* ou encore *Amis*. Cela vous aidera beaucoup à retrouver les photos voulues dans votre bibliothèque Images.
- Windows affecte ces mots-clés à chaque groupe de photos, donc globalement pour toute une série de clichés. Passez un peu de temps, une fois l'importation terminée, pour les affiner photo par photo, ou en effectuant une sélection. Souvenez-vous que vous pouvez associer plusieurs mots-clés à une photo en les séparant par un point-virgule. Pour effectuer ce travail *a posteriori*, cliquez droit sur une photo ou sur un élément de votre sélection, et choisissez dans le menu l'option Propriétés. Activez l'onglet Détails, puis cliquez sur la ligne Mots-clés. Saisissez vos balises et cliquez sur OK.
- Si la photographie numérique devient un vrai passe-temps, vous devriez envisager de passer à des outils gratuits et plus efficaces, comme Google Picasa (`picasa.google.com`). Vous y trouverez davantage d'options d'édition et de gestion que dans les outils assez basiques de Windows 8.1.

Sixième partie

Au secours !

"Visiblement, l'aide de Windows 7
n'a pas été assez rapide !"

Dans cette partie...

Windows 8.1 peut accomplir des centaines de tâches de dizaines de manières, ce qui signifie que des milliers de choses peuvent mal tourner à tout moment.

Certains problèmes sont faciles à réparer, du moins si vous savez comment faire. Par exemple, un clic mal placé sur le Bureau, et vos icônes s'évanouissent. Un autre clic, et elles reviennent.

Mais d'autres problèmes sont bien plus complexes, et réclament pour être résolus des tas d'équipes médicales informatiques pour les diagnostiquer, les guérir et remettre le patient sur pied.

Cette partie du livre va vous aider à faire la différence entre les petits bobos et les maladies sérieuses. Vous y apprendrez quand et comment réparer les premiers en quelques clics. Et vous découvrirez également comment résoudre l'un des plus grands problèmes que vous pouvez rencontrer : copier les informations de votre ancien PC vers votre nouvel ordinateur.

Chapitre 18

Réparer Windows

Dans ce chapitre :

- Windows 8.1, un adapte de la nouvelle magie.
- Gérer les messages d'autorisation de Windows 8.1.
- Retrouver des fichiers et des dossiers supprimés, et leurs anciennes versions.
- Retrouver un mot de passe disparu.
- Récupérer des icônes et des fichiers évaporés, des menus avalés, et des écrans gelés.

Parfois, vous avez simplement la vague sensation que quelque chose ne va pas bien. Votre ordinateur affiche un écran bizarre et inconnu, ou encore Windows semble aller encore moins vite qu'un train de sénateurs.

D'autres fois, la situation est encore bien pire. Certains programmes semblent gelés, les menus n'arrivent plus à se fermer, ou encore Windows affiche des messages terrifiants chaque fois que vous allumez votre ordinateur.

La plupart du temps, ces problèmes qui vous semblent énormes peuvent être résolus à l'aide de solutions qui vous paraîtront à l'inverse minimalistes. Ce chapitre essaie de vous expliquer ces deux faces de Janus.

Windows 8.1, un adepte de la nouvelle magie

NOUVEAUTÉ WINDOWS 8

Depuis des années, la Restauration du système a été le principal mode d'intervention de Windows quand l'ordinateur commençait à perdre la tête. Cette Restauration du système existe toujours sous Windows 8.1

(voir l'encadré qui suit). Mais celui-ci offre également trois nouveaux outils puissants pour que votre ordinateur reprenne goût à la vie.

Cette section vous explique ce que sont ces outils, quand vous pouvez en avoir besoin, et comment les utiliser au mieux de vos besoins (autrement dit, pour résoudre vos problèmes).

Rafraîchir votre ordinateur

Si votre ordinateur attrape une maladie particulièrement sérieuse, réinstaller Windows est parfois le seul remède. Par le passé, cela prenait beaucoup de temps et demandait de gros efforts. Si vous additionniez le temps passé rien qu'à cela, plus celui qu'il vous fallait pour réinstaller vos applications et recopier vos fichiers pour remettre votre ordinateur en état de marche, cela pouvait vous prendre jusqu'à une journée entière (disons, une bonne moitié de journée si vous n'aviez pas trop de programmes sur votre ordinateur avant que les ennuis ne commencent).

Le nouvel outil de rafraîchissement de Windows 8.1 a pour vocation de résoudre ce genre de problème. En cliquant sur quelques boutons, vous pouvez demander à Windows 8.1 de se réinstaller lui-même sur votre ordinateur. Il sauvegarde alors votre compte d'utilisateur, vos fichiers personnels, les applications que vous avez téléchargées depuis la boutique Windows, et certains de vos plus importants réglages.

Lorsque votre ordinateur a d'évidence besoin d'être rafraîchi avec une copie toute neuve de Windows, vous n'avez en fait besoin que de réinstaller les programmes qui étaient enregistrés sur votre Bureau (fort gentiment, cet outil laisse sur le Bureau une liste récapitulant ce que vous devrez réinstaller, avec y compris les noms des sites Web des éditeurs, pour que vous sachiez exactement ce qu'il va vous rester à faire).

Pour rafraîchir votre ordinateur, suivez ces étapes :

1. **Ouvrez la barre des charmes et cliquez sur l'icône Paramètres.**

   Vous disposez de trois méthodes pour activer le volet Paramètres :

   - **Souris :** dirigez le pointeur dans le coin haut ou bas droit de votre écran. Lorsque la barre des charmes apparaît, cliquez sur le bouton Paramètres.
   - **Clavier :** appuyez sur la combinaison de touches Windows + I.

   - **Écran tactile :** effectuez un balayage à partir du côté droit de l'écran, puis tapez sur l'icône Paramètres.

2. **En bas du volet Paramètres, cliquez sur la ligne Modifier les paramètres du PC. Dans la page Paramètres du PC qui apparaît, cliquez dans le volet de gauche sur la ligne Mise à jour et récupération.**

3. **Dans le volet gauche du nouvel écran qui apparaît, cliquez sur Récupération.**

4. **Cliquez sur le bouton Commencer de la section Actualiser votre PC sans affecter vos fichiers (voir Figure 18.1).**

   Windows va afficher un écran pour vous expliquer ce qui va arriver à votre ordinateur.

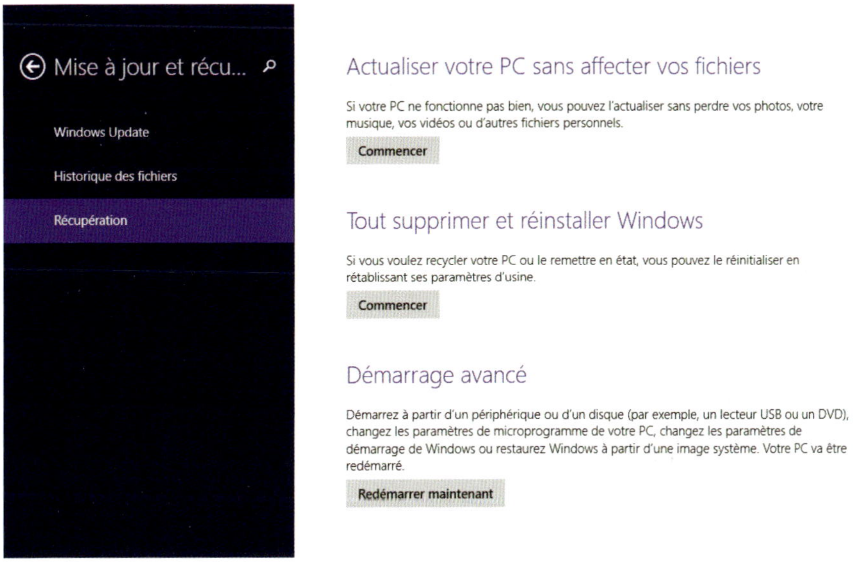

Figure 18.1 : Cliquez sur Commencer, et Windows va vous expliquer dans la fenêtre Actualisation de votre PC ce à quoi vous pouvez vous attendre.

4. **Cliquez sur le bouton Suivant pour lancer le processus de rafraîchissement.**

5. **Quand le système vous le demande, insérez votre disque Windows 8.1, ou bien votre disque dur externe, votre clé USB, ou quoi que ce soit d'autre vous ayant servi à installer pour la première fois le système d'exploitation.**

   Lorsque vous insérez ce support, Windows 8.1 commence immédiatement à y rechercher les fichiers dont il a besoin.

Vous n'avez pas ce fameux disque ou support ? Cliquez sur Annuler. Vous ne pouvez malheureusement pas vous servir de l'option Actualiser votre PC !

6. **Cliquez sur le bouton Actualiser.**

   Windows rafraîchit le contenu de votre ordinateur en copiant ou actualisant tous les fichiers dont il a besoin depuis le support que vous avez inséré lors de l'Étape 5. Il peut redémarrer une ou deux fois au cours du processus, qui prend en général moins de trente minutes.

Lorsque votre ordinateur sort de son dernier sommeil, il devrait être frais et vaillant. Mais attendez-vous à diverses choses au cours de la procédure :

- Si vous avez inséré un DVD Windows lors de l'Étape 5, faites attention lorsque l'ordinateur redémarre. Le DVD étant toujours dans son lecteur, il vous demande en effet d'appuyer sur une touche quelconque pour démarrer à partir du disque. *Ne touchez à rien !* Windows 8.1 *doit* se relancer depuis le disque dur de votre ordinateur, et pas depuis le DVD.
- Lorsque votre ordinateur se réveille, vous devriez trouver sur votre Bureau un lien Internet servant à vous renseigner sur les applications supprimées en cours de route. Cliquez dessus, et votre navigateur Web va afficher une page contenant des liens associés à tous les programmes et toutes les applications que vous allez devoir réinstaller, si vous en avez besoin, bien sûr. Dans ce cas, vous devrez avoir à votre disposition tous les disques, fichiers et codes d'enregistrement éventuels nécessaires à l'installation de ces programmes.
- Peu de temps après que Windows ait retrouvé toute sa vigueur, son compagnon Windows Update va se mettre au travail pour trouver, charger et installer les dernières mises à jour de sécurité du système d'exploitation.
- Une fois l'ordinateur rafraîchi, réinstallez vos programmes un par un, en redémarrant de préférence à chaque fois. De cette manière, vous pourrez plus facilement détecter celui qui pourrait bien avoir provoqué tous vos ennuis. D'accord, cela risque de vous donner encore plus de travail, mais vous saurez du moins à quoi vous en tenir.
- Si vous êtes connecté à un réseau, vous devrez aussi préciser à Windows 8.1 si celui-ci est privé ou public. Vous aurez aussi à rejoindre votre groupement résidentiel, une procédure simple, décrite au Chapitre 15.

Tout supprimer de votre ordinateur

L'outil d'actualisation de Windows 8.1, présenté dans la section précédente, réinstalle le système d'exploitation tout en préservant le plus possible le contenu de votre disque dur. En revanche, la fonction Tout supprimer et réinstaller Windows est beaucoup plus radicale.

En choisissant l'option Tout supprimer et réinstaller Windows, vous devez être parfaitement conscient que cela va détruire complètement votre copie actuelle de Windows, plus vos programmes et tous vos fichiers. En d'autres termes, il s'agit d'un nettoyage intégral du disque dur. Ensuite, Windows 8.1 se réinstalle tout seul comme par magie, vous laissant avec un ordinateur parfaitement propre, mais sans programmes, sans fichiers, et même sans compte d'utilisateur.

En fait, personne ne reconnaît à ce stade votre ordinateur. Cela peut correspondre à deux scénarii possibles :

- **Redémarrer depuis le début :** tout supprimer et réinstaller peut être la dernière alternative quand rien d'autre ne permet de guérir votre système. Ce n'est pas une médecine douce, et vous allez devoir réinstaller plein de choses. Mais c'est une méthode fiable pour récupérer une version de Windows qui semble atteinte d'un mal jusqu'ici incurable.
- **Effacer vos données personnelles :** une fois tout retiré de votre ordinateur, vous pouvez soit le porter en déchetterie, soit le donner à quelqu'un d'autre pour qu'il ait une seconde vie, tout en évitant que l'heureux destinataire puisse retrouver des informations qui vous sont personnelles.

Pour opérer un nettoyage intégral de votre ordinateur, suivez ces étapes :

1. **Ouvrez la barre des charmes et cliquez sur le bouton Paramètres.**

   Vous pouvez afficher la barre des charmes en pointant le coin supérieur ou inférieur droit de l'écran avec la souris, en effleurant un écran tactile à partir de son bord droit, ou encore en appuyant sur la combinaison de touches Windows + C.

2. **En bas du volet Paramètres, cliquez sur la ligne Modifier les paramètres du PC. Dans l'écran qui apparaît alors, cliquez à gauche sur l'intitulé Mise à jour et récupération.**

   Si cette rubrique n'est pas affichée, cliquez sur la flèche située dans l'angle supérieur gauche de l'écran afin de revenir à l'écran Paramètres du PC.

3. **Dans le nouvel écran qui apparaît, cliquez sur Récupération.**

4. **Dans la section Tout supprimer et réinstaller Windows, cliquez sur le bouton Commencer.**

   Le programme vous avertit qu'il va supprimer vos fichiers personnels ainsi que vos applications. Il vous prévient également que tous les paramètres de votre PC seront rétablis à leurs valeurs par défaut, autrement dit tels qu'ils étaient lorsque Windows a été installé pour la première fois.

5. **Quand le système vous le demande, insérez votre disque Windows 8.1, ou bien votre disque externe, votre clé USB, ou quoi que ce soit d'autre vous ayant servi à installer pour la première fois le système d'exploitation.**

   Lorsque vous insérez ce support, Windows 8.1 commence immédiatement à y rechercher les fichiers dont il a besoin.

   Vous n'avez pas ce fameux disque ou support ? Cliquez sur Annuler. Vous ne pouvez malheureusement pas vous servir de l'option Tout supprimer et réinstaller Windows !

6. **Cliquez sur le bouton Suivant, puis choisissez comment vous voulez supprimer vos fichiers personnels.**

   Vous disposez de deux types d'options :

   - **Simplement supprimer les fichiers :** si votre ordinateur est destiné à rester chez vous, cette procédure est suffisante. Cela étant dit, vous devez savoir que quelqu'un disposant d'outils logiciels adaptés pourrait quand même arriver à récupérer le contenu de vos fichiers. Mais pas plus qu'avant la réinstallation de Windows…

   - **Nettoyer totalement le disque dur :** si l'ordinateur va être donné à quelqu'un, à une école ou à une association caritative, il peut être utile de pousser le nettoyage dans ses derniers retranchements. Personne ne pourra retrouver ce qu'il contenait, sauf à disposer de moyens techniques extrêmement sophistiqués.

7. **Choisissez le traitement que vous voulez appliquer et patientez jusqu'à ce que le processus soit terminé. Sinon, cliquez sur Annuler pour revenir à l'écran des paramètres du PC.**

   Une simple suppression de fichiers peut prendre jusqu'à une heure (selon le nombre de ceux-ci). Un nettoyage complet du disque quant à lui peut durer plusieurs heures.

Lorsque l'ordinateur finit par se réveiller, c'est comme si Windows 8.1 venait d'être installé pour la première fois sur un nouvel ordinateur.

En fait, la suppression totale revient au même qu'une procédure d'installation initiale. Vous devrez saisir votre *clé produit*, une longue liste de lettres et de chiffres qui lie (mais pas pour la vie) Windows 8.1 à votre ordinateur. Normalement, cette clé se trouve soit sur une étiquette collée sur votre ordinateur, soit sur le DVD de Windows.

- Comme la suppression totale équivaut à une nouvelle installation, vous allez aussi devoir recréer vos comptes d'utilisateurs, réinstaller tous vos programmes et recopier tous vos fichiers à partir d'une sauvegarde.
- Si vous gérez la sauvegarde de vos fichiers avec l'Historique des fichiers, vous pouvez facilement récupérer tout ce qui se trouvait dans votre bibliothèque (Documents, Musique, Images et Vidéos).
- La procédure de nettoyage intégral consiste à remplacer le contenu des octets de votre disque dur par des caractères pris au hasard. C'est suffisant pour écarter toute tentative d'intrusion du plus féroce des pirates (mais sans doute pas des techniciens de la police scientifique).

Restaurer des sauvegardes avec l'Historique des fichiers

NOUVEAUTÉ WINDOWS 8

Le nouveau programme de sauvegarde de Windows 8.1, l'Historique des fichiers, n'apparaît pas dans vos programmes ou applications. Après tout, ces programmes et ces applications peuvent être réinstallés. Par contre, tous ces moments qui marquent votre vie, qu'il s'agisse de photos, de vidéos, de musiques et autres documents, ne peuvent pas être recréés (à moins que vous n'en disséminiez systématiquement des copies sur plusieurs disques durs).

Pour que vos fichiers restent en sécurité, l'Historique effectue une copie de tout ce que contiennent vos bibliothèques Documents, Images, Musique et Vidéos, ainsi que tout ce qui se trouve sur votre Bureau. Et il effectue ce travail par défaut *toutes les heures*.

L'Historique des fichiers vous permet donc de rendre vos sauvegardes faciles à voir et à restaurer, et ainsi de jongler entre différentes versions de vos fichiers et dossiers. Si vous avez besoin de récupérer une version plus ancienne, mais meilleure, il suffit en gros de cliquer sur un bouton pour la ramener à la vie.

N'OUBLIEZ PAS

L'Historique des fichiers ne fonctionne pas si vous le désactivez (revoyez à ce sujet le Chapitre 13). Je vous conseille donc de l'activer dès maintenant.

Plus vite ce sera fait, et plus vite vous disposerez de sauvegardes parmi lesquelles vous choisirez ce qu'il faut restaurer quand vous en aurez besoin.

Pour naviguer dans les fichiers et les dossiers qui ont été sauvegardés, et choisir ce que voulez récupérer, suivez ces étapes :

1. **Depuis le Bureau, ouvrez le dossier contenant les éléments que vous voudriez restaurer.**

   Par exemple, ouvrez l'une des bibliothèques Documents, Images, Musique ou Vidéos si c'est elle que vous voulez parcourir. Souvenez-vous qu'il est facile d'y accéder dans le volet de navigation de l'Explorateur de fichiers.

   Si le contenu qui vous intéresse se trouve dans un sous-dossier de la bibliothèque, ouvrez-le.

   Cliquez maintenant une seule fois sur le nom du fichier que vous voudriez restaurer dans un état antérieur. Attention : ne faites pas un double-clic, le but n'est pas ici d'ouvrir le fichier !

   TRUC

   Si vous voulez *tout* restaurer, cliquez simplement sur la ligne Bibliothèques dans le volet de navigation.

2. **Cliquez sur l'onglet Accueil, en haut et vers la gauche de la fenêtre. Cliquez ensuite dans le ruban sur le bouton Historique, comme à la Figure 18.2.**

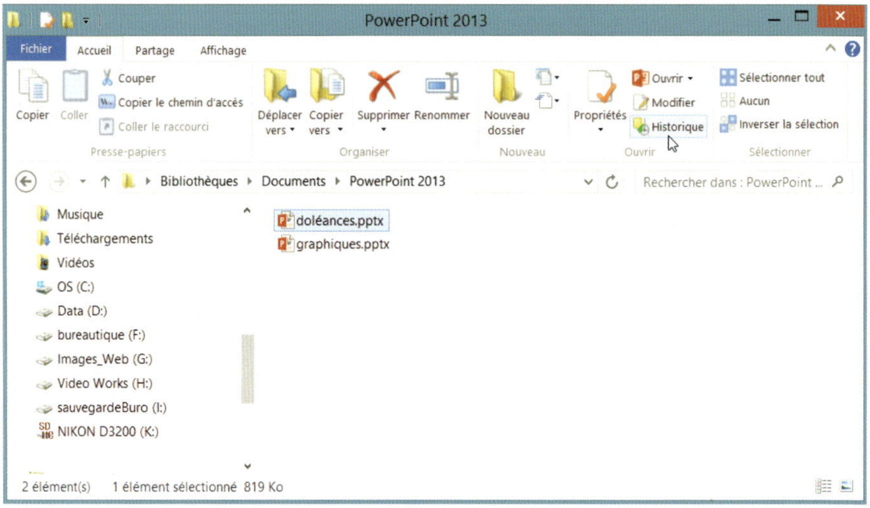

Figure 18.2 : Restaurer un fichier.

Ce bouton lance la partie de l'Historique des fichiers chargée de la restauration (voir Figure 18.3). La fenêtre qui apparaît ressemble à une sorte de fenêtre de dossiers, en remontant ici jusqu'à la page d'accueil.

Figure 18.3 : L'Historique des fichiers vous permet de restaurer des sauvegardes de vos bibliothèques, de votre Bureau, de vos contacts ou de vos favoris Internet Explorer.

L'Historique des fichiers vous montre ce qui a été sauvegardé : vos bibliothèques, votre Bureau, vos contacts ou encore vos favoris Internet Explorer.

Ouvrez l'un des dossiers pour voir ce qu'il contient. Vous pouvez également sélectionner un fichier, et demander à voir un aperçu de son contenu en cliquant droit sur son icône.

3. **Choisissez ce que vous voulez restaurer.**

   Vous pouvez parcourir les dossiers et cliquer là où vous voulez pour localiser le ou les éléments à récupérer :

   - **Bibliothèque :** pour restaurer une bibliothèque entière, par exemple vos documents, cliquez sur son icône pour la mettre en surbrillance (ne l'ouvrez pas par un double-clic).
   - **Dossier :** pour restaurer un dossier dans une bibliothèque, ouvrez celle-ci puis cliquez sur l'icône du dossier pour la mettre en surbrillance (ne l'ouvrez pas par un double-clic).
   - **Fichiers :** pour restaurer un groupe de fichiers, ouvrez le dossier dans lequel ils se trouvent de manière à voir leurs icônes.

- **Un fichier :** pour restaurer une ancienne version d'un fichier, ouvrez-la dans la fenêtre de l'Historique des fichiers. Celui-ci va afficher son contenu.

Une fois votre objectif localisé, passez à l'étape suivante.

4. **Déplacez-vous dans la ligne de temps pour trouver la version que vous voudriez restaurer.**

   Pour naviguer entre versions successives, cliquez sur les flèches qui se trouvent en bas de la fenêtre, vers la gauche pour remonter vers les plus anciennes, et vers la droite pour les plus récentes.

   En vous déplaçant dans le temps, ouvrez comme vous l'entendez fichiers, bibliothèques et dossiers jusqu'à ce que vous retrouviez la version exacte du ou des éléments à restaurer.

5. **Cliquez sur le bouton Restaurer pour rétablir votre ancienne version.**

   Que vous recherchiez un fichier, un dossier ou une bibliothèque entière, le bouton Restaurer vous permet de le ou la restaurer à son emplacement d'origine.

   Ceci pose un problème potentiel : que se passe-t-il si vous essayez de restaurer un ancien fichier appelé Notes dans un dossier qui contient déjà un fichier appelé Notes ? Dans ce cas, Windows 8.1 vous prévient du problème. Passez alors à l'Étape 6.

6. **Choisissez comment gérer le conflit.**

   Si Windows détecte un conflit de nom avec l'élément que vous demandez à restaurer, l'Historique des fichiers vous propose trois moyens de gérer la situation.

   - **Remplacer le fichier dans la destination :** ne cliquez sur cette option que si vous êtes *sûr* que l'ancienne version est meilleure que l'actuelle.

   - **Ignorer ce fichier :** abandonne la restauration de l'élément. Vous revenez alors à l'Historique des fichiers, que vous pouvez continuer à parcourir pour localiser une autre version, ou passer à d'autres fichiers.

   - **Comparer les informations relatives aux deux fichiers :** c'est souvent le meilleur choix. Une fenêtre montre côte à côte des informations relatives aux deux versions, en particulier leur taille ainsi que la date et l'heure de leur enregistrement. Vous avez également la possibilité de conserver les *deux* fichiers en cochant les cases correspondantes. Dans ce cas, Windows va simplement ajouter un numéro d'ordre à la suite du nom de la version restaurée, comme par exemple dans Notes (1).

7. Quand vous avez terminé, quittez l'Historique des fichiers.

Procédez comme avec n'importe quelle autre fenêtre : cliquez sur la case de fermeture (la croix rouge, à droite de la barre de titre).

L'Historique des fichiers n'est pas limité au Bureau de Windows 8.1. L'écran d'accueil en bénéficie également. Cela vient tout bonnement du fait que les applications Photos, Musique et Vidéos tirent leur contenu des bibliothèques de votre système, qui sont donc sauvegardées par l'Historique.

Notez enfin les points suivants :

- En plus de sauvegarder tout ce qui se trouve dans vos bibliothèques et sur votre Bureau, l'Historique des fichiers enregistre également une liste de vos sites Web favoris, de même que le dossier qui contient les informations sur vos contacts. Si vous utilisez l'écran d'accueil pour gérer vos contacts, cette application peut également stocker ces données sur Facebook, Google ou d'autres sites.

Historique

- Vous voulez *tout* restaurer après un rafraîchissement ou une réinstallation de Windows ? Ouvrez une fenêtre de dossier quelconque, et cliquez sur Bibliothèques dans le volet de navigation. Cliquez ensuite dans le ruban associé à l'onglet Accueil sur le bouton Historique. Quand l'Historique des fichiers apparaît, cliquez directement sur le bouton Restaurer, en bas de la fenêtre.

TRUC

- Si vous achetez un disque dur externe pour créer vos sauvegardes, choisissez un modèle présentant une grande capacité de stockage. Plus elle sera importante, et plus vous pourrez y enregistrer de sauvegardes. Et vous trouverez alors l'Historique des fichiers *très* pratique.

Revenir en arrière grâce aux Points de restauration

Les nouveaux programmes d'actualisation et de réinstallation de Windows 8.1 fonctionnent très bien pour ressusciter un ordinateur moribond, et ils sont plus puissants que la technologie antérieure, basée sur la notion de *point de restauration*. Mais si vous avez l'habitude depuis des années de faire confiance au programme de restauration déjà présent dans Windows XP, Vista, Windows 7, et Windows 8, sachez que Windows 8.1 ne l'a pas mis de côté. Encore faut-il savoir le retrouver…

Pour rétablir un état antérieur plus satisfaisant de votre PC, vous pouvez donc aussi suivre ces étapes :

1. **Dans l'écran d'accueil ou le Bureau, faites un clic droit sur le bouton Démarrer. Dans le menu contextuel qui apparaît, choisissez Système. Dans le volet de gauche de la fenêtre qui s'affiche, cliquez sur l'option Protection du système. Lorsque vous voyez la boîte de dialogue Propriétés système, cliquez sous l'onglet Protection du système puis sur le bouton Restauration du système, comme à la Figure 18.4.**

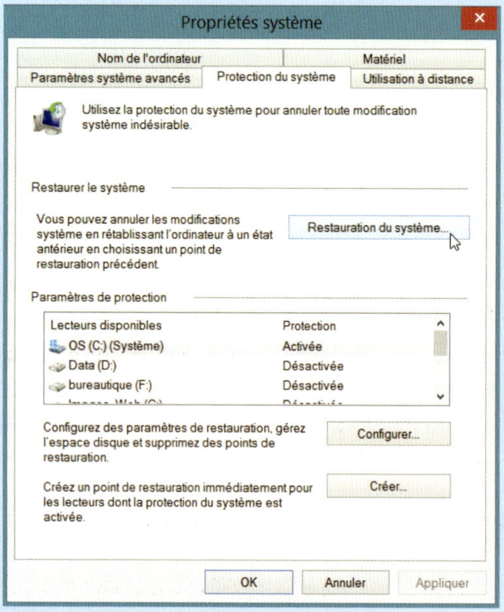

Figure 18.4 : Restaurer le système.

La fenêtre Restauration du système apparaît.

2. **Cliquez sur le bouton Suivant.**

   La liste des points de restauration enregistrés par Windows s'affiche.

3. **Cliquez sur le point de restauration qui vous semble convenir, comme à la Figure 18.5.**

Revenir en arrière grâce aux Points de restauration *(suite)*

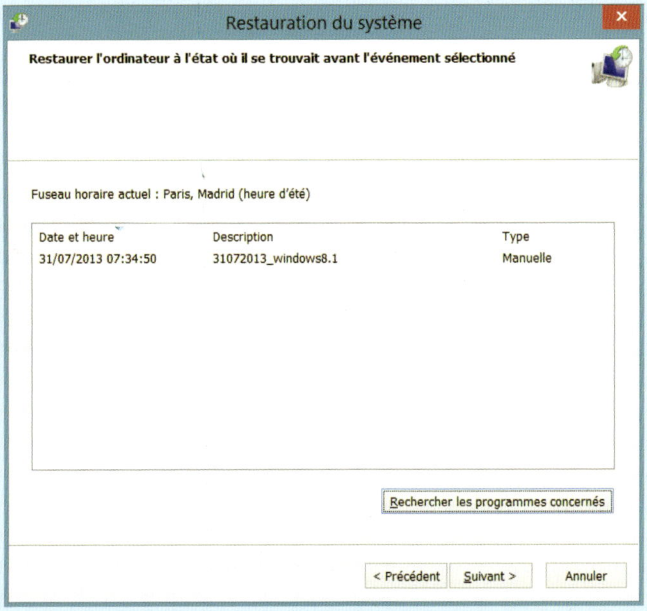

Figure 18.5 : Restaurer un point de restauration.

Vous pouvez en voir d'autres en cochant la case Afficher d'autres points de restauration.

1. **Cliquez sur le bouton Rechercher les programmes concernés de manière à voir quelles sont les applications qui seront affectées par la restauration.**

   Les noms que vous voyez concernent les programmes que vous devrez probablement réinstaller (ou pas si vous pensez qu'ils sont la cause de vos problèmes, ou bien si vous n'en avez pas vraiment besoin).

2. **Cliquez sur le bouton Suivant, puis sur Terminer pour confirmer votre décision et lancer la procédure de restauration.**

   Votre ordinateur va faire différents bruits avant de redémarrer en utilisant les réglages qui fonctionnaient bien auparavant (enfin, souhaitons-le).

Si votre système fonctionne *déjà* sans accrocs, sachez que vous pouvez à tout moment créer vos propres points de restauration (voyez à ce sujet le début du Chapitre 13).Donnez-leur un nom parlant. Par exemple : *Avant de laisser la nounou utiliser l'ordinateur* (comme cela, vous saurez quel point de restauration utiliser si quelque chose ne va pas quand vous rentrez chez vous).

Windows 8.1 me demande toujours des autorisations

Comme dans ses versions antérieures, Windows 8.1 continue à utiliser deux types de compte : Administrateur et Standard. Le compte Administrateur est destiné au propriétaire de l'ordinateur, celui qui est censé détenir tous les pouvoirs. Par contraste, les possesseurs de comptes Standard ne sont pas autorisés à effectuer des choses considérées comme potentiellement dangereuses pour l'ordinateur ou ses fichiers.

Mais quel que soit le type de compte que vous utilisez, Windows 8.1 va de temps à autre dresser une barrière entre vous et ce que vous lui demandez de faire. Lorsqu'un programme essaie de changer quelque chose sur votre ordinateur, Windows 8.1 affiche immédiatement un message d'alerte.

Dans le cas d'un compte Standard, le message sera un peu différent, en demandant que le titulaire du compte Administrateur saisisse son nom et son mot de passe.

Bien entendu, lorsque ce genre d'écran apparaît trop souvent, la plupart des gens les ignorent et donnent leur accord. Même s'il s'agit simplement de permettre à un virus de s'installer sur leur ordinateur…

Est-ce que Windows 8.1 m'a demandé une autorisation pour quelque chose que j'ai fait ou que j'ai demandé ? Si la réponse est Oui, vous pouvez répondre positivement à son avertissement. Mais s'il le fait *via* un écran dont le fond est tout bleu, et que vous n'avez rien demandé, alors cliquez sur Non ou sur Annuler. Cela évitera certainement que des intrus malveillants n'arrivent à pénétrer votre PC.

Si votre temps est tellement compté que les couches de sécurité de Windows vous semblent superflues, et que vous acceptez les conséquences de vos actes, vous apprendrez dans le Chapitre 11 comment désactiver les avis affichés par votre compte d'utilisateur.

Je dois retrouver des fichiers supprimés

Tous ceux qui ont travaillé pendant des jours, des mois et des années sur un ordinateur connaissent les affres que génère une phrase comme : *J'ai effacé un fichier par erreur.*

Le programme de sauvegarde de Windows 8.1, l'Historique des fichiers (déjà présenté) est bien sûr un véritable instrument de sauvetage. Mais si vous ne l'avez pas activé (voyez le Chapitre 13 pour savoir comment faire), sachez tout de même que Windows 8.1 est capable de récupérer des documents supprimés grâce à sa *Corbeille*.

Le fond de l'affaire, c'est que Windows ne détruit *pas* réellement les fichiers quand vous les supprimez. En réalité, il ne fait que les envoyer dans un dossier spécial, appelé Corbeille, que vous pouvez voir sur votre Bureau.

Ouvrez la Corbeille d'un double-clic, et vous y retrouverez les fichiers et les dossiers qui ont été effacés au fil du temps, comme le montre la Figure 18.6. J'en explique plus sur la Corbeille dans le Chapitre 3, mais voici une astuce à retenir : pour récupérer un fichier, cliquez droit sur son nom dans la Corbeille et choisissez dans le menu contextuel la commande Restaurer.

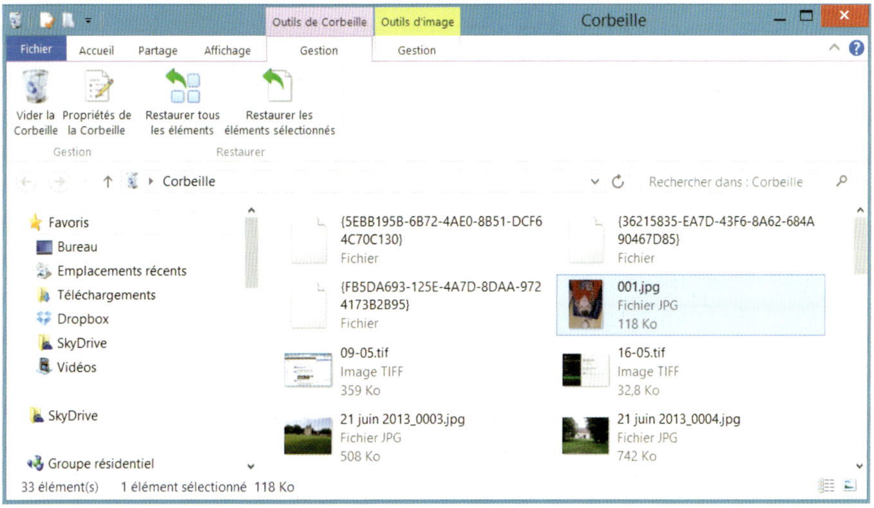

Figure 18.6 : Le contenu de la Corbeille.

Vous pouvez restaurer rapidement tout le contenu de la Corbeille par un clic sur le bouton Restaurer tous les éléments de l'onglet Gestion des Outils de Corbeille. Pour restaurer plusieurs éléments, commencez par les sélectionner dans la Corbeille, puis cliquez sur le bouton Restaurer les éléments sélectionnés.

J'ai perdu mes réglages !

Parfois, vous voudriez revenir à une situation antérieure, avant que quelque chose n'aille plus. Pour autant, il n'y a tout de même pas de quoi réinstaller Windows, ni même déclencher un point de restauration. Par contre, vous pouvez trouver, à des endroits disposés stratégiquement dans Windows 8.1, un bouton ou une commande proposant de restaurer les valeurs par défaut de certains paramètres (c'est-à-dire dans l'état où ils se trouvaient lorsque Windows a été configuré à l'origine).

Voyons certains de ces boutons (ou commandes) que vous pourriez bien trouver utiles un jour :

- **Bibliothèques :** dans l'Explorateur de fichiers, le volet de navigation affiche toujours le mot Bibliothèques (le Chapitre 5 explique ce qu'il faut savoir sur elles). Si une de ces bibliothèques manque à l'appel, vous pouvez la récupérer. Cliquez droit sur le mot Bibliothèques dans le volet de navigation, et choisissez la commande Restaurer les bibliothèques par défaut dans le menu contextuel. Vos bibliothèques par défaut (Documents, Images, Musique et Vidéos) réapparaissent alors.
- **Barre des tâches :** depuis votre Bureau, cliquez droit sur une partie libre (sans icônes) de la barre des tâches. Dans le menu contextuel qui apparaît, choisissez l'option Propriétés. Dans la boîte de dialogue qui s'affiche, cliquez sur le bouton Personnaliser. Vous accédez à une nouvelle fenêtre. Cliquez en bas de celle-ci sur la ligne Restaurer les comportements des icônes par défaut. Validez.
- **Internet Explorer :** si le Bureau d'Internet Explorer semble envahi de barres d'outils dont vous ne voulez pas, de choses un peu bizarres, ou qu'il semble juste un peu trop encombré, essayez de le rétablir dans son état initial. Cliquez sur l'icône Outils (engrenage) et, dans le menu local qui apparaît, choisissez Options Internet. Activez l'onglet Avancé, puis cliquez sur le bouton Réinitialiser.

  ATTENTION

  Cette action efface à peu près tout, y compris vos barres d'outils, vos modules complémentaires et les préférences de vos moteurs de recherche. Si vous cochez également la case Supprimer les paramètres personnels, votre historique de navigation et les mots de passe que vous avez enregistrés seront également effacés. Seuls resteront vos favoris, vos flux et quelques autres éléments. Pour en savoir plus, cliquez dans la fenêtre sur le lien Quel effet la réinitialisation a-t-elle sur mon ordinateur ?
- **Pare-feu :** si vous avez la sensation que quelqu'un de suspect joue avec votre pare-feu, revenez à sa configuration d'origine. Sachez cependant que certains de vos programmes devront peut-être être réinstallés ou réinitialisés. Depuis le Bureau ou l'écran d'accueil, faites un clic droit sur le bouton Démarrer. Dans le menu contextuel qui apparaît, choisissez Panneau de configuration. Cliquez ensuite sur Système et sécurité, puis sur Pare-feu Windows. Dans la colonne de gauche, cliquez alors sur le lien Paramètres par défaut. Confirmez par un clic sur le bouton Paramètres par défaut.

- **Lecteur Windows Media :** si votre Lecteur Windows Media semble plus ou moins perdu, demandez-lui de supprimer ses index et de repartir d'un bon pied. Dans la fenêtre du programme, appuyez sur la touche Alt pour ouvrir le menu. Choisissez alors Outils, puis Options avancées, et enfin Restaurer la bibliothèque multimédia (ou sur Restaurer les éléments de la bibliothèque supprimés si c'est vous qui avez par erreur supprimé des éléments).
- **Couleurs :** Windows vous permet de personnaliser couleurs et sons associés à votre Bureau. Mais le résultat peut parfois devenir, comment dire, insupportable. Pour revenir aux couleurs et sons par défaut de Windows, cliquez droit sur le fond du Bureau, choisissez dans le menu l'option Personnaliser, puis sélectionnez le thème par défaut de Windows.
- **Polices :** vous avez des polices de caractères bizarres dont vous n'arrivez pas à vous défaire ? Ouvrez le Panneau de configuration, choisissez la catégorie Apparence et personnalisation, puis la rubrique Polices. Dans le volet de gauche de la fenêtre, cliquez sur Paramètres de police, et enfin sur le bouton Restaurer les paramètres de police par défaut.
- **Dossiers :** Windows dispose de réglages « cachés » qui concernent les dossiers, leur volet de navigation, les éléments qu'ils montrent, leur comportement et la manière dont ils effectuent des recherches. Pour personnaliser ces options, ou les rétablir dans leur état originel, ouvrez une fenêtre de dossier puis cliquez sur l'onglet Affichage, au-dessus du ruban. Cliquez sur le bouton Options, à droite du ruban. La boîte de dialogue qui apparaît contient trois onglets : Général, Affichage et Rechercher. Chacun dispose d'un bouton intitulé Paramètres par défaut.

Enfin, n'oubliez pas non plus le nouveau programme de Windows appelé Actualiser votre PC (revoyez le début de ce chapitre). Il est certainement trop puissant pour les petits bobos quotidiens, mais au moins il rétablit la plupart des paramètres de Windows à leurs valeurs par défaut.

J'ai oublié mon mot de passe !

Si Windows refuse d'accepter votre mot de passe dans l'écran d'accueil, vous vous sentez évidemment très mal. Avant de commencer à paniquer, effectuez les vérifications suivantes :

- **Verrouillage des majuscules :** les mots de passe sont sensibles à la *casse*, autrement dit, ils différencient majuscules et minuscules (**sesameouvrestoi**, et **SesameOuvreToi**, ce n'est pas du tout pareil). Si la touche de verrouillage des majuscules est activée, appuyez dessus (ou sur la touche de majuscule) pour la désactiver. Essayez ensuite d'entrer à nouveau votre mot de passe.
- **Utilisez votre disque de réinitialisation du mot de passe :** j'explique dans le Chapitre 14 comment créer un disque de réinitialisation du mot de passe. Lorsque vous avez oublié celui-ci, insérez ce disque. Windows va vous permettre d'ouvrir votre compte pour que vous puissiez immédiatement créer un nouveau mot de passe que vous retiendrez plus facilement.
- **Demandez à votre administrateur de redéfinir votre mot de passe :** la personne qui possède le compte Administrateur a le droit de changer votre mot de passe. Pour cela, l'administrateur doit ouvrir le Panneau de configuration, et choisir la catégorie Comptes et protection des utilisateurs, puis Comptes d'utilisateurs. De là, il peut voir les comptes de chacun, sélectionner le vôtre, et utiliser le lien Modifier le mot de passe pour choisir quelque chose que vous mémoriserez plus facilement.

Si vous avez oublié le mot de passe de votre compte Microsoft, ouvrez votre navigateur Web et visitez le site `www.live.com`. Suivez les instructions données pour récupérer votre mot de passe.

Si rien de tout cela ne marche, vous êtes dans de mauvais draps. Il ne vous reste plus qu'à comparer la valeur de vos données et le coût que représenterait l'intervention d'un spécialiste…

C'est mon ordinateur qui a l'air gelé !

C'est parfois Windows 8.1 lui-même qui prend un grand coup de fatigue et cherche un arbre sous lequel s'asseoir pour se reposer. Plus rien ne bouge ou ne clignote dans l'ordinateur. Et des clics paniqués n'y font absolument rien. Pas plus que des appuis frénétiques sur les touches du clavier. Pire encore, celles-ci se mettent à faire des « bips » au bout de quelques instants.

Quand plus rien n'a l'air de réagir (sauf peut-être le pointeur de la souris, et encore), c'est que votre ordinateur est entré dans un état avancé d'hibernation. Essayez alors ce qui suit, dans l'ordre indiqué :

Mon programme est gelé !

Il arrive qu'un programme se fige complètement, au point que la commande Fermer devienne inaccessible, et que même son bouton de fermeture (la fameuse croix rouge) ne réagisse plus. Voici comment résoudre ce problème (dans la plupart des cas) en quatre étapes :

1. **Appuyez en même temps sur les touches Ctrl, Alt et Echap.**

   C'est un grand classique qui retient pratiquement toujours l'attention de Windows, quand bien même il serait parti naviguer dans les eaux arctiques. Lorsqu'un écran au fond bleu ou gris apparaît, passez à l'Étape 2.

   Si Windows 8.1 n'entend même pas la corne de brume, commencez par enregistrer tous les fichiers et documents ouverts (sauf bien sûr dans le programme qui est gelé). Refermez normalement les applications encore vivantes, puis appuyez sur le bouton Marche/Arrêt de votre PC jusqu'à ce qu'il s'éteigne. Attendez quelques instants, rallumez le PC et voyez si Windows 8.1 est en meilleure forme.

   Ce raccourci clavier ouvre le Gestionnaires des tâches illustré à la Figure 18.7.

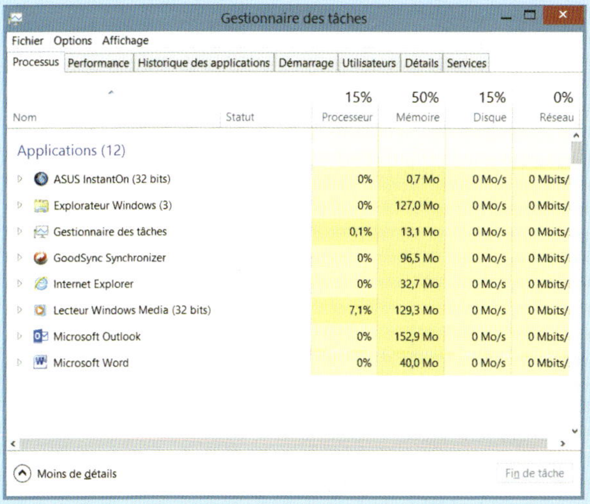

Figure 18.7 : Le Gestionnaire de fichiers de Windows 8.1.

2. **Cliquez sur l'onglet Processus pour l'activer, puis sur le nom du programme qui ne répond pas.**
3. **Enfin, cliquez sur le bouton Fin de tâche situé dans l'angle inférieur droit de la fenêtre.**

   Windows 8.1 devrait alors renvoyer le programme qui vous ennuie à ses chères études.

Si votre ordinateur semble un peu groggy après ce traitement, il vaut peut-être mieux enregistrer vos documents en cours, refermer vos applications et redémarrer le PC.

- **Approche 1 :** appuyez deux fois sur la touche Echap.

  Cela marche rarement, mais au moins vous aurez essayé.

- **Approche 2 :** appuyez en même temps sur les touches Ctrl, Alt et Echap pour ouvrir le Gestionnaire des tâches (s'il apparaît !).

  Si vous avez de la chance, le Gestionnaire des tâches va s'éveiller et indiquer qu'il a découvert une application gravement atteinte. Le Gestionnaire des tâches liste les noms des programmes actuellement en cours d'exécution, y compris celui qui embête tout le monde. Sous l'onglet Processus, cliquez sur le nom du programme bloqué, puis sur le bouton Fin de tâche. Même si vous perdez un peu de travail en cours de route, il vaut mieux être un peu brutal que prendre davantage de risques. Et si vous ouvrez par mégarde le Gestionnaire de tâches, appuyez simplement sur la touche Echap pour refermer sa fenêtre.

- Si rien de tout cela ne suffit, appuyez sur Ctrl, Alt et Suppr, cliquez sur le bouton d'arrêt, en bas et à droite de l'écran, et choisissez dans le menu qui s'affiche l'option Mettre à jour et redémarrer. Cela devrait aider à tout remettre en ordre.

- **Approche 3 :** rien n'est encore réglé ? Appuyez sur le bouton Marche/Arrêt de l'ordinateur. Si un menu apparaît alors sur l'écran, choisissez l'option Redémarrer.

- **Approche 4 :** en désespoir de cause, maintenez enfoncé le bouton Marche/Arrêt de l'ordinateur pendant plusieurs secondes. Il va finir par s'arrêter.

Chapitre 19

Quand d'étranges messages apparaissent

Dans ce chapitre :

- Comprendre les notifications.
- Décrypter les messages de sécurité.
- Répondre aux messages du Bureau.

Dans la vie réelle, les messages d'erreur sont assez faciles à comprendre. Une horloge digitale qui clignote signifie que vous devez régler l'heure. Un tableau de bord de voiture qui clignote ou émet des séries de bips, et vous comprenez que vous avez dû oublier vos clés. Un regard glacial de votre épouse vous rappelle que vous avez *encore* oublié votre anniversaire de mariage.

Mais les messages d'erreur de Windows 8.1 n'ont pas de racines culturelles ou autres. Ils ont été écrits par des personnes qui ne sont pas forcément des spécialistes en communication et en science du comportement humain... C'est pourquoi ils décrivent rarement ce qui a provoqué leur affichage, et, encore pire, comment résoudre le problème.

Dans ce chapitre, j'ai en quelque sorte collecté certains des messages d'erreur, notifications et autres tentatives de rencontres du troisième type de Windows 8.1. Je vais essayer de vous les présenter et de vous expliquer ce qu'il convient de faire dans chaque situation.

Un problème avec l'Historique de fichiers

Message : l'Historique des fichiers vous informe qu'il n'arrive pas à s'activer ou à trouver le support de sauvegarde (Figure 19.1).

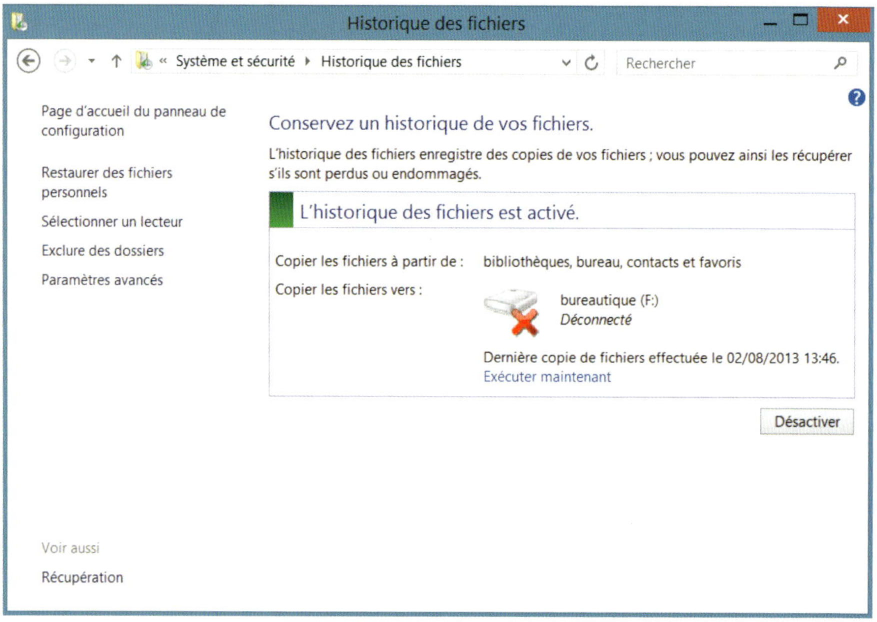

Figure 19.1 : Votre disque de sauvegarde n'est plus connecté à l'ordinateur.

Cause probable : la sauvegarde s'effectue sur un disque dur externe, une clé USB ou une carte mémoire, et ce support n'est pas détecté par l'ordinateur.

Solutions : reconnectez le disque dur externe ou la clé USB, et activez à nouveau l'Historique des fichiers (voyez le Chapitre 11 pour plus d'informations à ce sujet).

Vous voulez installer ce pilote de périphérique ?

Message : Windows 8.1 vous demande confirmation lors de l'installation d'un nouveau pilote de périphérique pour savoir s'il est digne de confiance, c'est-à-dire vierge de toute menace, virus et autre intrus potentiel.

Cause probable : vous essayez d'installer ou de mettre à jour un pilote de périphérique, et celui-ci ne fait pas partie de la liste de ceux que Windows reconnaît comme étant sûrs.

Solutions : si vous êtes certain que le fichier est parfaitement innocent, cliquez sur le bouton Installer. Sinon, et si ce message vous contrarie, il vaut mieux choisir d'annuler l'opération. La sécurité, c'est aussi le sujet du Chapitre 11.

Voulez-vous enregistrer les modifications ?

Message : il vous signale que vous n'avez pas enregistré votre document dans un programme, et que vous risquez de perdre votre travail (voir Figure 19.2).

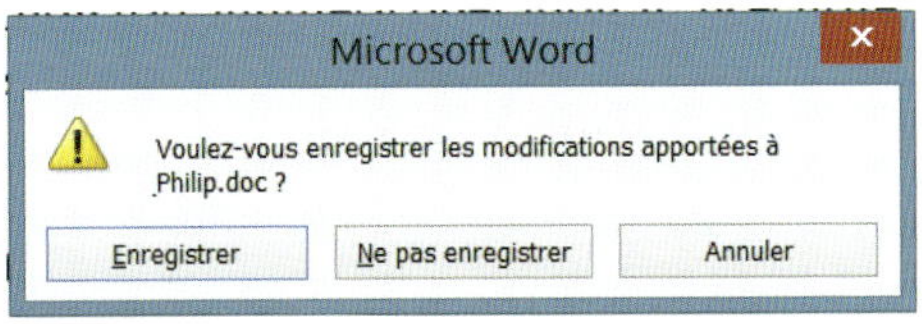

Figure 19.2 : Voulez-vous enregistrer votre travail ?

Cause probable : vous essayez de refermer une application, ou bien de vous déconnecter, ou encore d'arrêter votre ordinateur, mais vous n'avez pas enregistré votre travail dans un programme.

Solutions : recherchez le nom du programme. Ouvrez à nouveau sa fenêtre (soit elle est déjà visible sur le Bureau, soit son icône doit apparaître dans la barre des tâches). Utilisez la commande d'enregistrement de l'application, ou le bouton correspondant dans sa barre d'outils ou bien son ruban (voyez aussi à ce sujet le Chapitre 6). Vous avez bien sûr parfaitement le droit de cliquer sur le bouton Ne pas enregistrer si tel est votre choix !

Comment voulez-vous ouvrir ce fichier ?

Message : une fenêtre semblable à celle illustrée sur la Figure 19.3 apparaît lorsque Windows ne sait pas quel programme a bien pu créer le fichier que vous essayez d'ouvrir.

Cause probable : les programmes Windows utilisent une sorte de code secret, appelé *extension de fichier*, qu'ils placent à la fin du nom des fichiers qu'ils créent ou ouvrent. Lorsque par exemple vous double-cliquez sur un fichier ayant pour extension *.txt*, Windows sait tout de suite de quoi il s'agit, et il ouvre automatiquement le bloc-notes pour lire le document. Si ce n'est pas le cas, il affiche ce message pour que vous l'aidiez à trouver (si possible) le bon programme.

Figure 19.3 : Avec quel programme Windows devrait-il ouvrir ce type de fichier ?

Solutions : si vous savez qui a produit le fichier, cliquez sur son nom dans la liste que vous propose Windows 8.1. Sinon, faites défiler la liste vers le bas jusqu'à ce que vous trouviez l'option Rechercher une autre application sur ce PC. Ce n'est pas encore suffisant ? Retournez au début du message, et cliquez cette fois sur Rechercher une application dans le Windows Store (voyez aussi à ce sujet le Chapitre 6). Souvenez-vous que l'application adéquate peut ne pas être gratuite…

Fichiers manquants

Message : il peut arriver que Windows vous demande d'insérer le disque ou le support qui a servi à son installation, ou bien encore une sauvegarde de récupération du système.

Cause probable : vous essayez d'utiliser des outils de maintenance et de réparation, comme l'une des nouvelles options Actualiser votre PC ou Tout supprimer et réinstaller Windows. Ces outils ont besoin des fichiers Windows originaux pour remplacer ceux qui manquent ou qui sont endommagés.

Solutions : vous n'avez plus qu'à obéir et à insérer le bon support. Windows 8.1 va le détecter et continuer son travail.

Quand Windows Defender entre en piste

Message : quand l'antivirus intégré à Windows, Windows Defender, détecte sur votre ordinateur un fichier qu'il juge potentiellement ou certainement dangereux, il affiche d'abord un message pour vous en prévenir (ce message apparaît en haut et à droite (que ce soit dans l'écran d'accueil ou sur le Bureau). Il s'attaque ensuite au fichier malfaisant pour le détruire.

Cause probable : un fichier dangereux (un *malware*) est arrivé probablement *via* un e-mail, un ordinateur en réseau, un site Web ou encore un support USB externe. Windows Defender veut le supprimer pour protéger votre ordinateur.

Solutions : vous n'avez rien à faire de particulier. Windows Defender s'est déjà occupé du problème et l'a résolu (du moins, il faut l'espérer).

Choisir l'action pour les lecteurs amovibles

Message : lorsque ce type de message apparaît, indiquez à Windows ce que vous voulez faire avec le disque ou la clé USB, ou bien encore la carte mémoire, que vous avez inséré dans un port de votre ordinateur.

Cause probable : vous venez d'insérer un support mémoire quelconque dans un port USB de votre PC, ou bien vous venez de connecter un appareil photo numérique ou tout autre dispositif entraînant la lecture d'un disque ou d'une carte mémoire flash.

Solutions : la plupart du temps, vous cliquerez sur l'option Ouvrir le dossier et afficher les fichiers. Cela vous permettra de voir le contenu du support dans l'Explorateur de fichiers Windows. Mais vous avez également d'autres choix :

- **Accélérer mon système :** ne cliquez sur cette ligne que si vous avez l'intention de laisser l'élément branché en permanence sur l'ordinateur. Cette option peut aider à accélérer le fonctionnement de Windows avec un PC assez lent et qui a besoin de plus de mémoire.
- **Ne rien faire :** cliquez ici tout simplement pour refermer le message. Pour accéder plus tard au contenu du disque, de la clé ou de la carte, ouvrez l'Explorateur de fichiers depuis le Bureau, puis cliquez sur le nom du matériel dans le volet de navigation.

TRUC

Il est possible qu'une troisième voie vous soit proposée pour associer ce disque aux sauvegardes réalisées par l'Historique des fichiers. Sinon, il vous suffit d'ouvrir ce programme pour faire vous-même ce choix. Voyez à ce sujet le Chapitre 13.

TRUC

Une lettre entre parenthèses suit dans le message le nom du matériel que vous avez connecté. C'est la lettre de lecteur que Windows lui a attribuée.

Impossible de partager des photos dans un e-mail

Message : l'application Courrier vous signale qu'elle a bien tenté d'envoyer les photos jointes à votre message, mais que la tentative a échoué. Votre e-mail n'a donc pas été envoyé.

Cause probable : ce message apparaît généralement si le « poids » du message est trop important. Les messageries peuvent buter sur des fichiers trop grands, et n'oubliez pas que les appareils numériques produisent des photos si volumineuses qu'il n'est bien souvent pas possible d'en envoyer plus de deux ou trois à la fois.

Solutions : avant tout, vérifiez si votre connexion Internet est active et opérationnelle. Si tout va bien de ce côté-là, recommencez votre message, mais en limitant la taille des pièces jointes. Vous pouvez aussi choisir la proposition de l'application d'essayer l'option Envoyer avec SkyDrive à la place. Cela vous permet de transférer les photos vers un stockage sur le Web, et votre destinataire pourra les y récupérer sans que votre messagerie ne soit encombrée.

TRUC

Il existe bien entendu d'autres solutions que SkyDrive. Votre fournisseur d'accès Internet vous offre certainement votre propre espace gratuit sur ses ordinateurs pour sauvegarder et partager des fichiers. Il existe également nombre d'outils gratuits (du moins, jusqu'à un certain volume de données) du même type sur le Web.

Aucun programme de messagerie n'est associé

Message : ce message particulièrement ésotérique vous indique que vous tentez d'envoyer un document par e-mail, mais que vous n'avez pas installé de programme de messagerie.

Cause probable : contrairement à l'écran d'accueil et à son application Courrier, le Bureau n'offre par défaut aucune messagerie. Et rien ne vous permet d'associer au Bureau l'application Courrier ! Si vous choisissez dans un programme une option du style Envoyer par courrier électronique, ou Envoyer par e-mail, vous provoquez donc l'apparition de ce message. Désolé !

Solutions : il ne vous reste plus qu'à télécharger et installer un programme de messagerie, ou encore à configurer celle-ci sur un des nombreux sites qui proposent ce type de service *via* un navigateur Web (ce qui est certainement le cas de votre fournisseur d'accès Internet). Pour plus d'informations sur la messagerie, revoyez le Chapitre 10.

Le dispositif USB n'est pas reconnu

Message : vous essayez de connecter un dispositif USB sur votre ordinateur, mais il n'est pas reconnu et Windows vous en avertit.

Cause probable : le matériel n'est pas compatible avec Windows 8.1, ou bien celui-ci n'est pas capable de trouver tout seul un pilote adapté, ou bien encore le matériel a un problème technique.

Solutions : commencez par débrancher le dispositif. Attendez ensuite une trentaine de secondes. Rebranchez-le dans un autre port USB. Toujours pas de chance ? Laissez l'appareil en place, et redémarrez votre ordinateur.

Les ordinateurs modernes possèdent un ou plusieurs ports USB de niveau 3. Mais la plupart des périphériques existants sont de type USB 2. Les brancher ensemble ne marchera peut-être pas. C'est pourquoi tester un autre port peut parfois suffire à résoudre le problème.

Si cette méthode ne donne rien, vous avez très vraisemblablement besoin d'un *pilote*, c'est-à-dire d'un petit logiciel qui permet au matériel et à Windows de communiquer dans une langue qu'ils reconnaissent tous les deux. La recherche et l'installation de pilotes sont abordées dans le Chapitre 13.

Windows n'est pas activé !

Message : Windows affiche un message particulièrement angoissant, vous disant qu'il n'est pas activé, et que vous devez entrer ou acheter une nouvelle clé.

Cause probable : le système de protection contre le piratage de Microsoft nécessite que chaque personne active sa propre copie de Windows 8.1.

Pour cela, vous devez avoir une clé d'activation valide (elle se trouve sur votre DVD de Windows, ou avec un peu de chance sur une étiquette collée au dos de votre ordinateur). Une fois activée, *votre* copie de Windows 8.1 est associée à *votre* PC de manière à ce que vous ne puissiez pas l'installer ailleurs.

Partant de la clé d'activation que vous possédez, Windows fabrique un code spécifique à votre ordinateur, et qui est notamment basé sur la configuration matérielle de celui-ci. Si vous changez des composants importants dans votre PC, vous risquez donc de vous retrouver dans la même situation.

Solutions : choisissez le lien qui vous propose d'en apprendre plus sur ce problème. Il se peut que vous ayez acheté sans le savoir une version contrefaite de Windows 8.1… Notez les informations qui vous permettront de contacter quelqu'un de chez Microsoft pour discuter du problème et essayer de le résoudre.

Si vous ne voyez jamais ce genre d'avertissement, c'est que votre copie de Windows a déjà été activée par le constructeur de votre ordinateur. Dormez en paix.

L'autorisation d'accès à un dossier est refusée

Message : lorsqu'un message indique que l'accès à un dossier vous est refusé, cela signifie que Windows ne vous autorise pas à accéder au dossier que vous tentez d'ouvrir (le nom de ce dossier est indiqué dans la barre de titre). Vous pouvez aussi avoir un avertissement semblable en essayant d'ouvrir un fichier.

Cause probable : le dossier ou le fichier appartient à quelqu'un d'autre qui a un compte utilisateur différent du vôtre.

Solutions : si vous avez un compte de type Administrateur, vous pouvez ouvrir les dossiers et les fichiers des autres en cliquant sur le bouton Continuer. Sinon, vous n'avez aucun droit sur ces contenus.

Si le possesseur d'un compte veut *vraiment* permettre à d'autres personnes d'accéder à certains de ses dossiers et/ou fichiers, le plus simple pour lui est de les copier ou de les déplacer dans le dossier Public. Voyez à ce sujet le Chapitre 15.

Chapitre 20

Transférer un ancien ordinateur vers un nouveau PC sous Windows 8.1

Dans ce chapitre :

- Copier vos anciens fichiers et réglages sur votre nouveau PC.
- Utiliser l'utilitaire de transfert de Windows.
- Transférer des fichiers *via* un câble, un réseau ou un disque externe.

Vous ramenez à la maison votre nouvel ordinateur Windows 8.1. Vous êtes tout excité à l'idée de le mettre en service, mais il lui manque le plus important : les fichiers de votre *ancien* ordinateur. Comment faire pour recopier le contenu de votre bon vieux PC sur ce nouveau Windows 8.1 flambant neuf ? Et comment même trouver ce que vous avez besoin de copier ?

Pour résoudre ce problème, Microsoft a doté Windows 8.1 d'un outil spécialisé appelé Transfert de fichiers et paramètres Windows. Ce programme est capable de récupérer non seulement les données de votre ancien ordinateur, mais aussi les réglages de certains de vos programmes, comme par exemple la liste de vos favoris Internet.

Tout le monde n'a pas besoin de réaliser ce transfert. Si vous effectuez une mise à jour de Windows XP, Vista ou Windows 7 vers Windows 8.1, celui-ci conservera vos fichiers.

En revanche, si vous devez effectivement opérer la copie de vos fichiers d'un ordinateur vers un autre, le programme compagnon de Windows 8.1 est ce qu'il vous faut, et ce chapitre vous explique comment procéder.

ATTENTION

Le transfert n'est pas possible avec des systèmes aussi vieillots que Windows 98 ou Me. De toute manière, vous avez bien dû changer d'ordinateur au moins une fois depuis le début du millénaire, non ? Alors autant oublier cela.

Choisir comment transférer les anciennes informations

Comme dans tout déplacement, le succès dépend de votre préparation. Au lieu de cliquer un peu partout au hasard, vous devez soigneusement choisir comment vous allez transférer vos informations vers votre nouveau PC.

Le programme de transfert de Windows offre plusieurs méthodes pour réaliser la copie des données de votre ancien PC vers le nouveau. Chaque méthode travaille à des niveaux de vitesse et de difficulté différents. En voici les tenants et les aboutissants :

- **Câble de transfert :** c'est la solution la plus simple et la moins chère. Ce câble ressemble à un cordon USB classique qui posséderait généralement en son centre comme un renflement (voir Figure 20.1). On trouve ce type de câble à un prix variant de 15 à 25 euros environ. Et oubliez les connectiques USB normales : cela ne marchera pas.

  Si vous avez déjà acheté un tel câble lorsque vous avez installé Windows 7, ou Vista, il devrait continuer à fonctionner parfaitement avec Windows 8.1.

  TRUC

  Dans le cas d'une copie depuis Windows XP ou Vista, vous devrez installer si ce n'est fait les pilotes livrés avec votre câble. Ce n'est pas nécessaire avec Windows 7 ou Windows 8.1, car ils reconnaissent automatiquement ce matériel dès que vous le branchez dans un port USB.

- **Disque dur externe :** appelé aussi disque dur portable, il existe en format 3,5 pouces ou 2,5 pouces, peut être alimenté sur le secteur ou par l'ordinateur, et vous disposez déjà d'une capacité de stockage considérable pour quelques dizaines d'euros (disons autour d'une centaine d'euros pour faire une bonne moyenne).

- **Disque mémoire flash USB :** tout le monde dit aujourd'hui *clé USB*. Il en existe de toutes les couleurs et de toutes les formes. Mais en même temps, elles ont toutes comme point commun de ne pas offrir assez de capacité de stockage pour contenir *tous* les fichiers de votre ordinateur. Une telle clé sera par contre bien pratique si vous devez copier le programme de transfert de fichiers et paramètres vers votre ancien PC sous Windows XP ou Vista. Voire peut-être si vous ne voulez recopier qu'une partie de vos fichiers.
- **Réseau :** si vos deux ordinateurs sont connectés en réseau (un sujet traité dans le Chapitre 15), le programme de transfert peut s'en servir pour copier vos fichiers et vos paramètres.

Figure 20.1 : Un câble pour le transfert des données de PC à PC.

TRUC

Si vos deux ordinateurs ne sont pas mis en réseau et qu'ils sont trop éloignés pour pouvoir être reliés par un câble, un disque dur portable est votre meilleure option. Il vaut mieux en choisir un ayant une capacité égale, ou même supérieure, à celle du disque dur de votre ancien PC (si ce n'est de votre nouvel ordinateur). Une fois que vous aurez réalisé le transfert, ce disque pourra notamment vous servir pour créer automatiquement des sauvegardes à l'aide de l'Historique des fichiers (voyez à ce sujet le Chapitre 13).

NOTE TECHNIQUE

Le programme Transfert de fichiers et paramètres Windows est incapable de copier des fichiers d'une machine 64 bits vers un autre ordinateur 32 bits. Cependant, le problème est assez relatif, puisque les *anciens* ordinateurs sont plutôt équipés d'un Windows 32 bits, alors que les *nouveaux* PC sont surtout orientés 64 bits. Mais rien n'est exclu.

Je n'arrive pas à copier le programme de transfert de fichiers sur mon ancien ordinateur !

Windows 8.1 peut enregistrer une copie du programme de transfert de fichiers et de paramètres sur un disque dur externe, une clé USB ou un disque réseau. Cela vous permet de le récupérer sur un ancien ordinateur. Mais si n'avez qu'un câble de transfert de mauvaise qualité, vous êtes peut-être mal parti.

Dans ce cas, essayez tout simplement de télécharger et d'installer sur votre vieux PC ce programme, en le recherchant dans la rubrique adéquate du site de Microsoft (`www.microsoft.fr`).

Transférer des informations entre deux PC

Le programme Transfert de fichiers et paramètres Windows peut faire le travail en quelques étapes, ou en une longue série d'étapes, selon la méthode que vous choisissez pour recopier vos fichiers entre vos deux ordinateurs.

Nous allons donc essayer de passer en revue les différentes solutions possibles, et voir comment vous pouvez personnaliser ce que vous voulez transférer entre vos ordinateurs.

Selon la méthode choisie et la configuration de vos ordinateurs, la démarche peut plus ou moins varier. Mais le programme de Windows est plutôt efficace dans presque toutes les situations possibles.

N'OUBLIEZ PAS

Assurez-vous que vous vous connectez à vos deux ordinateurs (l'ancien, ou *source*, et le nouveau, ou *destination*) *via* un compte Administrateur. Les autres comptes n'ont pas le droit de copier tous ces fichiers. Et n'oubliez pas que le temps ne vous est pas compté : vous pouvez toujours revenir à un écran précédent en cliquant sur la flèche bleue qui est affichée dans l'angle supérieur gauche d'une fenêtre.

TRUC

Avant de transférer vos fichiers ou encore d'ajouter un nouveau dispositif (comme une tablette, un portable ou encore un téléphone), vérifiez que l'appareil est bien branché sur le réseau électrique. Ce transfert consomme du courant, et il serait très ennuyeux que votre batterie soit déchargée avant la fin de l'opération.

1. **Sur votre nouveau PC, lancez le programme Transfert de fichiers et paramètres Windows. Cliquez sur le bouton Suivant de sa fenêtre de démarrage.**

   Pour lancer le programme, cliquez sur la flèche dirigée vers le bas de l'écran d'accueil pour accéder à l'écran Applications. Faites ensuite défiler l'écran vers la droite jusqu'à ce que vous trouviez l'application voulue.

   TRUC

   La technique la plus rapide consiste à afficher la barre des charmes, puis à cliquer sur Rechercher (aussi bien sur l'écran d'accueil que sur le Bureau). Tapez directement Transfert de… et vous verrez la vignette de l'application apparaître comme à la Figure 20.2.

Figure 20.2 : Technique ultrarapide de localisation du programme Transfert de fichiers et paramètres Windows.

   En cliquant sur le bouton Suivant, vous accédez à la fenêtre de démarrage du programme de transfert.

2. **Indiquez si vous avez déjà utilisé ce programme.**

   Répondez Oui si le fichier de transfert a déjà été créé, et Non afin de le créer sur l'ordinateur source.

3. **Si vous répondez Oui, connectez le disque ou bien la clé USB contenant les fichiers et les paramètres de l'ancien ordinateur.**

4. **Dans la boîte de dialogue qui apparaît, choisissez le fichier de transfert, et cliquez sur Ouvrir.**

5. **Terminez la procédure.**

   Le programme vous propose à ce stade deux options :

- **Voir ce que vous avez transféré :** il s'agit d'un rapport plutôt technique sur ce qui a été copié d'un ordinateur à l'autre.
- **Voir une liste des applications qui devraient être réinstallées sur le nouveau PC :** c'est aussi un descriptif assez technique qui vous donne une liste des programmes qui étaient installés sur l'ancien PC. Vous devrez en réinstaller tout ou partie en fonction de vos besoins, et aussi pour ouvrir certains des fichiers qui ont été transférés entre les deux PC.

Vous pouvez maintenant débrancher le câble de transfert, si c'est ce que vous avez utilisé, et le ranger soigneusement pour un futur emploi.

Si le transfert a été réalisé à l'aide d'un disque dur externe, vous devriez le laisser connecté à votre nouveau PC, puis le définir comme unité de sauvegarde dans l'Historique des fichiers (voyez à ce sujet le Chapitre 13).

Vous êtes paré pour l'avenir !

Choisir les fichiers, dossiers et comptes à transférer

Quelle que soit la route que vous ayez choisi de suivre pour transférer vos fichiers, le programme va vous demander à un moment donné ce que vous voulez recopier parmi vos comptes, dossiers et autres paramètres.

La fenêtre correspondante apparaît sur votre ancien PC si vous avez opté pour un transfert par disque dur externe, ou sur le nouveau si vous avez choisi l'une des deux autres options, câble ou réseau.

Pour recopier *tout* ce qui concerne les comptes d'utilisateurs de votre ancien PC vers le nouveau, cliquez simplement sur le bouton Transférer. Si votre ordinateur sous Windows 8.1 a suffisamment d'espace sur son disque dur, cette copie va s'effectuer sans problème. Vous pourrez ensuite supprimer de la machine de destination ce que vous voulez.

Si le disque dur de l'ordinateur sous Windows 8.1 est un peu juste, ou si vous pensez que tout n'est pas bon à conserver, choisissez les éléments à copier. Pour cela, vous pouvez cliquer droit sur chaque nom de compte ou sur ce qui leur est commun (les éléments partagés), et sélectionner ce qui doit être retenu. Vous avez notamment les options suivantes :

- **Comptes d'utilisateurs :** vous avez la possibilité de définir quels fichiers vous voulez transférer pour quels comptes d'utilisateurs. Il vous suffit de cocher sur la case associée à un compte pour la désactiver, et donc ne rien recopier concernant ce compte.
- **Options avancées :** vous n'avez peut-être pas encore défini des comptes pour tous les utilisateurs de votre nouveau PC ? Le lien Options avancées, juste au-dessus du bouton Transférer, vous permet de les créer, puis de les remplir avec les nouveaux fichiers provenant de votre ancien ordinateur. Cela peut également être utile si plusieurs lecteurs sont attachés à votre précédent ordinateur afin d'associer unité de disque et contenu.
- **Personnaliser :** si vous n'avez pas besoin de tout copier, vous pouvez utiliser cette option pour chaque compte, afin de choisir ce qui devrait être transféré. Vous alors la possibilité d'exclure ou d'inclure certaines catégories. Si vous estimez par exemple que les vidéos enregistrées sur votre ancien PC n'ont pas besoin d'être dupliquées une fois de plus, décochez la case correspondante. Une fois le transfert terminé, le programme devrait se clôturer de lui-même. Sinon, cliquez sur sa case de fermeture, en haut et à droite de sa barre de titre.
- **Avancé :** le lien Avancé apparaît à la fin du menu contextuel associé à chaque compte. Il est avant tout destiné à des utilisateurs un peu techniciens qui aiment tout gérer sur leur système. Vous pouvez alors choisir les fichiers et dossiers individuels que vous voulez recopier. C'est trop compliqué pour la plupart d'entre nous, mais c'est là (et, comment dire, *avancé*). Si vous avez voulu y jeter un coup d'œil, cliquez sur le bouton Enregistrer pour revenir à la fenêtre principale du programme Transfert de fichier paramètres Windows.

Quand tout est paré, il ne vous reste plus qu'à cliquer sur le bouton Transférer pour lancer la procédure de recopie de vos fichiers et paramètres de l'ancien PC vers le nouveau.

Chapitre 21

Windows, à l'aide !

Dans ce chapitre :

- Trouver rapidement de l'aide.
- Rechercher une aide sur un problème ou un programme spécifique.

Avant même de vous lancer dans la lecture de ce chapitre, voyons tout de suite comment trouver rapidement de l'aide quand vous séchez devant un problème :

- **Appuyez sur F1 :** c'est la touche magique pour activer l'aide de Windows, comme de n'importe quel programme.
- **Dans l'écran d'accueil :** tapez les mots **aide et support** directement sur l'écran. Cliquez ensuite sur le bouton Aide et support.
- **Point d'interrogation :** si vous voyez un petit point d'interrogation dans l'angle supérieur droit d'une fenêtre, cliquez dessus pour afficher l'écran d'aide du programme.

Dans tous les cas, Windows va lancer son programme Aide et support, qui vous promulgue connaissances, listes, conseils, procédures à suivre, *etc.*

TRUC

Le programme d'aide va fréquemment rechercher des informations récentes sur les sites de Microsoft de manière à vous fournir les renseignements les plus actuels possibles.

Ce chapitre vous explique comment utiliser au mieux l'aide proposée par Windows.

Consulter le gourou informatique des programmes

Pratiquement tous les programmes Windows ont leur propre système d'aide. Pour l'activer, appuyez sur F1, choisissez la commande Aide dans un menu, ou encore cliquez sur le petit point d'interrogation affiché en haut et à droite de la fenêtre.

Prenons un exemple simple :

1. **Ouvrez l'Historique des fichiers depuis le Panneau de configuration, et appuyez sur F1 ou cliquez sur le point d'interrogation.**

   La fenêtre Aide et support Windows va apparaître. Elle affiche des informations dédiées à l'Historique des fichiers. Vous devriez pouvoir y trouver ce qui est à l'origine de vos tourments.

   N'OUBLIEZ PAS

   Le champ Rechercher, en haut de la fenêtre, vous permet de saisir un mot ou une expression à localiser dans l'index du système d'aide. Essayez d'être précis et concis pour économiser plusieurs étapes.

2. **Lisez le contenu de la fenêtre. Si vous n'avez pas encore la bonne réponse, repérez le lien qui semble le mieux correspondre à votre questionnement et cliquez dessus.**

   Essayez par exemple le lien Que puis-je faire si un problème se produit dans l'Historique des fichiers ?

3. **D'autres explications s'affichent. Si nécessaire, cliquez sur un nouveau lien pour approfondir le sujet qui vous intéresse.**

   La plupart du temps, ces sous-sections donnent une courte explication, puis proposent une série plus ou moins longue d'autres liens. En l'occurrence, vous pourrez apprendre ici comment reconnecter un lecteur, rechercher des erreurs dans l'historique, et ainsi de suite. N'hésitez pas à faire défiler la page pour mieux juger de l'ensemble des explications et propositions qui vous sont faites.

4. **Lorsque vous êtes arrivé au bon endroit, suivez les étapes suggérées par l'aide de Windows pour résoudre vos difficultés.**

   Windows 8.1 liste généralement une série d'actions à accomplir pour régler votre problème ou terminer une certaine tâche. Cela peut par exemple vous éviter d'avoir à creuser tous les menus et recoins des boîtes de dialogue de l'application. Profitez-en en même temps pour lire les explications complémentaires données pour chaque étape dans la fenêtre Aide et support Windows. Cela vous aidera à améliorer vos connaissances et à gagner du temps si le même problème se repose.

TRUC

Le mieux est d'afficher côte à côte la fenêtre de l'aide et celle du programme concerné. De cette manière, vous pourrez plus facilement lire les étapes dans l'aide, et les appliquer au fur et à mesure dans votre programme, sans avoir à passer d'une fenêtre à l'autre, en oubliant éventuellement au passage ce que vous devez faire précisément…

Le système d'aide Windows est, comme vous pouvez l'imaginer, quelque chose d'extrêmement complexe, ce qui vous force à cliquer sur des tas de liens avant de trouver l'information spécifique que vous recherchiez. Il vaut donc parfois mieux y faire appel en dernier recours, si vous n'avez pas trouvé ailleurs la bonne réponse. Certes, c'est sans doute aussi moins embarrassant que d'aller demander au fils des voisins de vous dépanner…

Si vous trouvez une certaine page d'aide particulièrement intéressante et utile, n'hésitez pas à l'éditer en cliquant sur l'icône d'imprimante, en haut et à droite de la fenêtre. Rangez vos découvertes dans une pochette qui leur sera dédiée. Vous pourrez plus tard les retrouver rapidement, sans avoir à cliquer sur des hordes de liens.

Rechercher les informations dont vous avez besoin dans l'aide de Windows

Lorsque vous ne savez pas où commencer, ouvrez simplement la page principale de la fenêtre Aide et support Windows.

Depuis l'écran d'accueil, tapez directement au clavier les mots **aide et support**. Dès les premières lettres (et elles ne sont pourtant que quatre), l'écran va afficher un bouton appelé Aide et support. Il vous suffit de cliquer dessus. Sinon, vous pouvez aussi cliquer sur le fond du Bureau et appuyer sur la touche F1. Dans tous les cas, la page d'accueil de l'aide Windows va apparaître (voir Figure 21.1).

Vous trouvez ici trois sections qui sont autant de points d'entrée :

- **Prise en main :** propose des informations et des explications concernant les nouveautés de Windows 8 ainsi qu'un certain nombre de notions de base : comment utiliser une souris ou un écran tactile, comment installer des programmes, ou encore comment ajouter une imprimante ou un autre périphérique à votre ordinateur.
- **Internet et mise en réseau :** cette section concerne tout ce qui a trait aux questions de connexion à Internet ou à la mise en réseau de plusieurs ordinateurs.

- **Sécurité, confidentialité et comptes :** dans son souci d'être toujours plus sûr, Windows vous explique comment créer des mots de passe fiables, ou encore comment échapper aux virus et autres intrus malveillants.

TRUC

L'aide de Windows fonctionne un peu comme un site Web ou un dossier. Pour revenir en arrière d'une page, cliquez sur la flèche tournée vers la gauche, en haut et à gauche de la fenêtre. Et pour avancer à nouveau, cliquez sur la flèche tournée vers la droite.

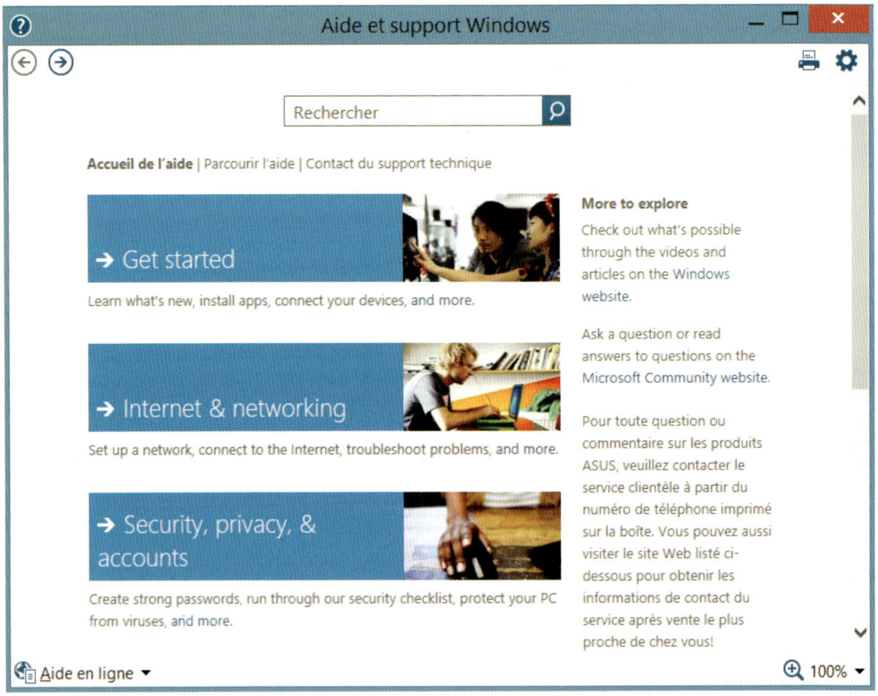

Figure 21.1 : La page d'accueil de la fenêtre Aide et support Windows.

Résoudre des problèmes

Lorsque quelque chose ne va pas comme il faudrait, le système d'aide peut mettre à votre disposition une section de résolution des problèmes. Elle se présente parfois comme un index, ce qui vous permet (en théorie) de restreindre votre champ d'investigations jusqu'à ce que vous trouviez le bouton qui va vous sauver. Il ne vous reste plus qu'à suivre les indications fournies.

Dans d'autres cas, l'aide vous interroge sur la nature du problème, de manière là encore à restreindre de plus en plus la liste des suspects jusqu'à trouver le véritable coupable (le colonel Moutarde, peut-être ?). Et tout se termine là encore par l'apparition d'un bouton magique.

Mais cette belle aventure ne se termine pas toujours aussi bien. Si votre signal Wi-Fi n'est pas assez fort, par exemple, l'aide de Windows vous conseillera simplement de rapprocher votre ordinateur ou votre tablette de votre box. Ce n'est pas forcément la réponse que vous attendiez.

Pour aller plus loin dans la résolution de vos problèmes, vous pouvez aussi suivre ces étapes :

1. **Cliquez droit sur l'icône du Centre de maintenance, vers la droite de la barre des tâches, et dans le menu contextuel qui apparaît, choisissez Résoudre un problème comme le montre la Figure 21.2.**

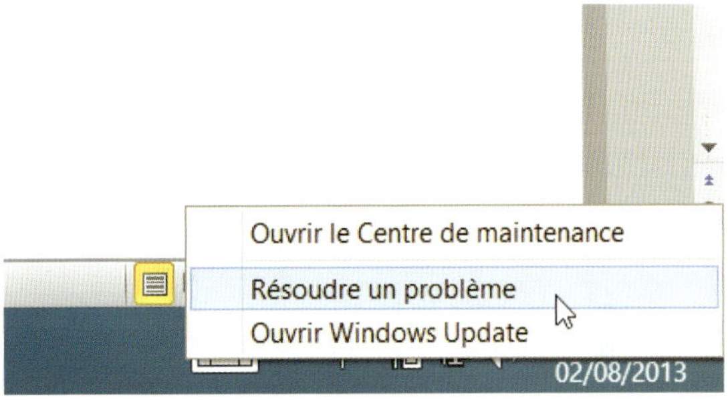

Figure 21.2 : L'icône du Centre de maintenance ouvre la voie à la résolution des problèmes.

Si Windows a déjà détecté un sérieux souci, cette icône apparaîtra surmontée d'une croix blanche sur fond rouge.

La fenêtre Résolution des problèmes va apparaître (voir Figure 21.3). Elle a pour but de vous aider à trouver la bonne solution, en allant du plus général au plus particulier.

2. **Cliquez sur le sujet qui vous concerne.**

   Cette fenêtre propose quatre thèmes principaux qui reproduisent leurs contreparties dans le Panneau de configuration (il est décrit dans le Chapitre 12) :

   - **Programmes :** cela vous guide dans la recherche de dysfonctionnements d'anciens programmes qui ont du mal à s'exécuter correctement dans Windows 8.1. Cette section s'intéresse également à votre navigateur Web en essayant de réparer les erreurs qu'il y trouve.

   - **Matériel et audio :** vous trouvez ici des outils pour diagnostiquer des problèmes de pilotes, ce qui est la cause majeure des difficultés rencontrées par Windows, afin de permettre à certains matériels de fonctionner en bonne harmonie. Ces diagnostics concernent également le cas échéant vos haut-parleurs, votre imprimante ou encore votre micro.

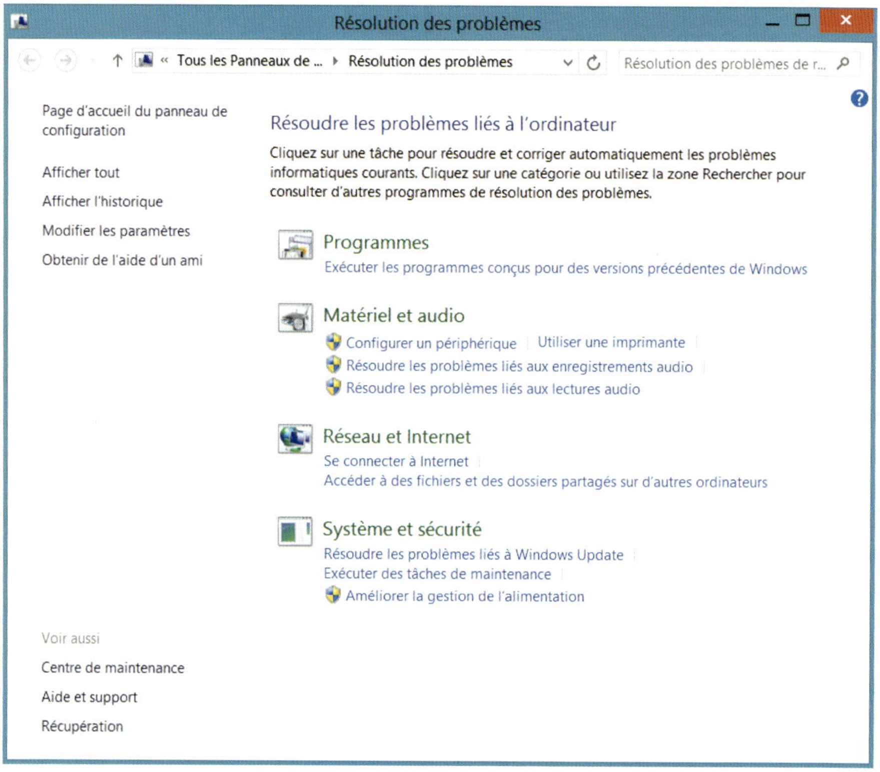

Figure 21.3 : Le programme Résolution des problèmes vous aide à régler de multiples difficultés liées à votre ordinateur, à Windows ou à ses programmes.

- **Réseau et Internet :** cette section se charge des problèmes de connexion Internet ainsi que des difficultés qui sont parfois rencontrées lorsque deux PC ou plus sont mis en réseau.
- **Système et sécurité :** c'est une section fourre-tout pour les autres problèmes. Elle est aussi orientée vers les questions de sécurité et de performances de l'ordinateur.

Cliquez sur un sujet, et Windows 8.1 va vous diriger vers une page qui s'efforce de regrouper les problèmes les plus courants. Cliquez sur le lien qui vous semble le mieux correspondre à votre problème pour ouvrir l'utilitaire correspondant.

3. **Suivez les étapes recommandées.**

Ces étapes peuvent être plus ou moins nombreuses. Laissez-vous guider pas à pas pour terminer le travail.

Lorsque vous cliquez droit sur une icône qui correspond à un comportement anormal, vous pourrez parfois voir dans son menu contextuel une option qui vous propose de résoudre le problème. Cliquez dessus pour accéder directement à l'utilitaire qui convient, ce qui vous fera gagner pas mal de temps.

N'OUBLIEZ PAS

Avec Windows 8.1, il est pratiquement obligatoire d'être connecté à Internet pour que le système accepte de fonctionner normalement. C'est aussi vrai dans l'aide, et y compris dans les utilitaires de résolution des problèmes.

Septième partie

Les dix commandements

"Julien, très honnêtement je ne crois pas qu'il soit possible d'éviter un embrasement du foin avec le Pare-feu Windows."

Dans cette partie...

Aucun livre Pour les Nuls ne serait complet sans cette dernière partie... Bien sûr, les Dix Commandements ne sont pas toujours exactement égaux à dix, mais c'est l'idée générale.

Vous allez tout d'abord trouver ici dix choses que vous allez certainement haïr dans Windows 8.1. Et nous allons voir comment s'en débarrasser ou tout simplement les oublier.

Nous aborderons ensuite une série de conseils destinés aux possesseurs de tablettes et de portables. Vous y verrez ainsi comment configurer le comportement de votre portable quand vous refermez son couvercle, ou encore comment activer le mode Avion au moment où vous allez décoller. Et c'est à ce moment-là aussi qu'il est très utile de savoir comment se connecter à un réseau sans fil ou configurer un fuseau horaire.

Chapitre 22

Dix choses que vous allez haïr dans Windows 8.1 (et comment vous en débarrasser)

Dans ce chapitre :

- Éviter l'écran d'accueil.
- Éviter le Bureau.
- Éviter les messages de l'écran de verrouillage.
- Retrouver la barre des tâches de Windows 8.1.
- Trouver votre version de Windows.
- Capturer des copies d'écran.

Windows 8.1 pourrait être parfait si seulement… (*ajoutez ici votre propre liste de récriminations*).

Si vous pensez (ou dites) ce genre de phrase au moins une ou deux fois par jour, lisez ce chapitre. Vous y trouverez une liste de défauts sur lesquels tout le monde s'accorde (sauf sans doute les gens de chez Microsoft), ainsi que des solutions pour améliorer la situation.

Je veux éviter l'écran d'accueil !

Si vous trouvez l'écran d'accueil plus envahissant et pénible que pratique, voici comment vous pouvez y échapper pour rester le plus longtemps possible avec votre Bureau.

Retrouver l'ancien bouton Démarrer

Si vous faites par exemple une rechercher sur Google pour essayer de savoir si et comment il est possible de trouver le bouton Démarrer des versions précédentes de Windows, vous constaterez que plusieurs programmes vous proposent ce genre de service. Ainsi, ViSoft de Lee-Soft (`lee-soft.com/`) vous redonne un bouton Démarrer, quoi que pas totalement identique à ce que vous connaissiez par le passé, tout en conservant l'écran d'accueil si vous souhaitez tout de même pouvoir le retrouver.

Si vous voulez le meilleur des deux mondes, Bureau *et* applications, vous pouvez aussi essayer Start8 de la société Stardock (`www.stardock.com/products/start8`). Start8 restaure le bouton Démarrer à sa place habituelle. Mais en cliquant dessus, vous accédez à un écran d'accueil vous montrant des icônes pour *toutes* vos applications et *tous* vos programmes.

J'évoque d'autres tactiques pour éviter l'écran d'accueil dans le Chapitre 3.

Windows 8.1 réintroduit un bouton Démarrer mais dont les fonctionnalités n'ont pas grand-chose à voir avec celui qui équipait Windows Vista et Windows 7.

Quand l'écran d'accueil réapparaît sans prévenir...

L'écran d'accueil et le Bureau ne sont pas des entités séparées. Les deux interagissent en permanence, et un clic mal placé sur le Bureau peut vous renvoyer sans coup férir vers l'écran d'accueil et ses vignettes rectangulaires.

Quelle que soit la tactique mise en place pour échapper à l'écran d'accueil, vous risquez fort de le voir réapparaître dans différentes situations :

- **Ajout d'un compte utilisateur :** le Panneau de configuration du Bureau vous permet de gérer les comptes d'utilisateurs. Vous pouvez transformer un compte Standard en compte Administrateur, ou l'inverse, changer son nom, et même le supprimer complètement. Mais si vous avez besoin d'*ajouter* un nouveau compte, ou même tout simplement de changer l'image associée à votre propre compte, vous revenez à la page Paramètres du PC de l'écran d'accueil pour terminer le travail.

- **Jouer un fichier de musique ou afficher une photo :** dans ce cas, Windows 8.1 est configuré pour utiliser automatiquement l'écran d'accueil. Ouvrez une photo ou un fichier MP3, et vous vous trouvez transporté dans l'une des applications Photos ou Musique de l'écran d'accueil. Vous pouvez alors vous reporter par exemple aux Chapitres 16 et 17, où j'explique comment activer par défaut la Visionneuse de photos Windows dans un cas, et le Lecteur Windows Media dans l'autre.
- **En cas de problème sérieux :** même si l'écran d'accueil est une chose assez fourre-tout et promotionnelle, il contient deux des outils les plus puissants pour résoudre les problèmes les plus graves rencontrés avec Windows 8.1. Le premier permet d'actualiser les fichiers de Windows sans perdre les vôtres, et le second sert à le réinstaller totalement. Décrits dans le Chapitre 18, ces deux outils sont les sauveurs suprêmes lorsque tout le reste a échoué. Mais vous ne pouvez absolument pas y accéder depuis le Bureau.

En résumé, même si vous redonnez un bouton Démarrer à la barre des tâches du Bureau, vous n'arriverez jamais à vous débarrasser totalement de l'écran d'accueil. C'est dit !

Je veux éviter le Bureau !

Sur une tablette, il est plutôt pratique de travailler essentiellement avec l'écran d'accueil, ses grandes vignettes et autres icônes sur lesquelles il est facile de taper d'un doigt. Les possesseurs de smartphones connaissent cela depuis des années. Et des tas d'applications, couvrant tous les domaines, se servent largement de cette technique.

La taille des écrans dont disposent les tablettes facilite la lecture de magazines et de livres, et même de pages Web. Mais rester collé uniquement à l'écran d'accueil et à son monde d'applications peut être plus difficile qu'on pourrait le penser. Même si vous essayez à tout prix d'éviter le Bureau et ses contrôles de la taille d'une tête d'épingle, vous allez le voir surgir dans diverses situations :

- **Cliquer sur la vignette Bureau :** cette application vous envoie tout de suite sur le Bureau ! Si vous ne voulez plus voir cette vignette (ou une autre d'ailleurs), cliquez *droit* dessus pour révéler la barre des applications, puis cliquez sur l'icône Détacher de l'écran d'accueil. En cas de regret, cliquez droit sur le fond de l'écran d'accueil, puis sur l'icône Toutes les applications. Le Bureau devrait se trouver dans la première colonne. Cliquez droit dessus, et choisissez Épingler à l'écran d'accueil.

- **Naviguer dans les fichiers :** l'écran d'accueil n'est pas assez sophistiqué pour naviguer dans vos fichiers. Dès que vous branchez par exemple un disque dur externe ou une clé USB, c'est l'Explorateur de fichiers du Bureau qui va apparaître pour que vous puissiez en voir le contenu.
- **Gérer un compte d'utilisateur :** vous pouvez créer de nouveaux comptes à partir de l'écran d'accueil, mais vous avez besoin du Bureau dès lors qu'il s'agit de les modifier ou de les supprimer. Voyez à ce sujet le Chapitre 12.
- **Gérer les périphériques :** la page Paramètres du PC de l'écran d'accueil liste les périphériques connectés à votre ordinateur. Mais il ne montre que leurs noms. Pour configurer quoi que ce soit, ou simplement pour avoir plus d'informations sur tel ou tel matériel, vous *devez* passer par le Panneau de configuration du Bureau.
- **Gérer les fichiers :** l'écran d'accueil vous permet facilement de visualiser vos photos ou encore d'écouter de la musique. Fort bien. Mais *changer* quoi que ce soit dans ces fichiers (pour simplement les renommer, les copier ou les déplacer) *implique* un détour par le Bureau. Et cela vaut également, par exemple, si vous voulez tout bêtement savoir à quelle date une photo a été prise...

En résumé, l'écran d'accueil est suffisant pour faire des choses simples. Mais dès que le niveau s'élève un peu, le Bureau reprend le dessus.

TRUC

Si vous en avez assez de faire sans cesse le voyage aller/retour pour effectuer certaines tâches, voyez dans la boutique Windows Store, ou en faisant une recherche sur le Web, s'il n'existe pas une application capable de faire le même travail. La boutique Microsoft croît au fil du temps, et les développeurs d'applications ont une imagination sans limites. Vous finirez bien par trouver des programmes qui vous permettront d'invoquer moins souvent le Bureau.

En revanche, les possesseurs de tablettes devraient se procurer une souris Bluetooth (voyez à ce sujet le Chapitre 12) pour faciliter leur existence quand il n'est pas possible d'échapper au Bureau.

Windows me fait signe tout le temps

Windows 8.1, soucieux d'économiser l'énergie, noircit normalement l'écran quand il constate que vous n'avez pas touché à votre clavier ou à votre souris pendant plusieurs minutes. Quand vous revenez devant votre ordinateur et que vous appuyez sur une touche, vous vous retrouvez devant l'écran de verrouillage. Ce qui signifie que vous devez une fois de plus saisir votre mot de passe pour reprendre votre session.

Certaines personnes préfèrent ce niveau de sécurité supplémentaire. Si l'écran de verrouillage revient parce que vous avez passé un peu trop de temps à aller boire votre café, vous êtes protégé. Personne ne peut venir lire vos messages pendant que vous n'êtes pas là.

En revanche, d'autres personnes n'apprécient pas trop cette sollicitude. Tout ce qu'elles veulent, c'est reprendre rapidement leur travail. Voyons donc comment réconcilier les deux camps.

TRUC

Si vous ne voulez *jamais* voir l'écran de verrouillage, il suffit de créer un seul compte d'utilisateur sans mot de passe (les comptes sont expliqués dans le Chapitre 14). Bien sûr, cela défait toutes les sécurités proposées par Windows, mais si vous êtes seul chez vous à vous servir de l'ordinateur, c'est peut-être plus pratique.

Pour éviter que Windows ne vous demande votre mot de passe chaque fois qu'il se réveille, suivez ces étapes :

1. **Faites un clic droit sur le bouton Démarrer et, dans le menu contextuel qui apparaît, choisissez Options d'alimentation.**

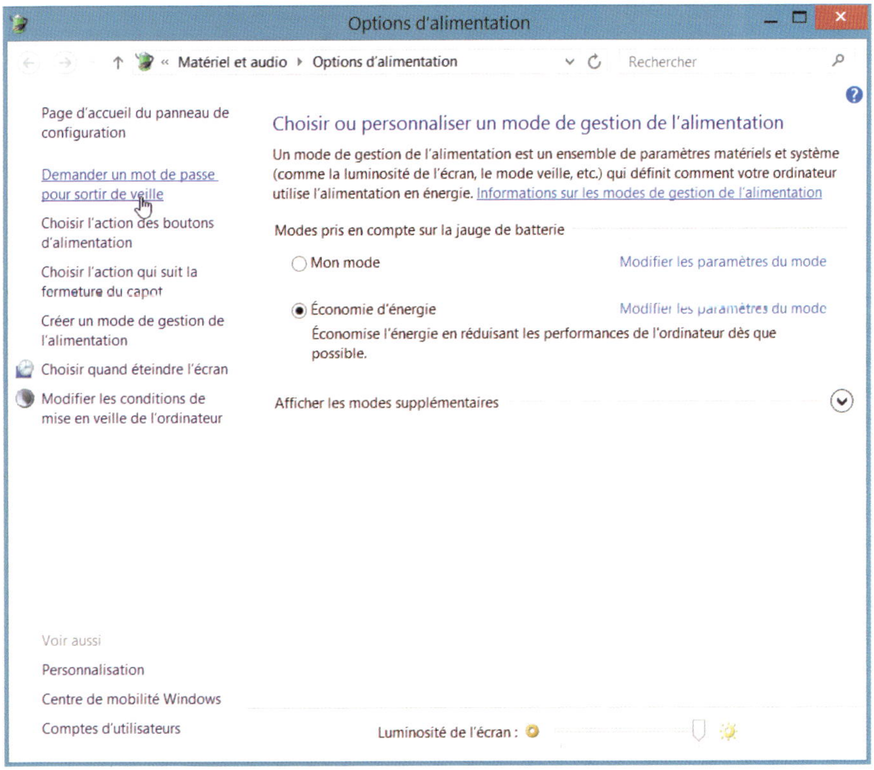

Figure 22.1 : Pour gérer la demande des mots de passe.

2. **Dans le volet de gauche de la fenêtre qui apparaît, cliquez sur Demander un mot de passe pour sortir de veille, comme à la Figure 22.1.**

   Bon nombre des options de la fenêtre qui s'affiche sont grisées, donc inaccessibles.

3. **Cliquez sur l'option appelée Modifier des paramètres actuellement non disponibles.**

4. **Activez l'option Ne pas exiger un mot de passe, puis cliquez sur le bouton Enregistrer les modifications.**

Windows va devenir plus accessible. Lorsque votre ordinateur va se réveiller après quelque temps de sommeil, vous allez retrouver votre écran tel qu'il était lorsque vous l'avez abandonné, et vous n'aurez plus à saisir votre mot de passe.

Bien sûr, Windows est du coup moins sûr. N'importe qui pourrait maintenant accéder à votre PC pendant votre absence et accéder à tous vos fichiers.

Pour revenir au mode par défaut, plus contraignant, mais aussi plus protecteur, suivez la même procédure. Cette fois, lors de l'Étape 4, cochez l'option Exiger un mot de passe (recommandé). Enregistrez ensuite les modifications.

Ma barre des tâches disparaît !

La barre des tâches du Bureau est un grand classique de Windows depuis bien longtemps. Sa place normale, c'est en bas de l'écran, et elle vous donne un accès direct aux programmes qui y sont épinglés ainsi qu'à diverses icônes système. Mais il arrive qu'elle disparaisse ou change de place inopinément.

Si la barre des tâches se retrouve sur un côté ou tout en haut de l'écran, essayez de l'attraper par son milieu. Autrement dit, cliquez quelque part sur son fond, puis faites-la glisser vers le bas de l'écran. Elle devrait bondir vers cette nouvelle position. Il ne vous reste plus qu'à relâcher le bouton de la souris.

Voici d'autres conseils pour éviter que votre barre des tâches ne vous joue des tours :

- Pour que la barre des tâches ne puisse plus s'échapper, cliquez droit sur un emplacement vide de son bandeau. Dans le menu qui s'affiche, activez l'option Verrouiller la barre des tâches. N'oubliez cependant pas que vous devrez recommencer la même opération, cette fois pour la déverrouiller, si vous voulez modifier son comportement.

- Si la barre des tâches se replie sur elle-même lorsque le pointeur de la souris s'en éloigne, désactivez la fonction responsable de cette attitude fuyante. Cliquez droit sur une partie vide de la barre des tâches, et choisissez dans le menu qui s'affiche la commande Propriétés. Dans la boîte de dialogue qui apparaît, décochez la case Masquer automatiquement la barre des tâches, (vous pouvez aussi faire l'inverse, bien sûr). Cliquez sur le bouton OK pour confirmer ce comportement de Windows 8.1.

Je n'arrive pas à aligner mes fenêtres sur l'écran

Avec son arsenal d'outils pour sélectionner, glisser et déposer, Windows simplifie la copie ou le transfert d'informations d'une fenêtre à une autre. Vous pouvez par exemple faire glisser une adresse d'une liste de contacts jusque sur votre traitement de texte lorsque vous rédigez un courrier.

Mais l'idéal pour ce genre d'opération, c'est de pouvoir disposer côte à côte les deux fenêtres dont vous avez besoin : l'une servant d'origine, et l'autre de destination.

Pour aligner vos fenêtres, Windows vous propose une méthode simple :

1. **Faites glisser la barre de titre de la première fenêtre jusqu'au bord gauche ou droit de l'écran.**

   Lorsque le pointeur de la souris atteint un côté, la fenêtre se redimensionne d'elle-même pour occuper la moitié de l'écran.

2. **Faites maintenant glisser la barre de titre de l'autre fenêtre vers le bord opposé de l'écran.**

   Lorsque le pointeur de la souris atteint le côté opposé, la fenêtre se redimensionne d'elle-même pour occuper l'autre moitié de l'écran.

Vous pouvez aussi minimiser toutes les fenêtres, sauf les deux que vous voulez aligner. Ensuite, cliquez droit sur une partie vide de la barre des tâches, et choisissez dans le menu l'option Afficher les fenêtres côte à côte. Le résultat est exactement le même.

Essayez les deux méthodes pour voir celle que vous préférez.

Il ne veut rien me laisser faire si je ne suis pas Administrateur !

Windows 8.1 ne plaisante pas quand il s'agit de savoir qui a le droit de faire quoi avec votre ordinateur. Son propriétaire (vous, normalement) possède un compte de niveau Administrateur. Et celui-ci délègue certains droits d'utilisation à d'autres personnes par le biais de comptes de niveau Standard. Cela signifie quoi ? Eh bien, que seul un administrateur a le droit d'exécuter les actions suivantes :

- Installer des programmes et du matériel.
- Créer ou modifier les comptes des autres personnes.
- Lancer une connexion Internet.
- Ajouter certains matériels, comme un appareil photo numérique ou un lecteur MP3.
- Effectuer des tâches qui affectent les autres utilisateurs du PC.

Par nature, les titulaires d'un compte Standard sont limités à des activités plus basiques, comme :

- Exécuter des programmes déjà installés.
- Changer l'image de leur compte ainsi que leur mot de passe.

Le compte appelé Invité, quant à lui, est destiné uniquement à un visiteur occasionnel qui aurait juste besoin de voir quelque chose sur le Web, ou d'accéder à son compte Facebook, ou voir ses e-mails, ou encore lancer tel ou tel programme ne présentant pas de danger pour l'ordinateur. Mais il ne peut pas pour cela *lancer* une connexion Internet. Celle-ci doit déjà être active, ce qui est bien sûr le cas avec l'ADSL ou la fibre optique.

Si Windows affiche un message qui explique que seul un administrateur a le droit de faire une certaine chose sur le PC, il y a deux options : ou bien trouver ce fameux administrateur et lui demander d'entrer son mot de passe (s'il le souhaite !), ou bien le convaincre de vous déléguer ses pouvoirs en créant pour vous un compte Administrateur. Ce qui n'est pas recommandé… Pour plus d'informations à ce sujet, reportez-vous au Chapitre 14.

Je ne sais pas quelle est ma version de Windows

Depuis ses débuts en 1985, Windows a connu une bonne dizaine de versions, et de variantes à l'intérieur de celles-ci. Laquelle est donc installée sur votre ordinateur ?

Pour le savoir, cliquez droit dans le coin inférieur gauche de votre Bureau. Dans le menu qui s'affiche, choisissez l'option Système. Lorsque la fenêtre Système apparaît, regardez ce qui est écrit en haut et vous aurez la réponse.

Ma touche d'impression d'écran ne marche pas !

Contrairement à ce que son nom semble indiquer, la touche d'impression d'écran (Impr Ecran, ou bien encore PrtSc, pour Print Screen en anglais, et donc Imprimer Écran en français) n'édite ni une copie de l'écran, ni le contenu d'une fenêtre, sur du papier. En fait, elle transfère une image de ce que contient l'écran vers la mémoire de Windows, plus précisément vers son *presse-papiers*.

Vous pouvez ensuite coller cette image dans un programme graphique, tel que Paint, afin de l'imprimer pour de vrai, ou encore la coller dans un traitement de texte si vous écrivez un livre d'informatique…

Petite nouveauté de Windows 8.1… Il est maintenant possible de copier le contenu de l'écran et de l'enregistrer dans un fichier graphique en appuyant en même temps sur la touche Windows et sur la touche Impr écran.

Cela demande à Windows de prendre un cliché de ce qu'affiche actuellement votre écran, et de l'enregistrer dans votre bibliothèque Images sous le nom « Capture d'écran » suivi d'un numéro d'ordre (vous retrouvez ce fichier dans un sous-dossier appelé judicieusement Captures d'écran). Le fichier est stocké dans le format PNG, reconnu par le programme Paint et bien d'autres.

Vous pourrez alors imprimer votre capture d'écran, ou vous en servir pour l'insérer dans un document, et même la transmettre par e-mail à un technicien s'efforçant de résoudre votre problème.

Chapitre 23

Dix astuces (environ) pour les possesseurs d'ordinateurs portables et de tablettes

Dans ce chapitre :

- Activer le mode Avion.
- Se connecter à un nouveau réseau sans fil.
- Désactiver la rotation automatique de l'écran sur une tablette.
- Choisir ce qui se passe quand vous refermez le capot de votre ordinateur portable.
- S'adapter aux fuseaux horaires.

Pour l'essentiel, le contenu de ce livre s'applique aussi bien aux PC de bureau qu'aux ordinateurs portables et aux tablettes. Mais Windows 8 réserve quelques réglages exclusivement destinés aux systèmes portables ou transportables. Si c'est votre cas et si vous êtes pressé, ces quelques pages sont pour vous.

Activer le mode Avion

La plupart des gens *aiment* emporter avec eux leur PC portable ou leur tablette lorsqu'ils prennent l'avion. C'est pratique pour regarder des films, jouer, et même pour travailler entre deux escales…

Mais la plupart des compagnies aériennes vous demandent de stopper votre connexion sans fil, ce qui vaut d'ailleurs aussi pour les smartphones. Connu depuis longtemps sur ceux-ci, voici donc le *Mode Avion* qui débarque dans Windows 8.1.

Pour activer ce Mode Avion sur un appareil portable, suivez ces étapes :

1. **Ouvrez la barre d'icônes et cliquez sur Paramètres.**

   Sur un ordinateur portable, il suffit d'appuyer sur la combinaison de touches Windows + I. Sur une tablette, effleurez l'écran à partir de son bord droit, puis tapez sur l'icône Paramètres.

   Le volet des Paramètres va s'afficher.

2. **Cliquez ou tapez sur l'icône de votre connexion sans fil.**

3. **Faites glisser vers la droite le curseur qui se trouve sous l'intitulé Mode Avion (voir Figure 23.1).**

   Votre PC (ou votre tablette) est immédiatement placé dans ce mode. Sa connexion sans fil se désactive, et l'icône du volet prend l'aspect d'un petit avion pour vous rappeler le mode courant.

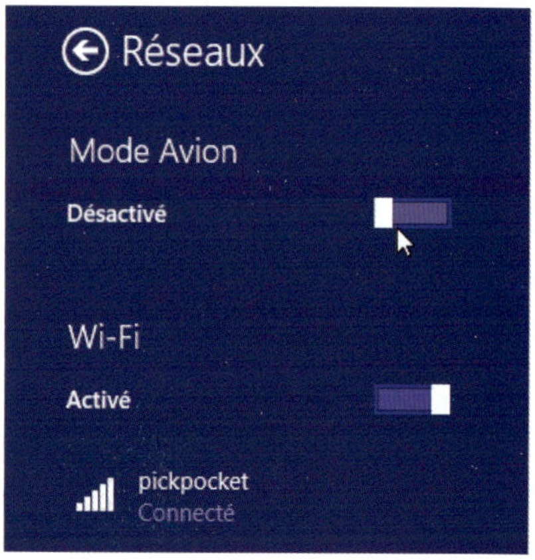

Figure 23.1 : Passez en Mode Avion en faisant simplement glisser un curseur vers la droite.

Pour annuler le Mode Avion et se reconnecter à l'Internet, reprenez les étapes ci-dessus, mais cette fois en cliquant ou tapant sur l'icône symbolisant un avion, puis en faisant glisser le curseur vers la gauche.

Le Mode Avion vous permet d'être en conformité avec les exigences (légitimes) de la sécurité aérienne. Mais, en plus, il économise votre batterie. D'ailleurs, rien ne vous interdit d'utiliser cette technique lorsque vous n'avez pas besoin d'accéder à l'Internet.

Le Mode Avion désactive votre connexion Internet et ce qui va avec, par exemple la géolocalisation et autres fonctionnalités. Plus largement, il coupe les ondes radio émises par votre appareil sans fil.

Se connecter à un réseau Internet sans fil

Chaque fois que vous vous connectez avec succès à un réseau sans fil, Windows 8.1 mémorise ces réglages de manière à ce que vous n'ayez pas besoin de les reprendre la fois suivante. En revanche, vous ne pouvez pas échapper à la procédure de connexion lorsque vous voulez accéder à un tel réseau pour la première fois.

Les connexions sans fil sont traitées dans le Chapitre 15, mais il n'est pas inutile de résumer les étapes à suivre :

1. **Activez si nécessaire l'adaptateur réseau sans fil de votre appareil portable.**

   Certains PC portables possèdent un petit commutateur sur leur boîtier. D'autres laissent activées en permanence les communications sans fil. Bien entendu, vous devrez désactiver le cas échéant le Mode Avion (voir la section précédente).

2. **Placez le pointeur de la souris dans l'angle supérieur droit de l'écran pour ouvrir la barre des charmes, ou bien appuyez sur Win + C. Cliquez ensuite sur l'icône Paramètres. Enfin, cliquez sur l'icône de votre connexion réseau Sans fil.**

   Au bout de quelques instants, Windows va afficher la liste de tous les réseaux sans fil qu'il détecte dans le voisinage.

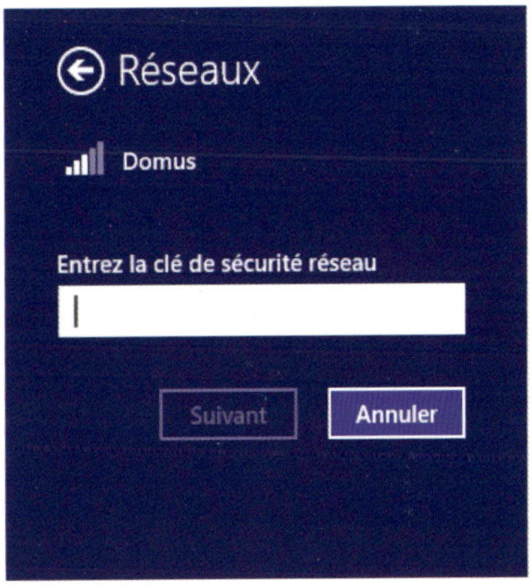

Figure 23.2 : Tapez la clé de sécurité pour accéder au réseau sans fil.

3. **Cliquez sur le nom du réseau sans fil auquel vous voulez accéder, puis sur le bouton Connecter.**

   Dans certains cas, par exemple si un réseau public se trouve à portée de signal, il se peut que la connexion Internet s'active immédiatement. Mais bien souvent, vous devez entrer des informations complémentaires. Passez alors à l'Étape 4.

4. **Entrez la clé de sécurité du réseau auquel vous voulez vous connecter, comme à la Figure 23.2.**

   Certains réseaux ne veulent pas dire leur nom pour des raisons de sécurité. Vous devez en plus connaître celui-ci. Mais c'est vraisemblablement une information que personne ne vous donnera (ou que vous connaissez déjà si vous appartenez à cette confrérie secrète).

Méfiez-vous aussi des réseaux publics qui n'annoncent pas clairement la couleur. En général, un « bon » réseau public a été installé par un fournisseur d'accès Internet ou de téléphonie mobile, et vous devrez avoir un compte chez lui pour y accéder. Il peut aussi s'agir d'une borne Wi-Fi proposée dans un café ou encore un hôtel, et vous devez donc demander un code en tant que client.

Lorsque vous cliquez sur le bouton Connecter, Windows finit par annoncer (si tout s'est bien passé) que la connexion est établie. N'oubliez pas de cocher la case Connexion automatique pour gagner du temps la prochaine fois que vous serez à nouveau à portée de ce réseau sans fil.

Désactiver la rotation de l'écran de votre tablette

La plupart des tablettes Windows sont conçues pour être tenues horizontalement. Mais si vous faites tourner l'écran, l'affichage devient automatiquement vertical. Dans ce cas, votre écran d'accueil, votre Bureau, votre programme ou encore votre page Web, deviennent longs et étroits, au lieu d'être larges et minces.

Cette rotation automatique est pratique si vous vous servez par exemple de la tablette comme liseuse, puisqu'elle vous permet de voir les pages comme dans un livre imprimé. Mais elle peut devenir désagréable quand elle se déclenche inopinément, ou bien lorsque vous regardez des photos ou une vidéo.

La plupart des tablettes ont un bouton de verrouillage de la rotation sur un de leurs côtés, souvent à proximité du bouton de marche/arrêt. Un appui bloque l'orientation, un autre la déverrouille.

Si votre tablette ne dispose pas de ce genre de dispositif, ou si vous ne le trouvez pas, vous pouvez procéder autrement en faisant appel à Windows lui-même :

1. **Depuis l'écran d'accueil, activez votre Bureau en cliquant sur sa vignette.**

2. **Cliquez droit sur une partie vide de l'arrière-plan du Bureau. Dans le menu qui s'affiche, choisissez l'option Résolution d'écran.**

3. **Vous devriez trouver une option activant la rotation automatique de l'affichage.**

   Quand cette case est cochée, cela signifie que la rotation automatique de l'écran est activée. Décochez-la, et l'affichage sera figé selon l'orientation actuelle de votre tablette.

Reprenez les mêmes étapes lorsque vous voulez modifier ce réglage.

Choisir ce qui se passe lorsque vous refermez le capot de votre ordinateur portable

Refermer le capot de votre ordinateur portable veut dire que vous faites une coupure dans votre travail ou vos activités. Mais pour combien de temps ? Pour une simple pause ? Pour la nuit ? Jusqu'à ce que vous soyez sorti du métro ? C'est à vous de décider, et Windows 8.1 vous permet de définir avec précision le comportement que doit avoir votre ordinateur portable quand vous refermez son capot.

Pour cela, suivez ces étapes :

1. **Faites un clic droit sur le bouton Démarrer et, dans le menu contextuel qui apparaît, choisissez Options d'alimentation.**

2. **Dans le volet de gauche de la fenêtre qui apparaît, cliquez sur le lien Choisir l'action qui suit la fermeture du capot.**

   Windows propose plusieurs options, selon que l'ordinateur portable est branché sur le courant ou qu'il fonctionne sur sa batterie : Ne rien faire, Veille, Mettre en veille prolongée et Arrêter (voir Figure 23.3).

   En règle générale, il est préférable de retenir le mode Veille, car cela permet de placer l'ordinateur dans un état d'hibernation (et surtout de faible consommation électrique) tout en le laissant se réveiller rapidement le moment venu, de manière à retrouver au plus vite votre travail ou quoi que ce soit d'autre. De plus, si vous le laissez branché sur le secteur toute une nuit dans cet état, vous trouverez votre batterie en pleine forme le lendemain matin.

   La différence entre Veille et Veille prolongée peut ne pas sembler évidente au premier abord. Précisons donc cela. Dans le mode Veille, les données de Windows sont simplement conservées en mémoire. La consommation est basse, le réveil rapide, mais vous perdrez ces données si la batterie vient à lâcher. Dans le mode Veille prolongée, les données sont d'abord enregistrées sur le disque dur. La consommation est ensuite encore plus basse, le réveil bien sûr moins rapide, et vous serez beaucoup moins dépendant du niveau de charge de la batterie. En résumé : la veille, c'est très bien si vous ne partez pas trop longtemps et/ou si vous rechargez la batterie sur le secteur pendant ce temps-là, la veille prolongée c'est parfait si le portable n'est pas utilisé trop vite et que vous n'avez rien pour mettre votre batterie en charge.

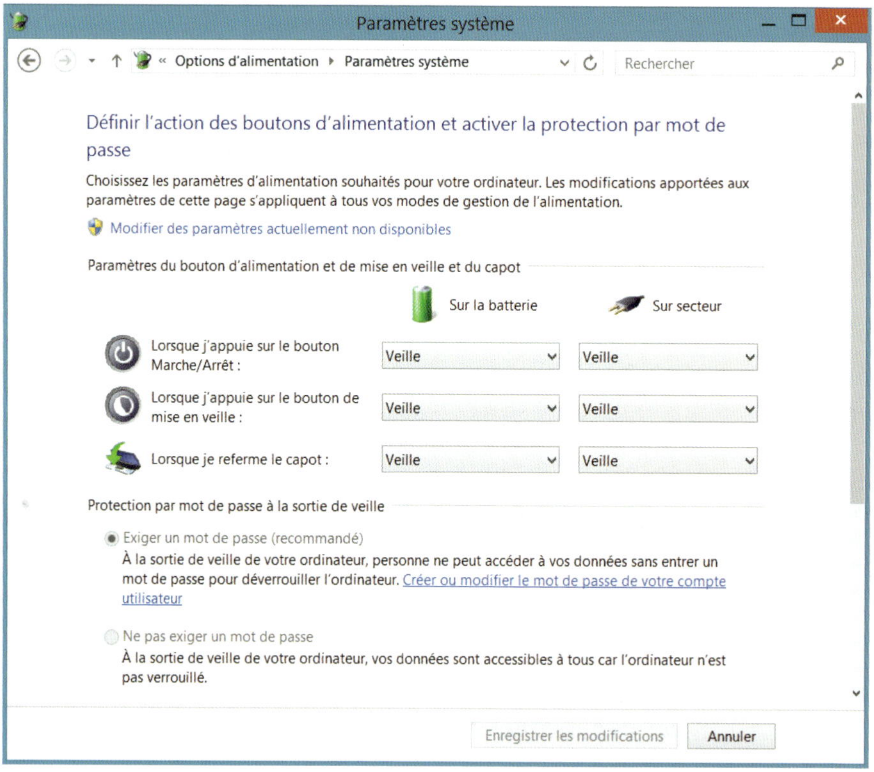

Figure 23.3 : Choisissez les réactions de votre ordinateur portable en fonction de ses conditions d'utilisation.

3. **Il ne vous reste plus qu'à cliquer sur le bouton Enregistrer les modifications.**

TRUC

Si saisir votre mot de passe chaque fois que vous ouvrez le capot de l'ordinateur portable vous ennuie, voyez ce que dit le Chapitre 22 à ce sujet.

Changer de fuseau horaire

Les PC de bureau ne bougent pas, ce qui facilite certains réglages. Par exemple, vous entrez une fois votre pays, et si nécessaire votre position, et Windows 8.1 ajuste immédiatement le fuseau horaire, les symboles monétaires, et autres valeurs qui varient de par le vaste monde.

Mais la joie de voyager avec un ordinateur portable ou une tablette peut être tempérée par l'agonie qui s'annonce quand il faut expliquer à la chose où on se trouve exactement.

Si vous changez de lieu ou de pays, et en particulier de fuseau horaire, suivez ces étapes :

1. **Depuis le Bureau, cliquez sur l'affichage de la date et de l'heure, à droite de la barre des tâches.**

   Un calendrier et une horloge s'affichent dans une petite fenêtre.

2. **Cliquez sur le lien Modifier les paramètres de la date et de l'heure, comme le montre la Figure 23.4.**

   La boîte de dialogue Date et heure apparaît.

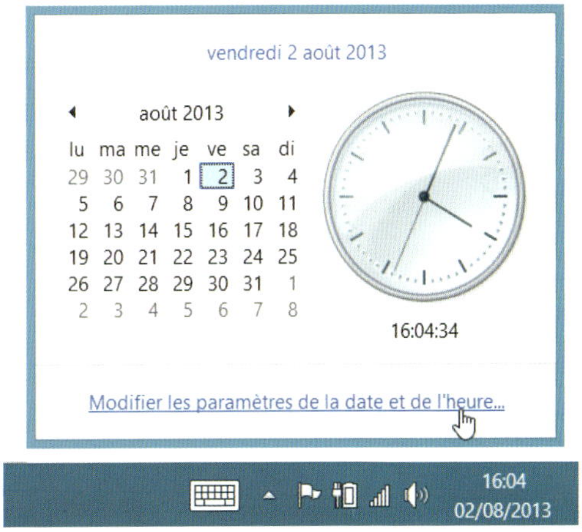

Figure 23.4 : Modifier les paramètres de date et d'heure

3. **Cliquez sur le bouton Changer de fuseau horaire. Servez-vous de la liste Fuseau horaire pour redéfinir votre position, puis cliquez deux fois sur OK.**

TRUC

Si vous passez souvent d'un fuseau horaire à un autre, pensez à vous servir de l'onglet Horloges supplémentaires dans la boîte de dialogue Date et heure. Vous pouvez y ajouter une seconde, voire une troisième, horloge basée sur un fuseau horaire différent. Cela vous permet donc d'afficher jusqu'à trois horloges différentes, par exemple si vous voulez savoir quelle heure il est à Paris, à Caracas et à Séoul. Il vous suffira alors de laisser planer le pointeur de la souris sur l'horloge de la barre des tâches pour afficher successivement ces informations.

Sauvegardez votre portable avant de voyager !

J'explique comment effectuer des sauvegardes dans le Chapitre 13. Et la procédure est exactement la même pour un ordinateur portable que pour un PC de bureau. N'oubliez donc pas d'effectuer une sauvegarde avant de quitter votre domicile ou votre bureau. Les voleurs s'intéressent bien plus aux matériels qui bougent qu'à ceux qui restent à la même place… Un portable peut être remplacé, mais pas les données qu'il contient. Ne l'oubliez jamais.

Et laissez vos sauvegardes bien au chaud chez vous, pas dans la sacoche de votre ordinateur portable. Si on vous vole cette sacoche avec son contenu, vous aurez tout perdu *deux fois*.

Index

A

B

• C •

• D •

• E •

• F •

• G •

• H •

• I •

• L •

M

N

O

P

• S •

• T •

• U •

• V •

• W •

• X •

• Z •